भाषाविज्ञान, हिन्दी भाषा और देवनागरी लिपि

भाषाविज्ञान, हिन्दी भाषा और देवनागरी लिपि

प्रो. हरिमोहन

वाणी प्रकाशन

प्रकाशन के उत्कृष्टतम 63 वर्ष

vaniprakashan.com

सजिल्द पहला संस्करण : 2026

वाणी प्रकाशन

4695, 21-ए, दरियागंज, नयी दिल्ली-110 002

फ़ोन : + 91 11 23273167, 23275710

शाखाएँ

अशोक राजपथ, पटना-800 004, बिहार

कॉफ़ी हाउस कैम्पस, महात्मा गांधी मार्ग, प्रयागराज-211 001, उत्तर प्रदेश

महात्मा गांधी अन्तरराष्ट्रीय हिन्दी विश्वविद्यालय, वर्धा-442 001, महाराष्ट्र

sales@vaniprakashan.in
vaniprakashan@gmail.com

Bhashavigyan, Hindi Bhasha aur Devnagri Lipi
by Prof. Harimohan

ISBN : 978-93-6944-181-5
Linguistics

मूल्य : ₹ 695

जी.एस. ऑफ़सेट, दिल्ली-110 032 में मुद्रित

वाणी प्रकाशन का लोगो मक़बूल फ़िदा हुसैन की कूची से

द्वार पर आलेख :

न सोऽत्रित प्रत्ययो लोके यमः शब्दानुगमादृते।
अनुबिद्धमि ज्ञानम् सर्व शब्देन भासते॥

(अर्थात् संसार में ज्ञात कोई ऐसा विषय नहों है जो शब्द का आश्रय न लेता हो। समस्त ज्ञान शब्द से ही उत्पन्न हुआ भाषित होता है।)

–आचार्य भर्तृहरि
(संस्कृत के प्रसिद्ध नीतिशास्त्री एवं वैयाकरण)

दो शब्द

यह पुस्तक भाषा तथा भाषाविज्ञान को संक्षेप में और सरलता से समझने का एक प्रयास है; जो राजभाषा हिन्दी के परिप्रेक्ष्य में किया गया है। यह भाषाविज्ञान विषय को पूर्णता में जानने अथवा व्याख्यायित करने की चेष्टा भी नहीं है। भाषाविज्ञान बहुआयामी, गहन तथा व्यापक विषय है। यहाँ भाषाविज्ञान के कुछ पाठ ही व्याख्यानों के रूप में दिये गये हैं। शेष हिन्दी भाषा के विविध सन्दर्भों के अध्ययन से सम्बन्धित हैं। इस चेष्टा में ऐसी भाषा का ध्यान रखा गया है, जो सरल हो। साथ ही सन्दर्भों को प्राथमिकता दी गयी है।

इस पुस्तक से भाषा के विविध अंगों, भाषाविज्ञान के स्वरूप, हिन्दी भाषा के उद्‌भव एवं विकास तथा देवनागरी लिपि आदि की जानकारी हो सकेगी। यह पुस्तक स्नातक कक्षाओं के विद्यार्थियों और विभिन्न प्रतियोगी परीक्षाओं के लिए भी समान रूप से उपयोगी है।

इस पुस्तक में मौलिकता का दावा नहीं किया जा सकता। क्योंकि कुछ विषय ऐसे होते हैं, जो वस्तुनिष्ठ प्रकृति के होते हैं। अन्य विषयों, विशेष रूप से विज्ञान के विषय, जिनमें जो सिद्धान्त होते हैं, उनमें तथ्यों का आधार प्रबल होता है। भाषाविज्ञान भी इसी श्रेणी में आता है। इसी तरह संविधान का प्रकरण भी है। जिसमें अपने स्तर से और कुछ नहीं जोड़ा-घटाया जा सकता।

मुझे आशा है कि इस विषय के अध्येता मेरी अन्य पुस्तकों की तरह इस पुस्तक का भी स्वागत करेंगे।

मैं इस पुस्तक के सुरुचिपूर्ण प्रकाशन के लिए वाणी प्रकाशन के स्वत्वाधिकारी श्री अरुण माहेश्वरी और उनकी सुयोग्य सुपुत्री श्रीमती अदिति माहेश्वरी-गोयल (व्यवस्थापक, वाणी प्रकाशन) को धन्यवाद देता हूँ।

–प्रो. हरिमोहन

आगरा

अनुक्रम

1
भाषा और भाषाविज्ञान : एक परिचय

1
भाषा : परिभाषा, स्वरूप, अभिलक्षण

भाषा मानव-विकास की सर्वोत्कृष्ट उपलब्धि है। संस्कृति, दर्शन, ज्ञान-विज्ञान, कला, साहित्य, इतिहास इत्यादि की अभिव्यक्ति का माध्यम भाषा ही है। यह कहना अतिशयोक्ति नहीं होगी कि इस सम्पूर्ण सृष्टि में मनुष्य ही एक ऐसा प्राणी है, जिसको वाक्-शक्ति (वाणी) का वरदान मिला है। यह वाक्-शक्ति ही मनुष्य को अन्य प्राणियों से अलग और विशिष्ट बनाती है। लेकिन यह **भाषाई आभिजात्यवाद** ही कहा जायेगा। स्वयं को अभिव्यक्त करने की शक्ति के कारण मनुष्य भले ही चन्द्रमा पर पहुँच गया है; लेकिन उसमें ऐसी कोई शारीरिक, न्यूरोलॉजीकल अथवा अनुवांशिक व्यवस्था नहीं मिली है, जो उसे बोलने की क्षमता देती हो; और जो जानवरों में न हो। हाँ, इतना अवश्य है कि मानव-भाषा विश्व का सबसे प्राचीन, किन्तु जटिल सूचना एवं संचरण माध्यम है।

भाषा को सामान्यत: भावों और विचारों की अभिव्यक्ति का एक साधन कहा जाता है। अभिव्यक्ति के सन्दर्भ में हम अनेक माध्यमों का चुनाव करते हैं। इनमें सर्वश्रेष्ठ माध्यम है भाषा। हम भाषा के माध्यम से अपने भाव और विचारों को अभिव्यक्त करते हैं। बोलकर भी और लिखकर भी। या संकेतों में। मोटे तौर पर **अस्पष्टता एवं स्पष्टता के आधार पर भाषा के ये तीन वर्ग** बनाये जा सकते हैं–

1. मूक भाषा–अर्थात् भाषा का अव्यक्त रूप या ध्वनि-रहित रूप। इसमें स्पर्श, चुटकी बजाना, संकेत करना आदि सम्मिलित हैं। लेकिन यह भाषा का बोलचाल वाला वर्ग नहीं है। जबकि भाषा की उपस्थिति बोलने में ही होती है।

2. अस्पष्ट भाषा–जिसका पूर्ण ज्ञान न हो या जिसमें अस्पष्टता हो, यथा–पशु-पक्षियों का बोलना अथवा उनकी तरह बोलना, जो उन पशु-पक्षियों के लिए ही होती है; और जिसे हम नहीं समझते। यह मनुष्येतर भाषा का एक सीमित रूप है।
3. स्पष्ट भाषा–पूर्णतः स्पष्ट अभिव्यक्ति, जो मुख्यतः मानव के मुख अवयवों से निकले अर्थपूर्ण ध्वनि-प्रतीकों को लिये हुए होती है। ये ध्वनि-प्रतीक (अथवा संकेत) **यादृच्छिक (ऑर्बिट्रेरी)** होते हैं। भाषा का यह वर्ग मानव के व्यवहार, सहयोग और उसकी सामाजिक प्रगति में सर्वाधिक योगदान करता है।

भावों और विचारों की अभिव्यक्ति या विचारों के आदान-प्रदान के साधनों के आधार पर भाषा के चार वर्ग हो सकते हैं–

1. **स्पर्श भाषा**–इसमें भाव या विचारों की अभिव्यक्ति शरीर के किसी एक या कई अंगों को स्पर्श करके होती है। इसमें दोनों पक्षों (अभिव्यक्तिकर्ता या प्रेषक और प्राप्तकर्ता) के बीच दूरी नहीं, निकटता होनी चाहिए।
2. **इंगित भाषा/अथवा आंगिक भाषा**–इसमें भावाभिव्यक्ति विभिन्न प्रकार के संकेतों के माध्यम से होती है।
3. **वाचिक भाषा/अथवा मौखिक भाषा**–मूलतः भाषा बोली ही जाती है। जो बोली जाये वह भाषा है! इसमें ध्वनि-प्रतीक (संकेत) भावाभिव्यक्ति के प्रमुख साधन हैं। अतः विचार-विनिमय के लिए मुख के विभिन्न अवयवों का उपयोग किया जाता है। अथवा हम यह कह सकते हैं कि इसमें भावाभिव्यक्ति बोलकर की जाती है। सर्वाधिक प्रयोग भाषा के इसी रूप में होता है। सामान्यतः मौखिक भाषा का प्रयोग आमने-सामने बैठे दो या अधिक प्रयोग कर्ताओं के बीच होता है। ध्वनि-उपकरणों के विकास से अब सुदूर बैठे व्यक्तियों से भी हम उसी तरह बात कर सकते हैं, जैसे आमने-सामने बैठे हों। पहले टेलीफ़ोन आया, हिन्दी में जिसका सटीक नाम 'दूरभाष' है। फिर मोबाइल फ़ोन आया, जिसको कुछ लोग हिन्दी में 'चलभाष' या 'चलयन्त्र' इत्यादि कहने लगे। अब यह बहुत सामान्य हो गया है कि इलेक्ट्रॉनिक माध्यमों से हम मौखिक और लिखित भाषा दोनों रूपों में भावाभिव्यक्ति सफलतापूर्वक कर सकते हैं। यहाँ तक कि इंगित या आंगिक भाषा में भी! यथा–वीडियो कॉन्फ्रेंसिंग, वीडियो कॉलिंग इत्यादि।

4. **लिखित अथवा मुद्रित भाषा**–यह भावाभिव्यक्ति का अत्यन्त प्रयोग में आने वाला भाषा-माध्यम है। इसके माध्यम से हम विचार-विनिमय या भावाभिव्यक्ति किसी लिपि में लिखकर करते हैं। लिखित भाषा में लिपि ही आधारभूत साधन है। लिखित भाषा में व्यक्त किये गये विचार अभिव्यक्ति के समय की अन्तहीन सीमा तक सुरक्षित रहते हैं। अब मुद्रण के संसाधनों ने लिखित भाषा को और भी अधिक सहज एवं बहुपयोगी बना दिया है। मुद्रित (या लिखित) माध्यम ने दृश्य-श्रव्य माध्यमों के सहयोग से भाषा की अनन्त सम्भावनाओं को साकार कर दिया है। रेडियो और दूरभाष ने जहाँ मौखिक भाषा को समृद्ध किया है, वहीं कम्प्यूटर और प्रिंटर, इंटरनेट जैसे संसाधनों ने लिखित भाषा को सहज और बहुप्रयुक्त साधन बना दिया है।

किन्हीं-किन्हीं अध्येताओं ने मानव-भाषा के तीन रूप माने हैं, जो उचित प्रतीत होते हैं। ये हैं–

1. मौखिक भाषा
2. लिखित भाषा
3. सांकेतिक भाषा।

(1) भाषा का मौखिक रूप

हम आपस में वार्तालाप करते हैं, कोई नेता भाषण देते हैं या सार्वजनिक स्थल पर हम बोलकर एक-दूसरे की बात सुनते हैं अथवा बाज़ार में कोई चीज़ क्रय करते समय बिक्रेता से बातचीत करते हैं; मोबाइल फ़ोन, नाटक, रेडियो और दूरदर्शन के कार्यक्रम इत्यादि में भी बातचीत या एकतरफ़ा संवाद होते हैं। तो यह भाषा का मौखिक रूप होता है। इसमें वक्ता और श्रोता कम से कम दो लोग सक्रिय रहते हैं। भाषण में एक वक्ता और अनेक लोग श्रोता की भूमिका में होते हैं। अर्थात् जिस ध्वनि का उच्चारण करके या बोलकर हम अपनी बात दूसरों से साझा करते हैं, वह भाषा का मौखिक रूप है।

मूलतः भाषा मौखिक ही होती है। लिखित रूप उस कहे हुए का एक तरह से लिप्यन्तरण अथवा 'अनुवाद' है।

मौखिक भाषा की विशेषताएँ—

1. यह भाषा का सबसे प्राचीन और मूल या मुख्य रूप है।
2. इस रूप में भाषा अस्थायी होती है। बातचीत के समाप्त होते ही भाषा भी समाप्त हो जाती है, जब तक कि वह रिकॉर्ड न की गयी हो अथवा उसका लिप्यन्तरण नहीं किया गया हो।

3. मौखिक भाषा में वक्ता और श्रोता, कम से कम दो लोग आमने-सामने होते हैं। आभासी (वर्चुअली) व्यवस्थाओं की सहायता से अधिक से अधिक असंख्य लोग भी हो सकते हैं।
4. इस भाषा की आधार-इकाई 'ध्वनि' होती है। ध्वनियों से शब्द बनते हैं, शब्दों से वाक्य बनते हैं, और वाक्यों का प्रयोग वार्तालाप में होता है।

(2) भाषा का लिखित रूप

आप कोई निबन्ध लिखते हैं या कविता-कहानी इत्यादि, यह भाषा का लिखित रूप है। दैनिक व्यवहार में कोई भी लेखन हो, कार्यालयी पत्राचार; यहाँ तक कि ई-मेल, कम्प्यूटर अथवा मोबाइल फ़ोन पर सन्देश (एसएमएस), फ़ेसबुक, वाट्सएप आदि पर 'पोस्ट' लिखना आदि-आदि में भाषा का लिखित रूप ही अपनाया जाता है। इस प्रकार हम अपनी बात लिखकर प्रेषित करते हैं और हमारे लिखे को अन्य व्यक्ति पढ़कर समझता है। दूसरे शब्दों में कहें तो जिन अक्षरों अथवा चिह्नों की सहायता से हम अपने भावों और विचारों को लिखकर व्यक्त करते हैं, उनको लिखित भाषा कहते हैं।

भाषा का लिखित रूप मौखिक रूप के बाद आया। मनुष्य ने जब लिपि का आविष्कार किया तब उसने अपने भावों तथा विचारों को लिखित चिह्नों के माध्यम से दूसरों तक पहुँचाने और मौखिक भाषा को भविष्य के लिए सुरक्षित रखने, सहेजने एवं स्थायी बनाने के लिए लिपि का प्रयोग किया।

लिखित भाषा की प्रमुख विशेषताएँ—

1. लिखित भाषा की आधारभूत इकाई 'वर्ण' (लेटर्स) हैं, जो ध्वनियों को व्यक्त करते हैं।
2. यह भाषा का स्थायी रूप है।
3. इसमें वक्ता और श्रोता का आमने-सामने होना आवश्यक नहीं है।

(3) भाषा का सांकेतिक रूप

बच्चे, और किसी भी रूप में 'दिव्यांग' (फ़िज़िकली चैलेंज्ड), विशेष रूप से कम श्रवण क्षमता के व्यक्ति (बहरे) अथवा जो बोल नहीं सकते (गूँगे) ऐसे व्यक्ति संकेतों के माध्यम से अपने भावों तथा विचारों को व्यक्त करते हैं। इन संकेतों को श्रोता द्वारा समझना आवश्यक होता है। उदाहरण के लिए रेड लाइट, येलो लाइट

और ग्रीन लाइट संकेतक हैं। चौराहे पर यातायात का नियन्त्रण करने वाला सिपाही भी संकेतों की भाषा का प्रयोग करता है। भाषा के इस सांकेतिक रूप का अध्ययन व्याकरण तथा भाषाविज्ञान में नहीं किया जाता।

हम यह भी देखते हैं कि पशु-पक्षी यहाँ तक कि चींटियाँ और कीट-पतंगे भी अपनी भावनाओं को एक-दूसरे तक अलग-अलग संकेतों के माध्यम से सम्प्रेषित करते हैं, जैसे–कई पक्षी अचानक एक अलग तरह की आवाज़ में चीख़ने लगते हैं। जिसके माध्यम से अपनी प्रजाति के पक्षियों को यह सन्देश प्रेषित करते हैं कि ख़तरा है और हममें से कोई साथी या बच्चा किसी दुश्मन के चंगुल में आ गया है या कोई अनिष्ट होने वाला है। मधुमक्खियाँ कभी-कभी अलग तरह का नृत्य करती हैं, जिसके माध्यम से वे अन्य मधुमक्खियों को यह सन्देश प्रेषित करती हैं कि यहाँ आसपास बहुत फूल और पराग हैं। एक बन्दर को पकड़ लिया जाये या उसके बच्चे का अनिष्ट हो रहा है, तो अलग तरह की आवाज़ पर आसपास के कई बन्दर इकठ्ठे हो जाते हैं। कई बार कौवों के तेज़ आवाज़ में बेसुरा चीख़ने और एक पुकार पर कितने ही कौवे एकत्र हो जाते हैं। (कौवा रौर और कौवा की एकता प्रसिद्ध है।)...ऐसे कई उदाहरण दिये जा सकते हैं। यह उनकी अपनी भाषा है जिसे उनकी अपनी प्रजाति के सदस्य ही समझ सकते हैं और वे अन्य प्रजातियों के पशु-पक्षी या कीट-पतंगों की भाषा सीखने की चेष्टा भी नहीं करते हैं।

क्या अन्तर है मनुष्य की भाषा और मनुष्य से अलग अन्य प्राणियों की 'भाषा' में?

यह प्रश्न बहुत वर्षों से भाषाविज्ञान के अध्येताओं को चुनौती देता रहा है। यद्यपि मनुष्य से अलग अन्य प्राणी अनन्तकाल से एक ही प्रकार से सूचनाओं का आदान-प्रदान करते चले आ रहे हैं। उनकी एक ही प्रजाति के सभी सदस्य पशु-पक्षी, कीट–पतंगे एक ही तरह के ध्वनि संकेतों अथवा शारीरिक संकेतों एवं सूचना-सम्प्रेषण की व्यवस्था का प्रयोग करते चले आ रहे हैं। उनका सम्प्रेषण सहज गत्यात्मक, अनियन्त्रित और मूल प्रवृत्तिजन्य होता है। बात इतनी ही नहीं है, भाषाविज्ञान के अध्येताओं ने इस पर गहन अध्ययन किया है; जिसमें से मुख्य-मुख्य बातें हम आगे चलकर बतायेंगे।

भाषा क्या है? मूल प्रश्न ये है

सामान्यत: भाषा वह साधन है, जिसके द्वारा मनुष्य बोलकर, सुनकर, लिखकर और पढ़कर अपने मन के भावों या विचारों का परस्पर आदान-प्रदान करता है। दूसरे

शब्दों में कहें तो जिस साधन के द्वारा हम अपने भावों को लिखकर अथवा बोलकर दूसरों से साझा कर सकें, अपनी बात दूसरों तक पहुँचा सकें या दूसरों को समझा सकें तथा दूसरों के भावों या विचारों को समझ सकें, उसे भाषा कहते हैं। कह सकते हैं कि सार्थक शब्दों के समूह या संकेत को भाषा कहते हैं।

हम जिस भाषा की बात कर रहे हैं और जिस भाषा का अध्ययन भाषाविज्ञान में किया जाता है, वह मनुष्य की भाषा है। यों तो मनुष्य अन्य तरह के माध्यमों को सफल संचरण के लिए अपनाता है; यथा–दैहिक भाषा जिसमें करतल ध्वनि, ताली बजाना, चुटकी बजाना, सीटी बजाकर या हाथ उठाकर और कभी-कभी किसी को बुलाना या आँखों से संकेत देना, खाँसना आदि सम्मिलित हैं। लेकिन यह सब भाषा या भाषाविज्ञान के अध्ययन क्षेत्र में नहीं आता। इन सम्प्रेषण-माध्यमों के प्रयोग का क्षेत्र सीमित है। हमारी समस्त अभिव्यक्ति के लिए यह साधन बहुत सीमित हैं। सफल और पूर्ण अभिव्यक्ति के लिए सबसे सशक्त माध्यम है मुख से उच्चरित ध्वनियाँ जो कि सार्थक ध्वनियों की व्यवस्थित संरचना है।

प्रो. कविता रस्तोगी ने संक्षेप में ठीक कहा है कि, "भाषा की स्वरूप-रचना मानवीय वागध्वनियों (स्पीच साउंड) द्वारा होती है। ध्वनि-उत्पादन के अन्य माध्यम भाषा की श्रेणी में परिगणित नहीं होते हैं। यद्यपि मानव बहुविध ध्वनियों के उच्चारण में सक्षम है, किन्तु मानव उच्चारण सम्भूत ध्वनियों में कुछ ध्वनियाँ ही भाषिक ध्वनियों के रूप में प्रयुक्त होती हैं। इन ध्वनियों में से कतिपय निश्चित संख्यक ध्वनियों का चयन भाषा विशेष द्वारा किया जाता है। यह भाषा विषयक सार्वभौमिक (यूनिवर्सल) तथ्य है। इन भाषिक ध्वनियों के विविध निश्चित क्रमों एवं संयोजनों द्वारा भाषा का स्वरूप (शब्द, पदबन्ध, वाक्य आदि) निर्मित होता है और मानव जिसके द्वारा चतुर्दिक परिवेश में उपस्थित वस्तुओं, पदार्थों, गुणों, क्रियाओं आदि का नामांकन करता है।" (रस्तोगी, कविता, (2010), 'समसामयिक अनुप्रयुक्त भाषाविज्ञान', दिल्ली, अविराम प्रकाशन, पृष्ठ–10)

वस्तुतः भाषाविज्ञान के अध्ययन-क्षेत्र में 'भाषा' के जिस रूप का अध्ययन और विश्लेषण किया जाता है, वह उस व्यवस्था का अध्ययन है जिसके अन्तर्गत मनुष्य ध्वनि-प्रतीकों के माध्यम से अपने भावों और विचारों का आपस में आदान-प्रदान करता है। इसमें उन साधनों का अध्ययन नहीं किया जाता, जिनके द्वारा हम सोचते हैं।

भाषा की परिभाषा क्या है?

अलग-अलग विद्वानों ने भाषा को अपने-अपने दृष्टिकोण से परिभाषित किया है।

बहुत सामान्य–सी बात है कि व्युत्पत्ति की दृष्टि से तो 'भाषा' शब्द संस्कृत की 'भाष्' धातु से बना है, जिसका शब्दकोशों में यह अर्थ मिलता है–कहना या प्रकट करना। अर्थात् भाषा वह है जो बोली और कही जा सके। उसमें ध्वन्यात्मकता हो। लेकिन यह एक सरल और सामान्य परिभाषा है। अत्यन्त व्यापक भी है। क्योंकि जो बोला जाये, वह सब भाषा नहीं होता। किसी का अनर्गल प्रलाप, किसी मन्दबुद्धि व्यक्ति का बड़बड़ाना भाषा नहीं कहा जा सकता। क्योंकि उसके बोलने में कोई क्रम नहीं होता। और न ही कोई स्पष्ट अर्थ होता।

इसी अवधारणा के साथ **महर्षि पतंजलि** ने लिखा है,**"व्यक्ता वाचि वर्णा येषां त इमे व्यक्तवाचः।"**

(अर्थात् जो वाणी वर्णों में व्यक्त होती है, उसे भाषा कहते हैं।)

अब हम देखें भाषा की कुछ परिभाषाओं को।

हिन्दी व्याकरण के विद्वान् **कामता प्रसाद गुरु** ने लिखा है कि, "भाषा वह साधन है जिसके द्वारा मनुष्य अपने विचारों को दूसरों पर भली-भाँति प्रकट कर सकता है और दूसरों के विचार स्पष्टता के साथ ग्रहण करने में सक्षम हो सकता है।" (गुरु, का.प्र., (2009) 'हिन्दी व्याकरण', दिल्ली, प्रकाशन संस्थान, पृ. 9)

इस परिभाषा में भाषा की समग्र अवधारणा और वैज्ञानिकता सामने नहीं आ रही।

डॉ. पाण्डुरंग दामोदर गुणे के अनुसार, "अपने व्यापक अर्थ में भाषा के अन्तर्गत विचारों और भावों को सूचित करने वाले वे सारे संकेत आते हैं जो देखे और सुने जा सकते हैं व इच्छा अनुसार उत्पन्न व दोहराये जा सकते हैं।" (गुणे, पाण्डुरंग दामोदर, (2005), 'तुलनात्मक भाषाविज्ञान', भोलानाथ तिवारी (अनु.), दिल्ली, मोतीलाल बनारसीदास, पृ. 3)

इस परिभाषा में बात कुछ आगे बढ़ी।

बाबू श्यामसुन्दर दास ने बहुत कम शब्दों में भाषा को परिभाषित किया है, "विचारों की अभिव्यक्ति के लिए व्यक्त ध्वनि-संकेत के व्यवहार को भाषा कहते हैं।" तथा–"मनुष्य और मनुष्य के बीच वस्तुओं के विषय में अपनी इच्छा और मति का आदान-प्रदान करने के लिए व्यक्त ध्वनि-संकेतों का जो व्यवहार होता है, उसे भाषा कहते हैं।" (दास, श्यामसुन्दर, (2009), 'भाषाविज्ञान', दिल्ली, प्रकाशन संस्थान, पृ. 20 और 29) (इतने कम शब्दों में भाषा का समग्र रूप नहीं उभरता।)

डॉ. बाबूराम सक्सेना ने कहा है, "जिन ध्वनि-चिह्नों द्वारा मनुष्य परस्पर विचार-विनिमय करता है, उसको समस्त रूप में भाषा कहते हैं।" और...भाषा विचार विनिमय मात्र का ही साधन नहीं है, वह विचार करने का भी साधन है। (सक्सेना, बाबूराम, (1947), 'सामान्य भाषाविज्ञान', प्रयाग, हिन्दी साहित्य सम्मेलन, पृ. 66) (यह परिभाषा सामान्य एवं अपूर्ण है।)

डॉ. भोलानाथ तिवारी ने भाषा को इस रूप में परिभाषित किया है, "भाषा उच्चारण-अवयवों से उच्चरित, यादृच्छिक (आर्बिट्रेरी) ध्वनि-प्रतीकों की वह व्यवस्था है जिसके द्वारा समाज विशेष के लोग आपस में विचारों को प्रकट करते हैं।" (डॉ. तिवारी, भोलानाथ (1986), 'भाषाविज्ञान', इलाहाबाद, किताब महल, पृ. 4-5)

डॉ. उदयनारायण तिवारी ने भाषा को मनुष्य के प्रतीकात्मक कार्यों का प्राथमिक एवं बहुविस्तृत रूप मानते हुए कहा है कि, "भाषा के प्रतीक ध्वनि-अवयवों से उत्पन्न ध्वनि अथवा ध्वनि-समूहों से बने होते हैं एवं वर्गों तथा आकारों में इस प्रकार सजाये हुए रहते हैं कि उनका संयुक्त एवं डौल आकार (ढाँचा) बन जाता है।" (डॉ. तिवारी, उदयनारायण, (1978) 'भाषाशास्त्र की रूपरेखा', इलाहाबाद, भारती भण्डार, पृ. 6) (भाषा की परिभाषा के सन्दर्भ में डॉ. तिवारी जी के इन शब्दों से कुछ स्पष्ट नहीं हो पाता!)

डॉ. देवीशंकर द्विवेदी ने भाषा की सटीक और संक्षिप्त परिभाषा दी है। उनका मानना है कि, "भाषा यादृच्छिक वाक्-प्रतीकों की वह व्यवस्था है, जिसके माध्यम से मानव समुदाय परस्पर व्यवहार करता है।" (डॉ. द्विवेदी, देवीशंकर, (1964), 'भाषा और भाषिकी', आगरा, लक्ष्मीनारायण अग्रवाल, पुस्तक प्रकाशक, पृ. 11)

अब कुछ विदेशी विद्वानों द्वारा दी गयीं परिभाषाओं पर दृष्टिपात कर लिया जाये। सबसे पहले पश्चिमी प्राचीन दार्शनिक **प्लेटो**। **प्लेटो** का कहना था कि, "विचार आत्मा की मूक या अध्वन्यात्मिक बातचीत है पर वही जब ध्वन्यात्मक होकर होंठों पर प्रकट होती है, तो उसको भाषा कहा जाता है।"

गार्डिनर, एलन, एच. के अनुसार, "विचारों की अभिव्यक्ति के लिए व्यवहृत व्यक्त और स्पष्ट ध्वनि संकेतों को भाषा कहते हैं।" ("द कॉमन डेफ़िनेशन ऑफ़ स्पीच इज़ द यूज ऑफ़ ऑर्टिकुलेट साउंड सिम्बल्स फ़ॉर द एक्सप्रेशन ऑफ़ थॉट्स।") (गार्डिनर, एलन. एच., (1932), द थ्यॉरी ऑफ़ स्पीच ऐंड लैंग्वेज", ऑक्सफ़ोर्ड यूनिवर्सिटी प्रेस)

ब्लॉक, बर्नार्ड एवं ट्रेगर, जॉन एल. का मानना है कि, "भाषा यादृच्छिक ध्वनि-प्रतीकों की वह व्यवस्था है जिसमें एक सामाजिक समूह परस्पर सहयोग

करता है।" (ए लैंगुएज इज़ ए सिस्टम ऑफ़ ऑर्बिट्रेरी वोकल सिम्बल्स बाइमींस ऑफ़ व्हिच ए सोशल ग्रुप को-ऑपरेट्स) (ब्लॉक, बर्नार्ड ऐंड ट्रेगर, जॉन एल., 1942, 'आउटलाइन ऑफ़ लिंगुइस्टिक एनालाइसिस', लिंग्युस्टिक सोसाइटी ऑफ़ अमेरिका, पृ. 5)

परिभाषाएँ तो और भी कई हैं किन्तु भाषा को समझने के लिए इतनी ही पर्याप्त हैं। और भी जो परिभाषाएँ हैं, उनमें से अधिकांश में लगभग दोहराव ही है। इन परिभाषाओं में भाषा के पाँच मुख्य तत्त्व सामने आये हैं–

1. भाषा उच्चारण अवयवों द्वारा उच्चरित **ध्वनि-प्रतीकों** की एक **व्यवस्था** (सिस्टम) है।
2. ध्वनियों की **यादृच्छिकता**। ये संकेत **यादृच्छिक** (आर्बिट्रेरी–ऐसे ही बिना तर्क के मान लिये गये अथवा पूर्णतया कल्पित) होते हैं।
3. विशेष **सामाजिक समूह**, जिसमें भाषा बोली जाती है।
4. **सहयोग** (को-ऑपरेशन)।
5. भाषा सम्प्रेषण का सहज **माध्यम** है। विचारों की अभिव्यक्ति एवं विचार-विनिमय का माध्यम।

पीछे हमने भाषा की कई महत्त्वपूर्ण परिभाषाओं को देखा। इनमें से **ब्लॉक एवं ट्रेगर** द्वारा दी गयी परिभाषा विश्व भर के अधिसंख्य विद्वानों ने स्वीकार की है। जैसाकि यह परिभाषा कहती है, "भाषा उच्चारण-अवयवों के द्वारा उच्चरित यादृच्छिक ध्वनि-प्रतीकों की व्यवस्था है, जिसके माध्यम से एक सामाजिक समूह आपस में सहयोग करता है।"

इस परिभाषा में भाषा के आवश्यक घटक बहुत संक्षेप में रेखांकित किये गये हैं। इन घटकों पर विचार कर लिया जाये।

कहा गया कि 'उच्चरित यादृच्छिक-ध्वनि प्रतीकों की व्यवस्था'। इससे क्या तात्पर्य है? एक तो यह कि कोई भी भाषा, उन ध्वनि-प्रतीकों की व्यवस्था है, जो उच्चारण-अवयवों से उच्चरित किये जाते हैं और दूसरी बात यह कि ये 'यादृच्छिक' (आर्बिट्रेरी) होती हैं। तीसरी बात व्यवस्था। भाषा वही मानी जायेगी जिसमें उच्चारण-अवयवों से निकली ध्वनियाँ हों। लेकिन यह बहुत ही व्यापक बात हो गयी। उच्चारण-अवयवों (या वागिन्द्रियों) से निकली कोई भी ध्वनि तो भाषा नहीं हो सकती। जैसे– पागल का कुछ भी बोलना, किसी का अनर्गल प्रलाप उच्चारण-अवयवों से उच्चरित ध्वनियाँ तो हैं, किन्तु उन ध्वनियों में कोई व्यवस्था नहीं होती।

परस्पर सम्बद्धता नहीं होती। कोई तारतम्य नहीं होता। इसलिए उनमें अर्थ का अभाव होता है। दुनिया भर की सभी चीज़ों में व्यवस्था होती है। सौरमण्डल से लेकर विश्वविद्यालय, कॉलेज, विद्यालय, न्यायालय, कोई सफल सरकारी या ग़ैर-सरकारी कार्यालय, यहाँ तक कि मशीनों और कम्प्यूटर आदि-आदि में उनकी अपनी एक व्यवस्था होती है। कुछ नियम-क़ायदे होते हैं, तभी वे चल पाते हैं। इसी तरह प्रत्येक भाषा के अपने नियम होते हैं।

भाषा को **ध्वनि-प्रतीकों** की **व्यवस्था** कहा गया। और जो ध्वनि-प्रतीक **यादृच्छिक** हैं। ध्वनि प्रतीक क्या होते हैं? भाषा की यह विशेषता है कि वह ध्वनि-प्रतीकों से बनी होती है। ध्यान दें कि यहाँ केवल 'ध्वनि' नहीं कहा जा रहा, ध्वनि-प्रतीक' कहा जा रहा है। ध्वनि में अर्थ-निर्माण और अर्थ-परिवर्तन की शक्ति नहीं होती, जबकि ध्वनि-प्रतीकों में यह शक्ति होती है। ये ध्वनि-प्रतीक कई प्रकार के हो सकते हैं, जैसे–ताली बजाना, चुटकी बजाना, हाथ से कोई संकेत करना, जान-बूझकर खाँसना, सीटी बजाना आदि-आदि। लेकिन ये भाषा के ध्वनि-प्रतीक नहीं हैं। क्योंकि ये न तो वागिन्द्रियों से निकलने वाली ध्वनियाँ हैं, न इनमें कोई व्यवस्था है और न ही इनमें शब्द हैं। जो ध्वनियाँ वागिन्द्रियों से निकलती हैं, जिन ध्वनियों में एक व्यवस्था होती है, और जिनमें अर्थ वहन करने की क्षमता हो; वास्तव में वही ध्वनियाँ 'ध्वनि-प्रतीक' होती हैं। यादृच्छिकता इनका गुण होता है। जो भी शब्द बने, उनके बनने में यादृच्छिकता का बड़ा योगदान था। साथ ही ध्वनि-प्रतीकों का आधार ग्रहण किया गया था। 'यादृच्छिक' का अर्थ है–जो इच्छा, जैसी इच्छा। मान लिया गया। मनमाना। काल्पनिक। हम शेर को 'शेर' ही क्यों कहते हैं, बिल्ली या पेड़ क्यों नहीं कहते। इसका कोई तर्क नहीं है। किसी से यह पूछें कि ये नाम कैसे पड़े? तो उसका उत्तर होगा कि हमारे पूर्वज कहते आये हैं, इसलिए हम भी कहते हैं। अपनी इच्छा से समाज ने ये नाम रख लिये और वे उस भाषाभाषी समाज में चलने लगे। कुछ वस्तुओं, क्रियाओं आदि को आसपास की ध्वनियों, किसी प्राणी की शारीरिक संरचना आदि के आधार पर भी इच्छित नाम दे दिये गये। कहने का अर्थ यह है कि जो भी शब्द बने, वे 'यादृच्छिकता' के आधार पर बने।

जहाँ कोई 'व्यवस्था' है, वहाँ व्यवस्था का कोई न कोई उद्‌देश्य अवश्य होता है। उद्‌देश्य की प्राप्ति के लिए ही व्यवस्था बनायी जाती है। भाषा का भी एक उद्‌देश्य है। वह है **सहयोग**। कहा गया है कि भाषा वह है, जिसके माध्यम से कोई सामाजिक समूह परस्पर 'सहयोग' करता है। अनेक लोग मानते हैं कि

भाषा **आत्माभिव्यक्ति का एक माध्यम** है। ध्यान देने की बात है कि कोई व्यक्ति आत्माभिव्यक्ति करे, कविता, गीत, कहानी इत्यादि के रूप में अपनी बात व्यक्त करे; तो उसे कोई न कोई सुनेगा। चाहे एक व्यक्ति सुने या हज़ारों लोग सुनें। सभी लोग उसे सुनते हुए 'सहयोग' ही कर रहे होते हैं। इनके लिखित रूप को पढ़ते हुए भी हम लेखक का सहयोग ही कर रहे होते हैं। किसी दुकान पर जायें अथवा मॉल में, घर में बातें करें या पार्क अथवा सड़क के किनारे...एक-दूसरे से बातचीत कर के हम आपस में एक-दूसरे का सहयोग ही कर रहे होते हैं। **प्लेटो** ने भाषा को **बातचीत** कहा है। बातचीत के लिए भी कम से कम दो लोग होने चाहिए। अधिक से अधिक भले ही कितने ही लोग हों। यह बातचीत 'सहयोग' है। वास्तव में सहयोग एक व्यापक और बहुआयामी शब्द है। वार्ता, बातचीत, संवाद, आदेश, निर्देश, परामर्श, विवेचना, आलोचना आदि-आदि कितने ही रूप हैं, जो सहयोग की परिधि में आते हैं। भाषा कितने ही सहयोगों में भूमिका निभाती है। सभी के लिए सहयोग का माध्यम बनती है। सम्पर्क-सेतु का काम करती है। सम्पर्क मात्र सम्पर्क के लिए नहीं किया जाता, उसके अन्दर 'सहयोग' की भावना छिपी हुई रहती है।

जब हम **सामाजिक समूह** की बात करते हैं, तो हमें यह स्पष्ट रूप से बोध होना चाहिए कि प्रत्येक भाषा किसी न किसी सामाजिक समूह में प्रयुक्त होती है। हर भाषा सभी सामाजिक समूहों में प्रयुक्त नहीं होती। उसे एक परिवेश मिलता है, जहाँ वह व्यवहार में होती है और समृद्ध होती रहती है। हिन्दी का अपना भाषिक सामाजिक समूह है। पंजाबी, गुजराती, बांग्ला, मराठी, अंग्रेज़ी, फ्रेंच, जर्मन, रूसी, अरबी-फ़ारसी आदि-आदि हज़ारों भाषाओं का अपना-अपना सामाजिक समूह है। इससे यह सहज ही समझा जा सकता है कि कोई ऐसी सार्वभौमिक भाषा नहीं है, जो सभी सामाजिक समूहों में प्रयोग में लायी जाती हो। हाँ, यह हो सकता है कि उस सामाजिक समूह की अपनी मूल भाषा के साथ कोई दूसरी या अन्य भाषा भी प्रयोग में लायी जाती हो। लेकिन वह भाषा बहुत सीमित वर्ग में ही चल सकती है। सभी लोग समान रूप से उस भाषा का प्रयोग नहीं कर सकते। इसीलिए कहा गया कि सभी सामाजिक समूहों के लिए एक सार्वभौमिक भाषा नहीं बनायी जा सकती है। प्रयत्न करके देखा जा चुका है; किन्तु सफलता नही मिली। (**एस्पेरेंतो** ऐसी ही एक कृत्रिम 'भाषा' थी, जिसे कुछ भाषाविज्ञानियों ने सन् 1887 में तैयार करके देखी थी। वह व्यवहार में सफल नहीं हो सकी!) किसी समाज विशेष में चलने वाली भाषा की केवल शब्दावली ही अलग नहीं है, बल्कि उसकी अपनी बनावट है, अपना

व्याकरण है, ध्वनियों के प्रयोग के अपने नियम हैं। ये तत्त्व अलग-अलग भाषाओं को स्वतन्त्र व्यक्तित्व प्रदान करते हैं।

इन सब परिभाषाओं से अलग सुप्रसिद्ध स्विस भाषाविद् **फ़र्दिनां डी. सॉसर/सस्यूर (जिनको सस्यूर नाम से जाना जाता है)** ने अलग विचार रखा। अभी तक भाषा के परम्परागत विचारों में भाषा और वाक् को एक ही माना जाता रहा है। **सस्यूर** ने अलग नये विचार को प्रस्तुत किया। यह नया मौलिक विचार था कि **भाषा** और **वाक्** अलग-अलग होते हैं। उन्होंने मुख्यत: पाँच बिन्दु दिये, जो भाषा और वाक् का अन्तर स्पष्ट करते हैं–

1. भाषा एक व्यवस्था है। जबकि वाक् उसका मौखिक और लिखित व्यक्त रूप है।
2. भाषा अपने बोलने वाले समाज के मस्तिष्क में होती है, जबकि वाक् व्यक्ति द्वारा प्रयुक्त होता है। यही कारण है कि भाषा सामाजिक है और वाक् वैयक्तिक होता है। इस बात को इस प्रकार भी कह सकते हैं कि वाक् भाषा का वैयक्तिक रूप है।
3. भाषा की अवस्थिति मानसिक होती है, जबकि वाक् भौतिक होता है।
4. भाषा अमूर्त होती है, जबकि वाक् मूर्त।
5. कुछ अध्येता कहते हैं कि भाषा वास्तविक नहीं होती, जबकि वाक् वास्तविक होता है।

उनका यह भी कहना है कि दोनों ही वास्तविक होती हैं, लेकिन दोनों की वास्तविकता में अन्तर है। भाषा की वास्तविकता मस्तिष्क में होती है, जबकि वाक् की वास्तविकता भौतिक है। **सस्यूर** के विचारों को वैश्विक पटल पर स्वीकृति मिली। भाषा-विमर्श में भाषा के नये सम्प्रदाय और आयाम विकसित हुए। हाँ, उनमें से भाषाविज्ञान का एक सम्प्रदाय है, **कोपेनहेगेन** का। इस सम्प्रदाय ने भी माना कि भाषा अमूर्त होती है, जबकि वाक् मूर्त। प्राग सम्प्रदाय के अनुसार 'स्वनिम' की उपस्थिति भाषा में तथा 'उपस्वन' की उपस्थिति वाक् में निहित होती है।

इसी तरह **चोम्स्की (पूरा नाम एवरम नोम चोम्स्की)** के सम्प्रदाय (रूपान्तरपरक सम्प्रदाय) ने सामर्थ्य एवं निष्पादन में अन्तर किया। भाषा का सम्बन्ध सामर्थ्य से है, जबकि वाक् का सम्बन्ध निष्पादन से। और यह भी कि वाक् और शैली का गहन सम्बन्ध है।

सारांशत: **सस्यूर** का मत (कि दोनों ही वास्तविक होती हैं। बस उनकी सत्ता अलग-अलग हैं। भाषा की वास्तविकता मस्तिष्क में है, तो वाक् की भौतिक

जगत् में।) सामने आते ही विश्व के कई भाषा अध्येताओं ने इस पर प्रतिक्रिया दी। अधिकांश लोगों ने इस मत को स्वीकार कर लिया। कुछ ने ही इसे सही नहीं माना। **कोपेनहेगेन सम्प्रदाय** ने भाषा को अमूर्त तथा वाक् को मूर्त कहा। **प्राग सम्प्रदाय** ने **स्वनिम** की सत्ता भाषा में और **उपस्वन** की सत्ता वाक् में मानी है। **चोम्स्की के रूपान्तरपरक सम्प्रदाय** में सामर्थ्य तथा निष्पादन में अन्तर माना जाता है। इसमें सामर्थ्य का सम्बन्ध भाषा से और निष्पादन का वाक् से है। संक्षेप में यह भी कि शैली की चर्चा की जाये तो कहेंगे, कि एक दृष्टि में भाषा तो सामान्य होती है, और शैली की सत्ता वाक् में है।

अब देखें मनुष्य और अन्य प्राणियों की भाषा में अन्तर

जैसाकि हमने पहले बताया था हम जिस भाषा की बात कर रहे हैं और जिस भाषा का अध्ययन भाषाविज्ञान में किया जाता है, वह मनुष्य की भाषा (मानव भाषा) है। यों तो मनुष्य अन्य तरह के माध्यमों को भी सफल संचरण के लिए अपनाता है, किन्तु वे सभी भाषा की श्रेणी में नहीं आते। इसी तरह कुछ वैज्ञानिकों ने सन् 1887 ई. में आर्टिफ़िशियल भाषा बनायी थी। जिसका नाम है–**एस्पेरेंतो** लेकिन जीवन्त भाषा की तरह उसमें भाव और विचारों का गुम्फन नहीं होता। न संवेदना के आयाम ही होते हैं। कृत्रिम भाषा में किसी समाज की सांस्कृतिक सम्पदा को वहन करने की शक्ति नहीं होती। **कृत्रिम मेधा (ए.आई.-आर्टीफ़िशियल इंटेलीजेंस) के इस युग में वैज्ञानिकों ने अनेक तरह के रोबोट तैयार किये हैं। निरन्तर प्रयोग जारी हैं। किन्तु उनकी भाषा मशीन की भाषा है। संवेदना से रहित, कल्पनाशीलता से रहित और ग़ैर-रचनात्मक। और यह सब आदेश-निर्देश उस मशीन में मानव द्वारा पहले से प्रोग्रामित कर दिये जाते हैं।** मनुष्य की भाषा मनुष्येतर प्राणियों की 'भाषा' से कई तरह से भिन्न है। क्या इनके मध्य मात्रात्मक अन्तर ही है अथवा और भी कोई अन्तर है?

इस सन्दर्भ में हमको अमेरिकी भाषाविद् **चार्ल्स फ्रांसीस हॉकेट** के विचारों से बहुत सटीक जानकारी मिलती है। (विस्तृत पाठ के लिए देखें **हॉकेट** का 1959 में 'इंटरनेशनल जर्नल ऑफ़ अमेरिकन लिंग्विस्टिक्स' में प्रकाशित लेख–'एनिमल लैंग्वेज एंड ह्यूमन लैंग्वेज'।)

इस लेख में **हॉकेट** लिखते हैं कि, "हम भाषा के सात अभिलक्षणों के आधार पर दोनों के बीच के अन्तर को समझ सकते हैं।" यह अन्तर इन सात अभिलक्षणों में इस प्रकार समझा जा सकता है–

1. द्वैतता (डुअलटी ऑफ़ स्ट्रेक्चर)
2. उत्पादकता (प्रोडक्टिविटी)
3. यादृच्छिकता (आर्बिट्रेरिनैस)
4. अन्तरविनिमेयता या व्यतिहारिता (इंटरचेंजिएबिलिटी)
5. विस्थापन (डिस्प्लेसमेंट)
6. विशेषीकरण (स्पेसलाइज़ेशन)
7. सांस्कृतिक प्रेषण या संचारण (कल्चरल कम्युनिकेशन)।

हॉकेट द्वारा प्रस्तावित ये सात अभिलक्षण उनके अनुसार, भाषा के वास्तविक तत्त्व हैं। इनको उन्होंने 'द की प्रापर्टीज़ ऑफ़ लैंग्वेज' कहा है। और आगे चलकर वे कहते हैं कि, "इनका समग्र समुच्चय किसी ज्ञात मनुष्येतर भाषा में नहीं पाया जाता। यद्यपि इनमें से कुछ विशेषताएँ मनुष्येतर सम्प्रेषण व्यवस्था में पायी जा सकती हैं।" (पठनीय, **डॉ. उपाध्याय, उमाशंकर**, तथा अन्य (सम्पादक), ई पाठशाला, वर्धा, महात्मा गाधी अन्तरराष्ट्रीय हिन्दी विश्वविद्यालय)।

अब हम **हॉकेट** द्वारा प्रस्तावित भाषा के इन सात अभिलक्षणों पर थोड़ा विस्तार से चर्चा करें।

1. द्वैतता

मनुष्य की भाषा में द्वैतता अथवा संरचना द्वित्व पाया जाता है। भाषा में संरचना में दो स्तर मिलते हैं। एक स्तर अभिव्यक्ति की अर्थहीन इकाइयों का और दूसरा स्तर कथ्य की अर्थयुक्त इकाइयों का। इसका एक उदाहरण देखें–**विद्यालय** शब्द पाँच ध्वनियों या अभिव्यक्ति की अर्थहीन इकाइयों से बना है–**वि+द्+य्+ल्+य्** से। यह 'विद्यालय' की कथ्य-संरचना है। **कथ्य की इकाइयों की दृष्टि से** यह शब्द कथ्य की दो अर्थयुक्त इकाइयों, **विद्या+आलय**, के योग से बना है। मनुष्येतर प्राणियों में सम्प्रेषण की प्रणालियों में प्राय: एक ध्वनि-संकेत या दृश्य-संकेत का एक निश्चित आशय होता है। वहाँ एक से अधिक ध्वनि-संकेत अथवा दृश्य-संकेत मिलकर अर्थयुक्त इकाइयों की रचना नहीं करते। इसका परिणाम यह है कि मनुष्येतर सम्प्रेषण-प्रणालियों में यदि शेर तथा ख़रगोश जैसे प्राणी मात्र 8-10 वाचिक संकेत उत्पन्न करते हैं तो वे इतने ही अर्थों को व्यक्त कर पाते हैं। जबकि कोई मनुष्य-भाषा अपने 50-60 वाचिक अभिव्यक्ति के संकेतों को पहले कथ्य की इकाइयों में संरचित करती हैं जिससे भाषा की हज़ारों शब्दों की रचना होती है। और उन शब्दों को वाक्य में संरचित कर असंख्य भावों तथा विचारों को व्यक्त किया जा सकता है।

इस प्रकार मनुष्य की भाषा की द्वैतता या दोहरी संरचना का यह अभिलक्षण मनुष्य की भाषा की अभिव्यक्ति क्षमता को मनुष्येतर प्राणियों की सम्प्रेषण-प्रणालियों से बहुत अधिक स्तर तक बढ़ा देता है।

2. उत्पादकता

भाषा के इस अभिलक्षण के अनुसार भाषा के कथ्य अथवा अर्थ की सीमित इकाई के माध्यम से अनेकानेक वाक्यों को रचने और समझने की शक्ति मिलती है। बच्चे जब ज्ञानार्जन की प्रक्रिया में होते हैं, तब वे नये-नये वाक्यों से अवगत होते हैं। उनकी रचनाशीलता उनको नये वाक्यों के निर्माण की क्षमता प्रदान करती है। यही नहीं, बल्कि हर्ष और दु:ख में, उत्साह और नयी उपलब्धियों इत्यादि के क्षणों में हम विभिन्न स्थितियों और सन्दर्भों के अनुरूप नये-नये वाक्यों की रचना करते हैं।

जब एक छोर पर वक्ता और दूसरी ओर श्रोता होने पर बिना किसी कठिनाई के वे श्रोता नये-नये वाक्य सुनकर सहजता के साथ उन वाक्यों को समझ लेते हैं; बेशक वे वाक्य उनके लिए वे सर्वथा नये क्यों न हों।

मनुष्येतर प्राणियों में ऐसा नहीं होता। उनके ध्वनि-संकेत सुनिश्चित स्थितियों एवं सन्दर्भों के साथ जुड़े हुए होते हैं। वे नयी स्थितियों में नये वाक्य नहीं सोच सकते; न वाक्य को बना सकते हैं। नयी सर्जनात्मकता और उत्पादकता की शक्ति मनुष्येतर प्राणियों में नहीं होती। भाषा की यह शक्ति मनुष्य के ही पास है।

3. यादृच्छिकता

यादृच्छिकता का अर्थ है–'जैसी इच्छा' अथवा 'माना हुआ'। इसे काल्पनिक भी कहा जा सकता है। इस विशेषता के अनुसार भाषिक रूपों, जैसे शब्द और वाक्य तथा उनके अर्थ में कोई प्राकृतिक अथवा तार्किक सम्बन्ध नहीं होता है। किसी भाव अथवा जीवन में भौतिक रूप से प्रचलित शब्दों से उनके सम्बन्ध रूढ़ हो गये हैं। यह सम्बन्ध मात्र रूढ़िपरक ही होता है; जैसे–'शेर' शब्द के रूप का अथवा उसे गठित करने वाली ध्वनियों–श्+ए+र् का 'शेर' शब्द के अर्थ से कोई तार्किक सम्बन्ध नहीं है। इन ध्वनियों का अपने आप में स्वतन्त्र रूप में कोई अर्थ नहीं है, जिससे कि इनके योग से बने शब्द से 'शेर' अर्थ निकाला जा सके। अत: 'शेर' शब्द तथा 'पेड़' अर्थ का सम्बन्ध केवल यादृच्छिक अथवा रूढ़िगत है। यह प्राकृतिक या तार्किक सम्बन्ध नहीं है। इसलिए अलग-अलग भाषाओं में 'शेर' शब्द का अलग-अलग अर्थ होता है; जैसे 'शेर' अंग्रेज़ी में 'लॉयन' कहते हैं। कोई व्यक्ति आपसे

यह पूछे कि, "आप शेर को शेर ही क्यों कहते हैं?", तो इस प्रश्न का तर्कपूर्ण उत्तर देना सम्भव नहीं होगा। बहुत हुआ तो ऐसी दशा में आप यह उत्तर ही दे पायेंगे कि "हमने बचपन से ही घर पर माता-पिता, पारिवारिक सदस्यों आदि से यही सुना है"। वे इसे 'शेर' को 'शेर' ही कहते चले आये हैं। हम भी इसीलिए यही बोलते चले आ रहे हैं। हाँ, इतना अवश्य है कि अनुकरणात्मक या अनुरणात्मक शब्द जिनमें ध्वनियों का अथवा पशु-पक्षियों की बोलियों का सादृश्य दिखाई देता है, इस चर्चा के अपवाद हो सकते हैं।

4. अन्तरविनिमेयता या व्यतिहारिता

यह भाषा विषयक ऐसा अभिलक्षण है, जिसका सम्बन्ध किसी भी भाषा के प्रयोग करने वालों से सम्बन्धित है। वास्तव में मनुष्य की भाषा एक ऐसी प्रणाली है जिसमें किसी भी लिंग के लोग भाषिक संकेतों का प्रेषण और ग्रहण करने का काम कर सकते हैं। एक ही व्यक्ति प्रेषक है और वही प्रेषिती भी हो सकता है। जबकि देखा गया है कि मनुष्येतर प्राणियों की कुछ संकेत-प्रणालियों में प्राय: नर संकेतों को प्रेषित करने वाला (प्रेषक) होता है, जबकि मादा उन संकेतों को ग्रहण करती है। कुछ मामलों में इसका उलट देखा गया है अर्थात् मादा संकेतों की प्रेषक होती है और नर द्वारा वे संकेत ग्रहण किये जाते हैं।

उपर्युक्त सन्दर्भ में मनुष्य की भाषा का यह अभिलक्षण एक ऐसा अभिलक्षण है जो उसकी भाषा को मनुष्येतर भाषा से भिन्न बनाता है।

5. विस्थापन

मनुष्य की भाषा का एक अभिलक्षण यह भी है कि भाषा को प्रयोग में लाने वाला (अर्थात् प्रयोक्ता) मनुष्य की भाषा का प्रयोग उसकी परिस्थिति और भिन्न परिवेश में भी कर सकता है। कोई व्यक्ति दुनिया के किसी भी स्थान से कितने ही दूरस्थ स्थान पर बैठे व्यक्ति से बातचीत कर सकता है। स्थान की दृष्टि से ही नहीं, अपितु काल की दृष्टि से भी वह व्यक्ति मात्र अब, अभी तत्काल, आने वाले कल और बीते हुए कालखण्ड, दिन, तिथि और महीनों वर्षों की बात वह उतनी ही सरलता से कर सकता है। कहने का तात्पर्य यह है कि मनुष्य-भाषा का व्यवहार प्रयोग के स्थान और काल-सीमा से बँधा हुआ नहीं है।

दूसरी ओर मनुष्येतर प्राणियों की भाषा की सम्प्रेषण-प्रणालियों को देखें तो पायेंगे कि इनका प्रयोग उस प्राणी विशेष की तात्कालिक परिस्थिति से उत्पन्न

भूख, भय, क्रोध आदि आवेगों की अभिव्यक्ति के लिए होता है। पशु-पक्षी इत्यादि किसी अन्य स्थान या किसी अतीत अथवा घटना के सम्बन्ध में अपने आवेगों को अभिव्यक्त नहीं कर सकते। इसका इतिहास से कोई सम्बध नहीं होता और न ही किसी वस्तु पर विमर्श कर सकते हैं।

6. विशेषीकरण

इस अभिलक्षण के अन्तर्गत आता है भाषा-व्यवहार। भाषा-व्यवहार सम्प्रेषण के लिए किया जाने वाला एक विशेष व्यवहार है। इसका कारण है कि मनुष्य-भाषा में प्रयुक्त वाचिक संकेत सम्प्रेषण के साथ-साथ साँस लेने, भोजन करने, पानी पीने जैसे किसी भी अन्य प्रयोजन के लिए नहीं होते; यथा–मनुष्य-भाषा के वाचिक संकेतों के विशेषीकृत उत्पादन का उद्देश्य सफल सम्प्रेषण ही है। इसी प्रकार इन भाषिक संकेतों का श्रोताओं पर प्रभाव उनके तात्कालिक प्रभाव से बहुत अलग होता है।

मनुष्येतर प्राणियों की सम्प्रेषण-प्रणाली की प्रक्रिया में उत्पन्न होने वाले ध्वनि-संकेत पशु-पक्षियों की विशिष्ट भावावस्था में से पैदा होने वाले सहज संकेत होते हैं। इसके लिए उनको कोई अतिरिक्त प्रयास नहीं करना पड़ता।

7. सांस्कृतिक संचारण

यह भाषा का ऐसा अभिलक्षण है, जो कहता है कि मनुष्य-भाषा का संचार एक पीढ़ी से दूसरी पीढ़ी में आनुवंशिक आधार पर नहीं, बल्कि सांस्कृतिक आधार पर होता है। इसके विपरीत मनुष्येतर प्राणियों की सम्प्रेषण-प्रणालियाँ उनके जन्म लेने पर आनुवंशिक रूप में पीढ़ियों में चलती रहती हैं। मनुष्य-समाज में भाषा का संचरण उसके सांस्कृतिक परिवेश में आगे बढ़ता है। उसमें भाषा को अर्जित करने की क्षमता जन्मजात है।

देखा गया है कि मनुष्य का कोई छोटा शिशु सुदूर किसी अन्य भाषाभाषी के घर पर रहने लगे तो वह जो भाषा बोलेगा, वह उसे भिन्न परिवेश से मिलेगी। कहने का अर्थ यह है कि मनुष्य भाषा का अर्जन कर सकता है और तदनुसार उसका भाषा-व्यवहार भी वही होता है। इसके विपरीत किसी अन्य मनुषेतर प्राणी में भाषा आनुवंशिक है। उस पशु या पक्षी को उससे पृथक् वातावरण में रखा जाये कई महीनों-वर्षों तक तो वह वातावरण से कोई भाषा नहीं सीखेगा, बल्कि अपनी आनुवंशिक भाषा ही बोलेगा, जो उसकी पैतृक भाषा है। मनुष्य में भाषार्जन की

क्षमता जन्मजात है। इसलिए वह अपने आसपास से और कई बार कई भाषाओं को सीख सकता है।

हॉकेट द्वारा 1960 में कई अतिरिक्त अभिलक्षण और जोड़े गये। 'साइंटिफ़िक अमेरिकन' नामक पत्रिका में अपने शोधपत्र 'द ओरिजिन ऑफ़ स्पीच' में अपने बताये गये भाषा के सात अभिलक्षणों में 6 अभिलक्षण और जोड़ दिये जाने का प्रस्ताव रखा। ये नये जुड़ने वाले अभिलक्षण हैं–

1. वाक्-श्रव्य सरणि (वोकल–ऑडिटरी चैनल)
2. व्यापक प्रसारण और दिशात्मक अभिग्रहण (ब्रॉडकास्ट ट्रांसमिशन ऐंड डायरेक्शनल रिसेप्शन)
3. पूर्ण प्रतिपुष्टि (टोटल फ़ीडबैक)
4. क्षिप्र विलोपन (रैपिड फ़ेडिंग)
5. विविक्तता (डिस्क्रेटनेस)
6. अर्थत्व (सेमेंटिसिटी)

हॉकेट द्वारा प्रस्तावित अन्तिम अभिलक्षण

अन्ततः **हॉकेट** ने बाद में अन्तिम तौर पर विशिष्ट मानवीय अभिलक्षणों में तीन अभिलक्षण और जोड़ दिये–

1. वाक्छल
2. निजपरकता
3. अभिगम्यता।

उन्होंने दावा किया कि प्राचीनतम भाषाओं में यह सोलह अभिलक्षण मिलते हैं।

वाक्छल : किसी भी भाषा का यह अभिलक्षण मनुष्य-भाषा की उस विशेषता की ओर हमारा ध्यान दिलाता है, जिसका सम्बन्ध भाषा की एक विशेष क्षमता है। वह क्षमता है कि मनुष्य की भाषा उन चीज़ों को भी अभिव्यक्त कर सकती है, जो वास्तविक नहीं हैं। सामाजिक व्यवहार में देखा गया है कि संकोच के कारण अथवा भूख–प्यास होने पर भी नाराज़गी के कारण कोई भी मनुष्य यह कह सकता है कि "नहीं मुझे भूख नहीं है और न मुझे प्यास लगी है!" मनुष्येतर प्राणियों की सम्प्रेषण प्रणालियों में कोई पशु-पक्षी अपने नैसर्गिक संवेगों से अलग संकेतों का प्रयोग नहीं करता।

निजपरकता : किसी भी मनुष्य-भाषा का यह ऐसा अभिलक्षण है, जो भाषा की उस विशेषता को बताता है जिस के माध्यम से स्वयं मनुष्य-भाषा का अध्ययन

किया जा सकता है। मनुष्येतर संकेत प्रणालियों के माध्यम से विश्व की तरह-तरह की स्थितियों तथा प्राणी विशेष द्वारा स्वयं संवेदनाओं को संकेतित किया जा सकता है। किन्तु इन संकेत प्रणालियों के माध्यम से स्वयं का विवरण सामने नहीं रखा जा सकता।

अधिगम्यता : इसका तात्पर्य है कि मनुष्य की भाषा को सीखा जा सकता है। मनुष्येतर प्राणियों में यह सम्भव नहीं है। इन प्राणियों की संकेत प्रणालियाँ सीखी नहीं जातीं, उनको आनुवंशिक रूप में सहज ही प्राप्त हो जाती हैं। मनुष्य अनेक भाषाओं को सीख सकता है। सीखे जाने का यह दुर्लभ गुण मनुष्य-भाषा में ही है। यह वैशिष्ट्य मानवेत्तर प्राणियों की भाषा में नहीं निलता।

इन विशिष्ट अभिलक्षणों से स्पष्ट हो गया होगा कि मनुष्य-भाषा मनुष्येतर भाषा से किस तरह भिन्न है।

भाषा के सामान्य अभिलक्षण अथवा भाषा की प्रकृति

अभिलक्षण या अधिलक्षण से आशय है–भाषा की मूलभूत प्रकृति, और विशेषताएँ। याद रखेंगे हम भाषा की बात करें तो यहाँ हमारा तात्पर्य केवल मनुष्य की भाषा से है। ये अभिलक्षण मनुष्य की भाषा को अन्य मनुष्येतर प्राणियों की भाषा से किस प्रकार भिन्न है? इन लक्षणों के अनुरूप भाषा की मूल प्रकृतिगत विशेषताएँ इस प्रकार हैं–

1. **भाषा सामाजिक सम्पत्ति है।** भाषा के पारिभाषिक सन्दर्भ में यह संकेतित किया गया है कि भाषा विचार-विनिमय का माध्यम है। भाषा के माध्यम से किसी समाज के लोग विचारों और भावों का परस्पर आदान-प्रदान करते हैं। और यह भी कि भाषा के व्यवहार के लिए दो पक्ष आवश्यक हैं–वक्ता और श्रोता। जैसे ही कहीं एक से दो हुए, वहीं से समाज बनना शुरू हो जाता है। और यहीं भाषा की सामाजिकता भी आरम्भ हो जाती है। भाषा का समाज के बिना क्या उपयोग है! समाज के बिना भाषा की कल्पना ही नहीं की जा सकती है। भाषा का जन्म भी तो समाज में ही होता है, और समाज में ही उसका विकास होता है। जैसे यदि किसी हिन्दी भाषी परिवार या समाज में किसी का जन्म हुआ है और उस बच्चे को जर्मनी ले जाया जाये, तो बच्चा विकसित होते-होते जर्मन भाषा ही बोलेगा; हिन्दी नहीं।
2. **भाषा पैतृक अथवा आनुवंशिक सम्पत्ति नहीं है।** भाषा को इस सन्दर्भ में ऊपरी तौर पर कहें तो वह पैतृक सम्पत्ति दिखाई देगी। किन्तु वह जन्मजात सम्पत्ति नहीं है। कोई बच्चा धीर-धीरे भाषा अपने आसपास के

वातावरण से सीखता है। सामान्यत: एक बच्चा तीन वर्ष की उम्र में इतनी भाषा सीख जाता है, जितनी से उसका काम चल सके। उसकी बढ़ती उम्र के साथ-साथ उसकी भाषा का दायरा भी बढ़ने लगता है। भाषा सीखने के लिए उसे अलग से कोई प्रयत्न नहीं करना होता। भाषा-अर्जन की यह प्रक्रिया उसकी जन्मदात्री माँ की गोदी से आरम्भ हो जाती है। इसलिए उसकी इस भाषा को 'मातृभाषा' कहा जाता है।

3. **भाषा अर्जित सम्पत्ति है।** कोई बच्चा अपनी जन्मदात्री माँ के गर्भ से भाषा सीखकर नहीं आता। भाषा उसे जन्म के साथ ही मिलती है; बेशक भूख-प्यास या किसी कष्ट की सूचना देने के लिए नवजात शिशु रो रहा हो। वह भाषा नहीं है। आगे चलकर वह अपने पारिवारिक वातावरण से भाषा सीखता है अर्थात् सर्वप्रथम वह अपनी माँ, पिता, भाई-बहन आदि से बोलना सीखता है। मातृभाषा यही है। आयु बढ़ती जाती है और वह निरन्तर अपनी भाषा को समृद्ध करता जाता है। वह अन्य कोई भाषा/भाषाएँ भी सीख सकता है। यह है भाषा-अर्जन। नये-नये आविष्कारों में हज़ारों शब्द हमें देखने को मिलते हैं। इनसे भाषा समृद्ध होती चलती है।
4. **भाषा परम्परागत सम्पत्ति है।** यह हमको परम्परा से मिलती है। कह सकते हैं कि अपने माता, पिता, भाई–बहन आदि से मिलती है। उनको अपने माता-पिता आदि से मिली थी। उनके माता-पिता को भी इसी तरह मिली थी।...यह हर समाज का अटूट क्रम है। लेकिन यह भी कि प्रयत्न करने पर भाषा का निर्माण नहीं कर सकते। उसे नये-नये शब्दों के समावेश से समृद्ध अवश्य करते चले जाते हैं।
5. **भाषा परिवर्तनशील है।** भाषा निरन्तर परिवर्तनशील है। वह बहती गंगा है। उसमें यह परिवर्तन ध्वनि, रूप-रचना, वाक्य-विन्यास और अर्थ के स्तर पर होता है। यह परिवर्तन केवल समय तक ही सीमित नहीं है, इसका सम्बन्ध स्थान से भी है। भौगोलिक, सामाजिक-सांस्कृतिक स्थितियों पर भी निर्भर है। उदाहरण के लिए संस्कृत भाषा के कुछ शब्दों को देख सकते हैं; यथा–संस्कृत के शब्द हस्त, कर्ण, अक्षि आदि शब्द क्रमशः हाथ, कान, आँख बन गये।
6. **भाषा व्याकरण द्वारा नियन्त्रित होती है।** प्राय: कहा जाता है कि भाषा नित्यप्रति परिवर्तनशील है। परिवर्तन का एक पक्ष है बोलने की सहजता

आदि कारणों से (प्रयत्न लाघव), बोलने वालों की अज्ञानता या भाषा का लापरवाही से प्रयोग, भद्दा अनुकरण आदि कारणों से भाषा में निरन्तर परिवर्तन होता रहता है। किन्तु व्याकरण भाषा के इस तरह के परिवर्तन पर नियन्त्रण रखता है। अपनी 'बहते नीर' जैसी प्रकृति के चलते भाषा परिवर्तन के लिए तत्पर रहती है। जबकि व्याकरण अपने कर्तव्य के कारण उसे स्थिर करने का काम करता है। कहा जा सकता है कि व्याकरण भाषा का पुलिसमैन है! जैसाकि हमने भाषा की परिभाषा में कहा है, भाषा एक व्यवस्था है, इसे बिगाड़ा नहीं जाना चाहिए। अन्यथा भाषिक अराजकता आ जायेगी। परिवर्तन की गति इतनी है कि हम दुनिया के किसी भी कोने में बैठे हों, इस परिवर्तन से प्रायः क्षुद्र ही कहते हैं। हम कहते हैं, यदि भाषा परिवर्तन उसकी समृद्धि के लिए है, तो अच्छा है। जैसे हिन्दी भाषा अन्य भाषाओं के शब्दों को सहज ही अपना लेती है, लेकिन व्याकरण के अपने ढाँचे में रहकर! इसलिए भाषा का मानकीकरण अत्यावश्यक है।

7. **प्रत्येक भाषा की भौगोलिक तथा ऐतिहासिक सीमा होती है।** प्रत्येक भाषा का अपना स्वतन्त्र ढाँचा होता है। हम देखते हैं कि अलग भूगोल में रहने वाले लोगों की भाषा अलग है। भाषाओं के आधार पर प्रदेशों का निर्धारण भी किया गया है। इसके कई उदाहरण मिल जायेंगे, यथा–हरियाणवी (हरियाणा), राजस्थानी (राजस्थान), पंजाबी (पंजाब),कश्मीरी (कश्मीर), छत्तीसगढ़ी (छत्तीसगढ़) आदि-आदि।

8. **प्रत्येक भाषा का अपना स्वतन्त्र ढाँचा है।** ध्वनि, रूप-रचना, वाक्य-विन्यास और अर्थ की दृष्टि से हर एक भाषा की अपनी संरचना होती है; यथा–शब्दों के अर्थ अलग-अलग होते हैं। यही नहीं उनमें वाक्य-रचना भी अलग-अलग होती है।

9. **भाषा कठिनता से सरलता की ओर जाती है।** बोलने की सहज प्रक्रिया में हम कठिन शब्दों और वाक्यों को सरलतापूर्वक बोलने के लिए स्वतः ही शब्दों में परिवर्तन कर लेते हैं। ध्वनि, रूप, वाक्य-रचना इत्यादि के सभी पक्षों में बदलाव हो जाता है। इससे भाषा का विकास ही देखा गया है; यथा–संस्कृत का 'हरिण' हिन्दी आदि भाषाओं में 'हिरन' हो गया। इसी तरह 'कर्म' 'काम' और 'कम्म' को भी देख सकते हैं।

10. **भाषा संयोगावस्था से अयोगावस्था की ओर जाती है।** भाषा के अपने-अपने क्षेत्र में कई बार देखा गया है कि 'प्रयत्नलाघव' की भाँति भाषा 'संयोगावस्था' से 'अयोगावस्था' की ओर जाती है। प्राचीन भारतीय आर्य भाषाओं का अध्ययन किया गया है और पाया है कि वे संयोगावस्था में थीं। उनके वाक्यों में शब्दों का प्रयोग नहीं होता था। पदों का प्रयोग होता था तथा पद-क्रम का कोई महत्त्व नहीं था।
11. **भाषा का मौखिक रूप सबसे पहले बदलता है।** सामाजिक, राजनीतिक, ऐतिहासिक और भौगोलिक कारणों से भाषा का मौखिक रूप सबसे पहले बदलता है। क्योंकि अन्तरराष्ट्रीय सीमाओं, किसी भी देश की राज्यों की सीमाओं, जिलों आदि के विभाजित क्षेत्रों में बातचीत होती है, तो किसी न किसी कारण उनमें नये-नये शब्दों का 'इधर और उधर' की भाषाओं में आना-जाना होता रहता है। इसमें मुख्य कारण है कि जो लोग आपस में बातचीत करते हैं, वे एक-दूसरे की भाषा का अनुकरण करते हैं, जो प्रायः अधूरा और ग़लत होता है। लेकिन इससे दोनों तरफ़ की भाषाएँ बदलती रहती हैं। भाषाविज्ञानी इस तरह के परिवर्तनों पर शोधकार्य करते रहते हैं।
12. **भाषा स्थूलता से सूक्ष्मता तथा अप्रौढ़ता से प्रौढ़ता की ओर जाती है।** कोई भी भाषा अपने आरम्भिक समय में सूक्ष्म होती है। धीरे-धीरे सूक्ष्म भावों और विचारों को अपनी क्षमता से व्यक्त करती रहती है। कालान्तर में उसमें बोलने वाले लोग दक्ष हो जाते हैं। भाषा मनुष्य के मस्तिष्क के साथ जुड़ी हुई है। इसलिए उसके विकास का भाषा पर प्रभाव पड़ता है। बालक चीज़ों को देखकर भाषा सीखता है। कालान्तर में वह जब प्रौढ़ता की ओर अग्रसर होता है, तब वह सूक्ष्म अभिव्यक्ति में दक्ष होता चला जाता है।
13. **भाषा, भाव और विचार सम्प्रेषण का साधन हैं।** भाव और विचारों को भाषा ही एक-दूसरे तक सर्वोत्तम ढंग से पहुँचाती है।
14. **भाषा का मूल रूप वाक्य है; पद केवल व्यावहारिक है।** तात्त्विक दृष्टि से भाषाविद् कई भाषाओं का तात्त्विक अध्ययन करने के बाद इस निष्कर्ष पर पहुँचे हैं कि किसी भी भाषा में मुख्य है वाक्य। वाक्यों का आधार विचार है और विचारों का मूर्त रूप वाक्य। एक भाव जो विचार में परिवर्तित है, वह विचार पदों के द्वारा नहीं, वाक्य द्वारा होता है। इसलिए भाषा में वाक्य की सत्ता सर्वोपरि है। यह भी कहा जा सकता है कि भाषा का प्रारम्भ वाक्य से हुआ है।

सारांशत:

भाषा (सभी प्राणियों की नहीं; केवल मनुष्य की भाषा) मानवीय सम्प्रेषण का प्रमुख माध्यम है। यह ईश्वर द्वारा प्रदत्त नितान्त मानवीय विभूति है। भाषा की संरचना मनुष्य की वाग्ध्वनियों द्वारा होती है। अत: भाषा की परिभाषा कुछ इस तरह की जा सकती है–"**भाषा मानव मुख से नि:सृत यादृच्छिक वाक्-प्रतीकों की वह व्यवस्था है, जिसके माध्यम से कोई व्यक्ति अथवा कोई भाषा-समुदाय आपस में विचारों का आदान-प्रदान करते हुए सहयोग करता है।**"

भाषा की प्रकृति अथवा विशेषताओं और अभिलक्षणों के बारे में यह कहा जा सकता है कि–1. भाषा एक सामाजिक वस्तु है। 2. भाषा पैतृक अथवा आनुवंशिक वस्तु नहीं है। 3. भाषा अर्जित की जाती है। 4. भाषा परम्परागत वस्तु है। 5. भाषा नित्यप्रति परिवर्तशील है। 6. भाषा व्याकरण द्वारा नियन्त्रित होती है। 7. प्रत्येक भाषा की भौगोलिक एवं ऐतिहासिक सीमा होती है। 8. सभी भाषाओं का अपना स्वतन्त्र ढाँचा होता है। 9. भाषा कठिनता से सरलता की ओर तथा संयोगावस्था से अयोगावस्था की ओर जाती है। 10. भाषा का कोई अन्तिम रूप नहीं होता।

भाषा-व्यवस्था एवं भाषा-व्यवहार

भाषा एक सामाजिक वस्तु है। भाषा का अस्तित्व समाज में है और समाज की जड़ें भाषा में निहित हैं। भाषा से मनुष्य और समाज का नालबद्ध सम्बन्ध है। मनुष्य एक सामाजिक प्राणी कहा ही इसलिए गया है. हाँ, मनुष्य ने अपने भावों एवं विचारों को अभिव्यक्त करने के लिए भाषा को व्यवस्थित किया है और वह भाषा के व्यवस्थित रूप का औचित्यपूर्ण प्रयोग करता है। यह भाषा-व्यवस्था व्याकरण पर आधृत है और भाषा-व्यवहार लोक-सम्मति पर गतिमान है। दोनों ही एक-दूसरे के पूरक हैं।

भाषा–व्यवस्था

भाषा व्याकरण से अनुशासित होती है। भाषा-व्यवस्था के विषय में कहा जा सकता है कि वह मूलत: **स्वनों की व्यवस्था है।** इसके दो पक्ष बताये गये हैं–स्थूल भौतिक पक्ष, जिसे हम **स्वन व्यवस्था** के रूप में जानते हैं। दूसरा सूक्ष्म या बौद्धिक पक्ष; जिसके अन्तर्गत **अर्थ की व्यवस्था** आती है। इसलिए भाषिक संरचना का आधार भी इन्हीं व्यवस्थाओं के उपादानों पर खड़ा है।

व्याकरणिक कोटियाँ भाषा-व्यवस्था का आधार हैं। तदनुसार सर्वप्रथम वाक्य निर्मित होता है। इसे इसीलिए कहा गया है कि **भाषा की पूर्ण सार्थक इकाई वाक्य है। जब वाक्य-योग्यता, आकांक्षा और आसक्ति गुण से सम्पन्न हो, तभी उसका वास्तविक व्यवस्थित अस्तित्व सामने आता है।** इसमें–लिंग, वचन, पुरुष, कारक तथा काल आदि व्याकरणिक कोटियाँ हैं। अत: स्पष्ट है कि भावों और विचारों की सफल अभिव्यक्ति के लिए भाषा की व्यवस्थित रचना अनिवार्य है। इस प्रारूप को तैयार करने के लिए विभिन्न व्याकरणिक कोटियों का ध्यान रखना होता है।

भाषा-व्यवहार

जहाँ तक भाषा-व्यवहार की बात है, वह भाषा के प्रयोग से होता है। इस सन्दर्भ में हम यह भी देखते हैं कि व्याकरण-सम्मत वाक्य लोक-स्वीकृत है अथवा नहीं? अर्थात् वाक्य यदि व्याकरण सम्मत हो भी; तब भी उसे लोक-सम्मत भी होना चाहिए। क्योंकि उसकी सत्ता और सार्थकता लोक में ही है। इस विचार से **यदि भाषा-व्यवस्था का सीधा सम्बन्ध भाषा की संरचना से है; तो भाषा-व्यवहार का सम्बन्ध भाषा के संरचनात्मक स्वरूप के औचित्य से है।**

भाषा-व्यवस्था में स्पष्टत: उल्लेख है–विशेष्य के अनुरूप विशेषण ही प्रयोग में लाया जाता है, जैसे–'लाल टमाटर', 'हरी मिर्च', 'अच्छी घोड़ी' में भाषा-व्यवस्था के अनुरूप लिंग और वचन, व्याकरणिक कोटियों के अनुरूप हैं और भाषा-व्यवहार में स्वीकृत हैं। 'हरी टमाटर', 'हरी घोड़ी' में व्याकरणिक कोटियों की अन्विति तो है; किन्तु यह लोक-स्वीकृत नहीं है।

अत: इस विचार से भाषा की तीन स्थितियाँ सम्भव हैं–

1. भाषा व्यवस्थानुरूप है; किन्तु लोकसम्मत भाषा-प्रयोग नहीं।
2. भाषा व्यवस्थानुरूप नहीं है; किन्तु लोक-सम्मत भाषा-प्रयोग है।
3. भाषा व्यवस्थानुरूप है और लोकसम्मत भाषा-प्रयोग है।

भाषा-प्रयोग को कई दृष्टियों से विश्लेषित किया जा सकता है, यथा–भावात्मकता, सामाजिक सम्बन्ध, शैली, भाषिक भंगिमा, शब्द-शक्तियों के अनुसार, मुहावरों, कहावतों, लोकोक्तियों के अनुसार इत्यादि।

कई बार भाषा-संस्कार भी महत्त्वपूर्ण होता है।

भाषा–व्यवहार तीन स्तरों पर देखा जा सकता है–1. व्यक्ति स्वयं 2. व्यक्ति-व्यक्ति, 3. व्यक्ति तथा समाज। भाषा प्रकार्य के अन्तर्गत इसे तीन दृष्टियों से देखना

ठीक रहेगा–1. वक्ता, 2. श्रोता और सन्दर्भ। वक्ता की दृष्टि से भाषा अभिव्यक्ति प्रकार्य करती है। श्रोता की दृष्टि से प्रभाविक प्रकार्य तथा सन्दर्भ की दृष्टि से साम्प्रेषणिक प्रकार्य करती है।

2
भाषाविज्ञान : स्वरूप, परिभाषा, प्रकार, क्षेत्र और शाखाएँ पृष्ठभूमि

प्राय: सर्वज्ञात है कि 'भाषाविज्ञान' शब्द सामान्य शब्दार्थ की दृष्टि से दो शब्दों से मिलकर बना है–'भाषा'+'विज्ञान'।

भाषा क्या है? और भाषा के स्वरूप पर पिछले पृष्ठों में विचार किया गया है। इसके साथ दूसरे शब्द 'विज्ञान' पर अब विचार करेंगे।

'भाषाविज्ञान' में 'ज्ञान' एक विशिष्ट ज्ञान है, जो 'भाषा' का अध्ययन करता है। 'भाषा' मतलब मनुष्य की भाषा। यह विज्ञान विभिन्न मानव-समुदायों द्वारा व्यवहार में लायी जाने वाली किसी भी भाषा का वैज्ञानिक अध्ययन प्रस्तुत करता है। इसमें किसी भाषा के स्वरूप, महत्त्व, अभिलक्षणों और संरचना इत्यादि का अध्ययन किया जाता है।

हम देखते हैं कि 'ज्ञान' दो प्रकार का होता है। एक, नैसर्गिक; दूसरा, अर्जित। नैसर्गिक ज्ञान प्रकृति, समाज, परिवेश आदि से प्राकृतिक रूप से सहज ही मिल जाता है। इसके लिए विशेष परिश्रम नहीं करना होता। जबकि दूसरा ज्ञान अर्जित किया जा सकता है। इसकी प्राप्ति के लिए प्रयास और परिश्रम करना होता है। इस ज्ञान को अर्जित करने के लिए उपयुक्त समाज-साधन और परिवेश की आवश्यकता होती है। भाषा एक अर्जित ज्ञान है। कोई भी बालक भाषा को अपने आसपास, घर और समाज से सीखता है और शिक्षा पाते हुए सप्रयास उसे अर्जित करता चलता है। अर्जित ज्ञान को पुन: दो वर्गों में विभाजित करके देख सकते हैं–एक, प्रतिभाप्रधान और; दो, बुद्धिप्रधान। इनमें से पहला (प्रतिभाप्रधान ज्ञान) विकल्प वाला, आत्मनिष्ठ तथा देशकाल से सम्बद्ध होता है। जबकि दूसरा (बुद्धिप्रधान ज्ञान) विकल्प से रहित, वस्तुनिष्ठ एवं सार्वकालिक तथा अनुभव पर आश्रित होता है। विभिन्न कलाएँ प्रथम वर्ग के अन्दर मानी जाती हैं (प्रतिभाप्रधान ज्ञान) और विज्ञान द्वितीय वर्ग के अन्दर आता है (बुद्धिप्रधान ज्ञान)।

विज्ञान का आशय है विशिष्ट ज्ञान, जिसमें घटनाओं और चीज़ों का क्रमबद्ध ढंग से अध्ययन कराया जाता है। बुद्धिप्रधान ज्ञान; जैसाकि ऊपर कहा गया है, विज्ञान का केन्द्रीय तत्त्व है। इस तरह के ज्ञान में तर्क के लिए बहुत स्पेस होता है। यह देशकाल सार्वकालिक एवं सार्वभौमिक है। भाषाविज्ञान में ऐसी विशेषताएँ मिलती हैं, जो यह स्वीकर कराती हैं कि भाषाविज्ञान एक विज्ञान है। वे विशेषताएँ हैं–

1. अध्ययन की दृष्टि से कहें, तो भाषाविज्ञान में **अनुभव पर आधारित (अनुभवाश्रित-एमपिरिकल) अध्ययन किया जाता है।** भाषाविज्ञान के अध्येता भाषा को भौतिक घटना के रूप में देखते हैं और वे मूर्त, प्रत्यक्ष, इन्द्रियगोचर तथ्यों और लक्षणों के आधार पर भाषा का विश्लेषण करते हैं। भाषा क्योंकि एक सामाजिक उत्पाद है, इसलिए वह सामाजिक सन्दर्भों एवं प्रयोगों से गहराई तक जुड़ी होती है। भाषाविज्ञान में भाषा का अध्ययन इन सन्दर्भों और प्रयोगों के आधार पर किया जाता है। एक बात और कि भाषाविज्ञान अपने अध्ययन का आधार मूर्त एवं रूपात्मकता को मानता है। अमूर्त, काल्पनिक, मायावी, मानसिक और इन्द्रियातीत आधारों से दूर रहता है। इसलिए अन्य विज्ञानों की भाँति भाषाविज्ञान के अध्ययन में तथ्यात्मकता होती है। यही अन्य विज्ञानों में है।
2. कोई भी अध्ययन मुख्यत: दो प्रकार का होता है–व्यक्तिनिष्ठ (सब्जेक्टिव) तथा वस्तुनिष्ठ (ऑब्जेक्टिव)। व्यक्तनिष्ठ अध्ययन में अध्ययनकर्ता की अभिरुचियाँ, दृष्टि, विचारधारा आदि तत्त्व सक्रिय रहते हैं। इसमें कई बार तथ्य बदल जाते हैं, क्योंकि हर अध्येता का अपना दृष्टिकोण तथा व्यक्तित्व होता है। और जब अध्येता इन चीज़ों से ऊपर उठकर, वस्तु के केन्द्र में यथार्थ को रखकर उसकी 'वस्तु' को ही परखता है, तो उसका अध्ययन 'वस्तुनिष्ठ' कहलाता है। **भाषाविज्ञान में भाषा (मनुष्य की भाषा) का अध्ययन विश्लेषण एवं वर्णन भाषिक आधारों पर किया जाता है।** भाषा में प्राप्त लक्षणों और विशेषताओं का निर्धारण करता है। एक भाषाविज्ञानी किसी अन्य भाषा को आदर्श मानकर उसकी विशेषताओं को दूसरी भाषा पर आरोपित नहीं करता।
3. **भाषाविज्ञान मूलतः एक 'वर्णनात्मक विज्ञान' है।** इसकी विशेषता यह है कि भाषाविज्ञान भाषा को सामाजिक सम्प्रेषण के माध्यम के रूप

में समझने का आग्रह करता है। तदनुसार यह विज्ञान भाषा की स्वरूपगत विशेषताओं के विश्लेषण और वर्णन की ओर ध्यान देता है। यह विज्ञान भाषा के मानक, आदर्श, साधु या परिनिष्ठित रूप में कोई ख़ास रुचि नहीं लेता। इसका मुख्य उद्देश्य कोई नया आविष्कार करने या कोई नवीनतम सिद्धान्त गढ़ने में नहीं होता बल्कि किसी भी प्रकार की भाषा हो, उसका अध्ययन-विश्लेषण और वर्णन करना होता है। इसके लिए बेशक वह ध्वनि-यन्त्रों, कम्प्यूटर आधारित भाषा-विश्लेषण आदि तकनीकों को अपनाता है।

4. **भाषा के अध्ययन में वैज्ञानिकता की प्रवृत्ति होती है।** भाषा के वैज्ञानिक अध्ययन और विश्लेषण के लिए एक निश्चित पद्धति को अपनाया जाता है। यह भाषा के कलेवर में मिलने वाले तत्त्वों एवं इकाइयों की एक समान विशेषताओं को ध्यान में रखकर उनके समानधर्मी वर्ग तथा उप-वर्ग बनाता है। और एक समान वर्ग के सदस्यों के आपसी सम्बन्धों का तथ्यों के साथ वर्णन करता है। इसके लिए विभिन्न तरह के यन्त्र-उपकरणों, गणितीय गणना आदि का प्रयोग भी करता है। भाषाविज्ञान में समान रूप से प्रयुक्त एक पारिभाषिक शब्दावली को आधार बनाया जा सकता है।

उपर्युक्त विशेषताओं के आधार पर यह कहा जा सकता है कि **भाषाविज्ञान एक विज्ञान** है। इसके अध्ययन का केन्द्रबिन्दु भाषा है। यह विज्ञान भाषा के सभी पक्षों की वैज्ञानिक प्रणालियों के अध्ययन और विश्लेषण करने के लिए है। विज्ञान-जगत् में इस विज्ञान का प्रवेश विलम्ब से हुआ है। भाषाविज्ञान के एक अलग विषय के अध्ययन को बहुत मुश्किल से स्वीकर किया गया। इस विषय से कई भ्रान्त अवधारणाएँ भी जुड़ गयीं। विशेष रूप से साहित्य और भाषाविज्ञान को एक मान लेना। वास्तविकता यह है कि जहाँ साहित्य का सम्बन्ध किसी भाषा विशेष से होता है; जैसे–संस्कृत साहित्य, हिन्दी साहित्य, अंग्रेज़ी साहित्य, गुजराती साहित्य, बांग्ला साहित्य, तमिल या तेलुगु साहित्य आदि। इसके विपरीत भाषाविज्ञान का सम्बन्ध कई भाषाओं के ज्ञान से है।

भाषाविज्ञान क्या है? : स्वरूप और परिभाषा

भाषाविज्ञान भाषा की प्रकृति, संरचना और अन्य सभी तत्त्वों का विश्लेषण वैज्ञानिक दृष्टि से करता है। आधुनिक युग के वैश्विक पटल पर जीवन, प्रकृति, समाज आदि

क्षेत्रों में विभिन्न विषयों पर अध्ययन हो रहे हैं। इसी क्रम में 'भाषा' का अध्ययन भी आरम्भ हुआ। भाषा अर्थात् मानव-भाषा। मनुष्य की अपनी पहचान उसके द्वारा बोली जाने वाली भाषा से बनती है। यही नहीं उसके जीवन-जगत् में आसपास जितनी घटनाएँ और कितनी गतिविधियाँ हो रही हैं, उन सबका वर्णन भाषा ही करती है। उसकी सम्यक् व्याख्या, विवेचना भी भाषा ही करती है। ऐसे में 'भाषा' का स्वयं का स्वरूप, विश्लेषण भी अनिवार्य है। यह कार्य 'भाषाविज्ञान' करता है।

भाषाविज्ञान का स्वरूप

भाषाविज्ञान आधुनिक युग की अपेक्षाकृत ज्ञान की एक नयी शाखा है। यह 19वीं शताब्दी में अस्तित्व में आयी और अभी तक न जाने कितने लोगों के अध्ययन और योगदान से मनुष्य को ईश्वर से प्राप्त इस विभूति का अध्ययन-क्षेत्र विस्तृत और गहन किया जा रहा है। भाषा की भाँति ही भाषाविज्ञानं भी एक गतिशील ज्ञान शाखा है। इसके अध्ययन के बीज बहुत पहले से मिलते हैं, जब मनुष्य और अन्य प्राणियों की भाषा का विकास हुआ। तब भाषा मनुष्य के लिए कौतूहल ही रही होगी। मनुष्य अन्य प्राणियों से पृथक् तेज़ी से अपने विकास की ओर अग्रसर हुआ। भाषा के समुचित ज्ञान के लिए उसने व्याकरण जैसे विषयों का प्रवर्तन किया। जो भाषा रूपी उच्छल बहते नीर को अनुशासन में रख सके। समाज ने इसे धीरे-धीरे स्वीकर कर लिया। प्राचीनतम वेदों से लेकर आज तक यह निरन्तर गतिशील है। भाषा के अध्ययन में भारत के प्राचीनतम प्रयास बहुत महत्त्व रखते हैं। भारतीय ऋषियों के वाक्, वाणी, भाषा, लिपि एवं व्याकरण आदि के सन्दर्भ में नये-नये विचार सामने आये। उनकी नयी--नयी व्याख्याएँ प्रस्तुत हुईं। वैसे आश्चर्य की बात है कि भाषा के वैज्ञानिक अध्ययन को एक विज्ञान के रूप में पश्चिम के अध्येताओं ने स्थापित किया, जबकि प्राचीन भारत में यह अध्ययन बहुत पहले से किया जाता रहा है।

भाषाविज्ञान के अंग्रेज़ी में कई नाम मिलते हैं; यथा–फिलोलॉजी, साइंस ऑफ़ लैंग्वेज, कम्पैरेटिव फिलोलॉजी आदि। लेकिन फ्रांस द्वारा दिया गया एक नाम सब से अधिक प्रचलित है–लिंग्विस्टिक/लिंग्विस्टिक्स। जर्मन में इसे 'इस्फ्राक विशेन शैट' कहा जाता है।

हमारे देश भारत में 'भाषाविज्ञान' कहते हैं, जो ऐसा प्रतीत होता है कि यह अंग्रेज़ी 'लिंग्विस्टिक्स' का अनुवाद है। कुछ लोग इसका नाम 'भाषाशास्त्र' और 'तुलनात्मक भाषाविज्ञान' भी प्रयोग में लाते हैं। ग्रीक में भाषाविज्ञान को 'लोगोलॉजी'

कहते हैं। विश्व भर में अपनी-अपनी भाषा में जो-जो नाम दिये हैं, वे सब ठीक हैं और सब अपनी मातृभाषा में भाषाविज्ञान का अध्ययन करते हैं।

हमारे यहाँ आधुनिक भाषा के अध्येता इसे 'लिंग्विस्टिक'/"लिंग्विस्टिक्स' के नाम से पढ़ते-पढ़ाते हैं। इस ज्ञान-क्षेत्र में प्राचीन काल में हमारे अध्येता जिन संस्कृत शब्दों का प्रयोग करते रहे हैं, वे हैं–निर्वचनशास्त्र, शब्दानुशासन, शब्दशास्त्र, वाक् ज्ञान आदि। ये नाम 'भाषाविज्ञान' नाम के निकट हैं। यद्यपि अत्याधुनिक विज्ञान के लिए इन प्राचीन पारिभाषिक शब्दों में 'भाषाविज्ञान' से कुछ अवधारणाएँ मेल नहीं खातीं। नयी-नयी वस्तुओं का बहुत बड़ा बाज़ार है, इसलिए नये-नये नामों में नित्यप्रति वर्धन और परिवर्तन हो रहा है। पता नहीं यह ज्ञानगंगा हमें कहाँ तक ले जायेगी। विश्व भर की भाषाएँ अपने लाखों शब्दों को खो चुकी हैं क्योंकि ऐसे शब्दों का प्रयोग लम्बे अन्तराल से व्यवहार में नहीं आ रहे। भाषाविज्ञानी भाषाओं के मृत होने पर चिन्तित हैं। अस्तु।

डॉ. देवेन्द्रनाथ शर्मा का कहना है कि, "भाषाविज्ञान का सीधा अर्थ है–भाषा का विज्ञान और विज्ञान का अर्थ है विशिष्ट ज्ञान। इस प्रकार भाषा का विशिष्ट ज्ञान भाषाविज्ञान ही कहलायेगा।" (डॉ. शर्मा, देवेन्द्रनाथ, (1960), 'भाषाविज्ञान की भूमिका', दिल्ली, राधाकृष्ण प्रकाशन, पृ. 176)

पाण्डुरंग दामोदर के अनुसार भाषाविज्ञान भाषा के अध्ययन की वह शाखा है, जिसमें भाषा की उत्पत्ति, स्वरूप, विकास आदि का वैज्ञानिक एवं विश्लेषणात्मक अध्ययन किया जाता है। भाषाविज्ञान भाषा का स्वरूप, अर्थ और सन्दर्भ का विश्लेषण करता है।

याद दिला दें कि भाषा एक व्यवस्था है तथा प्रत्येक भाषा का व्यवस्थित क्रम में विश्लेषण विज्ञान का विषय है। अत: इस ज्ञान की शाखा को भाषाविज्ञान का नाम दिया गया है। भाषा का यह विज्ञान आधुनिक समय में एक ज्ञानशाखा है। विज्ञान के रूप में भाषा के विश्लेषण का श्रेय कलकत्ता (अब कोलकांता) के **सर विलियम जोन्स** को दिया गया है। **जोन्स** ने 'रॉयल एशियाटिक सोसाइटी' के सदस्यों के सामने अपना एक शोधपत्र प्रस्तुत किया। इस शोधपत्र में कहा गया कि "संस्कृत भाषा, ग्रीक तथा लैटिन आदि भाषाएँ अर्थात् भारत और पाश्चात्य देशों की ये भाषाएँ एक साथ ही विकसित हुई हैं। उन्होंने यह निष्कर्ष इन भाषाओं में मिलने वाले रचना-तत्त्वों की समानता से निकाला है। किन्तु इस अवधारणा से अकादमिक जगत् में हलचल मच गयी। और हुआ फिर यह कि भारत एवं योरोप की भाषाओं के तुलनात्मक अध्ययन करने का रथ चल पड़ा। अग्रसर होने लगा। किन्तु हमें

प्राचीनकाल के व्याकरण तथा भाषाविज्ञान (जो था तो अलग नाम से रहा होगा; बाद में उनके यह नाम पड़े।) तब तक इन भाषाओं का गहन और विस्तृत अध्ययन नहीं हो सका था। भारत में व्याकरण का विस्तृत अध्ययन अवश्य हुआ था। (हालाँकि ऋषियों, अध्येताओं की दृष्टि और आधार अलग थे।)

भाषाविज्ञान की परिभाषा

भाषाविज्ञान की परिभाषाएँ जैसाकि अध्ययन के क्षेत्र में प्राय: होता है; किसी भी वस्तु या विचार अथवा भाव आदि की; उनकी प्रकृति और परिभाषाएँ सामने आने लगती हैं। कुछ परिभाषाओं पर विचार कर लिया जाये।

बाबू श्यामसुन्दर दास के अनुसार, "भाषाविज्ञान उस शास्त्र को कहते हैं, जिनमें भाषा मात्र के भिन्न-भिन्न अंगों एवं स्वरूपों का विवेचन तथा निरूपण किया जाता है।" (श्यामसुन्दर दास, (1990), 'भाषाविज्ञान', दिल्ली, प्रकाशन संस्थान, पृ. 13)

यह परिभाषा कहती है–

1. भाषाविज्ञान एक शास्त्र है।
2. सभी भाषाओं के कई अंग होते हैं।
3. हम इसमें सभी स्वरूपों का विवेचन करते हैं।

भाषाविज्ञान को शास्त्र का अंग कहना उचित नहीं है। कौन से अंग?–यह स्पष्ट नहीं है। और स्वरूपों के विवेचन का तात्पर्य क्या है? अत: उनके अनुसार भाषाविज्ञान और भाषाशास्त्र क्या एक ही बात है? नहीं।

डॉ. बाबूराम सक्सेना ने कहा है, "भाषाविज्ञान का अभिप्राय भाषा का विश्लेषण करके उसका दिग्दर्शन करना है।" (सक्सेना, बाबूराम, (1947), 'सामान्य भाषाविज्ञान', प्रयाग, साहित्य सम्मेलन, पृ. 2)

इस परिभाषा में भाषाविज्ञान की मात्र दो विशेषताएँ बतायी गयी हैं। भाषा का विश्लेषण और दिग्दर्शन।

डॉ. मंगलदेव शास्त्री के अनुसार, "भाषाविज्ञान उस विज्ञान को कहते हैं, जिसमें (क) सामान्य रूप से मानवीय भाषा का (ख) किसी विशेष भाषा की रचना और इतिहास का और अन्तत: भाषाओं, प्रादेशिक भाषाओं या बोलियों के वर्गों की पारस्परिक समानताओं और विशेषताओं का तुलनात्मक अध्ययन किया जाता है।" (डॉ. शास्त्री, मंगलदेव, (1956), 'तुलनात्मक भाषाशास्त्र', प्रयाग, इंडियन प्रेस प्रा.लि., पृ. 3)

डॉ. भोलानाथ तिवारी ने भाषाविज्ञान की परिभाषा इस प्रकार दी है, "जिस विज्ञान के अतर्गत ऐतिहासिक और तुलनात्मक अध्ययन के सहारे (विशिष्ट नहीं, अपितु सामान्य) भाषा की उत्पत्ति, गठन, प्रकृति एवं विकास आदि की सम्यक् व्याख्या करते हुए इन सभी के विषय में सिद्धान्तों का निर्धारण हो, उसे भाषाविज्ञान कहते हैं।" (डॉ. तिवारी, भोलानाथ, (1986), 'भाषाविज्ञान', इलाहाबाद, किताब महल, पृ. 7)

पाश्चात्य जगत् में आधुनिक भाषाविज्ञान के क्षेत्र में कुछ अधिक काम हुआ है। इसलिए वहाँ भाषा के अध्ययन की विभिन्न प्रणालियाँ प्रचलित हैं। हमें ध्यान में रखना होगा कि भाषाविज्ञान के लिए पश्चिमी विद्वानों द्वारा प्राय: दो शब्दों का प्रयोग किया जाता रहा है–फ़िलोलॉजी और लिंग्विस्टिक्स। कुछ भाषाविदों द्वारा दी गयी भाषाविज्ञान की परिभाषाएँ देखें–

ग्लीसन के अनुसार, "डेस्क्रैप्टिव लिंग्विस्टिक्स, द डिसिप्लेन इन व्हिच स्टडीज़ लैंग्वेसिंज इन टर्म्स, इंटरनल स्ट्रक्चर।"

तदनुसार इस परिभाषा में **ग्लीसन** ने भाषाविज्ञान वह विषय माना है जिसमें भाषाओं का 'डिस्क्रप्टिव' अध्ययन करते समय उनकी आन्तरिक संरचना को ध्यान में रखा जाता है।

किन्तु इस सन्दर्भ में कहा जायेगा कि भाषाविज्ञान में भाषाओं का अध्ययन उनकी आन्तरिक रचना मात्र को ही ध्यान में रखकर नहीं किया जाता; अपितु उसके बाह्य रूप के संघटन को भी देखा जाता है। **ग्लीसन** द्वारा दी गयी भाषाविज्ञान की यह परिभाषा भाषाविज्ञान के क्षेत्र को विस्तार न देकर कुछ अधिक ही सीमित कर रही है।

प्रो. पी.डी. गुणे का मानना है कि, "कम्पेरेटिव ऑर सिंपली फ़िलॉसफ़ी इज़ द साइंस ऑव लैंग्वेसिज। फ़िलॉसफ़ी स्ट्रिक्टली द स्टडी ऑफ़ द लैंग्वेज फ्रॉम द लिटरेरी प्वॉइंट ऑफ़ व्यु।" (प्रो. गुणे, पाण्डुरंग दामोदर, (1962/26 सितम्बर, 2007), 'एन इंट्रोडक्शन टु कम्पेअरेटिव फ़िलोलॉजी', पोइना ओरियंटल बुक ह्युने,/द युनिवर्सिटी ऑफ़ मिशीगन, पेज 1)

प्रो. गुणे ने अपनी दी गयी इस परिभाषा में भाषा को तुलनात्मक भाषाविज्ञान (कम्पेरेटिव लिंग्युस्टिक्स) कहा है। साहित्यिक परिप्रेक्ष्य में इसका मुख्य अर्थ भाषा का अध्ययन है।

ब्रिटेनिका अमेरिकाना विश्वकोश में भाषाविज्ञान की परिभाषा इस प्रकार दी गयी है, "द वर्ड 'फिलोलॉजी' इज़ हियर एस द साइंस ऑफ़ लैंग्वेज़ दैट इज़ द स्टडी ऑफ़ द स्ट्रेक्चर एण्ड डिवलपमेंट ऑफ़ लैंग्वेसिज़, द कॉरस्पोंडिंग टु लिंग्विस्टिक्स।"

इस परिभाषा में निर्दिष्ट कि भाषाओं का अध्ययन उनकी रचना और विकास को दृष्टिगत रखते हुए किया गया है।

स्पष्ट है कि भाषाविज्ञान के लिए 'फिलोलॉजी' शब्द का प्रयोग कई देशों में प्रयुक्त होता है।

समग्रतः कहना चाहिए कि भाषाविज्ञान ज्ञान की वह शाखा है, जिसमें किसी मानव-भाषा का क्रमबद्ध एवं वस्तुनिष्ठ अध्ययन किया जाता है।

भाषाविज्ञान के प्रकार, क्षेत्र और शाखाएँ

अन्य विज्ञानों की भाँति भाषाविज्ञान की भी कई शाखाएँ-प्रशाखाएँ हैं। यह मानव जीवन-जगत् के विभिन्न भाषाई कार्यकलापों का अध्ययन करता है, जो निश्चय ही अध्ययन का वृहत् क्षेत्र लिये हुए है। भाषा के सम्यक् अध्ययन के लिए हमें भाषाविज्ञान के किसी एक प्रकार अथवा अध्ययन-प्रणाली का चयन कर लेना चाहिए, क्योंकि भाषाविज्ञान के अध्ययन की कई पद्धतियाँ प्रचलित हैं; यथा–

1. वर्णनात्मक भाषाविज्ञान।
2. ऐतिहासिक भाषाविज्ञान।
3. तुलनात्मक भाषाविज्ञान।
4. प्रयोगात्मक भाषाविज्ञान
5. संरचनात्मक भाषाविज्ञान।

   इनके अतिरिक्त वर्तमान समय में भाषाओं के अध्ययन में कम से कम दो यानी समकालीन भाषाविज्ञान में कम से कम दो; इस प्रकार दो अध्ययन प्रणालियाँ और जुड़ गयी हैं। ये हैं–

6. मनोभाषा विज्ञान।
7. सामाजिक भाषाविज्ञान।

वर्तमान समय में ज्ञान-विज्ञान के तीव्रगति से विकास के कारण विभिन्न शाखाओं-प्रशाखाओं का विकास हुआ है और हो रहा है। जिस तीव्रगति से ज्ञान-विज्ञान के विविध क्षेत्रों में विकास हो रहा है। इसी तीव्र गति की आवश्यकता

समाज को है। भाषाविज्ञान भी अपने समय के बदलते जीवन और वैज्ञानिक क्षेत्रों में विस्तार से जुड़कर नयी दिशाएँ सामने ला रहा है। वह नये सिद्धान्त एवं नयी अध्ययन-पद्धति लाये बिना गतिशील नहीं रह सकता। विशेष रूप से संचार के क्षेत्र में अत्यन्त तीव्रगामी परिवर्तन देखने को मिलता है। संगणक (कम्प्यूटर) ने तो दुनिया ही बदल दी है।

इस विचार से भाषाविज्ञान की कम से कम दो पद्धतियाँ और विकसित हुई हैं तथा जो अध्ययन के केन्द्र में हैं–

8. प्रयोजनमूलक भाषाविज्ञान और
9. संगणक (कम्प्यूटर) भाषाविज्ञान।

इन क्षेत्रों को नयी दिशाएँ भी कहा जाता है। आइए, इन सभी दिशाओं को समझ लें।

1. वर्णनात्मक भाषाविज्ञान

इस अध्ययन-प्रणाली में भाषा के एक कालिक (एक विशिष्ट काल) से लेकर अद्यतन तक भाषाविज्ञान की इकाइयों का विश्लेषणात्मक अध्ययन किया जाता है। इसे 'एककालिक' भाषाविज्ञान भी कहा जाता है। इसमें तुलनात्मक और ऐतिहासिक भाषाविज्ञान की भाँति व्याप्ति नहीं होती। इस तरह के अध्ययन में सर्वप्रथम ध्वन्यात्मक एवं रूपात्मक विशेषताओं का आकलन किया जाता है। जिसके अन्तर्गत भाषा विशेष की ध्वनि व्यवस्था, शब्द समूह इत्यादि तत्त्वों का समावेश आता है। अतएव किसी भाषा की सभी विशेषताओं तथा शब्द-समूह इत्यादि विशेषताओं का विवेचन किया जाता है। इस तरह के अध्ययन में प्रायः कार्य-कारण सम्बन्ध नहीं होता। इसलिए वैज्ञानिकता न होने से आधुनिक भाषावैज्ञानिकों ने इस पद्धति का महत्त्व कम ही माना है। अथवा कहें कि इस तरह की 'अवैज्ञानिक प्रकृति' के आधार पर इसे कई विद्वान् तो भाषाविज्ञान ही नहीं मानते हैं; बल्कि व्याकरण की एक शाखा मानते हैं। इस दिशा में सबसे पहले जो अध्ययन मिलता है, वह है प्रसिद्ध वैयाकरण महर्षि **पाणिनी** का **अष्टाध्यायी**।

2. ऐतिहासिक भाषाविज्ञान

किसी भी भाषा विशेष की ध्वनियों, रूपों एवं अन्य इकाइयों का अध्ययन विकासात्मक ढंग से किया जाता है, तो ऐसा अध्ययन ऐतिहासिक भाषाविज्ञान की श्रेणी में आता

है। इस तरह के अध्ययन की मुख्य विशेषता है कि वह विकासात्मक अध्ययन के साथ-साथ उन कारणों की भी समीक्षा करता है जिनसे ये परिवर्तन घटित हुए हैं। मुख्य बात यह है कि ऐतिहासिक भाषाविज्ञान के अन्तर्गत उस भाषा विशेष की ध्वनि, शब्द, रूप, वाक्य तथा अर्थ के परिवर्तन तक का विश्लेषण किया जाता है।

3. तुलनात्मक भाषाविज्ञान

भाषा-अध्ययन की इस पद्धति में दो या दो से अधिक भाषाओं की ध्वनियों, वर्णों, शब्दों, पदों, वक्यों, और अर्थों इत्यादि की तुलना की जाती है। एक समय में तुलनात्मक भाषाविज्ञान को ही भाषाविज्ञान कहा जाता था। प्रायः भारतीय एवं पाश्चात्य भाषाओं के तुलनात्मक अध्ययन से इस शाखा का प्रारम्भ हुआ। किस-किस भाषा में किस-किस भाषा के तत्त्व हैं; उनका विकास-क्रम क्या है इत्यदि प्रश्नों का समाधान तुलनात्मक भाषाविज्ञान के अन्तर्गत किया जाता है। प्रायः इसमें दो आधारों को लिया जाता है—स्थान और काल। एक ही युग में प्रचलित दो भाषाओं की तुलना स्थानगत और दो विभिन्न युगों की भाषाओं का तुलनात्मक अध्ययन इस श्रेणी में आता है। भाषा-परिवारों के निर्धारण में यह पद्धति बहुत उपयोगी है। हम किसी देश या प्रदेश की एक भाषा के क्रमिक विकास का अध्ययन करते हैं, तो ऐसा अध्ययन ऐतिहासिक भाषाविज्ञान के अन्तर्गत आयेगा; और जब दो अथवा दो से अधिक भाषाओं का अध्ययन करेंगे तो यह तुलनात्मक भाषाविज्ञान की श्रेणी में आयेगा।

4. प्रयोगात्मक भाषाविज्ञान

भाषा का वैज्ञानिक अध्ययन आधुनिक समय की आवश्यकता है। इसे देखते हुए प्रयोगात्मक अध्ययन-पद्धति को वैज्ञानिकता की दृष्टि प्रदान की गयी है। इसमें भाषा के जीवन्त रूप का व्यावहारिक ढंग से अध्ययन किया जाता है। प्रायः सर्वेक्षण (कहें कि फ़ील्डवर्क) करके समाज के किसी क्षेत्र विशेष को चुन लिया जाता है। और तब हम उस क्षेत्र की भाषा अथवा उपभाषा या बोली का अध्ययन करते हैं। इस प्रणाली के अध्ययन में उस चुने गये क्षेत्र विशेष की भाषा या बोली के कई आयामों को देखा जाता है। अध्येता मुख्यतः ध्वनियों, शब्दों, वाक्यों तथा उच्चारण आदि का आधार लेते हैं। कहावतें, मुहावरे, लोकोक्तियों जैसे लोक-अनुभव भी इस अध्ययन के पक्ष हो सकते हैं तथा उस भाषा-भाषी समाज के लोगों की संस्कृति का भी अध्ययन हो जाता है।

5. संरचनात्मक भाषाविज्ञान

भाषा के अध्ययन की इस प्रणाली में किसी भाषा की संरचना का विश्लेषण किया जाता है। भाषा की विभिन्न इकाइयों का अध्ययन हम सूक्ष्म स्तर पर करते हैं। इसमें भाषा का विवेचन और विश्लेषण संगठनात्मक दृष्टि से करते हैं। इस प्रकार के अध्ययन में पारस्परिक सम्बद्धता पर विशेष ध्यान दिया जाता है। वर्णनात्मक एवं संरचनात्मक अध्ययन में यह अन्तर है कि भाषा की इकाइयों का अध्ययन वर्णनात्मक दृष्टि से एकाकी रूप में किया जाता है; जबकि संरचनात्मक अध्ययन में भाषा की विभिन्न इकाइयों के पारस्परिक सम्बन्ध का भी अध्ययन किया जाता है।

6. मनोभाषाविज्ञान

अन्य भाषावैज्ञानिक शाखाओं में मनोभाषाविज्ञान अपेक्षाकृत नया है। मानवीय व्यवहार का परीक्षण, अध्ययन और विश्लेषण मनोविज्ञान का विषय है। मनुष्य का जीवन बहुआयामी है। उसका जीवन-व्यवहार जटिल है। जब हम किसी के जीवन के कार्यों में प्रतिदिन का आकलन करेंगे तो पायेंगे कि उसका प्रत्येक कार्य बोलने-चालने से सम्बन्धित है। उसके वाक्-व्यवहार के कई रूप होते हैं। इन्हें पहचानने के लिए मनोभाषा विज्ञान बहुत बड़ा क्षेत्र है। जैसाकि प्रो. कविता रस्तोगी (2010), 'समसायमिक अनुप्रयुक्त भाषाविज्ञान', दिल्ली, अविराम प्रकाशन, पृ. 18) ने कहा है, "हमारा नित्यप्रति का दैनिक वाक्-व्यवहार जो हमारे परिवेश के प्रति हमारी-ध्वन्यात्मक प्रतिक्रिया है, सामूहिक रूप में भाषा कहलाता है। मनुष्य के अवचेतन में भाषा एक सामाजिक सम्पदा के रूप में अवस्थित रहती है।"

7. समाज भाषाविज्ञान

समाज भाषाविज्ञान जैसाकि इसका नाम है, इस ज्ञानशाखा में हम भाषा का अध्ययन समाज और भाषा के बीच पाये जाने वाले सभी तरह के सम्बन्धों का अध्ययन और विश्लेषण करते हैं। भाषा का अर्जन समाज पर निर्भर होता है। वह समाज में ही व्यवहार में आती और विकसित होती है। दोनों का अन्योन्याश्रित सम्बन्ध है। व्यवहार में आने वाली भाषा से उस समाज की पहचान बनती है। बहुभाषी समाज में अलग-अलग भाषाएँ बोली जाती हैं। जिनमें जिस-जिस भाषा को व्यवहार में लाया जाता है, उस-उस समाज की पहचान उसकी भाषा से हो सकती है। उन भाषाओं

में परस्पर आदान-प्रदान होता रहता है। इस आदान-प्रदान से सभी भाषाएँ प्रभावित एवं समृद्ध होती हैं। समाज की लघुत्तम इकाई व्यक्ति है, भाषा का विकास होता है व्यक्ति-व्यक्ति के मध्य संवादों से। समाज में एकता और समरसता का विकास बहुत सीमा तक भाषा पर निर्भर है। समाज की परिवेशगत परिस्थितियों से सम्बद्ध मनुष्य के विचार, चिन्तन-मनन, अच्छाई-बुराई, सत्य-असत्य, रुचि-अरुचि, ऊँच-नीच आदि सभी चीज़ें भाषा में प्रतिबिम्बित होती हैं। किसी भी समाज में परत-दर-परत विविधता होती है। तदनुसार भाषाई विविधता भी। इससे वर्ग बनते चले जाते हैं। उनकी वर्गीय पहचान उनकी भाषाओं पर निर्भर करती है। इस तरह से वर्गीय भाषाएँ निर्मित होती चली जाती हैं। यही नहीं बल्कि स्त्री-पुरुष, वृद्ध-प्रौढ़-युवा, शिक्षित-अशिक्षित आदि वर्गों का प्रभाव भाषाओं में परिवर्तन का कारण होता है। ऐसे ही सामाजिक सन्दर्भों में भाषा का अध्ययन समाज भाषाविज्ञान का केन्द्रीय विषय है।

समग्रत: समाज भाषाविज्ञान में भाषा का अध्ययन-विश्लेषण समाज से उसके अन्त:सम्बन्धों के आधार पर किया जाता है। यह समाजशास्त्र एवं भाषाविज्ञान का सम्मिश्रण मात्र नहीं है। इसका उद्देश्य इस तथ्य की व्याख्या करना है कि वे कौन से भाषिक तत्त्व हैं जो किसी भाषा के प्रयोक्ताओं को परस्पर जोड़ते हैं। और यह भी कि वे कौन से तत्त्व हैं, जो विभिन्न मातृभाषाओं के लोगों को अलग करते हैं।

8. प्रयोजनमूलक भाषाविज्ञान

भाषा का प्रकार्यात्मक पक्ष भाषा के सम्प्रेषण पर आधारित है। आज के समय में जब तकनीकी विकास तेज़ी से हो रहा है, तो भाषाओं का व्यावहारिक रूप उभरकर सामने आया है। जीवन-जगत् के सभी कार्यों में अन्य भाषाओं की तरह ही व्यापक प्रयोग हो रहा है। यह एक प्रकार से हिन्दी भाषा का विस्तार है। यह विकास कई क्षेत्रों में देखा जा सकता है। इससे यह बात सामने आती है कि प्रयोजनमूलक भाषा सरकारी कामकाज, व्यवसाय, बाज़ार और समाज से जुड़ती है। सामान्यत: साहित्यपरक भाषा-अध्ययन व्यक्ति-सापेक्ष माना गया है, जबकि प्रयोजनमूलक भाषा सामाजिक प्रयोजनों से जुड़ी होने के चलते इसका अध्ययन सामाजिक परिप्रेक्ष्य में किया जाता है। इसके लिए देश और विदेश के सन्दर्भ में उसका नियोजन करना होता है। साहित्यिक भाषा के प्रसार-प्रचार के लिए यत्न करना होता है। साहित्यिक भाषा में प्रत्येक विचलन में, जो सम्प्रेषित करे और सभी पर्याय स्वीकार्य हैं, उनके

ऊपर किसी तरह की बन्दिश नहीं है। प्रयोजनमूलक भाषा में ऐसा नहीं है। यहाँ जो मानक रूप है, प्राय: उसका ध्यान रखा जाता है सामान्यत: भाषा के प्रमुखत: तीन प्रकार्य हैं। सामान्य सम्प्रेषण, विषयों का माध्यम और प्रयोजनमूलक।

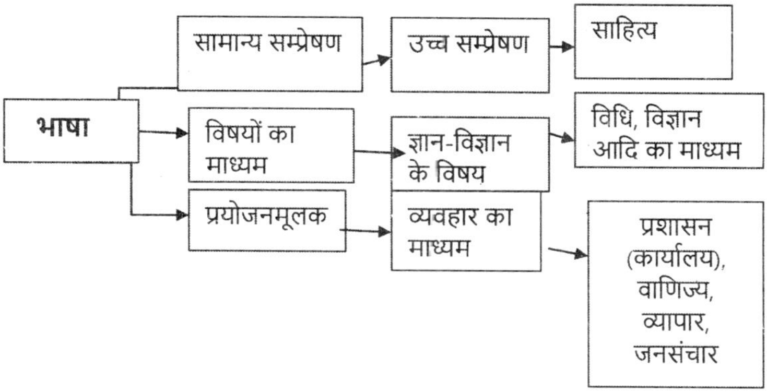

इस भाषा-रूप का अध्ययन प्रयोजनमूलक भाषाविज्ञान के अन्तर्गत किया जाता है। इसमें किसी भी भाषा के प्रयोजनपरक रूप का स्वरूप, उसकी शब्दावली तथा वाक्य-रचना का अध्ययन किया जाता है।

इस सन्दर्भ में प्रयुक्ति अथवा रजिस्टर की अवधारणा महत्त्वपूर्ण है। किसी सामाजिक सन्दर्भ में प्रयुक्त भाषा के प्रकार को प्रयुक्ति कहा जाता है। किसी भी विषय क्षेत्र में प्रयुक्त भाषा का रूप प्रयुक्ति है। यह सामाजिक स्तर-भेद पर निर्भर करती है।

हेलिडे ने प्रयुक्तियों का तीन आधारों पर अध्ययन प्रस्तावित किया है–

वार्ता क्षेत्र	-	सामान्य	तकनीकी
वार्ता प्रकार	-	मौखिक	लिखित
वार्ता शैली	-	अनौपचारिक	औपचारिक

प्रयोजनमूलक भाषा की प्रयुक्तियाँ तकनीकी, लिखित और औपचारिक होती हैं।

9. संगणक (कम्प्यूटर) भाषाविज्ञान

इसे 'इंटरनेटी' भाषाविज्ञान भी कहते हैं। संगणक (कम्प्यूटर) भाषाविज्ञान इधर के कुछ वर्षों में विकसित हुआ है और इस पर निरन्तर कार्य चल रहा है। भाषा को नवीनतम तकनीकी से जोड़ते हुए उसे कई दिशाओं में समृद्ध किया जा रहा

है। भाषा की शब्द सम्पदा निरन्तर समृद्ध हो रही है, उसके साथ ही पद, शब्द, वाक्य-संरचना में भी बदलाव घटित हो रहे हैं। जहाँ कम्प्यूटर जैसी मशीन हमारे सामने है और भाषा द्वारा अनेक कार्य करने की क्षमता बढ़ रही है। समय बच रहा है। भाषा का प्रयोग-क्षेत्र बढ़ रहा है। अभी तो यह साधन सही दिशा में जा रहा है। लेकिन इसके नकारात्मक प्रभाव भी उभरने लगे हैं। समाज पर भी, और भाषा पर भी ये दुष्प्रभाव दिखने लगे हैं। समूचे विश्व के देशों में देखा गया है कि उन देशों की भाषाएँ बदल रही हैं। भाषा पर तकनीकी दबाव पड़ रहा है। समकालीन भाषाविज्ञानी **डेविड क्रिस्टल** ने अपनी पुस्तक **इंटरनेट लिंग्विस्टिक्स** (2014, न्यूयार्क, रोटलेज) में इस ओर ध्यान आकर्षित करते हुए यह चिन्ता व्यक्त की है कि कम्प्यूटर और इंटरनेट ने भाषा को प्रदूषित किया है। भाषा का क्लासिक चरित्र भंग हो गया है। ये तथा ऐसे ही कई प्रश्न हर देश में उठ रहे हैं। एक नयी भाषा बन रही है, जिसे **नेटलैग** कह सकते हैं। यह अपभाषा (स्लेंग) कही जा सकती है। इसमें सही वर्तनी (स्पेलिंग) से विचलन है। संक्षिप्तियों (लिंगों) तथा इमोटीकोंस/स्माइलीज का व्यापक प्रयोग हो रहा है। तकनीकी भाषावैज्ञानिक परिप्रेक्ष्य में देखें तो कम्प्यूटर प्रतीकों को प्रोसेस करता है, सूचना को डेटा में परिवर्तित करता है और इस डेटा का भण्डारण करता है। इस डेटा को कभी भी मेन्युपुलेट कर सकते हैं, बदल सकते हैं, जोड़-घटा सकते हैं। भाषाविज्ञान के सन्दर्भ में इसका अच्छा पक्ष यह है कि भाषा से जुड़ी किसी भी तरह के प्रतीकों या चिह्नों की जटिल पाठ-सामग्री को पल भर में विश्लेषित किया जा सकता है। वह भी सटीक ढंग से। इसके लिए अलग-अलग कार्यों के लिए उनके अनुरूप प्रोग्राम बनते चले जा रहे हैं। समग्रत: कम्प्यूटर एक ऐसी मशीन है, जिसे यदि प्रतीकों की कोई जटिल से जटिल श्रृंखला दी जाये (इसे इनपुट कहेंगे) तो, उसे निश्चित नियम समुच्चय द्वारा संसाधित (प्रोसेस) करती है और निष्कर्ष के रूप में सामने प्रतीकों की वांछित श्रृंखला आ जाती है। इसलिए कहा जाता है कि यह मशीन भी है और मस्तिष्क भी, स्मृति भी। फिर भी हम यही कहेंगे की आज मनुष्य मशीन का नियन्त्रक है, मशीन अचेतन होते हुए भी वे सारे काम करती है, जो मनुष्य को चाहिए। एक आज्ञाकारी और प्रतिभाशाली सचेतन प्राणी की भाँति! बस मनुष्य को आदेश (कमांड) देना भर होता है, मशीन पल भर में आदेश का पालन करने लगती है। निरन्तर कई दिशाओं में नवाचार हो रहा है। बात यदि भाषा और भाषाविज्ञान की है, तो तुलनात्मक भाषाविज्ञान और

ऐतिहासिक भाषाविज्ञान तथा अनुवाद के क्षेत्र में, कोश-निर्माण और भाषा-सर्वेक्षण एवं विश्लेषण आदि अन्य कई तरह के कार्य करने में कम्प्यूटर अत्यन्त उपयोगी है।

इसी क्रम में **कृत्रिम मेधा (आर्टिफ़िशियल इंटेलिजेंस-एआई)** के क्षेत्र में क्रान्तिकारी कार्य विश्व भर में हो रहा है। लेकिन कितना ही कार्य होता रहे, भाषा के बिना नहीं हो सकता। **प्रो. सूरजभान सिंह** ने कहा है कि, "भाषा और कम्प्यूटर के...प्रणालीगत सम्बन्ध का अध्ययन अभिकलनात्मक (कम्प्यूटेशनल) भाषाविज्ञान का एक प्रमुख विषय है जिसमें प्राकृतिक भाषा का संसाधन कर कम्प्यूटर से कई प्रकार के ज्ञानात्मक कार्य किये जा सकते हैं।"

भाषा प्रौद्योगिकी एक नया ज्ञान-क्षेत्र है। आज हम कई तरह के कार्यों में कम्प्यूटर का प्रयोग कर रहे हैं। इधर भाषाविज्ञान के अध्येता कम्प्यूटर की भाषिक क्षमता विकसित करने का कार्य कर रहे हैं। इसमें भाषा प्रौद्योगिकी का सहयोग मिल रहा है।

2

भाषिक संरचना तथा स्तर

(ध्वनि (अथवा स्वन), शब्द, रूप, वाक्य, प्रोक्ति)

भाषा के स्वरूप को समझने के क्रम में यह बात आयी थी कि **भाषा एक व्यवस्था** है। और प्रकारान्तर से कहें कि वह व्यवस्था व्याकरण से बनती है। अब इन दो तथ्यों के साथ हम आगे चलते हैं। हम पाते हैं कि 'बोध' और 'अभिव्यंजना' अथवा 'अनुभूति' और 'अभिव्यक्ति'–भाषा के इन दो पक्षों से उसे रूपाकार मिलता है। इन दोनों तत्त्वों का सम्बन्ध भाषा-व्यवस्था से है तथा ये व्यवस्था भाषा की संरचना का आधार है। अर्थात् अनुभूति और अभिव्यक्ति–दोनों भाषा के आधार माने गये हैं। भाषाविज्ञान के जानकार जानते हैं कि भाषा अनुभूति और अभिव्यक्ति की मिश्रित संरचना है। भाषा के मात्र 'अभिव्यक्ति पक्ष' को ही रचनात्मक माना गया है। विभिन्न रचनाओं द्वारा जो आशय व्यक्त किया जाता है, वह 'अनुभूति' होती है। यह भी ध्यान में रखें कि **अनुभूति अर्थ की हुआ करती है।** इस अनुभूति या अर्थ की अभिव्यक्ति कराने वाले तत्त्व भौतिक होते हैं। अतएव **अभिव्यक्ति भाषा के वह तत्त्व हैं जो उसके उपादान (मेटेरिअल) हैं। इन उपादानों में सम्मिलित हैं–स्वन, स्वनिम, रूप, व्याकरण और शब्द। अनुभूति रचना से पहले मनुष्य के मस्तिष्क में रहती है, बाद में भाषा में व्यक्त होती है।**

भाषा : द्रव्य और आकृति

समकालीन भाषाविज्ञान के अध्येता मानते हैं कि स्वन, रूप, वाक्य और प्रोक्ति की संरचना का स्तर अलग होता है और प्रोक्ति से ही अर्थ की संरचना होती है। इससे प्रतीत होता है कि स्वन और प्रोक्ति तक की संरचना में यह क्रम बनता है : स्वन-रूप-वाक्य-प्रोक्ति। इनमें से रूप, वाक्य और प्रोक्ति की व्यवस्था व्याकरण से

सम्बद्ध है। इस प्रकार भाषा-संरचना के भौतिक पक्ष के अन्तर्गत स्वन और व्याकरण आते हैं।

समकालीन संरचनात्मक भाषाविदों ने इसकी नये रूप में व्याख्या की है। उनकी इस व्याख्या का आधार अर्थतन्त्र है। अभी तक शब्द और अर्थ का सम्बन्ध रूढ़िगत माना जाता रहा है। लेकिन आधुनिक भाषा अध्येताओं ने अपनी इस अवधारणा को प्रतिस्थापित किया है कि एक भाषा से दूसरी भाषा के शब्दों में अर्थ साम्य नहीं मिलता। वे अर्थ अलग होते हैं। इस दृष्टि से देखें तो इस दिशा में **सस्यूर** की स्थापनाएँ अत्यन्त महत्त्वपूर्ण मानी जाती हैं। **सस्यूर** का कहना है कि अर्थ एवं ध्वनि दोनों का अस्तित्व है, लेकिन वह मानसिक है। इससे परे वस्तु एवं ध्वनि का अस्तित्व भौतिक है। उदाहरण के लिए देखें तो बात ठीक से समझ में आयेगी। कोई भी वस्तु अथवा प्राणी को ले लीजिए। हमने एक शब्द लिया–'कमल'। कमल की सत्ता उच्चारित अथवा लिखित–क्+अ+म्+अ+ल्+अ की सत्ता भौतिक है। लेकिन कमल कह देने से जो अर्थ-संकेत निर्मित होता है, वह मानसिक है। वस्तुतः ये ध्वनियाँ भी उच्चारण से पहले मानसिक रूप से विद्यमान रहती हैं। अर्थ एवं ध्वनि के मानसिक बिम्ब में भी सम्बन्ध है। कहने का अर्थ यह है कि भौतिक सत्ता अर्थात् वस्तु और ध्वनि एक इकाई है, इसके मानसिक बिम्ब दूसरी इकाई। **सस्यूर** ने भौतिक वस्तु और ध्वनि को पदार्थ अथवा द्रव्य कहा है और मानसिक बिम्ब को रूप या आकृति कहा है। **सस्यूर** ने इसी आधार पर भाषा को पदार्थ न मानकर रूप या आकृति माना है। भाषाविदों ने अर्थतन्त्र में भेद के लिए वस्तु और रूप के मध्य विभेद की शरण ली है। कहने का आशय यह है कि सभी भाषाओं में वस्तु एवं रूप अलग-अलग होते हैं। जब कोई अनुवादक दूसरी भाषा का अध्ययन करता है तो उसको वस्तु के लिए वैसा रूप नहीं मिल पाता, जो उसकी पहली भाषा में है। यही कारण है कि एक भाषा के शब्दों की दूसरी भाषा के शब्दों में ज्यों की त्यों अर्थ-साम्यता में नहीं हो सकती। इस समस्या का निवारण होता है **प्रोक्ति** से।

प्रोक्ति (डिस्कोर्स) क्या है?

संरचनात्मक भाषाविज्ञान और व्याकरण के क्षेत्र में 'प्रोक्ति' (डिस्कोर्स) का बहुत महत्त्व है। धारणा यह है कि 'वाक्य' एक वृहत्तर इकाई है जो अपने आप में स्वतन्त्र एवं पूर्ण होती है। स्वन, रूप, शब्द, पदबन्ध तथा उपवाक्य का अस्तित्व वाक्य पर आश्रित रहता है। इसके विपरीत कोई भी भाषा क्यों न हो; वाक्य ही उसकी मूलभूत इकाई है।

जिस तरह रूप, पदबन्ध, उपवाक्य इत्यादि भाषा की इकाइयाँ हैं, उसी तरह प्रोक्ति किसी भी भाषा की प्रकार्यात्मक इकाई है। ध्यान दें, एक शब्द और प्रयुक्त किया जाता है–पाठ (टैक्स्ट)। यह प्रोक्ति से अलग है। अध्ययन, विश्लेषण एवं वर्णन के उद्देश्य से किसी भाषा का लिखित, मौखिक किसी भी रूप में एकत्र अथवा रिकार्ड किया हुआ नमूना 'पाठ' कहा जाता है।

'प्रोक्ति' (डिस्कोर्स) शब्द का पहली बार सन् 1952 ईस्वी में भाषाविज्ञानी **जैलिंग हैरिस** ने किया था। हैरिस ने कहा था कि 'वाक्यों का संयोग' 'प्रोक्ति' है। उन्होंने 'पाठ' (टैक्स्ट) तथा उसके सामाजिक सन्दर्भ के सम्बन्ध का अध्ययन किया। यद्यपि उनका अध्ययन और विश्लेषण 'प्रोक्ति' पर कम, 'वाक्य' पर अधिक आधारित था। वास्तव में कहा जाये तो 'प्रोक्ति' एवं प्रोक्ति-विश्लेषण के क्षेत्र में पाश्चात्य भाषा अध्येताओं ने अधिक कार्य किया है। वहाँ इसे समाज भाषाविज्ञान की देन माना गया है। हाँ, भारत में 'प्रोक्ति' नाम से नहीं; बल्कि 'महावाक्य' के रूप में विवेचित किया गया है। जो 'प्रोक्ति' के आधुनिक विश्लेषण के निकट है। **आचार्य विश्वनाथ** ने अपने ग्रन्थ 'साहित्यदर्पण' में 'महावाक्य' को इस प्रकार परिभाषित किया है–

> "स्वार्थ बोधे समाप्तना मङ्गाङ्गित्वा गत्वव्यपेक्षया
> वाक्यानामेक वाक्यव्यं पुनः सहत्य जायेते।"

(अर्थात् महावाक्य, अपने-अपने अर्थ का सम्प्रेषण कर समाप्त हुए; परन्तु सन्देश की एकता/समान के स्तर पर अंग-अंगी भाव से पुनः एक-दूसरे से मिले, वाक्यों का समूह है।)

प्रो. कविता रस्तोगी ने इसका अच्छा विवेचन किया है।

आधुनिक भाषाविज्ञानियों का मानना है कि भाषा किसी सम्प्रेषण करने वाले व्यक्ति के मन्तव्य की अभिव्यक्ति है। मन्तव्य किसी एक वाक्य में व्यक्त नहीं हो पाता। इसके लिए कई वाक्यों की आवश्यकता रहती है। **समग्र मन्तव्य को व्यक्त करने वाले वाक्य-खण्ड** को 'प्रोक्ति' कहा जाता है। माना गया है कि भाषा की पूरी व्यवस्था प्रोक्ति है।

ये बताये गये स्तर भाषा-संरचना के महत्त्वपूर्ण तत्त्व हैं। लिपिबद्ध संरचना का स्तर अलग होता है। लगभग सभी भाषाओं में लेखनीय संरचना में अन्तर होता है। इसलिए लिपि को भी भाषा-संरचना का एक महत्त्वपूर्ण तत्त्व माना जाता है। इस प्रकार भाषा-संरचना के तत्त्व हैं–स्वन, शब्द, रूप, अर्थ, स्वनिम, वाक्य, प्रोक्ति तथा लेखन।

भाषिक प्रकार्य भाषा का विश्लेषण सामान्य रचना को आधार बनाकर नहीं किया जा सकता। **प्रकार्यवादी भाषाविज्ञानी** भाषा के तरह-तरह के प्रकार्यों के आधार पर भाषा का विश्लेषण किये जाने की संस्तुति करते हैं।

प्राय: भाषा में आने वाली सभी इकाइयों के अपने-अपने प्रकार्य होते हैं। इनका अध्ययन भाषाविज्ञान में किया जाता है। लेकिन **प्राग सम्प्रदाय** ने भाषा के प्रकार्यों को अपने अध्ययन का आधार बनाया है। प्राग सम्प्रदाय के ही महत्त्वपूर्ण भाषा विज्ञानी **रोमन याकोव्सन** का मानना है कि भाषा का मुख्य प्रकार्य सम्प्रेषण है। किसी भी भाषा का अध्ययन तीन दृष्टियों से करना चाहिए–एक, **वक्ता**; दो, **श्रोता**; तीन, **सन्दर्भ**। इसके साथ ही सन्देश देखा गया है कि वक्ता की दृष्टि से देखें तो भाषा अभिव्यक्ति का प्रकार्य करती है। श्रोता की दृष्टि से देखें तो भाषा प्रभाविक प्रकार्य करती है। सन्दर्भ की दृष्टि से वह साम्प्रेषणिक प्रकार्य करती है। इनके अतिरिक्त भाषा ये तीन सन्दर्भ और बनाती है–सन्देश, कूट और सरणि (चैनल)। इस प्रकार **याकोव्सन** ने भाषा के छह प्रकार्य निर्धारित किये हैं–

1. अभिव्यक्तिपरक प्रकार्य (एक्सप्रेसिव फ़ंक्शन)
2. प्रभावपरक प्रकार्य (कोनेटिव फ़ंक्शन)
3. काव्यात्मक प्रकार्य (पोइटिक फ़ंक्शन)
4. सन्दर्भपरक प्रकार्य (रेफ्रेंसिव फ़ंक्शन)
5. आधिभाषिक प्रकार्य ((मेटालिंग्युस्टिक फ़ंक्शन))
6. सम्बन्धपरक प्रकार्य (फैटिक फ़ंक्शन)

1. **अभिव्यक्तिपरक प्रकार्य** में अभिव्यक्ति के केन्द्र में वक्ता स्वयं होता है। इसमें वक्ता अपने आप से जुड़ी हुई बातें कहता है। यथा–

   –वाह, क्या बात है!

   –अरे! बेकार ही गये हम तो, न जाते तो अच्छा था।

   –कितना अच्छा दृश्य है!

   –कल तुमसे मिलकर मुझे बहुत ख़ुशी हुई।

2. **प्रभावपरक प्रकार्य** में अभिव्यक्ति के केन्द्र में **श्रोता** होता है और वक्ता अपनी अभिव्यक्ति से श्रोता को प्रभावित कर रहा होता है। अत: ऐसी अभिव्यक्तियों के प्रत्युत्तर में श्रोता द्वारा किसी कार्य को करने आदि की प्रेरणा की स्थिति का पता चलता है। अत: स्वाभाविक रूप से इस तरह की अभिव्यक्तियों में आदेश, निर्देश, परामर्श, सलाह, निवेदन आदि का रूप दिखाई देता है; यथा–

–कृपया आप लोग शान्ति बनाये रखें।

–आप इधर आइए।

–तुम को वहीं रुक जाना चाहिए।

–जाओ, अपना काम करो।

3. **काव्यात्मक प्रकार्य** में अभिव्यक्ति के केन्द्र में **सन्देश** होता है। साहित्यिक रचनाएँ काव्यात्मक प्रकार्य के अन्तर्गत आती हैं। इन रचनाओं को सुनने या बोलने अथवा पढ़ने के बाद श्रोता या पाठक उन रचनाओं में निहित सन्देश को ग्रहण करता है। मानवीय संवेदनाओं की अभिव्यक्ति काव्यात्मक प्रकार्य से जुड़ी हुई है, यथा–साहित्य की किसी भी विधा को पढ़कर देखा जा सकता है।

4. **सन्दर्भपरक प्रकार्य** में अभिव्यक्ति के केन्द्र में **सन्दर्भ** होता है। **अर्थात्** वक्ता द्वारा बोलकर या लिखकर व्यक्त किये गये विचारों को समझने के लिए श्रोता को सन्दर्भ में जाना होता है; यथा–

   –और इस तरह से श्रीराम जी ने शबरी का उद्धार किया। (सन्दर्भ–तुलसीकृत 'श्रीरामचरितमानस')

5. **अधिभाषिक प्रकार्य** में अभिव्यक्ति के **केन्द्र में कोड** होता है। 'कोड' का मतलब है अभिव्यक्त की गयी भाषिक सामग्री में प्रयुक्त शब्द, ध्वनियाँ अथवा अक्षर। जब श्रोता अथवा पाठक किसी नयी वस्तु के बारे में सुनते हैं तो उनका ध्यान उस बोली गयी अथवा लिखी गयी सामग्री पर ही रह जाता है। पहले अभिव्यक्त की गयी सामग्री को समझने के लिए उसमें आये शब्दों को समझना होता है। यह स्थिति भाषा के अधिभाषिक प्रकार्य की श्रेणी में आती है; यथा–किसी कथन में आये तकनीकी शब्दों को अलग रखकर समझना होता है।

6. **सम्बन्धपरक प्रकार्य** में अभिव्यक्ति के केन्द्र में **सरणि (चैनल)** होती है, जिसमें वक्ता और श्रोता मात्र एक-दूसरे से सम्बन्ध स्थापित करने की इच्छा रखकर कोई अभिव्यक्ति करते हैं। अथवा सरणि का परीक्षण करना हो वैसी स्थिति में कुछ कहने को सम्बन्धपरक श्रेणी का प्रकार्य कहेंगे। जैसे–

   –(एअरपोर्ट पर पास बैठे श्रोता से बातचीत) अभिव्यक्ति कर्ता–आज फ़्लाइट बहुत लेट है।

   –बाहर बारिश हो रही है।

–अब तो मौसम ठीक हो गया है।

इस तरह के वाक्यों द्वारा वक्ता का उद्देश्य श्रोता से मात्र सम्बन्ध स्थापित करना होता है। चाहे श्रोता अजनबी क्यों न हो। इसी तरह–

–(मोबाइल पर बातचीत) हेलो, हाँ बोल रहा हूँ।... अच्छा! फिर?... क्या...? आदि।

प्राग सम्प्रदाय के इन प्रकार्यवादियों ने यह स्थापित करने की चेष्टा की है कि भाषा की संरचना प्रकार्यों के अनुसार बदल जाती है। और यह भी कि एक ही भाषा प्रकार्य के अनुसार बदलकर अलग-अलग रूपों में सामने आती है।

भाषा के इन सभी रूपों को चार भागों में रखकर गिना जाता है। **याकोव्सन** ने वक्ता, श्रोता और सन्दर्भ; इन तीन तत्त्वों को ध्यान में रखते हुए प्रमुख तीन प्रकार बताये हैं। पीछे बताये गये छह प्रकार्य भाषा के आभिव्यक्तिक सन्दर्भ से सम्बद्ध हैं।

इस स्थापना पर विचार करते हुए यह तथ्य सामने आता है कि, "भाषा को जब हम द्रव्य मानते हैं, तो उसकी अनुकारिता अर्थ से अधिक संगत होती है, क्योंकि ध्वनियों का भौतिक रूप (उच्चरित रूप) जिस अर्थ को प्रस्तुत करता है, वह यादृच्छिक है। दूसरे ध्वनि और अर्थ का सम्बन्ध एकस्तरीय होता है। "**सस्यूर** इसे **संकेत** कहते हैं।

सस्यूर का कहना है कि अभिव्यक्त शब्द जिसका संकेत करता है, वह भौतिक वस्तु नहीं है, वरन् उसका मानसिक बिम्ब है। इस तरह ध्वनिपरक अभिव्यक्ति संकेतक है और जो संकेतित, है वह है अर्थ। दोनों के बीच का सम्बन्ध यादृच्छिक है।

इस प्रकार हम पाते हैं कि भाषा संरचना में दो पक्ष होते हैं–एक, अनुभूति; दूसरा, अभिव्यक्ति। अनुभूति का सम्बन्ध अर्थ-संरचना से है। अभिव्यक्ति की संरचना स्वन और व्याकरण से जुड़ी हुई है।

स्वन अपने आप अकेले ही संरचना नहीं कर सकते। अतः अभिव्यक्ति की संरचना में ये पक्ष हैं–

1. स्वनात्मक संरचना, और
2. व्याकरणात्मक संरचना।

स्वनात्मक संरचना भी दो रूपों में होती है–एक, स्वन संरचना; दूसरा स्वनमिक संरचना।

इसी तरह व्याकरणात्मक संरचना के दो पक्ष होते हैं–एक, रूपतात्मक; दो, वाक्यात्मक।

स्वनमिक और रूपात्मक संरचना में अर्थ-सृष्टि का कार्य-रूप स्वनिमिक संरचना से होता है। आधुनिक भाषाविद् **स्वन एवं अर्थ-संरचना को गौण मानते हैं** तथा **स्वनिमिक और वाक्यात्मक संरचना को उन्होंने मुख्य मानते हुए विशेष महत्त्व दिया है।** इन्हें इस तरह क्यों गौण तथा मुख्य माना जाता है?–इसका उन्होंने तर्कपूर्ण उत्तर दिया है कि भाषा के इन दोनों तत्त्वों का सम्बन्ध विज्ञान की अन्य शाखाओं से भी होता है। जबकि अर्थ का सम्बन्ध दर्शनशास्त्र से है। इससे अलग स्वनिमिक तथा व्याकरणिक संरचना का अध्ययन केवल भाषाविज्ञान में ही होता है।

भाषिक संरचना के स्तर

यह तथ्य सभी को ज्ञात है कि मूलतः कोई भी भाषा यादृच्छिक ध्वनि-प्रतीकों की एक व्यवस्था है। यह व्यवस्था संरचनात्मक है। हर व्यवस्था की संरचना अलग-अलग होती है। इस संरचना में कई स्तर होते हैं। हर एक स्तर की अलग-अलग संरचना होती है। मुख्यतः यह स्तर चार हैं। इनमें प्रथम है 'ध्वनि' (आधुनिक भाषाविज्ञान में इसे 'स्वन' कहा जाता है), दूसरा 'व्याकरण', तीसरा 'प्रोक्ति' और चतुर्थ है 'अर्थ'। स्वन में स्वन और स्वनमिक तथा व्याकरण के अन्तर्गत रूप और वाक्य को लिया जा सकता है। कई भाषाविद् चार की जगह छह स्तर मानते हैं।

संक्षेप में कहें तो भाषा-संरचना का मूल आधार संरचनात्मक पद्धति है। भाषा के अध्येताओं ने भाषिक संरचना के स्तर इस रूप में बताये हैं–

1. **स्वन (ध्वनि) संरचना :** ध्वनि भाषा की लघुतम, स्वतन्त्र एवं महत्त्वपूर्ण इकाई है। माना गया है कि स्वनों की व्यवस्था ही भाषा है। स्वन अपने आप में अकेले कोई अर्थ नहीं दे सकते। लेकिन स्वनों के योग से ही पद, वाक्य और प्रोक्ति का अस्तित्व है। अतः भाषा में स्वन और स्वनिमों के स्तर पर यह अध्ययन बहुत महत्त्व रखता है। सभी भाषाओं की ध्वनियाँ सैद्धान्तिक रूप में एक जैसी हो सकती हैं, किन्तु प्रत्येक भाषा की अपनी-अपनी ध्वनियों की विशेषता अलग होती है।

   भाषिक ध्वनियों का वर्गीकरण करें तो उनके दो वर्ग होंगे–एक, स्वर; दूसरा, व्यंजन।

   (1) **स्वर :** वे ध्वनियाँ, जिनके उच्चारण में फेफड़ों से चली प्राणवायु (हवा) बिना किसी अवरोध के बाहर निकलती है, स्वर कहलाती हैं। विभिन्न भाषाओं में स्वर-ध्वनियों की संख्या अलग-अलग होती है। वर्तमान में

हिन्दी भाषा की स्वर ध्वनियाँ 11 हैं। ये स्वर-ध्वनियाँ हैं–अ, आ, इ, ई, उ, ऊ, ऋ, ए, ऐ, ओ, औ। कुछ भाषाविज्ञानी और व्याकरणाचार्य हिन्दी में 13 स्वर-ध्वनियाँ मानते हैं।

अलग-अलग भाषाओं में स्वर-ध्वनियों की स्थान-व्यवस्था में अन्तर होता है। किसी-किसी भाषा में सभी ध्वनियाँ पूर्ववर्ती अथवा परवर्ती एक स्थान पर व्यवस्थित होती हैं। और किसी भाषा में इनकी अवस्थिति व्यंजन-ध्वनियों के मध्य में होती है। हिन्दी की समस्त स्वर-ध्वनियाँ व्यंजन-ध्वनियों से पूर्व एक स्थान पर व्यवस्थित हैं।

(2) **व्यंजन :** इन ध्वनियों के उच्चारण करते समय स्वर-ध्वनियों का सहयोग आवश्यक होता है। स्वर के बिना इनका उच्चारण नहीं हो सकता। इनके उच्चारण में फेफड़ों से निकली वायु मुख के किसी भाग में थोड़ी-बहुत रुकावट से गुज़रती हुई घर्षण के साथ बाहर निकलती है। हिन्दी में व्यंजन-ध्वनियों को स्वर के बाद स्थान दिया गया है।

हिन्दी की कुछ व्यंजन-ध्वनियाँ ऐसी भी हैं, जिनका प्रयोग स्वर के रूप में भी होता है। ये हैं–य् और व् । ये ध्वनियाँ **अर्द्ध स्वर** कहलाती हैं।

हिन्दी में **महाप्राण** ध्वनियों के लिए स्वतन्त्र चिह्नों की व्यवस्था मिलती है; यथा–ध्वनियों के प्रत्येक वर्ग की ***दूसरी*** और ***चौथी*** ध्वनियाँ इसी तरह की हैं–

क् वर्ग (क्, ख्, ग्, घ्, ङ्) की–द्वितीय ध्वनि–ख् चौथी ध्वनि–घ्
च् वर्ग (च्,छ्, ज्, झ्, ञ्) की–द्वितीय ध्वनि–छ् चौथी ध्वनि–झ्
ट् वर्ग (ट्, ठ्, ड, ढ, ण्) की–द्वितीय ध्वनि–ठ् चौथी ध्वनि–ढ
त् वर्ग (त्, थ्, द्, ध्, न्) की–द्वितीय ध्वनि–थ् चौथी ध्वनि–ध्
प् वर्ग (प्, फ्, ब्, भ्, म्) की द्वितीय ध्वनि–फ् चौथी ध्वनि–भ्

(क) बलाघात : उच्चारण के समय जब किसी ध्वनि पर अपेक्षाकृत बल लगाना होता है, तो उस ध्वनि को बलाघात कहा जाता है; यथा–'राम' शब्द में दो ध्वनियाँ हैं–'र' और 'म'। उच्चारण में 'र' पर 'म' की अपेक्षा अधिक बल दिया जाता है। याद रखें कि हिन्दी में बल हमेशा स्वर पर लगाया जाता है।

एक वाक्य में प्रायः अनेक शब्द होते हैं। वाक्य में आये हुए शब्द या ध्वनियाँ अन्य दूसरे शब्दों की ध्वनियों की तुलना में अधिक शक्तिशाली रूप में प्रयुक्त होती हैं, तो वह शब्द बलाघात कहलाता है; जैसे–"आप

यहाँ बैठकर **कोई मनपसन्द** पुस्तक पढ़ लीजिए।"

(कोई मनपसन्द पुस्तक)

"आप **यहाँ बैठकर** कोई मनपसन्द पुस्तक पढ़ लीजिए।"

(यहाँ बैठकर)

यहाँ प्रथम वाक्य में कई शब्द हैं। किन्तु 'कोई मनपसन्द' शब्दों की ध्वनियों पर अधिक बल है। जबकि दूसरे वाक्य में 'यहाँ बैठकर' शब्दों की ध्वनियों पर बल अधिक है। इससे दोनों वाक्यों के अर्थ अलग-अलग हो गये हैं।

(ख) सन्धि : कई बार देखा गया है वाक्य में दो भाषिक इकाइयाँ मिलकर एक हो जाती हैं। ध्वनियों को मिलने से एक नया शब्द बन जाता है। ध्वनियों का यह परिवर्तन 'सन्धि' कहा जाता है। ऐसा प्राय: सभी भाषाओं में देखा जा सकता है। लेकिन सभी भाषाओं में ध्वनियों का यह परिवर्तन उस भाषा की अपनी अलग विशेषता रखता है।

हिन्दी में अनेक प्रकार की सन्धियाँ हैं। कुछ उदाहरण देखें–

(1) **स्वीकरण :** सन्धि की यह प्रक्रिया हिन्दी के तद्‌भव शब्दों में अधिक मिलती है। यथा–

रमा+ईश = रमेश । (आ+ई)

आधा+पका = अधपका। (आ+अ)

(ब) दीर्घीकरण : रवि+इन्द्र = रवीन्द्र (वि+इं)

(स) घोषीकरण : आग+पानी = आगपानी (ग+प)

(द) लोप : पानी+घाट = पनघट (नी और घा लोप)

(ध) आगम : विश्व+मित्र = विश्वामित्र (आ का आगम)

(2) **शब्द-संरचना :** जब भी कोई बात की जाती है, हमारा ध्यान सबसे पहले शब्द की महत्त्वपूर्ण भूमिका पर जाता है। क्योंकि शब्द भाषा की महत्त्वपूर्ण कड़ी है। शब्द अर्थवान होते हैं और पद तथा वाक्य में अर्थ भरने का कार्य करते हैं। शब्दों में प्रत्यय इत्यादि के योग से **रूप** निर्मित होते हैं। उपसर्ग, प्रत्यय, समास और पुनरुक्ति आदि शब्द-संरचना के अध्ययन के आयाम हैं।

उपसर्ग : वह भाषिक इकाई है, जो शब्द-संरचना में शब्द के आरम्भ में लगाई जाती है। किन्तु इसका प्रयोग स्वतन्त्र रूप में नहीं किया जा सकता।

इसको दो श्रेणियों में रख सकते हैं–एक, अपनी भाषा के उपसर्ग। दो, अन्य भाषा के उपसर्ग।

अपनी भाषा के उपसर्ग–अ, उ, कु, स इत्यादि; यथा–ज्ञान–**अ**ज्ञान, पूर्ण–**अ**पूर्ण।

अन्य भाषा के उपसर्ग; यथा–बात–**बे**बात।

प्रत्यय वह भाषिक इकाई है, जो शब्द-संरचना में किसी शब्द के अन्त में जोड़ी जाती है; यथा–

'कार'–चित्रकार, सलाहकार, व्यंग्यकार।

कई बार अन्य भाषाओं के प्रत्यय भी जुड़े हुए मिलते हैं; यथा–समझदार, डॉक्टरनी, ठकुराइन।

समास–समास में दो शब्द इस प्रकार जुड़ते हैं कि उनके मेल से नया शब्द बन जाये। इसके निर्मित रूप को सामासिक पद अथवा समस्त पद कहा जाता है। अर्थ के सन्दर्भ से ये पद दो प्रकार के होते हैं–एक तो वे, जिनके अर्थ वैसे ही होते हैं, जैसे समास बनने से पहले थे; यथा–गुरु-शिष्य, बहन-भाई आदि। दूसरे वे, जिनमें समास बनने से पहले का अर्थ बदल जाता है; यथा–जल-वायु=जलवायु।

3. **पद अथवा रूप-संरचना :** कोई भी वाक्य हो, वह रूपों से बनता है। रूप को ही पद माना जाता है। रूप में शब्द और धातु आते हैं, जो अर्थ-तत्त्व माने जाते हैं। इसी तरह प्रत्यय और कारक के योग से उनको पद बनाते हैं। इसलिए उन्हें सम्बन्ध-तत्त्व कहा जाता है। रूप को व्याकरणिक संरचना का मुख्य तत्त्व माना गया है।

   वाक्य बनाने के लिए शब्दों की आवश्यकता होती है। जब कोई शब्द वाक्य-निर्माण के लिए व्याकरणिक योग्यता प्राप्त कर लेता है, तो उसको पद कहा जाता है। पद-संरचना में हम शब्दों के तरह-तरह के व्याकरणिक रूपों का अध्ययन करते हैं। यह अध्ययन रूप-संरचना, संज्ञा, सर्वनाम, क्रिया इत्यादि के विविध आयामों के सन्दर्भ में किया जाता है।

4. **वाक्य-संरचना :** वाक्य किसी भी भाषा की स्वतन्त्र और सार्थक इकाई होती है। ध्यान रहे कि वाक्य में कम से कम एक क्रिया का होना ज़रूरी होता है। वाक्य की संरचना में मुख्यतः दो भाग होते हैं–उद्देश्य और विधेय; जैसे–स्वप्ना पढ़ रही है। इस वाक्य में स्वप्ना उद्देश्य है और पढ़

रही है विधेय है। कई बार वाक्य में उद्देश्य छिपा रहता है; जैसे–आइए। यह एक वाक्य/वाक्यांश है। इसमें क्रिया तो है किन्तु उद्देश्य (अथवा कर्ता) छिपा हुआ है। वह आप/तुम हो सकता है। (आप) आइए। वाक्य की संरचना स्पष्ट होनी चाहिए तभी वह वाक्य अपना अर्थ दे सकता है। भावाभिव्यक्ति में इसका अत्यन्त महत्त्व है। एक बहुत जाना-माना वाक्य है–रोको मत, जाने दो और रोको, मत जाने दो। स्पष्ट है कि प्रथम वाक्य में 'जाने' की भावाभिव्यक्ति है। जबकि दूसरे वाक्य में 'रोकने' की।

वाक्य की संरचना के आधार पर हम सरल, संयुक्त और मिश्र के रूप में तीन वर्ग के वाक्यों का अध्ययन कर सकते हैं।

5. **प्रोक्ति (डिस्कोर्स) :** व्याकरण की दृष्टि से अधिकांश संरचनात्मक भाषाविज्ञानी वाक्य को बृहत्तम इकाई मानते रहे हैं। वे कहते हैं, वाक्य एक ऐसी स्वतन्त्र और स्वतःपूर्ण इकाई है, जो किसी अन्य घटकों पर आश्रित नहीं रहती। जबकि स्वन, रूप, शब्द, पदबन्ध और उपवाक्य जैसी अन्य भाषिक इकाइयाँ वाक्य पर आश्रित रहती हैं। इस विचार से व्याकरण की दृष्टि से भाषा की आधारिक इकाई वाक्य है।

स्मरण रहे कि भाषा एक सामाजिक संघटना है। इसे कोई भी भाषाभाषी समाज सामाजिक सन्दर्भ एवं उस समाज में प्रचलित सम्बन्धों के ताने-बाने से अलग नहीं कर सकता। इसलिए किसी विशिष्ट सन्दर्भ जब कोई वक्ता भाषा का प्रयोग करता है, उसके पीछे अनेक मनोवैज्ञानिक प्रक्रियाएँ सक्रिय रहती हैं। इसलिए बोलने वाले व्यक्ति की बात को समझना, उसके मन्तव्य को पकड़ना, उसमें छिपे हुए अर्थ तक पहुँचना इत्यादि जानकारियों का ज्ञान सम्प्रेषण का अभिन्न अंग है। सम्प्रेषण की दृष्टि से देखें तो बोलने वाला व्यक्ति अपनी बात मात्र एक वाक्य में ख़त्म भी कर सकता है, लेकिन ऐसा बहुत कम होता है। वह अपनी बात को पूरा करने के लिए अनेक वाक्यों का प्रयोग करता है। अतः कहा जा सकता है कि भाषा-व्यवहार केवल वाक्यों तक ही सीमित नहीं हुआ करता। इसलिए सम्प्रेषण की अन्तिम इकाई वाक्य नहीं मानी सकती है।

आधुनिक भाषाविज्ञान में प्रोक्ति (डिस्कोर्स) को वाक्य से बृहत्तर भाषिक इकाइयों से निर्मित वाक्य-समूह कहा जाता है, जैसाकि पहले कहा गया है। आधुनिक भाषाविज्ञानियों का मानना है कि भाषा सम्प्रेषित होने वाले किसी मन्तव्य की अभिव्यक्ति है। और मन्तव्य सामान्यतः किसी एक वाक्य में व्यक्त नहीं हो पाता।

इसके लिए कई वाक्यों की आवश्यकता रहती है। **समग्र मन्तव्य को व्यक्त करने वाले वाक्य-खण्ड** को 'प्रोक्ति' कहा जाता है। भाषा की पूरी व्यवस्था प्रोक्ति है। सरल शब्दों में कहें तो किसी बात को कहने के लिए जो वाक्य प्रयोग में आते हैं, उन वाक्यों का समुच्चय (गुच्छा) प्रोक्ति कहलाता है। भाषा में प्रयुक्त वाक्यों के समुच्चय में से कोई एक वाक्य आपस में अच्छी तरह जुड़कर अर्थ तथा संरचना को ध्यान में रखते हुए एक इकाई बन जाते हैं। इस प्रकार वक्ता और श्रोता दोनों का मन्तव्य पूरा हो जाता है।

उदाहरण के लिए देखिए–स्वप्ना एक अच्छी लड़की है।
स्वप्ना पीएच.डी. की शोधछात्रा है।
स्वप्ना को नेट की परीक्षा में प्रथम स्थान मिला है।
स्वप्ना नियमित अध्ययन करती है।
स्वप्ना अपने घर कई महीनों से नहीं गयी।

यहाँ स्वप्ना के बारे में पाँच वाक्य दिये गये हैं। परस्पर सम्बन्धों के बिना यहाँ पूर्ण, स्पष्ट और सहज अभिव्यक्ति का अभाव है। प्रोक्ति का रूप मिलते ही भावाभिव्यक्ति अथवा मन्तव्य स्पष्ट हो जाता है–"पीएच.डी. की शोधछात्रा स्वप्ना अच्छी लड़की है। कई महीनों से अपने घर नहीं गयी। नियमित अध्ययन के कारण उसे नेट की परीक्षा में प्रथम स्थान प्राप्त हुआ है।"

यह एक लघु प्रोक्ति है। प्रोक्ति शुरू के एक वाक्य से लेकर उपन्यास और महाकाव्य के अन्तिम शब्द तक विस्तृत हो सकती है। कई वाक्यों को एक-दूसरे में जोड़कर एक वाक्य बनाया जा सकता है।

यहाँ याद रखना होगा कि प्रोक्ति (डिस्कोर्स) से मिलता-जुलता एक शब्द और है–**प्रयुक्ति (रजिस्टर)** लेकिन दोनों अलग-अलग हैं। प्रोक्ति तो वाक्य नहीं, वाक्यों का समूह है। जबकि 'प्रयुक्ति' किसी विशेष परिस्थिति में सामाजिक दायित्व की पूर्ति के लिए वक्ता द्वारा प्रयोग में लायी जाने वाली भाषा को प्रयुक्ति कहा जाता है। यह समाज भाषाविज्ञान के क्षेत्र का विषय है।

प्रोक्ति की संरचना, आन्तरिक अर्थवत्ता और अभिव्यक्ति के आधार पर इसे निम्नांकित तत्त्व अथवा रूपों में देख सकते हैं–

एक से अधिक वाक्य।

आन्तरिक सुसम्बद्धता।

तत्त्व-सारिणी : वक्ता, श्रोता, कथन या सन्देश (वक्तव्य), सन्दर्भ तथा शैली का प्रकार।

सम्प्रेषणीयता।

संरचना और सम्प्रेषणीयता एक इकाई स्वरूप।

प्रोक्ति के प्रकार–

1. कथन आधार पर–प्रत्यक्ष-परोक्ष कथन।
2. कथन-शैली के आधार पर–औपचारिक-अनौपचारिक।
3. स्थान के आधार पर–स्थानीय–सार्वभौम।
4. काल के आधार पर–भूत, वर्तमान, भविष्यत् एवं सार्वकालिक।

6. **अर्थ संरचना–**

कहा गया है कि भाषा में ध्वनि (स्वन), शब्द, पद और वाक्य इत्यादि उसकी शारीरिक इकाइयाँ हैं। जबकि अर्थ भाषा की आत्मा। अर्थ का विभाजन कई आधारों पर किया जा सकता है। यथा–

मुख्यार्थ–पुस्तक, कमल, जल, बाज़ार आदि।

लक्ष्यार्थ–अनन्त तो शेर है।

व्यंजनार्थ–यहाँ अर्थ को परम्परा से जोड़कर देखा जाता है। जैसे–गंगाजल (पवित्रता का प्रतीक)।

सामाजिक–अंग्रेज़ी के 'You' शब्द के लिए हिन्दी में विभिन्न सन्दर्भों में कई शब्द मिलते हैं–तू, तुम, आप।

बलात्मक–स्वप्ना फ़िल्म देखेगी। **फ़िल्म** देखेगी स्वप्ना।

शैलीय अर्थ–हिन्दुस्तानी, उर्दू, हिन्दी शैली। (आप बैठिए, आप तशरीफ़ रखिए, आप विराजिए।)

पर्यायता–कुछ शब्द पर्याय अथवा समानार्थी होते हैं। पर्यायी शब्दों के दो वर्ग हैं–एक, **पूर्ण पर्यायी** और दो, **आंशिक पर्यायी**। पूर्ण पर्यायी–लॉयन = शेर, वाटर = पानी। आंशिक पर्यायी–सुन्दर = अच्छा, स्कूल = पाठशाला।

विलोम–अर्थ अभिव्यक्ति के लिए विलोम शब्द मूल यौगिक रूपों में शब्दों का सर्जन करते हैं; यथा–खोये-पाये, आये-गये, दिन-रात।

यौगिक–उपसर्ग और प्रत्यय का प्रयोग करने से भी यौगिक शब्दों का सार्थक निर्माण किया जा सकता है; यथा–उचित-अनुचित, ज्ञानी-अज्ञानी।

समास की भी भूमिका–अर्थ–संरचना में समास की भी भूमिका हो सकती है; जैसे–देश-विदेश, घर-बाहर।

किसी भी भाषा में उसकी अपनी विशिष्ट संरचनागत विशेषता होती है। उसी के अनुसार ही विचार और भावों का आदान-प्रदान आसानी से हो जाता है।

मानक भाषा में मूर्त हो या अमूर्त सभी तरह के अर्थों की अभिव्यक्ति हो जाती है। अत: कोई भी भाषा स्थूल वस्तुओं को ही नहीं; अपितु अमूर्त विचारों और भावों से जुड़े अर्थ को भी व्यक्त करती है।

सांस्कृतिक संक्रमण : मानक भाषा शिक्षा पैतृक परम्परा से नहीं अपितु शिक्षा के द्वारा एक सदस्य से दूसरे सदस्य तक जाती है और इस प्रकार अनुकरण की क्रिया सम्पन्न होती है।

प्रतीक : प्रतीक विशेष प्रकार के संकेत होते हैं। कई घटनाएँ–अथवा पदार्थ–कभी-कभी ऐसी घट जाती हैं, जिनके माध्यम से दूसरी घटनाओं या पदार्थों का निर्देशन होता है। उदाहरण के लिए मानो कभी किसी मित्र के जन्मदिन का कार्यक्रम हो रहा है, उसमें दो व्यक्तियों का एक व्यक्ति से झगड़ा हो गया। इस झगड़े को देखकर किसी और के कार्यक्रम में हुए झगड़े की याद आ जाती है। इसका सम्बन्ध स्वाभाविक और सकारण दोनों से हो सकता है। यह सम्बन्ध मानव-निर्मित हो सकता है, या कोई सम्बन्ध रूढ़ होकर प्रतीकात्मक हो जाता है। उदाहरण देखें--मान लें हम अपनी कार या स्कूटर से शहर में अपने घर जा रहे हैं, तो आपका ध्यान चौराहे पर लगी लाल, हरी, पीली बत्तियों की ओर अवश्य रहता होगा। तदनुसार लाल रंग की बत्ती है। आपको रुकना है, रुके हुए लोगों की भीड़ आपके साथ ही रुकी है। पीली बत्ती होने पर सभी लोग समझ लेते कि अब तैयार हो जायें, जल्दी हरे रंग की रोशनी होने वाली है। हरे रंग की बत्ती होते ही सब चल पड़ते हैं। इन रंगों-प्रतीकों को हम सब समझ लेते हैं। इसी तरह और कई उदाहरण हो सकते हैं।

भाषा को 'प्रतीक व्यवस्थाओं की समावेशक' माना गया है। क्योंकि इस तरह के रूढ़ संकेतों अथवा प्रतीकों में अन्तर है। भाषा में संकेत तथा संकेतक वस्तु में आपस में सुनिश्चित सम्बन्ध होता है। भाषा में शब्द-प्रतीकों का सम्बन्ध उनके द्वारा संकेतिक वस्तु-विशेष के साथ नहीं होता। विश्व की लगभग सभी भाषाओं में पाये जाने वाले अनुकरणात्मक या ध्वनि अनुकरणात्मक शब्दों का सम्बन्ध वस्तु-विशेष के साथ कुछ निश्चित सीमा तक मिलता है। जैसे कुत्ते की बोली के लिए प्रयुक्त शब्द-प्रतीक–'भौं-भौं', बिल्ली की बोली के लिए 'म्याऊँ', तोते की बोली के लिए 'टें-टें', बन्दर की बोली के लिए 'खौं-खौं' आदि।

समष्टिक प्रकार्य : भाषाविज्ञान के अध्येताओं के अनुसार भाषा के तीन प्रकार्य बताये गये जो अलग-अलग अवसरों पर अपनाये जाते हैं। इन प्रकार्यों से समन्वित भाषा का अस्तित्व सामने आता है। इन तीन प्रकार्यों से जो अलग है, वह है–सामाजिक प्रकार्य। समन्वित भाषा का अपना प्रकार्य है। ऐसे जैसे अलग-अलग वस्तुओं का अपना स्वतन्त्र अस्तित्व होता है, जब उनको एक साथ प्रस्तुत किया जाये तो वे किसी अलग वस्तु का आकार ले लेती हैं, जैसे–छोले-भटूरे सरसों–मक्का की रोटी अलग-अलग खाद्य-पदार्थ हैं। लेकिन एक साथ मिलकर कह सकते हैं पंजाबी भोजन। इसी प्रकार अलग-अलग प्रकार्य के रूप में प्रस्तुत होने पर भी भाषा की अपनी निजता होती है। इसी प्रकार हिन्दी भाषा की स्वतन्त्र निजता और अस्तित्व है।

3
हिन्दी भाषा की उत्पत्ति तथा विकास

(पृष्ठभूमि, अपभ्रंश, अवहट्ट, पुरानी हिन्दी, मानक हिन्दी)

पृष्ठभूमि

हिन्दी भाषा प्राचीन भाषाओं में से एक है। दुनिया की बहुत बड़ी जनसंख्या किसी न किसी रूप में इसका प्रयोग करती है। सन् 2011 की जनगणना के आँकड़ों के अनुसार भारत में 57% जनसंख्या हिन्दी को जानती-समझती, बोलती और लिखती है। भारत के अतिरिक्त विश्व के अनेक देशों में हिन्दी की अच्छी उपस्थिति है। उदाहरण के रूप में एक समाचार के अनुसार अमेरिका में हिन्दी दूसरे नम्बर की भाषा है। विश्व भर के अनेक देश अपने यहाँ स्कूल, कॉलेज और विश्वविद्यालयों में हिन्दी भाषा और साहित्य का अध्ययन कराते हैं। इनकी संख्या लगभग 150 है। इस विचार से विश्व भर में प्रथम स्थान पर यदि न भी माना जाये, तो भी हिन्दी का प्रयोग करने वालों की संख्या दूसरे अथवा तीसरे स्थान पर है। सिनेमा तथा कम्प्यूटर और इंटरनेट जैसे संचार साधनों के विकास ने हिन्दी भाषा को और अधिक समृद्ध किया है।

विश्व की भाषाओं का विकास-क्रम समझने में बड़ी कठिनाई है। अब तक हुए सर्वेक्षण के अनुसार विश्व में लगभग छह हज़ार पाँच सौ भाषाएँ हैं। उनमें भी हज़ारों उपभाषाएँ तथा बोलियाँ एवं उपबोलियाँ। फिर भी यह एक रोचक विषय तो है ही। किसी भी भाषा के ऐतिहासिक विकास को सनझने के लिए प्राय: भाषा परिवारों का विश्लेषण किया जाता है। उन भाषाओं में मिलने वाले संरचना-तत्त्वों के बदलने का क्रम, दिशा और निकटवर्ती भाषाओं का प्रभाव आदि का अध्ययन किया जाता है। किसी भी भाषा की एक प्रवृत्ति है कि वह निरन्तर प्रवहमान और गतिशील रहती है। हम इसे सकारात्मक रूप में लें तो कहेंगे कि गतिशीलता से उसका विकास

होता जाता है। कोई एक प्रारम्भिक या आदिम भाषा होती है, वह आगे चलकर नयी भाषाओं को जन्म देती चली जाती है। यह नयी भाषा (या कई भाषाओं) के विकास का प्रस्थान-बिन्दु होता है। मुख्य बात यह है कि मूल भाषा और उससे विकसित भाषा (या कई भाषाओं) के संरचना-स्तरों, शब्दावली और उच्चारण आदि तत्त्व लगभग समान होते हैं। कभी-कभी किसी स्तर पर अन्य किसी और परिवार की भाषा मूल भाषा को प्रभावित कर देती है, तो उसके कुछ संरचना तत्त्व भी नवविकसित भाषा में आ जाते हैं। यह दोहरी स्थिति भी हो सकती है अर्थात् वे एक-दूसरी को प्रभावित कर सकती हैं। हिन्दी भाषा का विकास भी इसी गतिशीलता के कारण होता चला आया है और अभी भी यह विकास-क्रम जारी है।

हिन्दी की उत्पत्ति का ऐतिहासिक परिप्रेक्ष्य और विकास-क्रम

हिन्दी भाषा का विकास-इतिहास बहुत लम्बा है। आज की हिन्दी भाषा ने यहाँ तक पहुँचने में अनेक सोपान पार किये हैं।

हिन्दी भाषा के अध्येता यह मानते हैं कि हिन्दी भाषा की उत्पत्ति शौरसेनी अपभ्रंश से हुई है। यद्यपि अनेक विद्वान् यह भी कहते हैं कि इसका उद्‌भव संस्कृत से हुआ है। तदनुसार भाषा के रूप में हिन्दी का विकास-क्रम यह बनता है–संस्कृत, पालि, प्राकृत से होकर अपभ्रंश और अवहट्ट से होते हुए 'पुरानी हिन्दी'। इसके बाद एक मध्यकाल से विकसित भाषा का रूप लेती हुई, एक अत्यन्त समृद्ध आधुनिक भाषा के रूप में प्रतिष्ठित हुई है।

विश्व के मुख्य भाषा परिवार हैं–

1. भारत-यूरोपीय भाषा-परिवार (इसे भारोपीय और हिन्द-यूरोपीय भाषा परिवार भी कहते हैं।
2. चीनी-तिब्बती भाषा-परिवार।
3. सामी-हामी अथवा अफ्रीकी-एशियाई भाषा-परिवार।
4. द्रविड़ भाषा-परिवार।
5. यूराल-अलताई भाषा-परिवार (इसे तूरानी, सीरियन, फ़ोनी-तातारिक और तुर्क-मंगोल-मंचू परिवार भी कहा जाता है।)।

भारत में जो भाषाएँ बोली जाती हैं, उनके चार भाषा-परिवार हैं–1. भारोपीय भाषा-परिवार। 2. द्रविड़ भाषा--परिवार; 3. आस्ट्रिक भाषा-परिवार, और 4. चीनी-तिब्बती भाषा-परिवार।

इन चार भाषा-परिवारों में प्रथम भारोपीय भाषा-परिवार सर्वाधिक सम्पन्न है। क्योंकि इस परिवार में विश्व की लगभग 75% भाषाएँ आती हैं। भारोपीय भाषा परिवार की एक शाखा भारतीय आर्य भाषाओं की है। हिन्दी भी इसी भाषा-परिवार से है। वह 'शतम' वर्ग में है।

इस पारिवारिकता को श्रेणीबद्ध रूप में इस तरह देखें–

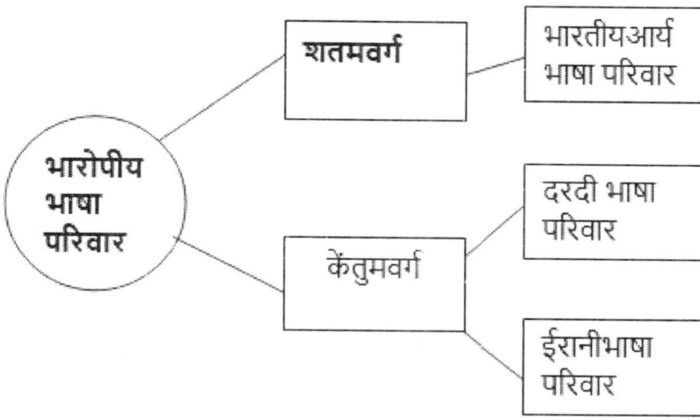

भारतीय आर्य भाषा शाखा (जिसमें हिन्दी भी सम्मिलित है) के विकास के तीन चरण हैं–

1. प्राचीन भारतीय आर्यभाषाएँ 1100 ईस्वी से 1400 ईस्वी तक)।
2. मध्य भारतीय आर्यभाषाएँ (1400 ईस्वी से 1950 ईस्वी तक)।
3. आधुनिक भारतीय आर्यभाषाएँ (1850 ईस्वी से वर्तमान समय तक)।

इसमें कोई सन्देह नहीं है कि हिन्दी आधुनिक समय में अत्यन्त विकसित हुई है और वर्तमान समय में उसका अपूर्व विकास हुआ है; किन्तु इसकी जड़ें बहुत गहरी हैं। वे अपभ्रंश, प्राकृत, पालि से होती चली गयी हैं तथा प्राचीनतम भाषा–**वैदिक एवं लौकिक संस्कृत** तक फैली हुई हैं। इन सभी से उसने जीवन-रस ग्रहण किया है।

आर्यभाषाओं में वैदिक संस्कृत (छान्दस) और लौकिक संस्कृत समाहित हैं। जिनका प्रारम्भ प्रागैतिहासिक काल से ईसापूर्व पाँचवीं शताब्दी माना जाता है। मध्य भारतीय भाषाओं में पालि, प्राकृत तथा अपभ्रंश को स्वीकार किया गया है। इनका सर्वप्रथम प्रामाणिक स्वरूप अशोक के शिलालेखों में सुरक्षित है। इन प्राचीन शिलालेखों में जो भाषा उत्कीर्ण है, उससे यह सहज ही प्रमाणित होता है कि शिष्ट

वैदिक संस्कृत के समानांतर जनसमाज में मुख्य रूप से प्राकृत का बोलबाला हो चुका था। इस युग की भाषाओं के 'प्राकृत' स्वरूप को समझने के लिए ये प्राचीन शिलालेख पर्याप्त प्रमाण हैं। इन शिलालेखों का महत्त्व इस दृष्टि से भी है कि जनसाधारण के लिए इनको जनभाषा में उत्कीर्ण किया गया। क्योंकि जनसाधारण यदि वैदिक संस्कृत (छान्दस) भी जानता–समझता होगा, तब भी यह निश्चित है कि वह 'प्राकृत' भाषा अवश्य जानता रहा होगा। अन्यथा इन शिलालेखों में प्राकृत का ही प्रयोग क्यों किया गया? दूसरी विशेषता यह है कि एक ही भाषा के विभिन्न रूपों को अलग-अलग राज्यों के लिए लिखवाया (उत्कीर्ण कराया) गया। भाषा की दृष्टि से इन शिलालेखों के मुख्यत: चार रूप हैं–

1. उदीच्य (उत्तर पश्चिमी) शहबाज गढ़ी और मानसेरा के शिलालेख।
2. प्रादीच्य (दक्षिण–पश्चिमी) गिरनार।
3. प्राच्य मध्य (मध्यवर्ती) कालसी (चकराता-मसूरी के निकट)।
4. प्राच्य (पूर्वी) धौली, जौगढ़।

'प्राकृत' का सामान्य अर्थ है–सहज, स्वाभाविक। कुछ भाषाविद् भाषा के इस रूप को संस्कृत से पूर्व का मानते हैं। इसका समीकरण बनता है–प्रकृ+त= पहली सहज भाषा। जबकि कई विद्वान् यह मानते हैं कि 'प्राकृत' संस्कृत के पश्चात् विकसित भाषा है। (देखें यह सूत्र–"प्रकृति संस्कृतम्। तत्र भवं तत् आगतं वा प्राकृतम्"–हेमचन्द्र)। इस प्रकार हम मान सकते हैं कि संस्कृत से पूर्व भी कोई प्राकृत भाषा रही होगी, जिसको समाज जानता–बोलता होगा। ध्यान दें कि **आचार्य भरतमुनि** के ग्रन्थ **नाट्यशास्त्र** में विभिन्न भाषाओं का निरूपण किया गया है; जिसमें प्राकृत भाषा के व्याकरण-सिद्धान्तों की भी चर्चा है। **राजशेखर** ने संस्कृत को कठोर और प्राकृत को मीठी कहा है! ("परुसा सक्कअबन्धा पाउअबन्धोवि होइ सुउमारो" अर्थात् संस्कृतबद्ध काव्य कठोर, कर्कश होते हैं, किन्तु प्राकृतबद्ध काव्य ललित और कोमल।) इससे भी पूर्व आठवीं शताब्दी में **वाक्पतिराज** ने प्राकृत महाकाव्य **गउडवहो** में प्रकृत को जनभाषा माना है। ईसापूर्व छठी शताब्दी से ही शिलालेखों में प्राकृत भाषा के रूप दिखाई देने लगते हैं। विद्वानों ने देश-भेद के आधार पर प्राकृत के चार भेद किये हैं।

वररुचि ने **प्राकृत-प्रकाश** में प्राकृत के ये चार भेद किये–1. महाराष्ट्री, 2. पैशाची, 3. मागधी और 4. शौरसेनी।

भरतमुनि ने **नाट्यशास्त्र** में 7 नाम इंगित किये हैं–1. मागधी, 2. प्राच्या, 3. अवन्तिजा, 4. शौरसेनी, 5. अर्द्धमागधी, 6. वाह्लीका और 7. दक्षिणात्य।

हेमचन्द्र ने **वररुचि** द्वारा गिनाये गये चार भेदों (महाराष्ट्री, पैशाची, मागधी और शौरसेनी) के अतिरिक्त चार भेद और दिये हैं–5. चूलिका, 6. पैशाचिकी, 7. अर्धमागधी और 8. अपभ्रंश।

प्राकृत का समय बारहवीं-तेरहवीं शताब्दी तक माना गया है। इसमें कई तरह का काव्य लिखा गया है–धार्मिक, ललित, नाट्य, कथा-साहित्य और चरित-काव्य। मुख्य हैं–प्रवरसेन कृत 'सेतुबन्ध', वाक्पतिराज कृत 'गउडवहो', हेमचन्द्र कृत 'कुमरपाल चरित', विमल सूरि कृत 'पउमचरिय', धनेश्वर सूरि कृत 'सुरसुन्दरी चरिय' आदि। इन सबके बीच सर्वाधिक चर्चित कृति एक और है जो अत्यन्त महत्त्वपूर्ण है–**गाहासत्तसई (गाथा सप्तशती) महत्त्वपूर्ण;** जो श्रृंगार रस प्रधान मुक्तक काव्य है, और जिसमें सात सौ गाथाएँ सम्मिलित हैं। इसके संकलनकर्ता माने गये हैं–**हाल सातवाहन**। इससे प्रभावित होकर बाद में अनेक सतसइयाँ लिखी गयी हैं। इसी क्रम में **राजशेखर** की लिखी एक महत्त्वपूर्ण रचना और है–**कर्पूरमंजरी**।

संस्कृत नाटकों में भी प्राकृत भाषा का प्रयोग मिलता है। इस दृष्टि से महाकवि **कालिदास** कृत **अभिज्ञान शाकुन्तलम्** सबसे पहले है। इसके साथ-साथ कालिदास की ही **मालिविकाग्निमित्र** भी उल्लेखनीय है। **शूद्रक** द्वारा रचित **मृच्छिकटिक, श्रीहर्ष** कृत **रत्नावली, भवभूति** का **उत्तररामचरित्** और **विशाख** की रचना **मुद्राराक्षस** महत्त्वपूर्ण ग्रन्थ हैं, जिनमें संस्कृत के साथ-साथ प्राकृत का भी प्रयोग मिलता है।

इसी क्रम में हम भाषापरक ग्रन्थों में **वररुचि** कृत **प्राकृत-प्रकाश** और **प्राकृतपैंगलम्** जैसे महत्त्वपूर्ण ग्रन्थों को देख सकते हैं।

प्राकृत और अपभ्रंश का अन्तर्सम्बन्ध

आरम्भ में संस्कृत अत्यन्त समृद्ध भाषा थी। उसका सौन्दर्य और व्याकरण अनूठा था। जब संस्कृत की भाँति 'प्राकृत' भी अलंकृत होने लगी, तो धीरे-धीरे उसका प्रयोग भी बढ़ने लगा। उसमें परिवर्तन-परिवर्द्धन होने लगा। इस परिवर्तन-परिवर्द्धन के बाद उसका रूपान्तरण **अपभ्रंश** में हो गया। जैसाकि पीछे बताया जा चुका है, प्राकृत के कई भेद थे। प्रसिद्ध भाषाविद् **डॉ. सुनीतिकुमार चाटुर्ज्या** का अनुमान है

कि प्रत्येक प्राकृत का अपना अपभ्रंश रूप रहा होगा। उनका कहना है कि ईसा के आसपास की शताब्दियों में जितनी प्राकृत और आर्य लोकभाषाएँ उत्तर भारत में चालू थीं, उनमें शौरसेनी प्राकृत यानी मध्य प्रदेश के अन्तर्गत शूरसेन अथवा ब्रजमण्डल की प्राकृत सभी प्राकृतों से उन्नत, शिष्ट अथवा भद्र मानी जाती थी। यह अधिक समृद्ध भी हुई। (पठनीय : चाटुर्ज्या, सुनीतिकुमार (1954), 'भारतीय आर्यभाषा और हिन्दी', नयी दिल्ली, राजकमल प्रकाशन) कतिपय विद्वानों ने अपभ्रंश को प्राकृतों में से ही एक माना है। उनका मत है कि अपभ्रंश भी प्राकृतों के साथ अस्तित्व में थी; बेशक उसका विकास बाद में हुआ। इस सन्दर्भ में **डॉ. हरदेव बाहरी** का कथन है कि, "यह अपभ्रंश ठीक इसी तरह विकसित हुई, जिस तरह खड़ी बोली का साहित्य ब्रजभाषा साहित्य के बाद प्रकाश में आया।" (बाहरी, हरदेव, (1969), 'हिन्दी : उद्भव, विकास और रूप', इलाहाबाद, किताब महल)

प्राकृत की तरह अपभ्रंश के कई भेद

कुछ विद्वानों ने प्राकृत की तरह अपभ्रंश के भी कई भेद बताये हैं, यथा–**मार्कण्डेय** एवं अन्य ने–1- नागर, 2- उपनागर और 3- ब्राचड़। **प्राकृत-चन्द्रिका** में–ब्राचड़, कैकेयी, लाटी, गौड़ी, वैदर्भी, औड़ी, नागरी, बर्बरी, गुर्जरी, आवंती, आभीरी, पांचाली, मध्यदेशी, टक्की आदि कई अपभ्रंशों का उल्लेख मिलता है। इन सब अपभ्रंशों में **नागर अपभ्रंश** विशिष्ट बन गयी। आगे चलकर यह साहित्य-सृजन की भाषा भी बनी। सिन्धु नदी के निचले प्रदेश में जो अपभ्रंश थी, उसका नाम है–**ब्राचड़**। भाषाविदों ने 'ब्राचड़ अपभ्रंश' का सम्बन्ध **सिन्धी** एवं **लहँदा** भाषाओं से माना है। **दक्षिणात्य अपभ्रंश** से मराठी एवं उसकी पूर्ववर्ती बोलियों का सम्बन्ध है। पूर्व में **औड्र** का क्षेत्र बंगाल की खाड़ी तथा उड़ीसा था। छोटा नागपुर, बिहार के अधिकांश हिस्से के साथ-साथ पूर्वी उत्तर प्रदेश के बनारस तक **मागध अपभ्रंश** का प्रचलन था। मगध के पूर्व में **गौड़** अथवा **प्राच्य** अपभ्रंश का क्षेत्र चिह्नित किया गया है। **अर्धमागधी** से अवधी, छत्तीसगढ़ी और बघेली बोलियाँ विकसित हुई हैं। **शौरसेनी** के पश्चिम में उत्तर-मध्य पंजाब तक **टक्क** तथा दक्षिण में **उपनागर** अपभ्रंश थी। मध्य प्रदेश में **अवन्तिका** और गुजरात में **गुर्जर** का क्षेत्र था।

भाषा के रूप में अपभ्रंश

भाषा के रूप में अपभ्रंश का विधिवत् विकास छठी शती से थोड़ा पहले से मिलना आरम्भ होता है। प्राकृत के कई व्याकरण रचयिता हुए हैं, जिनमें **चण्ड** ऐसे प्रथम

वैयाकरण हैं जिन्होंने स्पष्टतः उल्लिखित किया है। इससे बहुत पहले विष्णुधर्मोत्तर पुराण में अपभ्रंश का प्रयोग मिलता है, जिसे 'अपभ्रष्ट' नाम से जाना जाता था। तत्पश्चात् इसके लिए 'अवभ्रंश' तथा 'अवहंस' नाम भी मिलते हैं (**पुष्यदन्त** कृत 'महापुराण' में)। जबकि **स्वयंम्भू** के 'रामायण' ग्रन्थ में अपभ्रंश के लिए 'अवहत्थ' का प्रयोग किया गया है, जिसकी चर्चा 'अवहट्ट' के सन्दर्भ में हुई है। **भर्तृहरि** ने 'शब्दप्रकृति' की चर्चा में भी इसका उल्लेख किया है। इतने कई प्रयोगों के आधार पर यह प्रमाणित है कि 'अपभ्रंश' शब्द का विकास गिरा हुआ, अशुद्ध या भ्रष्ट के अर्थ में हुआ है। **महाभाष्यकार** ने सबसे पहले इसका प्रयोग निम्नांकित पंक्तियों में किया–

"भूयंसोऽपशब्दाः ,अल्पीयासः शब्दाइति। एकैकस्य हि शब्दस्य बह्वोऽपभ्रंशः, तद्यथाग़ौरित्यस्य शब्दस्य गावी गोणी गोता गोपोतलिकाः इत्येवदयोऽपभ्रंशः।"

उनका कहना है कि 'गौ' जैसे शब्द साधु हैं और लोक में इसके जो रूपान्तर– गावी, गोण, गोता, गोपोतलिका आदि शब्द निलते हैं; वे ही असाधु हैं और यही अपभ्रंश है।

इसी से अनुमान लगाया जा सकता है कि असाधु या अपभ्रष्ट शब्द अपभ्रंश में अधिक हैं।

'काव्यालंकार' के प्रणेता **आचार्य रुद्रट** ने जिन भाषाओं की गणना की है, उनमें एक अपभ्रंश भी है। देखें–

"प्राकृत-संस्कृत-मागध–पिशाच भाषाश्च सूरसेनी च।
षष्ठोऽत्र भूरिभेदो देशविशेषादपभ्रंशः॥

(काव्यालंकार, 2.12)

यह कारिका कई तरह से व्याख्यायित हुई है। एक व्याख्या **नमिसाधु** ने की और प्रकारान्तर से कहा कि प्राकृत ही अपभ्रंश है। आधुनिक युग में समीक्षक **डॉ. नामवर सिंह** ने इसे स्पष्ट करते हुए तीन तथ्यों की ओर ध्यान आकर्षित किया है–

एक तो यह कि प्राकृत से नमिसाधु का तात्पर्य महाराष्ट्री प्राकृत है।

दूसरे यह कि अन्य प्राकृतों की भाँति अपभ्रंश की भी प्रकृति लगभग प्राकृत ही है।

तीसरे यह कि महाराष्ट्री प्राकृत पर आधृत होते हुए भी अपभ्रंश तथा मागधी इत्यादि अन्य प्राकृतों से अलग और विशिष्ट है। (सिंह, नामवर (1961), 'हिन्दी के विकास में अपभ्रंश का योगदान', इलाहाबाद, लोकभारती प्रकाशन, पृ. 29)

प्राकृत और अपभ्रंश के सम्बन्ध में **आचार्य हजारीप्रसाद द्विवेदी** ने अपना मत इस प्रकार दिया है–

"यह बात स्मरण करने योग्य है कि यद्यपि प्राकृत में लिखे गये काव्यों के बाद ही अपभ्रंश भाषा में काव्य लिखे गये परन्तु इसका अर्थ यह नहीं है कि प्राकृत नाम की कोई भाषा पहले बोली जाती थी और अपभ्रंश नाम की भाषा बाद में बोली जाने लगी। असल में अपभ्रंश लोक में प्रचलित भाषा का नाम है जो नाना काल और नाना स्थान में नाना रूप में बोली जाती थी और बोली जाती है।" (द्विवेदी, हजारीप्रसाद, (2017), 'हिन्दी साहित्य की भूमिका', नयी दिल्ली, राजकमल प्रकाशन, पृष्ठ-17)

ऐसा माना जाता है कि अपभ्रंश का प्रयोग छठी शताब्दी से बारहवीं शताब्दी तक हुआ। अपभ्रंश एक समय में बहुत बड़े भूभाग में बोली जाती थी। इसका प्रसार बंगाल से लेकर महाराष्ट्र तक था। **स्वयंभू** अपभ्रंश के बहुत बड़े कवि हुए हैं, जिनका महाकाव्य **पउमचरिउ** सुप्रसिद्ध है। उन्होंने अपनी काव्यभाषा को 'देशी' कहा था। यह देशी ही अपभ्रंश है।

अपभ्रंश के विविध रूप

जैसाकि हमने संकेत किया है, अपभ्रंश का विस्तार भारतवर्ष के कई प्रदेशों में था। प्रदेशों की भौगोलिक स्थिति और सामाजिक संरचना के चलते अपभ्रंश के अनेक रूप प्रचलन में थे। **डॉ. तगारे** ने इसके मुख्यत: तीन रूप इंगित किये हैं–

1. पश्चिमी अपभ्रंश,
2. दक्षिणी अपभ्रंश,
3. पूर्वी अपभ्रंश।

इनमें जो पश्चिमी अपभ्रंश है, लगभग उसे ही 'शौरसेनी' माना गया है। इस का प्रचलन गुजरात, राजस्थान और हिन्दी प्रदेश में होता रहा था। इसी को 'नागर अपभ्रंश' भी कहा गया है। शौरसेनी/नागर अपभ्रंश के सन्दर्भ में **डॉ. सुनीतिकुमार चाटुर्ज्या** का मत है कि शौरसेनी अपभ्रंश ही अन्तरप्रादेशिक भाषा थी। आगे चलकर मध्य देश की दो भाषाएँ ऐसी थीं जिन्होंने शौरसेनी अपभ्रंश से रूपाकार पाया और उसकी धरोहर को सम्हाला। ये थीं–आगरा, मथुरा और ग्वालियर की ब्रजभाषा तथा दिल्ली की खड़ी बोली।

अपभ्रंश की प्रमुख विशेषताएँ

1. ऋ ध्वनि का प्रयोग प्राय: लेखन में ही होता था; बोलचाल में नहीं।

2. अन्त्य स्वर का ह्रस्व हो जाना। (यथा–पिउ (प्रिय)।
3. श्, ष् के स्थान पर स् ध्वनि का प्रयोग। (यथा– महिसा (महिष)।
4. उ ध्वनि की बहुलता। (यथा–जासु (जस्स), तेत्थु (तत्र)।
5. म् के स्थान पर वँ का प्रयोग। (यथा–कँवल (कमल)।
6. क्ष् के स्थान पर 'क्ख' का प्रयोग। (यथा–पक्खी (पक्षी)।
7. य् ध्वनि की जगह पर 'ज' हो जाना। (यथा–प्रजाग (प्रयाग)।
8. स्वर संयोग की बहुलता। (यथा–ऊ अ = संभूअ)।
9. नपुंसक लिंग और द्विवचन का विलुप्त हो जाना।
10. तद्भव शब्दों का व्यापक प्रयोग।

अपभ्रंश में 10 स्वर हैं। ऋ नहीं है। 28 व्यंजन हैं। ङ, ञ, न, श, ष का अभाव है।

अवहट्ट

अवहट्ट ऐसी भाषा है, जो उत्तरकालीन अपभ्रंश के लगभग 200 से 300 वर्षों तक बोलचाल में प्रचलित थी। यह अपभ्रंश तथा हिन्दी-सहित आधुनिक भारतीय आर्यभाषाओं के बीच की कड़ी मानी गयी है। भाषाविदों ने इसका प्रचलन-समय ग्यारहवीं शताब्दी से चौदहवीं शताब्दी के मध्य माना है। माना यह जाता रहा कि यह अपभ्रंश का ही एक रूप है। लेकिन कई विद्वान् इस विचार से सहमत नहीं हैं। इसमें रचित साहित्य को भी अपभ्रंश का साहित्य माना जाता रहा है। इसमें कोई सन्देह नहीं कि अवहट्ट का आरम्भिक रूप अपभ्रंश से आच्छादित है; किन्तु आगे चलकर यह उससे भिन्न होती चली गयी है। यह भिन्नता ही आधुनिक भारतीय आर्य भाषाओं के रूप में उभरकर सामने आयी। कह सकते हैं कि अवहट्ट आधुनिक आर्यभाषाओं के निर्माण की पक्की पृष्ठभूमि है, जो इस संक्रान्ति काल में विकसित हुई। चौदहवीं शताब्दी के आसपास अवहट्ट से अलग होकर आधुनिक आर्यभाषाओं ने अपना रूप निर्मित कर लिया। सन् 1325 ई. में **ज्योतिरीश्वर ठाकुर** ने अवहट्ट में ग्रन्थ लिखा जिसका नाम है–**वर्णरत्नाकर**। हिन्दी के श्रेष्ठ प्राचीन कवि **विद्यापति** का चर्चित ग्रन्थ **कीर्तिलता** भी अवहट्ट को लेकर चला है। वे लिखते हैं–

सक्कय वाणी बहुअन भावइ।
पाउंअ रस को मम्म न पावइ॥
देसिल वअना सा जन मिट्ठा।
तं तैसन जम्पओ अवहट्ठा॥

(विद्यापति, कीर्तिलता-1, पंक्तियाँ: 19-20)

(अर्थात् संस्कृत भाषा केवल विद्वानों को अच्छी लगती है। प्राकृत भाषा में रस का मर्म नहीं होता है। देसी वचन सबको मीठा लगता है। इसीलिए (मैं) वैसा ही 'अवहट्ठ' में लिखता हूँ।)

इस पर विचार करने की गुंजाइश है कि विद्यापति जिस 'देसिल बअना' (देशी बोली या भाषा) का प्रयोग करते हैं, वह अलग कोई बोली-बानी है अथवा वह 'अवहट्ठ' ही है?

अवहट्ट 'अपभ्रष्ट' से विकसित शब्द है, जिसका प्रयोग कई रूपों में मिलता है। यथा–अवहट्ट, अवहट्ठ, अवहट्ठा और अवहट्ठय। इनमें से 'अवहट्ट' को अधिकांश विद्वानों ने अपनाया है। **डॉ. सुनीतिकुमार चाटुर्ज्या** ने इसे अपभ्रंश के समानार्थक रूप में स्वीकृत किया है–

"ब्रजबुलि इस बात का द्योतक है कि एक बनावटी भाषा भी दूसरे प्रान्त में काव्यभाषा के रूप में किस प्रकार ग्रहण की जा सकती है और इसी से इस बात का भी प्रमाण मिलता है कि किस प्रकार शौरसेनी अपभ्रंश या अवहट्ट मध्य देश के अलावा बंगाल आदि में छाया हुआ था।'(चाटुर्ज्या, सुनीतिकुमार, (1954) 'भारतीय अर्यभाषा और हिन्दी', नयी दिल्ली, राजकमल प्रकाशन)

डॉ. शिवप्रसाद सिंह ने अपने 'कीर्तिलता और अवहट्ट भाषा' (1955, इलाहाबाद, साहित्य भवन) नामक ग्रन्थ में विस्तार के साथ अवहट्ट का रूप और वैशिष्ट्य बताया है। वे लिखते हैं–

"शौरसेनी अपभ्रंश राजनीतिक और भाषावैज्ञानिक कारणों से राष्ट्रभाषा का रूप ले रही थी। उसी का परवर्ती रूप ईसा की ग्यारहवीं शती से चौदहवीं तक उत्तर भारत की साहित्यिक भाषा बना रहा। यह अवहट्ट थोड़े प्रान्त-भेदों के अलावा सर्वत्र एक-सा ही है।...ईसा की ग्यारहवीं शताब्दी ईसा की चौदहवीं तक के काल को हम अवहट्ट काल मानते हैं।" (पृ. 24 एवं 31)

अवहट्ट की विशेषताएँ और हिन्दी के विकास में योगदान

जिन परिवर्तनों के साथ संस्कृत से मुक्त होकर अपभ्रंश अपना रूपाकर ग्रहण कर रही थी, उन्हीं परिवर्तनों के क्रम में अवहट्ट भी बदलाव की ओर अग्रसर हुई। भाषा के इन दोनों रूपों ने हिन्दी के विकास में महत्त्वपूर्ण योगदान दिया है; यथा–

1. अपभ्रंश कुछ-कुछ और अवहट्ट बहुत कुछ वियोगात्मक भाषा बनी, अर्थात् विकारी शब्दों (संज्ञा, सर्वनाम, विशेषण और क्रिया) का रूपान्तरण

संस्कृत की विभक्तियों से मुक्त होकर परसर्गों और स्वतन्त्र शब्दों या शब्दखण्डों की सहायता से होने लगा।

2. भाषा में तेज़ी के साथ सरलता आती चली गयी।
3. भाषाओं के जानकारों के अनुसार अपभ्रंश और अवहट्ट का सबसे बड़ा योगदान परसर्गों के विकास में है। सर्वनामों में 'हम' और 'तुम' बहुत पुराने हैं। शेष सर्वनामों के रूप भी अपभ्रंश और अवहट्ट में आ गये; यथा–अपभ्रंश का 'मइं' अवहट्ट में आकर 'मैं' हो गया। 'तुहुँ' से 'तू' हो गया।
4. अपभ्रंश और अवहट्ट के बहुत से सर्वनाम हिन्दी की पूर्वी और पश्चिमी बोलियों को मिले।
5. सबसे महत्त्वपूर्ण योगदान क्रिया की रचना में क्रिदन्तीय रूपों का विकास था, जो अपभ्रंश और अवहट्ट में हुआ।
6. भविष्यत् काल के रूप अन्य कई बोलियों को मिले; अवहट्ट में, 'ग' रूप आने लगा था; बेशक वह कम ही मिलता है। इसी से खड़ी बोली को 'गा', 'गे' 'गी' प्राप्त हुए।
7. अपभ्रंश और अवहट्ट में संयुक्त क्रियाओं का प्रयोग भी महत्त्वपूर्ण एवं विचार किये जाने योग्य है। इसी से आगे चलकर हिन्दी में सकना, चुभना, आना, लाना, जाना, लेना, देना, उठाना, बैठना का अन्तर क्रियाओं से योग करने पर संयुक्त क्रियाओं का विकास हुआ और उनमें नयी अर्थवत्ता विकसित हुई।
8. अपभ्रंश काल से तत्सम शब्द पुनर्जीवित हुए, विदेशी शब्दावली को अपनाया जाना, देशी शब्दों का निर्माण एवं उनको स्वीकार करने की प्रक्रिया तेज़ होती चाली गयी।

हम देखते हैं कि प्राकृत तो संस्कृत की अनुगामिनी थी, किन्तु तद्भव प्रधान थी। लेकिन अपभ्रंश और अवहट्ट ने हिन्दी को अपना शब्द भण्डार समृद्ध करने में बहुत बड़ा योगदान दिया।

पुरानी हिन्दी (आरम्भिक हिन्दी)

जब हम 'पुरानी हिन्दी' (या आरम्भिक हिन्दी) की बात करते हैं, तो कई प्रश्न उभरते हैं; जैसे–यह हिन्दी कौन सी है और इसमें कौन-कौन सी रचनाएँ मिलती हैं? हिन्दी

की पहली रचना कौन सी है? **आचार्य रामचन्द्र शुक्ल, डॉ. रामकुमार वर्मा, पं. चन्द्रधर शर्मा 'गुलेरी', महापण्डित राहुल सांकृत्यायन** आदि विद्वानों ने इस पर अच्छी तरह विचार किया है। लेकिन इन प्रश्नों के उत्तर में एक राय नहीं है। इनमें से **गुलेरी** जी को छोड़कर शेष विद्वान् **अपभ्रंश की रचनाओं को हिन्दी की प्रारम्भिक रचनाएँ** मानते हैं और कहते हैं कि इसे पृथक् नाम देने की आवश्यकता नहीं है। ये हिन्दी ही है। इसी प्रकार **डॉ. धीरेन्द्र वर्मा** मध्य देश को वर्तमान 'हिन्दी प्रदेश' कहते हैं। वे 'मध्य देश' के तेरह जनपद निर्धारित करते हैं। वहाँ बोली जाने वाली मुख्य-मुख्य बोलियों को चिह्नित करते हुए उनको हिन्दी का सामूहिक रूप मानते हैं। उनका मत है कि सिद्धों एवं नाथों की जो रचनाएँ मिलती हैं, उनमें अपभ्रंश का प्रतिशत अधिक है। इसी तरह दक्षिण मध्य देश और गुजरात में जैन कवियों की रचनाओं में प्राकृत और अपभ्रंश का पुट है। कालान्तर में हिन्दी की तीन रचनाएँ, उनके अनुसार ये हैं–**नाल्ह कृत** 'बीसलदेवरासो', **चंदवरदाई** की प्रसिद्ध रचना 'पृथ्वीराज रासो' और **जगनिक** कृत 'आल्हाखण्ड'। इनसे अलग डॉ. हरदेव बाहरी का मत है। डॉ. बाहरी मानते हैं कि 'आरम्भिक हिन्दी' में एक-दो नहीं तेरह सम्भावनाएँ हैं। जो इस प्रकार हैं–

1. सिद्धों की वाणियाँ
2. जैन कवि पुष्पदन्त,
3. स्वयम्भू कृत 'पउमचरिउ',
4. अवहट्ट में प्राप्त 'वर्ण रत्नाकर' एवं विद्यापति कृत 'कीर्तिलता',
5. मुल्ला दाऊद की 'चन्दायन',
6. नाथ जोगी विशेष रूप से गोरखनाथ,
7. सन्त नामदेव, त्रिलोचन और कबीर का साहित्य,
8. दक्खिनी,
9. अमीर ख़ुसरो की हिन्दी रचनाएँ,
10. रोडा कृत 'राउरवेलि',
11. राजस्थान के आसपास की हिन्दी (अ) अपभ्रंश मिश्रित पश्चिमी हिन्दी, (ब) डिंगल, (स) मरु भाषा (राजस्थानी), (द) पिंगल भाषा,
12. प्राकृत पैंगलम और हेमचन्द्र के व्याकरण में इसके प्रारम्भिक रूप मिलते हैं।
13. शुद्ध राजस्थानी में उस युग के बात और ख्यात।

यह महत्त्वपूर्ण है कि बाद में चलकर **डॉ. हरदेव बाहरी** ने कहा कि **पण्डित चन्द्रधर शर्मा 'गुलेरी'** का मत सही मालूम पड़ता है कि हिन्दी का विकास 11वीं शताब्दी की परवर्ती अपभ्रंश से माना जा सकता है। किन्तु कठिनाई यह है कि उस संक्रान्ति काल की सामग्री इतनी कम है कि उससे किसी भाषा के ध्वनिगत और व्याकरणिक लक्षणों की पूरी-पूरी जानकारी नहीं मिल सकती। (डॉ. बाहरी, हरदेव, (2017) 'हिन्दी भाषा', दिल्ली, अभिव्यक्ति प्रकाशन, पृ. 29) उन्होंने यह कहते हुए अन्त में यह स्वीकार किया है कि, "हम **डॉ. माताप्रसाद गुप्त** और **डॉ. कैलाश चन्द्र भाटिया** के विचार से सहमत हैं कि **रोडा** कृत, **'राउरवेलि'** एकमात्र कृति है जिसमें एक भाषा के लक्षण मिलते हैं। इसी के आधार पर हिन्दी का पूर्व रूप निर्धारित किया जा सकता है।" (वही, पृ. 29)

पुरानी हिन्दी : चन्द्रधर शर्मा 'गुलेरी' का मत

'पुरानी हिन्दी' को लेकर गुलेरी जी ने इसी शीर्षक से एक अति महत्त्वपूर्ण लेख लिखा है, जो सन् 1948 में नागरी प्राचारिणी सभा से पुस्तक रूप में प्रकाशित हुआ। इस शोधपरक लेख को लेकर विद्वानों के बीच एक बौद्धिक विमर्श घटित हुआ। पुस्तक के आरम्भ में **आचार्य विश्वनाथ प्रसाद मिश्र** ने अपने 'वक्तव्य' में लिखा कि, "विचार था कि इसमें उद्धृत अपभ्रंश या अवहट्ट के अवतरणों की वैज्ञानिक टीका-टिप्पणी कराकर जोड़ दी जाये।" यह कार्य आज तक निकले 'पुरानी हिन्दी' (गुलेरी जी) के किसी भी संस्करण के लिए नहीं हो पाया। **आचार्य विश्वनाथ प्रसाद मिश्र** ने इसके नाम की टिप्पणी पर लिखा कि, "पुरानी हिन्दी, नाम बहुत सोच-समझकर प्रयुक्त किया गया है, पुरानी बंगला, पुरानी गुजराती, पुरानी राजस्थानी, पुरानी मराठी आदि प्रयोगों का भ्रम मिटाने के लिए। जैसे ब्रजभाषा के सर्वसामान्य भाषा पद पर आरूढ़ होने पर उसका प्रयोग प्रत्येक प्रान्त के निवासी करने लगे और अपने प्रान्त के प्रयोग जाने-अनजाने उसमें रख चले पर रीढ़ ब्रजभाषा की ही रही, वैसी ही स्थिति अपभ्रंश की भी थी। जिस प्रकार **नानक जी** की भाषा पंजाबीपन लिए हुए है, **श्री भारतीचन्द्र** की बंगलापन, **समर्थ गुरु रामदास** की मराठीपन, **मीरा** की गुजराती-राजस्थानीपन पर है, वह ब्रजभाषा ही, इसी प्रकार जिसे 'पुरानी हिन्दी' कहा गया है, वह हिन्दी ही है, पर उस सोपान तक पहुँचकर प्रान्तीय रूप कुछ-कुछ और कहीं-कहीं परिस्फुट होने लगे थे।" **(मिश्र, विश्वनाथ प्रसाद,** (सं.), चन्द्रधर शर्मा गुलेरी, (1948), 'पुरानी हिन्दी', वाराणसी, नागरी प्रचारिणी सभा, वक्तव्य)

इस क्रम में **आचार्य विश्वनाथ प्रसाद मिश्र** का अभिमत भी उल्लेखनीय है। वे कहते हैं कि, "अपभ्रंश के अनन्तर जनता की भाषा जो बहुत व्यापक क्षेत्र में चलती थी 'नागरी' या हिन्दी कहलाती थी। पर धीरे-धीरे एक-एक प्रदेश की भाषा विकसित होकर एक दूसरे से पृथक् होने लगी।" (मिश्र, विश्वनाथ प्रसाद, (2012), 'हिन्दी साहित्य का अतीत भाग-1', नयी दिल्ली, वाणी प्रकाशन)

निश्चय ही **पण्डित चन्द्रधर शर्मा 'गुलेरी'** का यह लेख शोधपरक है, मौलिक है तथा आज भी महत्त्व रखता है।

जनसामान्य ही नहीं अनेक पढ़े-लिखे लोग प्रायः यह कहते पाए जाते हैं कि मूल भाषा संस्कृत है। और आधुनिक भारतीय भाषाएँ उसकी बेटियाँ। अर्थात् ये सब संस्कृत से ही निकली हैं। इस बात का खण्डन करते हुए गुलेरी जी ने संस्कृत को मूल धारा से निःसृत नहर माना, मूल धारा नहीं।

प्रायः यह भी समझा जाता है कि उन्होंने अपभ्रंश को ही 'पुरानी हिन्दी' माना है, लेकिन ऐसा है नहीं। उन्होंने अपभ्रंश के दो रूप माने–

1. पुरानी अपभ्रंश (आरम्भिक अपभ्रंश)
2. पिछली अपभ्रंश (उत्तरकालीन अपभ्रंश)।

पुरानी अपभ्रंश संस्कृत और प्राकृत से मिलती है और पिछली अपभ्रंश पुरानी हिन्दी से।

गुलेरी जी ने स्पष्ट रूप में कहा था कि पुरानी हिन्दी 'अपभ्रंश' से भिन्न है। 'पुरानी हिन्दी' से उनका आशय था–खड़ी बोली, मानक हिन्दी के पूर्व रूपों से। **आचार्य रामचन्द्र शुक्ल** ने अपने ग्रन्थ 'हिन्दी साहित्य का इतिहास' में पुरानी हिन्दी का प्रयोग अपभ्रंश के सन्दर्भ में किया है; यथा–"हिन्दी काव्यभाषा के पुराने रूप का पता हमें विक्रम की सातवीं शताब्दी के अन्तिम चरण में लगता है।...देश भाषा मिश्रित अपभ्रंश अर्थात् पुरानी हिन्दी की काव्यभाषा।" (शुक्ल, रामचन्द्र, (संस्करण 2016), 'हिन्दी साहित्य का इतिहास', दिल्ली, एजूकेअर, पृ. 10 और 12)

मानक हिन्दी भाषा

जब हम आधुनिक भारतीय आर्यभाषाओं के उदय की बात करते हैं, तो इस पृष्ठभूमि को ठीक से समझना होगा। विशेष रूप से हिन्दी भाषा के विकास के लिए।

लगभग 1000 ईस्वी में आधुनिक हिन्दी का विकास होने लगा था। लगभग 1100 ई. में कवियों की कृतियाँ सामने आने लगी थीं। यह एक सच्चाई है कि कोई

भाषा एक साथ उदित नहीं होती, न उसमें तुरन्त साहित्य-रचना आरम्भ हो जाता। भाषाओं के जन्म लेने के सौ-डेढ़ सौ वर्ष बाद सामाजिक स्वीकृति मिल जाने के पर और उसका स्वरूप निश्चित हो जाने के बाद ही साहित्यकार उसे काव्यभाषा के रूप में अपनाते हैं।

आधुनिक भारतीय आर्यभाषाओं के अन्तर्गत हिन्दी, सिन्धी, लहंदा, पंजाबी, गुजराती, मराठी, बांग्ला, असमी तथा ओड़िया इत्यादि के विकास को रेखांकित किया गया है। इन्हें अपभ्रंश का सामाजिक सांस्कृतिक विकास माना जाता है।

अपने ग्रन्थ **काव्यानुशासन** में **हेमचन्द्र** ने 'परिनिष्ठित अपभ्रंश' के साथ ही एक 'ग्राम्य अपभ्रंश' का उल्लेख किया है। जो वस्तुतः जनभाषा है। आगे चलकर रचनाकारों और विद्वानों ने इसे देशी भाषा अथवा अवहट्ट जैसी संज्ञाएँ दी हैं। आधुनिक भाषा अध्येताओं ने परवर्ती अपभ्रंश को पुरानी हिन्दी, आरम्भिक हिन्दी और पारम्परिक हिन्दी आदि नाम दिये हैं। आचार्य रामचन्द्र शुक्ल ने इस काल की जनभाषा और साहित्यिक भाषा में अन्तर करने के लिए पहले को 'देशी भाषा' और दूसरे को प्राकृताभास (प्राकृत की रूढ़ियों से बहुत कुछ मुक्त) हिन्दी कहा है। इन दो भाषाओं का मिलन होने से इसे 'सन्धिकाल' नाम दिया गया है। भाषा की दृष्टि से इसको 'अवहट्ट काल' भी कह सकते हैं। इस प्रकार भले ही अपभ्रंश के मात्र तीन देशगत भेद रहे हों, किन्तु उसकी बोलियाँ कई थीं। आगे चलकर इन्हीं बोलियों का पर्यावसान आधुनिक आर्यभाषाओं के रूप में हुआ।

मानक हिन्दी को समझने से पूर्व अपभ्रंश के विविध रूपों से विकसित हिन्दी की बोलियों एवं अन्य आधुनिक भारतीय भाषाओं के विषय में जान लेना आवश्यक है। अधिसंख्य भाषाविदों के अनुसार सात प्रकार की अपभ्रंशों से विकसित हिन्दी की प्रमुख बोलियों तथा आधुनिक भारतीय भाषाओं का विकास इस रूप में हुआ–

अपभ्रंश	**आधुनिक भारतीय आर्यभाषाएँ**
शौरसेनी	पश्चिमी हिन्दी, गुजराती, राजस्थानी
महाराष्ट्री	मराठी
मागधी	बिहारी, बांग्ला, उड़िया, असमी
अर्द्ध मागधी	पूर्वी हिन्दी
पैशाची	लहंदा, पंजाबी
ब्राचड़	सिन्धी
खस	पहाड़ी

जहाँ तक मानक हिन्दी भाषा का सम्बन्ध है; यह पश्चिमी हिन्दी की 'खड़ी बोली' से विकसित हुई है। पश्चिमी हिन्दी में मुख्य रूप से पाँच बोलियाँ मिलती हैं–1. बाँगरू (हरियाणवी), 2. खड़ी बोली, 3. ब्रज भाषा, 4. कन्नौजी, 5. बुँदेली। इनमें से खड़ी बोली को मानक हिन्दी के रूप में विकसित होने का परिवेश मिला।

खड़ी बोली का प्रयोग दिल्ली और पश्चिमी उत्तर प्रदेश के कुछ ज़िलों में होता है। इसके दो रूप हैं–एक, साहित्यिक; दूसरा, लोक बोली। 'खड़ी बोली' नाम के सम्बन्ध में विद्वान् एकमत नहीं हैं। कुछ लोग मानते हैं कि इस बोली में खरापन है, इसलिए इसे 'खरी बोली' या खड़ी बोली कहा जाता है। कुछ विद्वान् मानते हैं कि खड़ी पायी (फ़ुल स्टॉप) का अधिक प्रयोग होने के कारण इसका नाम खड़ी बोली है। हम देखते हैं, इसका प्रयोग क्षेत्र व्यापक है। मुख्यतः दिल्ली, मेरठ, मुज़फ़्फ़रनगर, सहारनपुर, बिजनौर, देहरादून, मुरादाबाद एवं रामपुर में मुख्यतः खड़ी बोली ही बोली जाती है।

खड़ी बोली में प्रायः दो शैलियों का प्रचलन है–एक, उर्दू के शब्दों का अधिक प्रयोग करने वाली शैली; दूसरी, संस्कृत के (तत्सम) शब्दों का प्रयोग करने वाली परिनिष्ठित शैली। भारत की राजभाषा, राष्ट्रभाषा यही परिनिष्ठित खड़ी बोली हिन्दी है, जिसे मानक भाषा के रूप में स्वीकृति मिली है। आज साहित्यक रचनाओं के लिए इसी मानक हिन्दी का प्रयोग हो रहा है। **डॉ. सूर्यप्रसाद दीक्षित** का यह कथन पठनीय है कि, "वर्तमान हिन्दी भाषा के मानक रूप को 'खड़ी बोली' का ही परिष्कृत रूप कहा जा सकता है। सम्प्रति यही हमारी राष्ट्रभाषा, राजभाषा, सम्पर्क भाषा, संचार भाषा और माध्यम भाषा है।" (डॉ. दीक्षित, सूर्यप्रसाद, (2004), 'भाषा-प्रौद्योगिकी एवं भाषा-प्रबन्धन', दिल्ली, किताबघर, पृ. 55) जिन दिनों साहित्य रचना, विशेष रूप से काव्य-रचना में ब्रजभाषा का ही प्रयोग होता था, उन दिनों बहस चली थी कि ब्रजभाषा में माधुर्य है, खड़ी बोली में कर्कशता है। ब्रजभाषा में जो लोच है, वह काव्य-रचना के अनुकूल है; जबकि खड़ी बोली में वह लोच नहीं है। इसलिए काव्य-रचना के लिए खड़ी बोली उपयुक्त नहीं है। यह खड़ी-खड़ी-सी है। **गार्साँ द तांसी** ने इस भाषा (खड़ी बोली) को उर्दू का ही एक रूप माना था। अन्तर था तो बस यही कि 'उर्दू' शहरी ज़बान थी, जबकि इसमें ठेठ ग्रामीण बोली के संस्कार थे। **ग्राहमबेली** ने माना कि खड़ी बोली में 'खड़ी' से आशय है सुस्थिर अथवा स्पष्ट। इसी तर्क को ध्यान में रखते हुए कुछ विद्वानों ने खड़ी बोली को **खड़ी** तथा ब्रजभाषा को **पड़ी बोली** कहा! **डॉ. सुनीतिकुमार चटर्जी** इन्हीं विद्वानों में से

एक थे। उन्होंने पश्चिमी तथा पूर्वी बोलियों में दो भेद किये। उनके मतानुसार पश्चिमी हिन्दी 'ओकारान्त' बहुला है और पूर्वी हिन्दी 'अकारान्त' बहुला।

पण्डित लल्लूलाल और **डॉ. गिलक्राइस्ट** ने एक योजना प्रस्तुत की, जिसमें खड़ी बोली में साहित्य-रचना को आकार दिया जा सके। उनके आग्रह पर कोलकाता के फ़ोर्ट विलियम कॉलेज में पं. **लल्लूलाल** जी ने 'प्रेमसागर' की रचना की और अपनी भाषा को 'खड़ी बोली' नाम दिया। इसे अंग्रेज़ी के 'स्टैंडर्ड' के रूप में लिया गया। इस बोली में रेख़्ता, ब्रज, उर्दू और हिन्दी अर्थात् दिल्ली-मेरठ के बीच बोली जाने वाली बोलियों/उपभाषाओं को परस्पर मिलाकर एक नयी भाषा को जन्म दिया गया। यह नयी भाषा मेरठ-बुलन्दशहर के बीच की खड़ी बोली थी, जो 'बांगड़ू' बोली से निकली हुई होते भी उससे थोड़ी-सी भिन्न थी।

सम्प्रति खड़ी बोली के तीन रूप प्रचलन में हैं–

'कौरवी', एक लोक प्रचलित बोली है और दिल्ली, मेरठ तथा मुज़फ्फ़रनगर के मध्य बोली जाती है।

'हिन्दुस्तानी'; जिसे फ़ारसी की लिपि में लिख देने से उर्दू कहा जा सकता है।

'हिन्दी' रूप, जिसमें संस्कृत की शब्दावली अधिक है, इसे कुछ लोगों ने 'भारती' नाम भी दिया है।

वर्तमान में खड़ी बोली को ही मानक हिन्दी माना गया है, किन्तु अभी कुछ समस्याएँ बनी हुई हैं। प्रमुख रूप से ये समस्याएँ मानक व्याकरण, मानक वर्तनी, मानक उच्चारण, मानक लिपि के अभाव से जुड़ी हुई हैं। इसके लिए केन्द्रीय हिन्दी निदेशालय (भारत सरकार) द्वारा मानक हिन्दी व्याकरण एवं देवनागरी लिपि का प्रकाशन किया गया है और अधिकांश सरकारी कामकाज में इसी को अपनाये जाने की सिफ़ारिश की गयी है। कम्प्यूटर इसके प्रसार की दिशा में महत्त्वपूर्ण भूमिका निभा रहा है।

4
हिन्दी शब्द-सम्पदा और उसके मूल स्त्रोत

(हिन्दी शब्दावली, हिन्दी ध्वनियों का वर्गीकरण)

शब्द क्या है?

भाषा की सबसे छोटी इकाई 'ध्वनि' है। इसी तरह वाक्य की लघुतम इकाई शब्द है। दो अथवा दो से अधिक ध्वनियाँ मिलकर 'शब्द' बनाती हैं। कहा जा सकता है कि अर्थ के स्तर पर भाषा की सबसे छोटी इकाई 'शब्द' है। ध्वनियाँ मिलकर शब्द बनाती हैं, शब्द मिलकर वाक्य बनाते हैं। वाक्य में सही और सार्थक क्रम में रखे गये शब्द 'पद' कहे जाते हैं।

स्वतन्त्र रूप से ध्वनियों का प्राय: कोई अर्थ नहीं होता। उनको अर्थ मिलता है आपस में मिलकर शब्द बन जाने के बाद। उदाहरण के लिए आ, इ, क, म, ल आदि ध्वनियाँ हैं। इनको अलग-अलग प्रयोग करें, तो उनका कोई अर्थ नहीं होगा। किन्तु जब इनमें से कुछ ध्वनियाँ आपस में मिलकर या अन्य ध्वनियों से मिलकर शब्द की रचना करती हैं, तो वह अर्थपूर्ण हो जाती हैं; जैसे–आ, म, क, म, ल आदि ध्वनियों का कोई अर्थ नहीं है; किन्तु जब आ+म = (आ और म ध्वनियाँ मिलकर 'आम' के रूप में एक ध्वनि-समूह बनेगा) और वह ध्वनि-समूह 'शब्द' बन जायेगा, जिसका एक निश्चित अर्थ है, आम नामक फल। इसी तरह क+म+ल = ध्वनियों को मिलाने से शब्द बन गया–'कमल'। इस शब्द का अर्थ है कमल नामक फूल।

ध्वनियाँ लिखित रूप में 'वर्ण' कही जाती हैं। अत: यह भी कह सकते हैं कि दो या दो से अधिक वर्ण मिलकर शब्द बनते हैं।

शब्द के भेद अथवा प्रकार

प्रारम्भिक रूप में मोटे तौर पर शब्द के दो भेद कहे गये हैं–

1. सार्थक शब्द
2. निरर्थक शब्द।

सार्थक शब्द वे हैं, जिनका अर्थ आसानी से ग्रहण किया जा सकता है; यथा–घर, पेड़, साइकिल, सड़क, सेव, फल, फूल आदि।

निरर्थक शब्द वे हैं, जिनका स्वतन्त्र रूप से कोई अर्थ नहीं होता, जैसे–दिन-विन, रोटी-शोटी, जल-वल, काम-वाम, नदी-वदी आदि। इनमें क्रमशः विन, शोटी, वाम और वदी का अपना कोई अर्थ नहीं है। शब्द-युग्म के रूप में हम इनका प्रयोग कर लेते हैं।

सिद्धान्ततः निरर्थक शब्दों की श्रेणी ही नहीं होनी चाहिए। क्योंकि शब्द की परिभाषा में सार्थक ध्वनियों का समूह ही शब्द माना जाता है।

अर्थ, संरचना और स्रोत के आधार पर शब्दों का वर्गीकरण किया गया है। तदनुसार अर्थ के आधार पर शब्दों को इस रूप में वर्गीकृत किया जाता है–

1. **एकार्थी शब्द**–जहाँ किसी शब्द का एक ही अर्थ ग्रहण किया जाता है; जैसे–नदी, पहाड़, झरना, केला आदि।
2. **अनेकार्थी शब्द**–जिनके एक से अधिक अर्थ ग्रहण किये जा सकते हैं; जैसे–चीनी, कर, कनक आदि। इनमें चीनी का अर्थ शुगर भी है और चीन देश का व्यक्ति भी है, कर का अर्थ टैक्स भी है और हाथ भी है, कनक का अर्थ स्वर्ण भी है और धतूरा भी।
3. **पर्यायवाची शब्द**–वे शब्द हैं, जिनका अर्थ एकसमान होता है। अर्थात् एक शब्द के समानार्थी अन्य शब्द पर्यायवाची कहे जाते हैं, जैसे–दिनकर, भास्कर, दिनमान, रवि, सूर्य।
4. **विलोम शब्द**–वे हैं जिनके अर्थ आपस में एक-दूसरे के विपरीत होते हैं।

बनावट, रचना और व्युत्पत्ति के आधार पर शब्दों के प्रमुख भेद इस प्रकार हैं–

1. **रूढ़ शब्द**–ये वे शब्द हैं जिनके सार्थक खण्ड नहीं किये जा सकते। ये 'मूल शब्द' भी कहे जाते हैं; यथा–रोटी, पानी, घड़, नदी, समुद्र इत्यादि।
2. **यौगिक शब्द**–ये वे शब्द हैं, जिनके सार्थक खण्ड किये जा सकते हैं। अर्थात् ऐसे शब्द जिनके टुकड़े किये जा सकते हैं और प्रत्येक टुकड़े

का अलग–अलग अर्थ होता हैं। यौगिक शब्दों की रचना उपसर्ग, प्रत्यय और समास द्वारा की जाती है; यथा–किताबघर, बसअड्डा, मीनाबाज़ार, स्वीकृतिपत्र आदि।

3. **योगरूढ़ शब्द**–ये ऐसे शब्द हैं, जिनके यौगिक शब्दों की तरह खण्ड तो किये जा सकते हैं, किन्तु अर्थ समझने के लिए उनको एक करना होता है अर्थात् रूढ़ बनाना होता है; यथा–नीलकमल, लम्बोदर, पंचानन, दशानन आदि।

व्युत्पत्ति अथवा स्रोत के आधार पर शब्दों के भेद इस प्रकार हैं–

1. **तत्सम शब्द**–'तत्सम' अर्थात् उस के समान (तत्+सम)। 'उस' के किसके? जिस शब्द से यह शब्द बना है। प्रायः संस्कृत के अधिकांश शब्दों को हिन्दी में ज्यों का त्यों अपनाया गया है। अतः ये शब्द उन शब्दों के तत्सम हैं। यों संस्कृत के शब्दों को ही ज्यों का त्यों नहीं अपनाया गया, बल्कि अंग्रेज़ी, पुर्तगाली, अरबी, फ़ारसी तथा संस्कृत से इतर अन्य भारतीय भाषाओं (बांग्ला, मराठी, गुजराती, तमिल आदि) के शब्दों को भी ग्रहण किया गया है। सिद्धान्ततः इन भाषाओं के शब्दों को भी तत्सम माना जाना चाहिए। किन्तु जब हम हिन्दी के तत्सम शब्दों की चर्चा जहाँ करते हैं, तब वहाँ हमारे मस्तिष्क में मात्र संस्कृत की शब्दावली उभरती है। प्रायः वैयाकरण और भाषाविज्ञानी तत्सम शब्दों से आशय संस्कृत शब्दों से ही मानते हैं। कुछ तत्सम शब्द देखें–दुग्ध, पत्र, पुष्प, गौ, वृषभ, मुष्टि, अक्षि, बालक, प्रातः, संध्या, अग्नि, घृत, नैवेद्य, कृपा, कूप आदि।

   'तत्सम' के स्थान पर कुछ अन्य नाम भी प्रयोग किये जाते हैं; यथा–संस्कृतसम (जो शब्द संस्कृत के हैं, और जिनको हिन्दी में ज्यों का त्यों अपनाया गया है।) तत्तुल्य (उसके समान।), तद्रूप, समान, तदैव। इन सब में 'तत्सम' का प्रयोग सर्वाधिक होता है। वैसे संस्कृत और हिन्दी के सन्दर्भ में 'संस्कृतसम' अधिक उचित है।

2. **तद्भव शब्द**–इन शब्दों का जन्म तत्सम शब्दों से हुआ है। कहना चाहिए कि संस्कृत के शब्दों से हज़ारों वर्षों की यात्रा के बाद इन शब्दों का अस्तित्व बना है; यथा–रात, घी, आँख, दूध, माथा, नाक, कान, मुट्ठी, ऊँट आदि।

3. **देशज शब्द**–ये वे शब्द हैं जिनके स्रोत का उल्लेख प्राय: नहीं मिलता। ये शब्द विभिन्न क्षेत्रीय बोलियों से ग्रहण किये गये हैं; यथा–दही, खिचड़ी, गैल, सैंतमेंत, गेहूँ, मक्का, बाजरा, चावल आदि।

4. **विदेशी शब्द**–जैसाकि नाम से स्पष्ट है, ऐसे शब्द विदेशी कहे जाते हैं, जो मूल रूप से अंग्रेज़ी आदि विदेशी भाषाओं से ग्रहण किये गये हैं। हिन्दी में ऐसे हज़ारों शब्द हैं, जो विदेशी भषाओं से ग्रहण किये गये हैं; यथा निम्नाँकित सूची देखें–

अंग्रेज़ी–रेल, कोट, क्रिकेट, शर्ट, पैंट, शू, टाई, इंजीनियर, डॉक्टर, स्कूल, कॉलेज, यूनिवर्सिटी, कॉपी, फ़ुटबॉल, हॉकी, रबर, पेंसिल आदि-आदि।

अरबी–किताब, हिसाब, इरादा, इशारा, बेईमान, क़ानून, नकद आदि।

फ़ारसी–अमरूद, कलमी, आदमी, कारीगर, गवाह, जिरह, ज़मीन, चिलम, जलेबी, चिराग़ आदि।

तुर्की–क़ुली, कुरता, पायजामा, तोप, बन्दूक़, बारूद, चाकू, बेगम आदि।

पुर्तगाली–पपीता, गोभी, काजू, कप्तान, मिस्त्री, सिपाही, बिस्कुट, आलू, बाल्टी, कनस्तर आदि।

रूप अथवा प्रयोग के आधार पर शब्दों के निम्नांकित दो भेद हैं–

1. विक़ारी
2. अविकारी।

विकारी उन शब्दों को कहते हैं, प्रयोग के समय जिनमें लिंग, वचन, कारक, पुरुष, काल के अनुसार परिवर्तन करना होता है।

विकारी शब्दों के चार प्रकार हैं–

1. संज्ञा
2. सर्वनाम
3. विशेषण और
4. क्रिया।

अविकारी वे शब्द कहलाते हैं, आवश्यकतानुसार जिनके रूप में लिंग, वचन, कारक, पुरुष और काल के अनुसार कोई परिवर्तन नहीं किया जाता।

अविकारी शब्दों के निम्नांकित चार भेद हैं–

1. क्रिया विशेषण
2. समुच्चयबोधक अव्यय
3. विस्मयादिबोधक अव्यय
4. सम्बन्धबोधक अव्यय।

हिन्दी-शब्दावली

प्राय: सभी भाषाओं की शब्दावली अथवा शब्द-समूह कई भाषाओं और बोलियों का मिलाजुला रूप होता है। हिन्दी भाषा भी इसका अपवाद नहीं है। न तो उसमें अन्य भाषाओं की पूरी शब्दावली होती है और न ही उसके सारे शब्द नितान्त अपने होते हैं। यह शब्दावली संस्कृति, ऐतिहासिक घटनाओं तथा नवीन आविष्कारों से जुड़ी हुई होती है। इसके परिणामस्वरूप एक मिश्रित शब्दावली बन जाती है। हिन्दी-शब्दावली को एक गुलदस्ता माना जा सकता है, जिसमें अनेक प्रकार के पुष्प संग्रथित हैं। इसमें विभिन्न भाषाओं की शब्दावली को मुक्त भाव से अंगीकार किया है; लेकिन अपने व्याकरण में ढालकर।

हिन्दी-शब्दावली मुख्यत: निम्नांकित स्रोतों से सम्पन्न है–

1. संस्कृत भाषा से।
2. प्राकृत भाषा से।
3. अपभ्रंश भाषा से।
4. जनपदीय बोलियों की शब्दावली से।
5. हिन्दीतर भारतीय भाषाओं से। (जिनमें तमिल, तेलुगु, मलयालम, मराठी, गुजराती, पंजाबी, सिन्धी, असमिया, डोगरी, बांग्ला और उड़िया आदि भाषाएँ प्रमुख हैं।)
6. विदेशी भाषाओं से। (जिनमें अरबी, फ़ारसी, तुर्की, पुर्तगाली, अंग्रेज़ी, फ्रांसीसी, यूनानी, इतालवी आदि भाषाएँ प्रमुख हैं।)

कुछ विद्वानों ने हिन्दी की शब्दावली को मुख्यत: तीन श्रेणियों में रखा है–

1. भारतीय आर्यभाषाओं की शब्दावली।
2. आर्येतर भारतीय भाषाओं की शब्दावली।
3. विदेशी भाषाओं की शब्दावली।

भारतीय आर्यभाषाओं की शब्दावली के अन्तर्गत संस्कृत, प्राकृत और अपभ्रंश के तत्सम, तद्भव, जनपदीय बोलियों के शब्द एवं आधुनिक भारतीय आर्यभाषाओं (बांग्ला, गुजराती, मराठी आदि) के शब्द सम्मिलित हैं। इनमें संस्कृत की तत्सम शब्दावली की प्रमुखता है; जैसे-विद्यालय, विश्व, जल, नीर, अहिंसा, धर्म, यज्ञ, प्राण इत्यादि। वर्तमान में हिन्दी में संस्कृत की तत्सम शब्दावली को ग्रहण करने की प्रवृत्ति बढ़ रही है। इसका प्रमुख कारण है संस्कृत के प्रति हमारा बढ़ता

प्रेम, तत्सम शब्दावली का आसानी से हिन्दी में ढल जाना तथा तत्सम से तद्भव शब्दावली को सुगमता से बना लेने की प्रवृत्ति।

तद्भव शब्दावली हिन्दी का मुख्य आधार है; यथा–आग, धन, गाय, पढ़ना इत्यादि। विचारों की अभिव्यक्ति तथा साहित्य की हिन्दी में प्रायः तत्सम शब्दावली का प्रयोग किया जाता है, जबकि बोलचाल की हिन्दी में तद्भभ शब्दावली की प्रधानता होती है। इसी तरह प्रायः वस्तुओं तथा पदार्थों के लिए तद्भव शब्दावली प्रयोग में लायी जाती है। हिन्दी की बोलियों में तद्भव शब्दावली की प्रमुखता रहती है। यह बताना कठिन है कि ये तद्भव शब्द कब और कैसे निर्मित हुए। बोलचाल की हिन्दी में सहजता से तद्भव शब्दावली आ जाती है। रचनात्मक लेखन में भले ही तद्भव शब्दों का प्रयोग जहाँ–तहाँ मिल जायेगा, किन्तु विचारात्मक गद्य-लेखन में तत्सम शब्दों का प्राधान्य रहता है।

हिन्दी में बांग्ला, गुजराती, मराठी जैसी आधुनिक आर्यभाषाओं के शब्द अपेक्षाकृत कम ही अपनाये गये हैं। इसका एक बड़ा कारण है हिन्दी-भाषी लोगों का अन्य आधुनिक भारतीय आर्यभाषाओं से सम्पर्क सीमित होना।

हिन्दी में तमिल, तेलुगु, मलयालम तथा कन्नड़ आदि **भारतीय आर्येतर भाषाओं की शब्दावली** मिलती हैं; किन्तु सीमित रूप में। इन भाषाओं की शब्दावली मुख्यतः संस्कृत के माध्यम से हिन्दी में आयी है। संस्कृत में आगत इन भाषाओं की शब्दावली तत्सम रूप में मिलती है; यथा–अजर-अमर, कुदाल, चन्दन, सम्पुट, विद्यालय आदि। शब्दकोषों में इनका उल्लेख तो मिल जायेगा, किन्तु स्रोत उनका नहीं दिया गया।

जहाँ तक **विदेशी भाषाओं की शब्दावली** के हिन्दी में प्रयोग का प्रश्न है, तो आधुनिक समय में यह प्रचुर मात्रा में मिलता है। मुग़लों के आगमन के साथ ही और कालान्तर में अंग्रेज़ी शासन के चलते विदेशी भाषाओं के शब्दों का व्यापक प्रयोग हुआ। इधर नयी तकनीकी के आविष्कारों के कारण मुख्य रूप से अंग्रेज़ी शब्दावली का प्रयोग बढ़ा है। अन्य आधुनिक भारतीय भाषाओं में भी यह शब्दावली प्रचुर मात्रा में प्रयुक्त हो रही है। विश्वव्यापी बाज़ार के प्रसार ने दुनिया भर की भाषाओं में मुख्य रूप से अंग्रेज़ी भाषा की शब्दावली का प्रयोग बढ़ा है। हिन्दी में अरबी-फ़ारसी के शब्द पर्याप्त मात्रा में प्रयुक्त हुए हैं; यथा–औरत, चश्मा, रोजा, काजी, मुल्ला, रोज़नामचा, कचहरी, फ़ौज, मदरसा आदि। अंग्रेज़ी तथा अन्य विदेशी भाषाओं की शब्दावली भी प्रचुर मात्रा में मिलती है; जैसे–इंजीनियर, रेल, बसस्टेंड, ब्रदर्स, कोट, क्रिकेट, बिल, रेड, स्कूल आदि-आदि।

माईदयाल जैन (1966), 'हिन्दी शब्द-रचना', दिल्ली, भारतीय ज्ञानपीठ, पृष्ठ-25) के अनुसार विदेशी शब्दावली के मुख्यतः दो वर्ग हैं–

1. विदेशी संस्थाओं के वाचक शब्द, जैसे–कचहरी, शासन, फ़ौज, इंजीनियरी। उद्योग-व्यवसाय और चिकित्सा-प्रणाली सम्बन्धी शब्द, जैसे–डॉक्टर, हॉस्पिटल, अस्पताल, बैंक तथा बीमा आदि।
2. विदेशी प्रभाव या संसर्ग से प्राप्त नयी वस्तुओं, नये वस्त्र, खाने के पदार्थ, मशीनें, विनोद के नये-नये साधनों, जैसे–सिनेमा तथा रेडियो आदि की वस्तुएँ और काम और क्रियाएँ, जैसे–क्रिकेट, टेनिस, टाकी शो, रूमाल, कोट, बिस्किट आदि।

   अरबी, फ़ारसी और तुर्की शब्दों से हिन्दी और सुदूर दक्षिण तक की भाषाएँ भरी पड़ी हैं और ये शब्द स्थायी रूप से भाषा में जम गये हैं।

   वर्तमान में कम्प्यूटर तथा मोबाइल फ़ोन के विकास के चलते नये-नये शब्द सभी भाषाओं में आ गये हैं। इन शब्दों का सटीक अनुवाद बहुत कम हुआ है। इस तरह के शब्दानुवाद जटिल हैं तथा कम्प्यूटर की भाषा के सटीक अर्थ व्यक्त नहीं कर सकते। इसलिए उन शब्दों को ज्यों का त्यों अपनाया जाना चाहिए; जैसे–मॉनीटर, हार्डवेयर, सॉफ़्टवेयर, फ़ाइल, डिलिट करना, माउस, की-बोर्ड, पेनड्राइव, पेज, मेमोरी, केबी, जीबी, डेटा आदि-आदि। इस तरह पारिभाषिक शब्दावली को ज्यों का त्यों अपनाना चाहिए। सटीक अनुवाद कितना ही सटीक क्यों न हो, किताबों में रह जाता है। प्रचलन में नहीं आ पाता।

स्रोत के आधार पर हिन्दी शब्द समूह को इस प्रकार समझा जा सकता है–

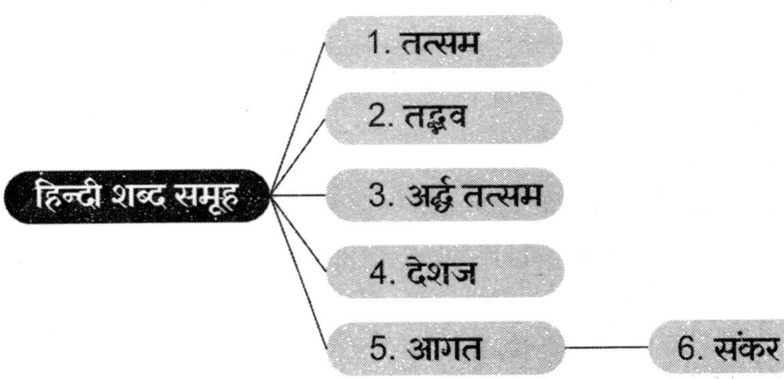

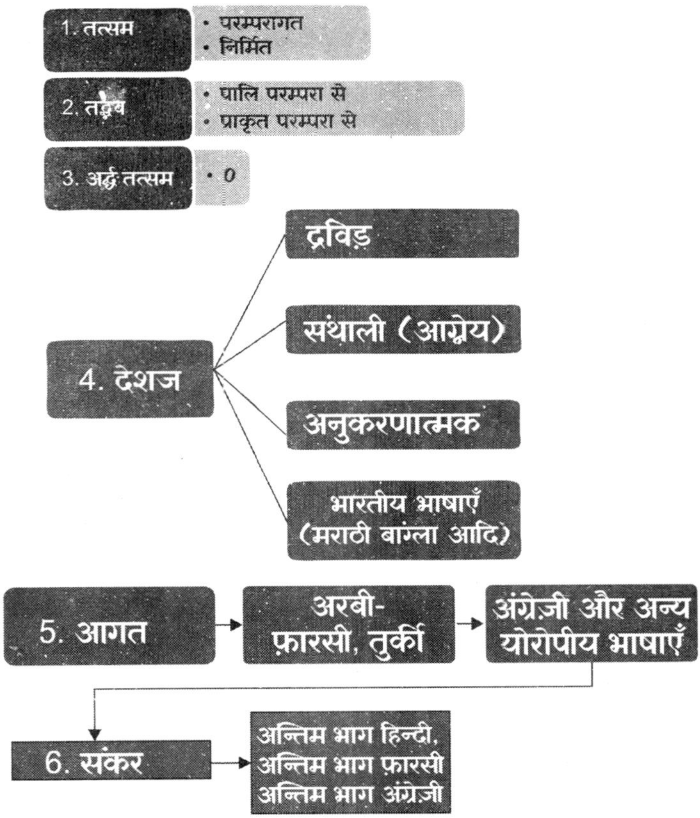

हिन्दी की शब्द-सम्पदा अत्यन्त समृद्ध है। इस सम्पदा के प्रमुख स्रोत ऊपर समझाये गये हैं। सहज ही हम इस शब्द-सम्पदा का वर्गीकरण इन स्रोतों के आधार पर कर सकते हैं।

इस शब्दावली का एक वर्गीकरण **विषय के आधार पर** भी किया जा सकता है। तदनुसार हम इसे इन वर्गों में रख सकते हैं–वैज्ञानिक शब्दावली, तकनीकी शब्दावली, पारिभाषिक शब्दावली, साहित्यिक शब्दावली, सांस्कृतिक शब्दावली, अनूदित शब्दावली, शिक्षित साभान्य शब्दावली, स्थानीय ग्राम्य शब्दावली इत्यादि।

हिन्दी की ध्वनियों (अथवा हिन्दी स्वनिम) का वर्गीकरण

किसी भी भाषा का मुख्य कार्य होता है, अर्थ की स्पष्ट अभिव्यक्ति करना अथवा विचारों तथा भावों का सफलतापूर्वक सम्प्रेषण। उदाहरण के लिए एक वाक्य लें।

हमने कहा, "कल मुझे दिल्ली जाना है।" या "मुझे कल ही दिल्ली की यात्रा करनी है।" इन वाक्यों में हमारी दिल्ली जाने की इच्छा या सूचना 'अर्थ' है। हम देखते हैं कि अर्थ के सम्प्रेषण अथवा अर्थ की अभिव्यक्ति का यह कार्य हमारी भाषा की ध्वनियों के द्वारा किया जाता है। ये ध्वनियाँ उच्चरित और लिखित दोनों तरह की हो सकती हैं। तात्त्विक दृष्टि से देखें तो भाषा के सन्दर्भ में यह बात लक्षित की जा सकती है कि हमारे द्वारा 'दिल्ली जाने' की सूचना अथवा इच्छा 'अर्थ तत्त्व' है और बोला गया 'वाक्य' 'ध्वनि तत्त्व' है। इसलिए माना गया है कि भाषा इन दोनों तत्त्वों (अर्थ और ध्वनि) को जोड़े जाने की व्यवस्था है। यों तो विचारों और भावों की अभिव्यक्ति सभी प्राणियों में मिलती है; किन्तु मनुष्य में अन्य प्राणियों की तुलना में ध्वनियों के उच्चारण की क्षमता बहुत अधिक होती है। बातचीत करने के समय या गाते समय के आरोह-अवरोह में ध्वनियों की विविधता का पता चलता है। हिन्दी की भाषिक संरचना में ध्वनियों (जिन्हें आधुनिक भाषाविज्ञान में 'स्वन' कहते हैं) की भूमिका मुख्य है। 'स्वन' के अध्ययन का क्षेत्र यही संरचना है।

क्या है **स्वन और स्वनिम?**

सार्थक ध्वनियों को आधुनिक भाषाविज्ञान में 'स्वन' कहते हैं। यह ध्वनि का पर्याय तो है, किन्तु दोनों की अभिव्यक्ति में अन्तर है। सामान्यत: हर निर्जीव अथवा सजीव वस्तु के घर्षण या टकराव होने से निकलने वाली आवाज़ को ध्वनि कहा जाता है। लेकिन हर आवाज़ ध्वनि नहीं है। भाषा की ध्वनि को अन्य सभी प्रकार की ध्वनियों से अलग करने के लिए भाषाविज्ञान में 'स्वन' शब्द का प्रयोग किया जाता है। सभी निर्जीव और सजीव वस्तुओं की आवाज़ का स्वन या ध्वनि के रूप में अध्ययन नहीं किया जाता। स्वनविज्ञान के अन्तर्गत केवल **वाक्** का अध्ययन किया जाता है; इनमें भी मात्र मानव की भाषा के वे वाक् जिनके संयोग से शब्दों का निर्माण होता है।

'स्वन' भाषा में उच्चारण की सबसे छोटी भौतिक इकाई है। इसे ध्वनि के रूप में देखा और विश्लेषित किया जा सकता है। यह ऐसी लघुत्तम इकाई है, जिससे दो ध्वनियों का अन्तर पहचाना जाता है। ध्वनि का सम्बन्ध स्वनिम से होता है। ध्वनि का सम्बन्ध यदि उच्चारण से है, तो श्रवण से भी है। क्योंकि बिना सुने हम ध्वनि अथवा स्वनिम की कल्पना भी नहीं कर सकते हैं। कहना चाहिए कि किसी भी भाषा में ध्वन्यात्मकता की मूल इकाई स्वनिम है। यह किसी भी भाषा और बोली में उच्चरित ध्वनि की सबसे छोटी इकाई है। स्वनों के निर्मित होने की मूल

संकल्पनात्मक इकाई 'स्वनिम' है। इसके लिए 'ध्वनिग्राम' और 'स्वनग्राम' आदि शब्दों का भी प्रयोग किया जाता है। अंग्रेज़ी में इसे 'फोनीमे' कहते हैं। स्वन अथवा ध्वनि-परिवर्तन से हमेशा अर्थ-परिवर्तन नहीं हुआ करता; किन्तु स्वनिम के परिवर्तन से अर्थ-परिवर्तन अवश्य होता है। सभी भाषाओं की मूल ध्वनियाँ पन्द्रह से पचास तक होती हैं। इन्हीं ध्वनियों के निर्धारण पर स्वनिम का निर्धारण किया जाता है।

डेनियल जोंस ने 'स्वन' को संक्षेप में बहुत अच्छी तरह परिभाषित किया है। **जोंस** कहते हैं कि, "स्वन मानव के विकल्पहीन निश्चित स्थान और प्रयत्न से उत्साहित तथा श्रवणेन्द्रिय द्वारा यथावत् गृहीत शब्द लहरी है।" (जोंस डेविड, (1950), 'आउटलाइन ऑफ़ इंग्लिश फ़ोनेटिक्स', न्यूयार्क , जी.ई., स्टेशर्ट, पृ. 44) इस परिभाषा के अनुसार सामान्य ध्वनि और स्वन में तीन अन्तर हैं–

1. वाक् स्वन मनुष्य के निश्चित प्रयत्न से अस्तित्व में आता है।
2. स्वन का स्थान भी सुनिश्चित है तथा इन दोनों का कोई विकल्प नहीं है। वस्तुत: स्थान एवं प्रयत्न के बदल जाने से वह ध्वनि उत्पन्न नहीं की जा सकती।
3. उच्चरित ध्वनि को ज्यों का त्यों ग्रहण किया जाना चाहिए अर्थात् जो वक्ता कहे उसे श्रोता उसी अर्थ में ग्रहण करे।

इसी परिप्रेक्ष्य में **डॉ. भोलानाथ तिवारी** ने ध्वनि को इस प्रकार परिभाषित किया है–"भाषाध्वनि भाषा में प्रयुक्त ध्वनि की वह लघुतम इकाई है, जिसका उच्चारण और श्रोतव्यता की दृष्टि से स्वतन्त्र व्यक्तित्व हो।" (तिवारी, भोलानाथ, (1988), 'भाषाविज्ञान', इलाहाबाद, किताब महल, पृ. 34)

ध्वनिविज्ञान (अथवा स्वनविज्ञान) का महत्त्व और क्षेत्र

किसी भी भाषा के अध्ययन में ध्वनिविज्ञान (अथवा स्वनविज्ञान) अत्यन्त महत्त्वपूर्ण भूमिका निभाता है। विशेष रूप से यह कि किसी भी भाषा की संरचना का ज्ञान उसकी ध्वनियों को समझे बिना सम्भव नहीं है। इसके अध्ययन से अन्य वृहत्तर इकाइयों का भी ज्ञान होता है। ध्वनि-उत्पादन का ज्ञान भी इसी से होता है, जिसमें ध्वनि-उत्पादक अंगों, उनकी बनावट एवं कार्यपद्धति का अध्ययन भी किया जाता है। ध्वनि-परिवर्तन और उसकी दिशाओं का ज्ञान भी इसका अध्ययन-क्षेत्र है। किसी भी भाषा की ध्वनियों का वर्गीकरण और वैज्ञानिक विश्लेषण इस विज्ञान का केन्द्रीय विषय है। अक्षरों के ज्ञान से शुद्ध बोलने और लिखने का एक महत्त्वपूर्ण आधार स्वन है।

हिन्दी की ध्वनि-व्यवस्था

सभी भाषाओं में अपनी-अपनी ध्वनि-व्यवस्था होती है। हिन्दी की ध्वनि-व्यवस्था के अन्तर्गत हिन्दी में पायी जाने वाली ध्वनियों, ध्वनियों के वर्गों एवं उनके वितरण का अध्ययन किया जाता है। सब जानते हैं कि 'ध्वनि' भाषा की सबसे छोटी इकाई है। ध्वनि से पद अथवा शब्द बनते हैं और पदों अथवा शब्दों से वाक्यों का निर्माण होता है। स्वतन्त्र रूप से अकेले ध्वनियों का अपना कोई अर्थ नहीं होता। लेकिन यह भी सत्य है कि बिना ध्वनियों के कोई पद अथवा वाक्य नहीं बन सकता। भाषाविज्ञान में 'ध्वनि' (स्वन) और उनसे निर्मित 'शब्द' के बीच में 'रूपिम' (मोर्फ़ीम) नामक इकाई भी होती है। ध्वनि (स्वन) भाषा की लघुत्तम इकाई है, तो 'रूपिम' भी भाषा की लघुतम 'अर्थवान' इकाई है। इसके अन्तर्गत मूल शब्द और उनके साथ जुड़े उपसर्ग तथा प्रत्यय सभी आ जाते हैं। ध्वनि-व्यवस्था के माध्यम से हम स्पष्ट ढंग से यह समझ सकते हैं कि कौन-कौनसी ध्वनियाँ मिलकर शब्दों अथवा रूपिम का निर्माण करती हैं।

हिन्दी ध्वनियों (स्वनिम) का वर्गीकरण

जैसाकि हम आरम्भ में ही कह आये हैं, हिन्दी में मुख्यत: दो प्रकार की ध्वनियाँ हैं–1. स्वर और 2. व्यंजन ध्वनियाँ। किसी-किसी ने हिन्दी में ध्वनि के तीन प्रकार माने हैं। तीसरा प्रकार है–अयोगवाह। आइए, इनका वर्गीकरण देखें। लेकिन पहले हम हिन्दी की इस वर्णमाला को देख लें, जो देवनागरी लिपि में है–

स्वर ध्वनियाँ :

अ आ (*ऑ) इ ई ए ऐ ओ औ

(ध्यान दें कि 'अ' को छोड़कर अन्य उपर्युक्त स्वर ध्वनियों को मात्राओं के माध्यम से भी व्यक्त किया जा सकता है। किन्तु यहाँ ध्वनि की बात हो रही है और मात्राओं का मामला लिपि से सम्बन्ध रखता है। मानक देवनागरी के लिए देखें आगे केन्द्रीय हिन्दी निदेशालय, भारत सरकार द्वारा प्रकाशित पुस्तिका, 'देवनागरी लिपि एवं हिन्दी वर्तनी का मानकीकरण', 2024)

व्यंजन ध्वनियाँ :

क् ख् ग् घ् ङ् (*क़ ख़ ग़)
च् छ् ज् झ् ञ् (*ज़)
ट् ठ् ड ढ ण् (#ड़ ढ़)
त् थ् द् ध् न्

प्   फ्   ब्   भ्   म्   (*फ़)
य्   र्   ल्   व्   श्   ष्   स्   ह्
(@ क्ष् त्र्   ज्ञ्)
(*= आगत ध्वनियाँ, # नयी ध्वनियाँ, @ = संयुक्त ध्वनियाँ)

इस प्रकार हम देखते हैं कि हिन्दी की ध्वनि-व्यवस्था में मूल स्वर ध्वनियाँ 11 हैं। देवनागरी लिपि की परम्परागत वर्णमाला में दिखाये गये स्वर उपर्युक्त के अतिरिक्त ये स्वर भी हैं–'ऋ, अं, अः'। परन्तु आधुनिक भाषाविज्ञान इन्हें हिन्दी के स्वरों में नहीं गिनता। इसके लिए यह तर्क दिया जाता है कि वर्तमान हिन्दी में 'ऋ' का उच्चारण 'रि' की तरह होता है; यथा–ऋषि = रिशि, ऋद्धि = रिद्धि, ऋतु = रितु। इसी तरह 'अं' एक अनुनासिक स्वर ध्वनि है, जो 'अँ' का प्रतिनिधित्व करती है। इसे अब ध्वनिगुण के रूप में जाना जाता है। इसी तरह विसर्ग 'अः' का उच्चारण 'ह' के रूप में किया जाता है। इसलिए यह भी स्वर ध्वनि में नहीं गिना जाता।

इसी तरह हिन्दी की व्यंजन ध्वनियों में 33 ही मूल व्यंजन ध्वनियाँ हैं। यदि इनमें फ़ारसी से आये पाँच व्यंजन और जोड़ दिये जायें–'क़्', 'ख़', 'ग़', 'ज़्' और 'फ़' तो यह ध्वनियाँ 33+05 = 38 हो जाती हैं। दो नयी ध्वनियाँ–'ड़' एवं 'ढ़' को और सम्मिलित कर लिया जाये तो व्यंजनों की कुल संख्या 33+05+02 = 40 हो जायेगी। देवनागरी की वर्णमाला में 'क्ष्', 'त्र्' और 'ज्ञ्' का समावेश और मिलता है, किन्तु माना जाता है कि ये स्वतन्त्र ध्वनियाँ नहीं हैं, बल्कि दो-दो ध्वनियों के योग से बनी हैं; यथा–क्+श = क्ष, त्+र = त्र और ग्+ञ = ज्ञ। इसलिए माना जाता है कि ये ध्वनियाँ नहीं हैं, अपितु 'संयुक्त व्यंजन' हैं। हिन्दी के वैयाकरण इनको 'संयुक्ताक्षर' और 'संयुक्त वर्ण' भी कहते हैं। तर्क यह दिया गया है कि 'क्ष' का उच्चारण अब 'छ' की तरह, और 'ज्ञ' का उच्चारण 'ग्य' की तरह होता है।

वस्तुतः हिन्दी की ध्वनियों में विविधता है। इन ध्वनियों का वर्गीकरण सहज नहीं है। अधिकांश वैयाकरण वर्गीकरण के लिए संस्कृत की ध्वनियों के वर्गीकरण का आधार ग्रहण करते हैं। हम हिन्दी की ध्वनियों के विस्तृत वर्गीकरण पर चर्चा आगे करेंगे।

हिन्दी ध्वनियों (स्वनिम) का परस्पर अन्तर

जैसाकि हमने पूर्व में कहा अन्य भाषाओं की तरह हिन्दी भाषा में भी स्वर तथा व्यंजन ये दो प्रकार की ध्वनियाँ हैं। ध्वनियों का यह विभाजन अत्यन्त प्राचीन

तथा प्रचलित है। आदि व्याकरणाचार्य **पतंजलि** ने अपने ग्रन्थ 'महाभाष्य' में स्वर और व्यंजनों के रूप में ध्वनियों के दो वर्गों का उल्लेख किया है। इनके अन्तर के सम्बन्ध में उनका कहना है–"स्वयं राजन्ते स्वराः। अन्वग् भवति व्यंजनम् इति।" (महाभाष्य, 1/2/29:30) अर्थात् स्वर ऐसी ध्वनियाँ हैं, जो स्वयं उच्चरित हो सकती हैं। जबकि व्यंजन ध्वनियों का उच्चारण स्वरों के बिना नहीं हो सकता। वे स्वरों को महत्त्वपूर्ण मानते हैं; व्यंजनों को गौण।

ब्लाक तथा ट्रेगर ने स्वर और व्यंजन को परिभाषित करते हुए कहा है कि जिन ध्वनियों के उच्चारण में, मुख में किसी प्रकार का अवरोध न हो, उन ध्वनियों को स्वर कहते हैं। ऐसे में फेफड़ों से आने वाला वायु-प्रवाह ओष्ठ तथा उसके आगे कहीं भी अवरुद्ध नहीं होता है। (ए वोवल इज़ साउंड फ़ॉर व्हूज़ प्रोडक्शन द ओरल पैसेज इज़ अनोब्स्ट्रक्टेड, सो दैट द एयर करेंट केन फ़्लो द लंग्स टु द लिप्स ऐंड बियोंड विदाउट बीइंग स्टॉप्ड।) जहाँ तक व्यंजन का सम्बन्ध है; यह ऐसी ध्वनियाँ हैं जिनको उत्पन्न करने में वायु-प्रवाह कण्ठ अथवा वायु मार्ग (स्वर यन्त्र) में पूर्णतः रुकावट होती है। (ए कोंसोनेंट कंवर्सली, इज़ ए साउंड फ़ॉर व्हूज़ प्रोडक्शन द एयर करेंट इज़ कम्प्लीटली स्टॉप्ड बाइ एन ओक्लुज़न ऑफ़ द लेरिंक्स ओर द ओरल पैसेज।)

ध्यान दें कि स्वर तथा व्यंजन में मुख्य रूप से यह अन्तर है–

1. स्वर ध्वनियों का उच्चारण अकेले सम्भव है, (किन्तु स्, ज् और श् व्यंजन इसके अपवाद हैं।)
2. स्वरों का उच्चारण हम लम्बे समय तक कर सकते हैं; जबकि व्यंजन में केवल संघर्षी व्यंजन ऐसे होते हैं।
3. ई तथा ऊ को छोड़कर सभी स्वरों के उच्चारण में वायु मुख-विवर में गूँजकर सीधे निकलती है; जबकि व्यंजन में अवरोध होता है अर्थात् रुकावट के साथ उच्चरित होते हैं।
4. प्रायः सभी स्वर ध्वनियाँ व्यंजन ध्वनियों की तुलना में अधिक मुखर होती हैं।
5. सभी स्वर आक्षरिक (सिलेबिक) होते हैं, जबकि व्यंजन अनाक्षरिक (नॉन सिलेबिक)।
6. ऑसिलोग्राफ़ से लहर सम्बन्धी प्रयोग किये जाने पर ज्ञात होता है कि स्वर-लहरें, व्यंजन से भिन्न होती हैं (हाँ, र् और म् दोनों के मध्य आने वाली ध्वनियाँ हैं।)

प्रसिद्ध भाषाविज्ञानी **स्वीट, डेनियल जोंस** इत्यादि ने स्वर तथा व्यंजन को इस प्रकार परिभाषित किया है–"स्वर वह घोष (कभी-कभी अघोष) ध्वनि है, जिसके उच्चारण में हवा मुख-विवर से अवाधि गति से निकलती है। व्यंजन वह ध्वनि है, जिसके उच्चारण में हवा मुख-विवर से अवाधि गति से नहीं निकल पाती। या तो हवा को पूरी तरह अवरुद्ध होकर आगे बढ़ना पड़ता है या संकीर्ण मार्ग से घर्षण खाते हुए निकलना होता है।"

भाषाविज्ञान के क्षेत्र में स्वन (अथवा स्वनिम) का अध्ययन **स्वनविज्ञान** कहलाता है। वर्तमान में यह अध्ययन-क्षेत्र अत्यन्त महत्त्वपूर्ण बन चुका है। इसके लिए ध्वनिशास्त्र, ध्वनिविज्ञान, स्वनिम विज्ञान और ध्वनिति जैसे नाम भी मिलते हैं। अंग्रेज़ी में इसके लिए 'फ़ोनेटिक्स' अथवा 'फ़ोनोलॉजी' शब्द का प्रयोग होता है।

स्वन के अध्ययन में आधार पक्ष तीन हैं–

1. उत्पादक
2. संवाहक
3. संग्राहक (प्राप्तकर्ता)

स्वन की यह प्रक्रिया संचार की प्रक्रिया की तरह ही है। जिसमें एक छोर पर वक्ता होता है, दूसरे सिरे पर सन्देश ग्रहणकर्ता और दोनों के बीच में अर्थ-तत्त्व (आधार) का माध्यम अथवा संवाहक ध्वनि-तत्त्व।

ध्वनि (स्वन) उत्पन्न करने वाले व्यक्ति (वक्ता) को 'स्वन' का उत्पादक कहा जाता है। दूसरे छोर पर ग्रहणकर्ता अथवा संग्राहक। संवाहक (माध्यम) इन दोनों के बीच में वायु तरंगों के रूप में होता है। स्वन-प्रक्रिया में ये तीनों महत्त्वपूर्ण हैं। इनमें से किसी एक के उपस्थित न होने पर स्वन-प्रक्रिया सम्भव नहीं है।

ध्वनि के प्राय: दो रूप माने गये हैं–सार्थक और निरर्थक। भाषाविज्ञान में सार्थक ध्वनियों का ही अध्ययन किया जाता है। ध्वनि के उत्पादन में वायु मुँह से एवं नासिका से निर्गत होती है। इस आधार पर ध्वनि के दो वर्ग होते हैं–एक, निरानुनासिक और दूसरा, अनुनासिक। निरानुनासिक ऐसी ध्वनियाँ हैं, जिनके उच्चारण में वायु केवल मुख-विवर से बाहर आती है। जबकि अनुनासिक ध्वनियों के उच्चारण में वायु मुख-विवर तथा नासिका-विवर दोनों से निकलती है।

ध्वनि की तीव्रता एवं मन्दता के आधार पर स्वन के तीन वर्ग हैं–**नाद, श्वास** तथा **जपित**।

ध्वनि-उत्पादन के समय स्वरतन्त्रियाँ एक-दूसरे से मिली होती हैं, और इस अवस्था में वायु इन्हें धक्का देकर (घर्षण करती हुई) दोनों के बीच से बाहर आती है, ऐसी ध्वनियाँ **सघोष** अथवा **नाद** कहलाती हैं।

ध्वनि उत्पादन में जब स्वरतन्त्रियाँ एक-दूसरे से दूर होती हैं तो नि:श्वास की वायु बिना घर्षण के बाहर निकलती है, ऐसी ध्वनियों को अघोष कहते हैं।

कुछ भाषा अध्येता यह भी मानते हैं कि जब ध्वनि बहुत मन्द होती है, तब वायु दोनों स्वरतन्त्रियों के किसी कोने से बाहर आती है, ऐसी ध्वनि को '**जपित**' कहा जाता है। लेकिन अब इसकी चर्चा हिन्दी की ध्वनियों में नहीं होती। प्राय: संस्कृत ध्वनियों में होती है।

वाग्यन्त्र (वोकल एपरेटस) और ध्वनि-उत्पादन की प्रक्रिया

मनुष्य के वाग्यन्त्र स्वन (अर्थात् ध्वनि) के उत्पादन में महत्त्वपूर्ण भूमिका का निर्वाह करते हैं। कह सकते हैं कि बिना वाग्यन्त्र के किसी भी ध्वनि का उच्चारण सम्भव नहीं है। शरीर के जिन अवयवों से ध्वनि का उत्पादन होता है, उनका समूह 'वाग्यन्त्र' कहलाता है। इस समूह में मुख्य अवयव हैं–श्वसनतन्त्र और पाचनतन्त्र के कई भाग। ध्वनियों के उच्चारण में श्वसन नलिका एवं भोजन नलिका का भी महत्त्व बहुत अधिक है। ये दोनों नलिकाएँ ऊपर तथा नीचे अलग-अलग अवश्य होती हैं; किन्तु कण्ठ-स्थल पर दोनों मिली हुई रहती हैं। भोजन नलिका का कार्य होता है मुख से भेजे गये भोजन को आमाशय की ओर पहुँचाना। कण्ठ के कुछ ऊपर तक भोजन मार्ग तथा ध्वनि उत्पादक नि:श्वास मार्ग एक ही होता है। कुछ दूर चलकर वे अलग-अलग हो जाते हैं। श्वास-नलिका नासिका से चलकर फेफड़ों तक जाती है। ध्वनि-उत्पादन की प्रक्रिया में श्वसन-मार्ग की भूमिका बहुत अहम है। ध्वनि उत्पादन के समय फेफड़े से चली वायु कभी मुख-मार्ग से बाहर की ओर निकलती है; कभी नासिका-मार्ग से। इस तरह विभिन्न ध्वनियों का उत्पादन सम्भव हो पाता है। ध्वनि-उत्पादन में मुख्य सहयोगी अंग नौ हैं–

1. स्वरयन्त्र (लेरिंस)
2. स्वरयन्त्र मुख आवरण (एपीग्लोटिस)
3. अलिजिह्वा (इवेला)
4. नासिका-विवर (नेज़ल केविटी)
5. तालु (पेलेट)

6. दाँत (टीथ)
7. जिह्वा (टंग)
8. ओष्ठ (लिप्स)
9. फेफड़े (लंग्स)।

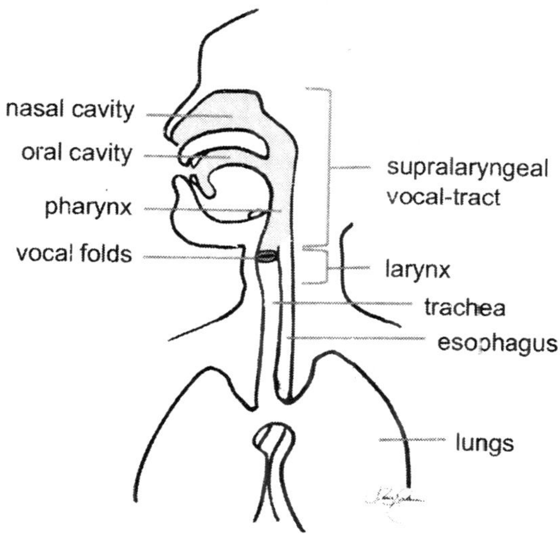

मत-मतान्तर

पीछे हमने हिन्दी की ध्वनियों (स्वनिम) के वर्गीकरण का एक प्रारूप दिया है, जिसमें स्वर और व्यंजन के रूप में 11 मूल ध्वनियाँ तथा 40 व्यंजन ध्वनियाँ दी गयी हैं। लेकिन गहन अध्ययनकर्ता उससे सहमत नहीं हैं। उनके अनुसार हिन्दी में कुल ध्वनियों की संख्या 59 है। इस दृष्टि से हम कह सकते हैं कि हिन्दी दुनिया की सर्वाधिक समृद्ध भाषाओं में से एक है। हमें यह देखकर आश्चर्य होता है कि विश्व की लगभग सभी भाषाओं में प्रचलित लगभग सभी ध्वनियाँ इसमें विद्यमान हैं। सभी ध्वनियों का लिप्यन्तर देवनागरी में सम्भव है।

कुछ अध्येताओं के अनुसार हिन्दी की ध्वनियों को तीन श्रेणियों में रखा जा सकता है।

(1) स्वर, (2) व्यंजन, (3) अयोगवाह ध्वनियाँ।

(1) स्वर-ध्वनियाँ

स्वर उस ध्वनि को कहते हैं जिसका उच्चारण बिना किसी अन्य ध्वनि की सहायता के होता है। हिन्दी भाषा में बारह स्वर हैं जिन्हें तीन वर्गों में विभाजित किया जा सकता है।

(अ) **मूल स्वर**

अर्थात् ये वे स्वर हैं, जो अविभाज्य हैं। जिनका विभाजन नहीं हो सकता। इनकी संख्या चार है–अ, इ, उ, ऋ,।

(ब) **दीर्घ स्वर**

अर्थात् वे स्वर जो एक ही मूल स्वर के दो बार जुडने से बनते हैं । इनकी संख्या भी चार हैं।

आ (अ+अ), ई (इ+इ), ऊ (उ+उ), ॠ (ऋ+ऋ)।

(स) **संयुक्त स्वर**

अर्थात् ऐसे दीर्घ स्वर जो अलग-अलग स्वरों से मिलकर बनते हैं। ये भी चार हैं–

ए (अ+इ), ऐ (अ+ए), ओ (अ+उ), औ (अ+ओ)।

(2) व्यंजन-ध्वनियाँ

व्यंजन ऐसी ध्वनियाँ हैं जिनके उच्चारण के लिए किसी अन्य ध्वनि (स्वर) की सहायता लेनी पड़ती है। स्वर के बिना व्यंजन पूर्ण नहीं होते। हिन्दी में ध्वनियों की संख्या 45 है। जिनका वर्गीकरण आगे किया जा रहा है।

(3) अयोगवाह ध्वनियाँ

यह संस्कृत और हिन्दी की विशिष्ट ध्वनियाँ हैं। जो विश्व की कम ही भाषाओं में मिलती हैं। ये वे ध्वनियाँ हैं जो न स्वर हैं और न ही व्यंजन। ये स्वर इसलिए नहीं हैं कि इनकी स्वतन्त्र गति नहीं है और व्यंजन इसलिए नहीं हैं कि ये स्वरों से पहले नहीं आते, बल्कि स्वरों के बाद में आते हैं। ऐसी तीन ध्वनियाँ है, जिनको 'अयोगवाह' कहा जाता है।

(अ) अनुस्वार (ं), (ब) अनुनासिक (ँ), (स) विसर्ग (:)

(अ) अनुस्वार (ं)

अनुस्वार के उच्चारण में वायु नाक से निकलती है। अतः अनुस्वार को एक नासिक्य व्यंजन-ध्वनि माना गया है। अनुस्वार का अर्थ है–अनु+स्वर। 'अनु'= पीछे। अर्थात् वे नासिक्य ध्वनियाँ जो स्वर के उच्चारण के बाद आती हैं; जैसे–चंगा = चङ्गा, गंगा (गङ्गा), चंबल > चम्बल।

अनुस्वार के चिह्न के प्रयोग के बाद आने वाला वर्ण व्यंजनों के जिस वर्ग से सम्बन्धित होता है, अनुस्वार उसी वर्ग के पंचम वर्ण के लिए प्रयुक्त होता है। अर्थात् अनुस्वार पंचम वर्ण अर्थात् ङ्, ञ्, ण्, न्, म् के बाद में आता है। कहा जा सकता है कि अनुस्वार अपने से बाद में आने वाले व्यंजन के वर्ग का ही पाँचवाँ व्यंजन होता है; यथा–मंगल > मङ्ल, चंचल > चञ्चल, कंपन > कम्पन, लंबा > लम्बा, गंगा > गङ्गा, चंदा > चन्दा, गंज > गञ्ज, पुंगव > पुङ्व । इसलिए अनुस्वार को व्यंजन माना गया है।

(ब) अनुनासिक (ँ)

यह वह नासिक्य ध्वनि है, जो स्वर के साथ जोड़कर बोली जाती है। इसके उच्चारण में वायु मुँह से अधिक और नाक से कम बाहर आती है। इसका चिह्न – ँ है, जो शिरोरेखा के ऊपर लगता है। इसके संकेत के रूप में अ, आ के साथ चन्द्रबिन्दु तथा 'ए' एवं 'ओ' की मात्रा के साथ बिन्दु का प्रयोग किया जाता है; यथा–माँ, आँख, साँस, हँसना, गाँव।

उल्लेखनीय है कि जब शिरोरेखा के ऊपर स्वर की मात्रा लगी हो तब सुविधा के लिए चंन्द्रबिन्दु (ँ) के स्थान पर बिन्दु (ं) का प्रयोग भी कर लेते हैं; यथा–मैं, रंग, कंगन, बिन्दु।

(स) विसर्ग (ः)

यह वह ध्वनि है, जिसका उच्चारण तत्सम शब्दों में स्वर के बाद 'ह' रूप में होता है; जैसे–अतः, दुःख, मूलतः, प्रसंगतः, प्रधानतः।

यहाँ यह ध्यान रखना आवश्यक है कि वर्णमाला में **अनुस्वार** की गणना मूल रूप से **व्यंजन** में की जाती है। इस प्रकार अयोगवाह ध्वनियाँ दो ही बचती हैं–अनुनासिक और विसर्ग। अनुस्वार तथा अनुनासिक ध्वनियों के प्रयोग में यह सावधानी रखनी चाहिए कि यदि अनुनासिक के स्थान पर अनुस्वार का प्रयोग कर दिया जायेगा तो बहुत से शब्दों के अर्थ बदल जाते हैं; यथा–हँस और हंस। (हँस = हँसना, हंस = एक पक्षी विशेष)

हिन्दी की ध्वनियों का वर्गीकरण

हम अपने वाग्यन्त्रों से विभिन्न ध्वनियों का उत्पादन करते हैं। यह ध्वनि-उत्पादन की प्रक्रिया तथा उसकी गुणवत्ता वाग्यन्त्रों की बनावट, अनुकूलता एवं अभ्यास पर निर्भर करती है। भाव एवं विचारों की सफलतापूर्वक अभिव्यक्ति में अनेकानेक ध्वनियों की भूमिका रहती है। इन ध्वनियों की विविधता के कारण तथा उन्हें व्यवस्थित करने के लिए उनका वर्गीकरण किया जाता है।

(1) हिन्दी के स्वरों का वर्गीकरण :

स्वरों के वर्गीकरण के मुख्य रूप से चार आधार हैं–

(1) मात्रा।

(2) जिह्वा की ऊँचाई।

(3) जिह्वा की स्थिति।

(4) होंठों की स्थिति अथवा आकृति।

1. मात्रा के आधार पर

अलग-अलग स्वरों के उच्चारण में अलग-अलग समय लगता है। स्वर ध्वनियों के उच्चारण में लगने वाले समय को 'मात्रा' कहा जाता है। इस आधार पर हिन्दी के स्वरों के दो वर्ग हैं–

1. **ह्रस्व स्वर**–जिन स्वरों के उच्चारण में अपेक्षाकृत कम समय (एक मात्रा का समय) लगता है, वे 'ह्रस्व' स्वर कहलाते हैं। यथा–'अ', 'इ' और 'उ' ।
2. **दीर्घ स्वर**–जिन स्वरों के उच्चारण में ह्रस्व की अपेक्षा अधिक समय (दो मात्राओं का समय) लगता है; वे 'दीर्घ' कहलाते हैं; यथा–'आ', 'ई' और 'ऊ', 'ए', 'ओ' और 'औ'।

नोट : स्वरों की मात्रा के आधार पर उच्चारण से अर्थ-भेद हो जाता है; जैसे–'कम' और 'काम' अथवा 'नम' और 'नाम', 'दिन' और 'दीन' का उच्चारण कर के देखें। सभी के अर्थ अलग-अलग हैं।

2. जिह्वा की ऊँचाई के आधार पर

स्वरों के उच्चारण में जिह्वा कितनी ऊपर उठती है? और मुख-विवर कितना खुलता है? इस आधार पर स्वरों के चार वर्ग हैं–

(1) **विवृत**–जिन स्वरों के उच्चारण में जिह्वा पूरी तरह नीचे होती है और मुख-विवर पूरा खुला रहता है; वे स्वर 'विवृत' कहे जाते हैं; यथा–'आ'।

(2) **अर्ध विवृत**–जिन स्वरों के उच्चारण में जिह्वा थोड़ी ऊपर रहती है तथा मुख-विवर के ऊपरी भाग के बीच में विवृत की तुलना में कम दूरी रहती है, अर्थात् मुख-विवर लगभग पूरा खुला रहता है, वे स्वर 'अर्ध विवृत' कहे जाते हैं। यथा–'अ', 'ऐ' तथा 'ओ'।

(3) **संवृत**–जब मुख-विवर अत्यन्त सँकरा हो और जीभ बहुत ऊपर उठी हो। इनके उच्चारण में वायु संकरित होकर मुख–विवर से बिना किसी रुकावट के बाहर निकलती है अथवा अत्यन्त चंचल हो, वे स्वर 'संवृत' कहलाते हैं। जैसे–'इ', 'ई', 'उ' तथा 'ऊ'।

(4) **अर्ध संवृत**–जिन स्वरों के उच्चारण में मुख-विवर सामान्य सँकरा हो तथा जीभ लगभग दो तिहाई उठी हुई हो; उन स्वरों को अर्ध संवृत कहते हैं; यथा–'ए', 'ओ'।

3. उच्चारण के समय जिह्वा का कौन सा भाग क्रियाशील होता है? अथवा जिह्वा की स्थिति के आधार पर

(1) अग्र स्वर–जिन स्वरों का उच्चारण जीभ के अग्र भाग की सहायता से होता है, वे अग्र स्वर हैं; जैसे–'इ', 'ई', 'ए', 'ऐ'।

(2) मध्य स्वर–जिन स्वरों का उच्चारण जीभ के मध्य भाग की सहायता से होता है, वे मध्य स्वर हैं। इनको केन्द्रीय स्वर भी कहा जाता है; यथा–'अ'।

(3) पश्च स्वर–जिन स्वरों का उच्चारण जीभ के पिछले हिस्से की सहायता से होता है, वे पश्च स्वर हैं; जैसे–'आ', 'उ', 'ऊ', 'ओ', 'औ'।

4. होठों की स्थिति अथवा आकृति के आधार पर

(1) **गोलीय (वृत्ताकार अथवा वर्तुल)**–जिन स्वरों के उच्चारण में होंठ गोलाकार हो जाते हैं; उनको गोलीय कहा जाता है; जैसे–'उ', 'ऊ', 'ओ', 'औ' और 'ऑ' गोलीय स्वर हैं।

(2) **अगोलीय (प्रसृत)**–वे स्वर जिनके उच्चारण में होंठ गोलाकार नहीं होते, बाल्कि अपने स्वाभाविक आकार में रहते हैं, वे अगोलीय (अथवा प्रसृत) कहे जाते हैं; यथा–'अ', 'आ', 'इ', 'ई', 'ए' और 'ऐ' ।

नोट : कुछ भाषाविदों ने दो और प्रकार बताये हैं–'उदासीन' तथा 'अर्धगोलीय'। लेकिन प्रचलन में 'गोलीय' और 'अगोलीय' वर्ग ही हैं।

हिन्दी स्वरों के वर्गीकरण के कुछ और आधार

हिन्दी स्वरों को निम्नलिखित आधारों पर भी वर्गीकृत किया जा सकता है–

1. **जिह्वा का कौन सा भाग करण का कार्य करता है? इस आधार पर।**

   'करण' क्या है? मुख-विवर में स्थित उन वागेन्द्रियों को 'करण' कहते हैं, जो सक्रिय रहकर ध्वनियों के उच्चारण में सहयोग करती हैं। 'स्थान' तथा 'करण' में यह अन्तर है कि ध्वनियों के उच्चारण के समय 'स्थान' तो स्थिर रहते हैं, जबकि 'करण' गतिशील। इस तरह अधरोष्ठ, जिह्वा, कोमल तालु तथा स्वर-तन्त्री को 'करण' कहा जाता है।

   जिनके उच्चारण के समय फेफड़ों से आने वाली निःश्वास वायु से मुख-विवर के विभिन्न रूपों के कारण विभिन्न ध्वनियों का उच्चारण होता है। स्वर-उच्चारण के समय जीभ का अग्र, मध्य अथवा पश्च भाग उठकर उच्चारण में सहायता करता है। इस आधार पर हिन्दी के स्वरों का सामान्य वर्गीकरण इस रूप में किया जाता है–

   (1) **अग्र स्वर–**इ, ई, ए, ऐ।

   (2) **मध्य स्वर–**अ

   (3) **पश्च स्वर–**उ, ऊ, ओ, औ।

2. **जिह्वा का कौन सा भाग कितना उठता है के आधार पर**। स्वरों की उच्चारण-प्रक्रिया में जीभ के अत्यन्त अधिक रूप से उठने के कारण, मुख की खुलने वाली स्थिति के अनुसार स्वरों को वर्गीकृत किया जा सकता है। इस आधार पर इनके चार वर्ग हैं–

   (1) **विवृत–**जब मुख-विवर पूरा खुला हो तथा जीभ निष्क्रिय रहे–आ, ऑ।

   (2) **अर्ध विवृत–**जब मुख-विवर लगभग पूरा खुला हो और जीभ का एक तिहाई भाग उठा हुआ रहे–ऐ, औ।

   (3) **संवृत–**जब मुख-विवर अत्यन्त सँकरा हो और जीभ बहुत ऊपर उठी हो–इ, ई, उ, ऊ।

   (4) **अर्ध संवृत–**जब मुख-विवर सँकरा हो और जीभ दो तिहाई उठी हुई हो–ए, ओ।

3. **ओष्ठों की स्थिति के आधार पर**। ध्वनि-उच्चारण में ओष्ठों की महत्त्वपूर्ण भूमिका होती है। निःश्वास का आन्तरिक नियन्त्रण जीभ द्वारा होता है, जबकि उसका बाह्य नियन्त्रण ओठों द्वारा। उच्चारण के समय ओष्ठों की स्थिति के अनुसार हम स्वरों का वर्गीकरण इस प्रकार कर सकते हैं–

   (1) **वृत्ताकार**–इन स्वर ध्वनियों के उच्चारण में दोनों ओष्ठ अत्यधिक और वृत्ताकार खुलते हैं। इस तरह के स्वर हैं–उ, ऊ, ओ, औ ।

   (2) **अवृत्ताकार**–इस तरह के स्वरों के उच्चारण में दोनों ओठ सामान्यतः कम खुलते हैं और वृत्त नहीं बनाते। ऐसी स्वर-ध्वनियाँ हैं–इ, ई, ए, ऐ।

   (3) **उदासीन**–ऐसा स्वर है, जिसमें ओष्ठ खुलकर लगभग उदासीन रहते हैं। अ स्वर इसी वर्ग में आता है।

4. **मात्रा के अनुसार** स्वरों का वर्गीकरण इस प्रकार है–स्वर-ध्वनियों के उच्चारण में लगने वाले समय को 'मात्रा' कहा जाता है। इस दृष्टि से संस्कृत में ह्रस्व, दीर्घ और प्लुत् स्वर तीन वर्गों में रखे गये हैं। हिन्दी में इनकी संख्या तीन है–ह्रस्व 'अ', 'इ' और 'उ'। दीर्घ–'आ', 'ई' तथा 'ऊ' ।

5. **कोमल तालु एवं अलिजिह्वा की स्थिति के आधार पर**। हमारे ये दोनों अंग कई स्वरों के उच्चारण के समय नासिका-विवर से निःश्वास का प्रवाह रोक देते हैं। हम केवल मुख से प्राणवायु निकालते हैं। इस प्रकार के स्वर 'मौखिक' होते हैं। ये दोनों ही अंग कुछ स्वरों के उच्चारण में मध्य स्थिति में रहते हैं। जिससे प्राणवायु मुख तथा नासिका-विवर दोनों से निकलती है। ऐसी ध्वनि को 'अनुनासिक' कहते हैं। इस दृष्टि से स्वरों के दो वर्ग निर्मित होते हैं–(क) मौखिक, (ख) अनुनासिक।

(1) **मौखिक स्वर**–अ, आ, इ, ई, ए.. आदि सभी स्वर।

(2) **अनुनासिक स्वर**–ऑ, एँ

अनुनासिक ध्वनियाँ दो प्रकार की हैं–

पूर्ण अनुनासिक–जिसे अनुनासिक चिह्न द्वारा लिपिबध्द किया जाता है; यथा–हाँ > आँ, एँ।

आंशिक (अपूर्ण) अनुनासिक–स्वरों की आंशिक अनुनासिकता नासिक्य व्यंजनों पर आधृत होती है। नासिक्य व्यंजन के पूर्व का स्वर उच्चारण के समय आंशिक अनुनासिक हो जाता है; यथा–राम > राँम् > र् आँ म्।

6. **स्वर-तन्त्रियों की स्थिति के आधार पर**। स्वरों के उच्चारण में विविधता होती है। इसका कारण है स्वर-तन्त्रियों की स्थिति में अन्तर। कुछ भाषाविदों के अनुसार प्राय: हिन्दी ध्वनियाँ मूलत: 'घोष' हैं। विशेष प्रयोग-स्थिति में कई स्वर-ध्वनियाँ 'अघोष' होती हैं। अत:–
   (1) **घोष (/सघोष) स्वर** ध्वनियाँ वे हैं जिनके उच्चारण में स्वर-तन्त्रियाँ पास आ जाती हैं जिसके कारण प्राणवायु घर्षण के साथ बाहर आती है। सभी स्वर प्राय: घोष होते हैं।
   (2) **अघोष स्वर** ध्वनियाँ वे हैं जिनके उच्चारण के समय स्वर-तन्त्रियों के एक-दूसरे से दूर हो जाने के कारण प्राणवायु बिना घर्षण के ही सरलता से बाहर आती है। हिन्दी की कई बोलियों में इस तरह के स्वर मिलते हैं; यथा–इ, उ, ए विशिष्ट ध्वनियाँ।
7. **संयुक्त के आधार पर**। स्वरों के एक स्थान तथा एक से अधिक स्थानों के उच्चारण को ध्यान में रखकर इनके दो वर्ग हैं–
   (1) **मूल स्वर**–जिनके उच्चारण के समय जिह्वा एक स्थान पर रहती है; यथा–अ, आ, इ, ई आदि।
   (2) **संयुक्त स्वर**–जिनके उच्चारण के समय एक स्वर उच्चारण स्थान से दूसरे उच्चारण स्थान पर पहुँच जाती है; यथा–ए > एइ, ओ > ओउ, ऐ > अए, औ > अऔ।

हिंन्दी स्वरों के सामान्य वर्गीकरण को इस रेखाचित्र से समझा जा सकता है–

	अग्र	मध्य	पश्च
सर्वोच्च	ई		ऊ
उच्च	इ		उ
निम्नतम उच्च	ए		ओ
उच्चतर मध्य	ऐ		औ
निम्नतर मध्य		अ	
निम्न		आ	

हिन्दी की व्यंजन-ध्वनियों का वर्गीकरण :

हिन्दी की व्यंजन ध्वनियों का वर्गीकरण कई आधारों पर किया गया है। इनमें मुख्य आधार हैं–

(1) उच्चारण स्थान (प्लेस ऑफ़ आर्टीकुलेशन) का आधार।

(2) उच्चारण प्रयत्न (मैनर ऑफ़ आर्टीकुलेशन) का आधार (जिसके तीन उप-आधार हैं–आन्तरिक, बाह्य और करण)।

(1) उच्चारण स्थान के आधार पर

ध्वनि के उत्पादन में कई उच्चारण 'स्थानों' की भूमिका होती है। ध्वनि-उत्पादक अंग को 'स्थान' कहा जाता है। ध्वनि-उत्पत्ति की प्रक्रिया में निःश्वास की वायु जिस ध्वनि-उत्पादक अंग पर बाधित हो जाये अथवा बदल जाये (विकृत हो जाये), उसे 'स्थान' कहते हैं। फेफड़ों से चली वायु स्वरयन्त्र से होती हुई ओष्ठ तक विभिन्न बाधक 'स्थानों' को पार करती हुई बाहर तक आती है। इस प्रक्रिया में निःश्वास की वायु प्रायः निम्नांकित स्थानों पर बाधित होती है। इसके आधार पर व्यंजन-ध्वनियों का वर्गीकरण निम्नवत् है–

(1) **काकल्य–**'काकल' स्वर-यन्त्र का ऊपरी हिस्सा है। यह दो झिल्लियों से बना हुआ होता है। स्वर-यन्त्र मुख जब खुला हुआ रहता है, निःश्वास की वायु तीव्रता के साथ बाहर आती है। इस तरह की ध्वनि को 'काकल्य' कहते हैं। हिन्दी में 'ह्' ध्वनि 'काकल्य' व्यंजन-ध्वनि है। विसर्ग (अः) भी काकल्य है।

(2) **कंठ्य–**ये व्यंजन सीधे कण्ठ से ही निकलते हैं। कण्ठ-मार्ग जब निःश्वास की वायु कण्ठ तक आते समय कुछ समय तक के लिए बाधित हो और वह जिह्वा पश्च कोमल तालु को छूती हुई बाहर निकले, उसे कण्ठ-ध्वनि (अथवा कण्ठ्य) कहते हैं। हिन्दी की 'क', 'ख', 'ग', 'घ' और 'ङ' व्यंजन-ध्वनियाँ 'कंठ्य' हैं।

(3) **तालव्य–**तालु मुख-विवर का ऊपर का भाग है। इन ध्वनियों के उच्चारण में निःश्वास की वायु तालु तक आकर बाधित हो जाये और जिह्वा के अग्र भाग द्वारा कठोर तालु के स्पर्श के बाद बाहर निकलती है। अतः उन्हें 'तालव्य' ध्वनि कहते हैं। हिन्दी की 'च', 'छ', 'ज', 'झ', 'ञ', 'य' तथा 'श' ध्वनियाँ 'तालव्य' हैं।

(4) **मूर्धन्य–**तालु का सबसे ऊँचा भाग मूर्धा है। जब निःश्वास की वायु मूर्धा तक आकर बाधित हो जाये तथा जिह्वा नोक के मूर्धा के स्पर्श के बाद बाहर निकलती है, इस स्थिति में जिन ध्वनियों का उच्चारण होता है, वे 'मूर्धन्य' कहलाती हैं; यथा–'ट', 'ठ', 'ड', 'ढ', 'ण', 'ड़' और 'ढ़'।

(5) **वर्त्स्य**–दन्त-पंक्ति के ऊपर का भाग वर्त्स कहलाता है। जब नि:श्वास वायु वर्त्स तक पहुँचकर कुछ देर के लिए अवरुद्ध हो जाये और जिह्वा नोक द्वारा वर्त्स के स्पर्श के बाद बाहर आती है; ऐसी स्थिति में जिन ध्वनियों का उच्चारण होता है, वे 'वर्त्स्य' ध्वनियाँ हैं; यथा–न, ल, र ऐसी ही व्यंजन-ध्वनियाँ हैं।

(6) **दंत्य**–नि:श्वास की वायु जब दाँतों तक आकर बाधित होती है और जिह्वा नोक ऊपरवाली दन्त-पंक्ति का स्पर्श करती हुई बाहर निकलती है; वे 'दंत्य' ध्वनियाँ हैं। जैसे–'त', 'थ', 'द' , 'ध', 'न', 'स'।

(7) **दन्तोष्ठ्य**–मुख का बाह्य अंग ओष्ठ-ध्वनि की उत्पत्ति में विशेष भूमिका का निर्वहन करता है। यह दो तरह से सहयोग करता है–एक तो, जब दोनों ओष्ठ एक-दूसरे का स्पर्श करते हैं तब नि:श्वास की वायु ओष्ठ तक पहुँचकर क्षण भर के लिए बाधित होती है तब बाहर आती है। ऐसी ध्वनियों को **'द्वयोष्ठ्य'** कहते हैं। दूसरे तब, जब नि:श्वास की वायु ओष्ठ तक पहुँचकरकर क्षण भर के लिए रुकती है और नीचे का ओठ ऊपर की दन्तपंक्ति का स्पर्श करती हुई बाहर आये। ये ध्वनियाँ **'दन्तोष्ठ्य'** कहलाती हैं; यथा–हिन्दी की 'प', 'फ', 'ब', 'भ', 'म' और 'व' **'द्वयोष्ठ्य'** व्यंजन-ध्वनियाँ हैं। हिन्दी में फ़ारसी की 'फ़' ध्वनि को स्वीकार कर लें; तो यह एकमात्र **'दन्तोष्ठ्य'** व्यंजन-ध्वनि है।

2. उच्चारण-प्रयत्न के आधार पर

शब्दों के उच्चारण में सम्बन्धित उच्चारण-स्थान द्वारा जो प्रयास किया जाता है, उसे उच्चारण-प्रयत्न कहा जाता है। ध्वनि के उत्पादन में फेफड़ों से निकलकर आती हुई नि:श्वास की वायु विभिन्न स्थानों का स्पर्श करती है और क्षणिक रूप में अवरुद्ध होती हुई बाहर आती है। वायु के अवरुद्ध होने, रुकावट आने अथवा बाधित होने या उसमें विकार (बदलाव) आने में जो प्रक्रिया सहयोगी की भूमिका का निर्वाह करती है, उसे 'प्रयत्न' कहा जाता है। फेफड़ों से निकली नि:श्वास वायु मुख-विवर तक पहुँचने से पहले कहीं भी अवरुद्ध होकर ध्वनि उत्पादन की प्रक्रिया का हिस्सा बन सकती है। इस तरह से देखें तो ध्वनि-उत्पादन में 'प्रयत्न' भी मुख-विवर के अन्तर्गत अथवा पहले भी हो सकता है। इस तरह हम इनको दो श्रेणियों में रख सकते हैं–

1. अभ्यन्तर प्रयत्न
2. बाह्य प्रयत्न।

नोट : किसी-किसी ने एक प्रयत्न और माना है–'**करण**' **प्रयत्न**। मुख्य प्रयत्न दो ही हैं।

1. **अभ्यन्तर प्रयत्न**–ओष्ठ से लेकर कण्ठ तक के हिस्से को मुख-विवर कहते हैं। ध्वनि-उत्पादन के समय मुख-विवर के अन्तर्गत जो प्रयत्न किये जाते हैं, उनको अभ्यन्तर-प्रयत्न कहा जाता है। तदनुसार व्यंजनों के वर्ग इस प्रकार हैं–

   1. **स्पर्शी**–जिनके उच्चारण में मुख के दो भिन्न अंगों–दोनों ओष्ठ; नीचे का ओष्ठ और ऊपर के दाँत, जिह्वा की नोक तथा दाँत इत्यादि एक-दूसरे से स्पर्श कर रहे हों, और प्राणवायु उनको स्पर्श करती हुई बाहर निकले, तो इनको स्पर्शी व्यंजन कहते हैं; यथा–क्, द्, त् तथा प् वर्गों की प्रथम चार ध्वनियाँ स्पर्शी हैं।
   2. **संघर्षी**–जिन ध्वनियों के उच्चारण में मुख के ही दो अवयव एक-दूसरे के पास आ जाते हैं और वायु निकलने का मार्ग सँकरा हो जाता है। ऐसी स्थिति में वायु रगड़कर (संघर्ष करके) निकलती है। ऐसी ध्वनियाँ संघर्षी कहलाती हैं; यथा–क़्, ख़्, ग़्, ज़्, फ़्, श्, ष् ,स् ।
   3. **स्पर्श संघर्षी**–ये वे ध्वनियाँ हैं, जिनके उच्चारण में पहले स्पर्श फिर घर्षण की स्थिति हो; यथा–च्, छ्, ज्, झ्।
   4. **नासिक्य**–इन ध्वनियों के उच्चारण में दाँत, ओष्ठ, जिह्वा आदि के स्पर्श के साथ प्राणवायु नासिका मार्ग से बाहर आती है; यथा–पाँचों वर्गों की पाँचवीं ध्वनियाँ अर्थात् ङ, ण, न्, म्।
   5. **पार्श्विक**-जिन व्यंजन ध्वनियों के उच्चारण में मुख के बीच में दो अंगों के मिलने से वायु मार्ग में रुकावट आ जाती है और तब जिह्वा के एक अथवा दोनों ओर से वायु बाहर निकलती है, वे पार्श्विक व्यंजन कहलाते हैं; यथा–ल् ध्वनि।
   6. **लुण्ठित**–जिन ध्वनियों के उच्चारण में जिह्वा लपेट खाती है, वे लुण्ठित कही जाती हैं। ल् ऐसी ही व्यंजन-ध्वनि है।
   7. **उत्क्षिप्त**–ऐसी ध्वनियाँ जिनके उच्चारण के समय जिह्वा की नोक झटके से तालु को छूकर वापस आ जाती है; उत्क्षिप्त कहलाती हैं; यथा–ड़, ढ़।

8. **अर्ध स्वर**–जिन व्यंजन ध्वनियों के उच्चारण की प्रकृति स्वर एवं व्यंजन के मध्य होती है, वे अर्ध स्वर कहलाते हैं। इनका उच्चारण स्वर की भाँति ही शुरू होता है, किन्तु वह व्यंजन के समीप होता है। स्वरों के समान इनकी 'मात्रा' भी नहीं होती। इसलिए ये व्यंजनों में आते हैं; यथा–य्, व्।

2. बाह्य प्रयत्न

जब ध्वनि-उत्पादन मुख-विवर के बाहर अर्थात् पूर्व अलिजिह्वा के मध्य से होता है, तब वह बाह्य प्रयत्न कहलाता है। इसका आधार मुख-विवर है, इसलिए इसे बाह्य प्रयत्न की संज्ञा दी गयी है। बाह्य प्रयत्न के अनेक मार्ग हैं। इन मार्गों के आधार पर व्यंजनों के निम्नांकित वर्ग हैं–

(1) **स्वर-तन्त्रियों के आधार पर।** स्वर-तन्त्रियों के आधार पर व्यंजन-ध्वनियों के दो वर्ग हैं–

1. **सघोष**–जिन व्यंजनों के उच्चारण में स्वर-तन्त्रियाँ एक-दूसरे के निकट आ जाती हैं तथा निःश्वास वायु निकलते समय उसमें कम्पन होता है। प्रत्येक वर्ग की अन्तिम तीन (अर्थात् तीसरी, चौथी और पाँचवीं) ध्वनियाँ सघोष हैं; यथा–ग्, घ्, ङ्, ज्, झ्, ञ्।
2. **अघोष**–जिन व्यंजन-ध्वनियों के उच्चारण के समय स्वर-तन्त्रियों में कम्पन नहीं होता। प्रत्येक वर्ग की प्रथम दो (अर्थात् पहली और दूसरी) ध्वनियाँ अघोष हैं; यथा–क्, ख्, च्, छ् आदि।

(2) **जिन व्यंजनों के** उच्चारण में स्वर-यन्त्रमुख का प्रयोग होता है, स्वर-यन्त्रमुखी कहलाते हैं; यथा–ह्।

(3) **जिह्वामूलीय**–जिनका उच्चारण जिह्वा के मूल भाग से होता है; जिह्वामूलीय व्यंजन हैं; यथा–क़्, ख़्, ग़्।

(4) **कण्ठ्य**–जिन ध्वनियों का उच्चारण कण्ठ से होता है, और जिह्वा का पश्च भाग कोमल तालु का स्पर्श करता है; वे कण्ठ्य कहे जाते हैं; यथा–क्, ख्, ग्, घ्. ङ।

(5) **तालव्य**–जिन व्यंजन स्वरों का उच्चारण जिह्वा के अग्रभाग (नोक) द्वारा

कठोर तालु के स्पर्श से होता है; वे तालव्य वर्ग में आते हैं। ये हैं–च्, छ्, ज्, > श्।

(6) मूर्धन्य–मूर्धन्य ऐसे व्यंजन हैं जिनके उच्चारण में जिह्वा मूर्धा का स्पर्श करती है; यथा–ट्, ठ्, ड़, ढ, ण, ष्।

(7) वर्त्स्य–ये ऐसे व्यंजन हैं जिनका उच्चारण जिह्वा के द्वारा वर्त्स्य (ऊपर वाले मसूड़े) के स्पर्श से होता है; यथा–न्, ल्, र्।

(8) दंत्य–जिन व्यंजन-ध्वनियों का उच्चारण जिह्वा की नोक की ऊपरी दन्त-पंक्ति के स्पर्श से होता है; वे दंत्य हैं; यथा–त्, थ्, द्, ध्, न्, ल्, स्।

(9) ओष्ठ्य–इन व्यंजन-ध्वनियों के उच्चारण में दोनें होंठ मिल जाते हैं; यथा–प्, फ्, ब्, भ्, म्।

(3) प्राणत्व के आधार पर। प्राण अर्थात् वायु के निर्गमन के आधार पर व्यंजनों के दो वर्ग हैं–

1. **अल्पप्राण**–जिनके उच्चारण के समय सीमित वायु बाहर निकलती है, वे अल्पप्राण की श्रेणी में आते हैं। प्रत्येक वर्ग की प्रथम, तृतीय एवं पंचम व्यंजन-ध्वनियाँ अल्प प्राण होती हैं। ये ह्–रहित होती हैं; यथा–क्, ग्, ड़, ज्, च्, ञ।
2. **महाप्राण**–ये ऐसी व्यंजन ध्वनियाँ हैं, जिनके उच्चारण में अपेक्षाकृत अधिक वायु निर्गत होती है। ये ध्वनियाँ ह् -युक्त होती हैं। प्रत्येक वर्ग की द्वितीय, चतुर्थ ध्वनियाँ महाप्राण हैं। यथा–ख्, घ्, छ्, झ्, ठ् और ढ़ आदि।

(4) **अनुनासिकता के आधार पर**। मुख तथा नासिका-मार्ग से निकलने वाली निःश्वास वायु के आधार पर व्यंजन-ध्वनियों के दो वर्ग हैं–

1. **मौखिक**–जिनके उच्चारण में प्राणवायु मुख-मार्ग से निकलती है, वे मौखिक की श्रेणी में आते हैं; यथा–क्, च्, ट्, त् आदि।
2. **अनुनासिक**–वे व्यंजन जिनके उच्चारण में निःश्वास वायु प्रायः नासिका-विवर से होकर निकलती है, अनुनासिक हैं; यथा–ङ्, ञ्, ण्, न् , म्।

हिन्दी व्यंजन-ध्वनियों के वर्गीकरण को इस रेखाचित्र से समझ सकते हैं–

स्थान/ प्रयत्न	स्वर-यन्त्र /मुख	कण्ठ्य	तालव्य	मूर्द्धन्य	दंत्य	वर्त्स्य	दन्तोष्ठ	द्वयोष्ठ्य
स्पर्श		क् ख् ग् घ्		ट् ठ् ड् ढ्	त् थ् द् ध्			प् फ् ब् भ्
स्पर्श			च् छ्					
संघर्षी			ज् झ्					
नासिक्य		ङ्	ञ्	ण्	न्	न्		म्
पार्श्विक						ल्		
प्रकम्पी					र्			
उत्क्षिप्त				ड़ ढ़				
संघर्षी	ह्	ख़ ग़	श्		स्	स् ज्	व् फ्	
अर्ध स्वर			य्					व्

परिशिष्ट
हिन्दी की मानक देवनागरी वर्णमाला

केन्द्रीय हिन्दी निदेशालय (भारत सरकार) द्वारा हिन्दी की मानक देवनागरी वर्णमाला तैयार की गयी थी। इसको तैयार करने के लिए हिन्दी, भाषाविज्ञान और संस्कृत के विद्वानों को विशेषज्ञ के रूप में आमन्त्रित किया गया था। कई बैठकों के पश्चात् हिन्दी की मानक देवनागरी वर्णमाला तैयार की गयी है। उद्देश्य यह है कि हिन्दी में जो भी लेखन-प्रकाशन हो, उसमें सर्वत्र इसी वर्णमाला का प्रयोग होना चाहिए। इससे सर्वत्र लेखन में एकरूपता रहेगी। (केन्द्रीय हिन्दी निदेशालय और केन्द्रीय गृह मन्त्रालय (राजभाषा विभाग) की वेबसाइट पर भी यह मानक वर्णमाला तथा इसके प्रयोग के लिए मानक पीडीएफ़ फ़ाइल में उपलब्ध हैं।)

हिन्दी की उपभाषाओं तथा बोलियों का परिचय

भावों और विचारों के विनिमय का मुख्य साधन या माध्यम भाषा ही है। जब हम भाषा का प्रयोग करते हैं तब ध्वनियों के उच्चारण तथा ग्रहण में कई घटक काम करते हैं। बोलने वाले (वक्ता) की शारीरिक संरचना तथा भौगोलिक एवं सांस्कृतिक

परिस्थितियाँ भिन्न हो सकती हैं। भाषा की भिन्नता के ये भी महत्त्वपूर्ण घटक हैं। हिन्दी विश्व भर में लोगों द्वारा प्रयुक्त बहुसंख्यक भाषा है। इसका प्रयोग-क्षेत्र अत्यन्त व्यापक है। यह व्यक्ति से लेकर राष्ट्रीय एवं अन्तरराष्ट्रीय स्तर पर बोली, समझी और लिखी जाती है। जीवन-जगत् के असीमित कार्यों में हिन्दी के व्यापक प्रयोग के कारण हिन्दी एक समृद्ध भाषा है। इसके कई रूप हैं।

हिन्दी भाषा के मोटे तौर पर निम्नांकित रूप मिलते हैं–

1. व्यक्ति भाषा
2. उपबोली
3. बोली
4. उपभाषा
5. सम्पर्क भाषा
6. भाषा
7. मानक भाषा
8. राष्ट्रभाषा एवं राष्ट्रीय भाषा
9. राजभाषा
10. अन्तरराष्ट्रीय भाषा अथवा विश्वभाषा।

व्यक्ति भाषा किसी भी भाषा का लघुत्तम रूप है। किसी व्यक्ति की बोली को व्यक्ति भाषा कहा जाता है। हर व्यक्ति के भाषा-प्रयोग प्राकृतिक रूप से भिन्न हो सकते हैं। इसलिए व्यक्ति भाषा विविधता लिये हुए होती है। भाषा का यह रूप व्यक्ति विशेष की पहचान होता है।

उपबोली किसी सीमित क्षेत्र के समाज द्वारा प्रयुक्त भाषा-रूप को उपबोली कहा जाता है। स्थान विशेष में बोले जाने के कारण भौगोलिक आधार को दृष्टिगत रखते हुए इसे स्थानीय बोली भी कहते हैं। इस भाषा-रूप का प्रयोग स्थानीय बोलियों से कम विविधता लिये हुए होता है।

बोली को उपबोली की अपेक्षा कहीं अधिक विस्तृत क्षेत्र में प्रयुक्त भाषा कहा जा सकता है। कतिपय विद्वानों ने इसे विभाषा, उपभाषा, भाषिका एवं उपप्रादेशिक भी कहा है। एक बोली के अन्दर कई उपबोलियाँ हो सकती हैं। अर्थात् बोली व्यक्ति भाषा से लेकर क्षेत्र विशेष की उपबोली का समुच्चय है। एक बोली को क्षेत्र विशेष की बोलियों का प्रयोग करने वाले लोग आसानी से समझ लेते हैं। इसका कारण है कि बोली या उपबोलियों की शब्दावली, व्याकरण, ध्वनि, पद, वाक्य और अर्थ बहुत बड़ी सीमा तक प्राय: एक समान होते हैं। यहाँ तक कि उन उपबोलियों के उच्चारण तथा मुहावरे और लोकोक्तियाँ बहुत कुछ सामान्य होते हैं।

उपभाषा का स्तर बोली और भाषा के बीच का है। जिस बोली को क्षेत्रीय साहित्य की रचना के लिए प्रयोग किया जाता है, वह उपभाषा मानी जाती है। इसका क्षेत्र बोली से अधिक विस्तृत और भाषा से कम विस्तृत होता है। अनेक विद्वानों ने बोली और उपभाषा को एक ही माना है।

सम्पर्क भाषा समाज में व्यापक स्तर पर प्रयोग में आने वाली भाषा मानी जाती है। हिन्दी का प्रयोग भारतवर्ष के कोने-कोने में होता है। संचार के साधनों तथा राजनीतिक, वाणिज्यिक तथा सांस्कृतिक कारणों से हिन्दी का प्रयोग सर्वत्र हो रहा है। दक्षिण भारतीय राज्यों में राजनीतिक कारणों से भले ही हिन्दी का किंचित् विरोध होता रहता हो; लेकिन प्रायः सभी प्रदेशों की जनता हिन्दी को पर्याप्त रूप में अपनाती है। हिन्दीतर भाषाभाषी लेखकों ने भी हिन्दी के विकास में अमूल्य योगदान दिया है।

भाषा अनेक बोलियों का समुच्चय है, जिनमें अनेक विशेषताएँ एक जैसी होती हैं। यह बोलियों की तुलना में अधिक व्यापक होती है। जिस तरह से उपबोली से बोली का प्रयोग अधिक विस्तृत क्षेत्र में होता है, उसी प्रकार भाषा का प्रयोग क्षेत्र बोली की अपेक्षा कहीं अधिक व्यापक होता है। इसलिए भाषाभाषी लोगों की संख्या भी अधिक होती है।

भाषा और बोली में अन्तर को हम इस प्रकार देख सकते हैं–

1. क्षेत्र की व्यापकता। बोली की तुलना में भाषा का प्रयोग क्षेत्र व्यापक होता है।
2. प्रयोक्ताओं की अधिक संख्या। बोली की तुलना में भाषा के प्रयोक्ताओं की संख्या अधिक होती है।
3. बोलियों का समुच्चय। भाषा के अन्तर्गत अनेक बोलियाँ हो सकती हैं; जबकि बोली में अनेक भाषाएँ नहीं होतीं।
4. उच्चारण और बोधगम्यता। किसी भाषा की एक से अधिक बोलियाँ पर्याप्त रूप से समान होती हैं। इसलिए उनमें सरलता से समझने तथा उच्चारण करने का गुण होता है। दो भाषाओं में यह उच्चारण में सरलता एवं बोधगम्यता नहीं होती।
5. व्याकरण सम्मतता और साहित्यिकता। भाषा व्याकरण सम्मत होती है तथा उसमें स्तरीय साहित्य प्रचुर मात्रा में मिलता है। इसके विपरीत बोली में यह गुण प्रायः नहीं होता। बोली इस दृष्टि से केवल जनसामान्य के बोलने के लिए होती है।
6. शिक्षा और शासन में प्रयोग। भाषा का प्रयोग साहित्य-सर्जना के साथ ही शिक्षा तथा शासन-प्रशासन के कार्यों में किया जाता है। बोली बोलने के

लिए ही प्रयुक्त होती है। हाँ, शिष्ट साहित्य के रचनाकार बोलियों के शब्दों का प्रयोग अपनी रचनाओं में कर सकते हैं, लेकिन भाषा के व्याकरण के अन्दर रहते हुए।

7. साहित्य रचना। भाषा में शिष्ट साहित्य की सर्जना की जाती है। जबकि बोली में उसका लोकसाहित्य मिलता है; जो कि सरल, भावपूर्ण तथा मौखिक अधिक होता है। अब मुद्रण की सुविधा से लोकसाहित्य भी मौखिक नहीं रह गया। इसका लिखित और मुद्रित रूप भी उपलब्ध है। यही नहीं, मल्टीमीडिया के विकास ने मुद्रित माध्यमों के साथ-साथ इलेक्ट्रॉनिक माध्यमों में भी हर तरह के साहित्य को देखा जा सकता है।

मानक भाषा–भाषिक विविधता के चलते किसी भी भाषा का एक सर्वसम्मत रूप निर्धारित किया जाता है, ताकि उसके व्याकरण तथा प्रयोग में एकरूपता बनी रहे। मानक भाषा में प्राय: गद्य-लेखन, कार्यालयों, संचार-माध्यमों, सार्वजनिक उपक्रमों आदि में प्रयोग आने वाली किसी भी भाषा की भाँति हिन्दी का भी एक मानक रूप निर्धारित किया गया है। हिन्दी का मानक रूप प्राय: खड़ी बोली का परिष्कृत रूप है। इसे अन्य बोलियों ने भी प्राय: अपना लिया है। किसी बोली विशेष को मानक रूप दिया जाता है उसे एक सुनिश्चित व्याकरण देकर। इस प्रक्रिया में अन्य उपभाषाओं और बोलियों का विकास प्राय: मन्द हो जाता है। इसका जीवन्त उदारण ब्रज तथा अवधी भाषाएँ हैं, जो कभी साहित्य-सर्जना के लिए व्यापक रूप में प्रयुक्त होती थीं। व्यापक रूप में खड़ी बोली को जब मानक भाषा का परिष्कृत रूप में निर्धारण किया गया, तो ये भाषाएँ सीमित हो गयीं।

राष्ट्रभाषा, राष्ट्रीय भाषा और राजभाषा–ये हिन्दी-सहित किसी भी भाषा के संवैधानिक रूप हैं। 'राष्ट्र' का सामान्य अर्थ है कोई देश एवं उस देश के निवासियों का समाज। प्रत्येक राष्ट्र अपने आप में स्वतन्त्र है। उसके अपने राष्ट्रीय चिह्न अथवा प्रतीक होते हैं। भाषा भी इसके अन्तर्गत आती है। भारत विविधताओं का देश है। यहाँ अलग-अलग कई संस्कृतियों और भाषाओं-बोलियों के प्रदेश हैं। फिर भी उनमें राष्ट्रीय एकता के तत्त्व विद्यमान हैं। सम्पूर्ण राष्ट्र का शासन केन्द्र द्वारा संचालित है। राष्ट्र की एकता को और भी सुदृढ़ बनाने में किसी एक भाषा का महत्त्व असन्दिग्ध है। अत: एक ऐसी भाषा का प्रयोग आवश्यक होता है, जो देश के महत्त्वपूर्ण कार्यों में प्रयुक्त हो सके। केन्द्रीय शासन के कार्य इस भाषा को विस्तार देते हैं। लेकिन यह भी सही है कि किसी भी राष्ट्र की एक राष्ट्रभाषा

होनी चाहिए, किन्तु भारतवर्ष में एक नहीं, 22 राष्ट्रीय भाषाएँ भी महत्त्व रखती हैं। जिनको संविधान में स्थान मिला हुआ है। इसलिए इनको 'राष्ट्रीय भाषा' कहा गया है। अतः भारत की एक राष्ट्रभाषा हिन्दी है, तथा विभिन्न प्रदेशों में प्रयुक्त होने वाली असमिया, बांग्ला, पंजाबी, सिन्धी, तमिल, तेलुगु, कन्नड़, मलयालम, गुजराती, मराठी, ओड़िया आदि 'राष्ट्रीय भाषाएँ' हैं।

राष्ट्रभाषा–इसे किसी राष्ट्र के सभी क्षेत्रों में प्रयोग किये जाने वाली भाषा कहा जाता है। इस भाषा को व्याकरण सम्मत बनाया जाता है तथा अन्य बोलियों, उपभाषाओं एवं भाषाओं के शब्दों को जोड़कर इसे समृद्ध किया जाता है। अतः राष्ट्र भाषा वह होती है, जिसका प्रयोग सम्पूर्ण राष्ट्र अथवा उस राष्ट्र के अधिक से अधिक लोगों द्वारा अपनी वैचारिक भावाभिव्यक्ति के लिए किया जाता हो। हिन्दी को राष्ट्रभाषा का पद इसलिए दिया जाये कि उसको देश के विभिन्न हिस्सों में रहने वाले लोगों द्वारा सार्वजनिक रूप में अपनी भावाभिव्यक्ति के लिए प्रयोग किया जाता है। विभिन्न प्रदेशों के लोग किसी न किसी स्तर पर हिन्दी जानते हैं। सभी प्रदेशों के रचनाकार अपनी मातृभाषा के साथ-साथ हिन्दी में भी लिखते हैं। इसलिए हिन्दी का साहित्य अत्यन्त विशाल है। इसीलिए राष्ट्रभाषा राष्ट्र को एक सूत्र में बाँधने के लिए सक्षम है। इसके अन्य कई रूप भी प्रचलित हैं, जो इसके प्रयोक्ताओं के क्षेत्रीय आधार पर निर्मित हुए हैं; बेशक वे बोलचाल में मानक हिन्दी का प्रयोग नहीं कर रहे होते; यथा–मुम्बइया हिन्दी, हैदराबदी हिन्दी, सरनामी (अथवा सुरीनामी) हिन्दी, फ़ीजी हिन्दी आदि।

राजभाषा–यह वह भाषा है, जिसमें किसी राष्ट्र और राज्य का कामकाज होता है। सामान्यतः किसी देश की राष्ट्रभाषा ही उसकी राजभाषा होती है। इसका कारण है कि उस भाषा को देश और राज्य के लोग आसानी से बोल सकते हैं, लिख सकते हैं तथा कार्यालयी कामों में सरलता से प्रयोग कर सकते हैं। हमारे देश में 14 सितम्बर,1949 को हिन्दी भाषा को संघ की राजभाषा घोषित किया गया था। हमारे संविधान एवं राजभाषा अधिनियम में निहित प्रावधान के अनुसार राजभाषा हिन्दी के मुख्य प्रयोग-क्षेत्र हैं–विधान, शासन-प्रशासन, न्यायपालिका तथा कार्यपालिका।

अन्तरराष्ट्रीय भाषा–यह वह भाषा कहलाती है, जिसका प्रयोग कम से कम दो देशों में किया जाता है। यह दो देशों के आपसी सम्बन्धों के चलते सम्भव होता है। ये सम्बन्ध मुख्यतः राजनीतिक, सांस्कृतिक और व्यापारिक होते हैं। जहाँ तक

हिन्दी का सम्बन्ध है, वर्तमान समय में कम से कम 50 देशों में हिन्दी के अध्ययन-अध्यापन की सुविधा है। इन देशों में से मुख्य देश हैं–मॉरीशस, श्रीलंका, नेपाल, फ़ीजी, गयाना, त्रिनिडाड, टुबैगो, सुरीनाम, अमेरिका, कनाडा आदि। अन्तरराष्ट्रीय स्तर पर हिन्दी के प्रसार-प्रचार में सोशल मीडिया और फ़िल्मों के योगदान को स्वीकार करना होगा।

5

हिन्दी की उपभाषाओं और बोलियों का परिचय

हिन्दी आधुनिक आर्यभाषाओं में केन्द्रीय स्थान रखती है। इसका क्षेत्र अत्यन्त व्यापक है। हिन्दी की उपभाषाएँ और बोलियाँ भौगोलिक विस्तार की दृष्टि से महत्त्वपूर्ण हैं। विभिन्न भाषावैज्ञानिकों ने हिन्दी की पाँच उपभाषाओं तथा 18 बोलियों का उल्लेख किया है।

पहले एक स्पष्टीकरण। कई विद्वान् उपभाषा और बोली में अन्तर नहीं मानते। उदाहरण के लिए मारवाड़ी, कौरवी, ब्रजभाषा, अवधी और भोजपुरी को हिन्दी की प्रमुख बोलियाँ माना गया है। जबकि डॉ. अम्बाप्रसाद 'सुमन' ने इन सभी को उपभाषाएँ माना है। इधर भोजपुरी को पृथक् भाषा मानने की मुहिम चल रही है और उसे संविधान में अष्टम अनुसूची में सम्मिलित किये जाने की माँग की जा रही है। हमारे विचार से इन्हें हिन्दी की उपभाषाएँ मानना चाहिए। जैसाकि एक उपभाषा में कई बोलियाँ होती हैं; इन उपभाषाओं में इनकी बोलियाँ सम्मिलित हैं; यथा–ब्रजभाषा एक उपभाषा है, क्योंकि इसमें साहित्य-सर्जना भी पर्याप्त हुई है और इसका प्रयोग क्षेत्र भी व्यापक है। इसकी कई बोलियाँ भी हैं; जैसे–आगरा की बोली, मथुरा की बोली, अलीगढ़ की बोली, हाथरस की बोली, खुर्जा-बुलन्दशहर की बोली। इन चार आधारों पर ये भाषाएँ उपभाषा मानी गयी हैं–1. पारस्परिक बोधगम्यता, 2. व्याकरण के गठन में साम्य, 3. जातीय साम्य, 4. ऐतिहासिकता का साम्य। डॉ. कैलाशचन्द्र भाटिया के अनुसार "हिन्दी की उपभाषाएँ-बोलियाँ एक-दूसरे से इतनी गुँथी हुई हैं कि कभी-कभी यह पहचानना कि हमारी बोली नहीं है, असम्भव हो जाता है। तुलसीदासकृत 'रामचरितमानस' तथा सूरदास रचित 'पदों' की लोकप्रियता इस तथ्य का ज्वलन्त उदाहरण है।" (भाटिया, कैलाशचन्द्र, (1995) 'हिन्दी भाषा', इलाहाबाद, साहित्य भवन प्रा.लि., पृ. 127)

हिन्दी भाषा के कई रूप

जैसाकि हम पहले उल्लेख कर चुके हैं, हिन्दी भाषा के प्रयोग का क्षेत्र अत्यन्त व्यापक है। इसका इतिहास इसके विभिन्न रूपों को रेखांकित करता है। सारांशत: हिन्दी के कई रूप पहचान में आते हैं। ये हैं–

1. ठेठ हिन्दी
2. खड़ी बोली हिन्दी
3. शुद्ध हिन्दी
4. उच्च हिन्दी
5. नागरी हिन्दी
6. हिन्दुस्थानी
7. हिन्दुस्तानी
8. व्यापक रूप में–मुम्बइया हिन्दी, कलकतिया हिन्दी, हैदराबादी हिन्दी, विश्व के सन्दर्भ में–मॉरीशियन हिन्दी, फ़ीजी हिन्दी, सूरीनामी हिन्दी, त्रिनिडाड की हिन्दी आदि।
9. साहित्यिक हिन्दी।
10. मीडिया की हिन्दी।

हिन्दी की उपभाषाएँ/बोलियाँ इस प्रकार हैं–

1. **राजस्थानी हिन्दी**–इसके अन्दर मारवाड़ी, मेवाती, मेवाड़ी, हाड़ौती, शेख़ावाटी, जयपुरी उपभाषाएँ हैं।
2. **पश्चिमी हिन्दी**–इसके अन्तर्गत पाँच उपभाषाएँ/बोलियाँ हैं–खड़ी बोली (कौरवी), बाँगरू (हरियाणवी), ब्रजभाषा, कन्नौजी, बुँदेली।
3. **पूर्वी हिन्दी**–इसमें अवधी, बघेली, छत्तीसगढ़ी।
4. **बिहारी हिन्दी**–इसमें बिहार तथा पूर्वी उत्तर प्रदेश की बोली (जो मुख्यत: भोजपुरी है), मगही तथा मैथिली।
5. **पहाड़ी हिन्दी**–कुमाऊनी, गढ़वाली, नेपाली तथा हिमाचली (इसके अन्दर कई बोलियाँ हैं)।

हिन्दी की इन उपभाषाओं/बोलियों को **डॉ. हरदेव बाहरी** ने इस रूप में वर्गीकृत किया है (द्रष्टव्य–बाहरी, हरदेव, (1969, 'हिन्दी : उद्भव, विकास और रूप', इलाहाबाद, साहित्य भवन)–

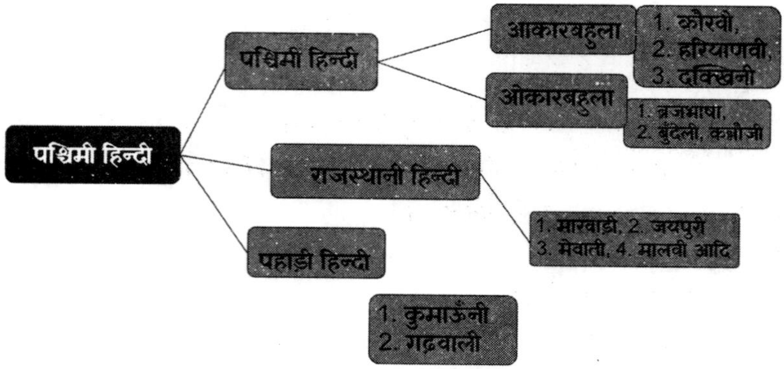

इनके अतिरिक्त निमाड़ी, पूर्वी पहाड़ी (नेपाली), पश्चिमी पहाड़ी (मण्डियाली, कुल्लुई आदि), मेवाड़ी, हाड़ौती, अहीरवाटी आदि-आदि अनेक उपभाषाएँ/बोलियाँ हैं। डॉ. भोलानाथ तिवारी ने 'ताजुज्जकी' को भी उपर्युक्त विभाजन में सम्मिलित किया है। (तिवारी, भोलानाथ, 'भाषाविज्ञान', 1980) ध्यान दें कि डॉ. बाहरी ने वर्ग को उपभाषा तथा वर्ग के अन्तर्गत बोलियों को माना है; यथा–पश्चिमी हिन्दी को वर्ग माना है, उसमें कौरवी, हरियाणवी, दक्खिनी की बोली।

हिन्दी की उपभाषाएँ/बोलियाँ इतनी हैं, जितनी सम्भवत: विश्व की किसी भाषा में नहीं होंगी। इसका मुख्य कारण है इसका भौगोलिक विस्तार। प्राय: भौगोलिक परिवेश बदल जाने से यह बोली-भिन्नता स्वाभाविक है। फिर भी ये हिन्दी की उपभाषाएँ/बोलियाँ/उपबोलियाँ हैं, क्योंकि इनमें बहुत समानता है। व्यावहारिक धरातल पर उपभाषाओं/बोलियों/उपबोलियों की संख्या बहुत है, फिर भी बहुत से भाषिक संरचनातत्त्व ध्वनि, शब्दावली, व्याकरण आदि परस्पर मिलते-जुलते हैं। यहाँ तक कि एक उपभाषा या बोली के तत्त्व एक-दूसरे में संचरित होते रहते हैं। हम समानता के कुछ महत्त्वपूर्ण घटकों को देखें।

हिन्दी की उपभाषाओं और बोलियों का साम्य : सामान्य विशेषताएँ

ध्वनि की समानता

1. हिन्दी की सभी उपभाषाओं/बोलियों में एक समान ध्वनिग्राम हैं। न्ह, म्ह, र, ल्ह जैसे महाप्राण व्यंजन सभी उपभाषाओं/बोलियों में मिलते हैं। मध्यम ड़, ढ़ सभी बोलियों में मिल जाते हैं। इसी तरह अतिह्रस्व अ, इ, उ भी

सभी बोलियों में मिलते हैं। स्वर एवं व्यंजन संयोग की स्थिति भी सभी में प्राय: एक जैसी है। श तथा ष के स्थान पर स, ऋ के लिए अ, इ, उ, रि; य का ज और ज तथा व का ब भी सभी बोलियों में समान रूप से मिलता है। मानक हिन्दी में इनका परिमार्जन कर दिया गया है।

2. विदेशी भाषाओं (विशेष रूप से अंग्रेज़ी तथा अरबी-फ़ारसी) की शब्दावली को प्राय: सभी बोलियों में अपनाया गया है। किन्तु हिन्दी के व्याकरण में ढालकर।

व्याकरण की समानता

1. हिन्दी की सभी उपभाषाओं/बोलियों में दो वचन (एकवचन, बहुवचन), दो लिंग (स्त्रीलिंग, पुल्लिंग), और तीन पुरुष (उत्तम पुरुष, मध्यम पुरुष तथा अन्य पुरुष) हैं। स्त्री प्रत्ययों में ई/ नी/ इनी/ अनी/,/आइन/ इया/और/इन/प्राय: बहुत कम उच्चारण-भेद के साथ सभी बोलियों में मिलते हैं।
2. व्याकरण का विन्यास तथा वाक्य-संरचना की प्रक्रिया भी बहुत कुछ एक समान है। सभी उपभाषाओं/बोलियों में मूल तथा विकारी रूपों के कारकीय प्रयोग भी प्राय: एक जैसे हैं। सर्वनामों में हम, तुम, वह, कोई आदि उच्चारण के अन्तर के साथ सभी बोलियों में मिलते हैं।
3. प्राय: सभी बोलियों में शब्दावली का रूप भी एक जैसा है। लगभग 60 प्रतिशत से अधिक शब्द उच्चारण-भेद के साथ हिन्दी की सभी बोलियों में समान रूप में देखे जा सकते हैं। देशज शब्दों का निर्माण इन सभी बोलियों में पर्याप्त संख्या में घटित हुआ है। विदेशी शब्दों के ग्रहण में इनकी परिवर्तन-प्रक्रिया भी समान है। इसी क्रम में देखें तो सभी बोलियों के क्रिया-रूपों में समानता मिलती है।

डॉ. लक्ष्मीकान्त पाण्डेय के शब्दों में कहें तो, "इतने विस्तृत भूभाग में बोली जाने और विभिन्न भाषाओं के सम्पर्क में रहने के बावजूद यह समानता इस बात को द्योतित करती है कि इन सभी बोलियों की आत्मा एक है और युगों से मध्य देश की भाषा की परम्परा को हिन्दी प्राणमान बनाये हुए है। इसके बावजूद जैसाकि भाषाओं का नियम है, क्षेत्रीय प्रभाव, भौगोलिक परिवेश, बाह्य सम्पर्क एवं देशज शब्दों की परम्परा की दृष्टि से प्रत्येक बोली की अपनी निजी विशेषताएँ हैं। हिन्दी की बोलियों

की इन्हीं विशेषताओं के कारण उनको अलग-अलग वर्गों में विभाजित किया जाता है। चूँकि ये बोलियाँ भी समय-समय पर साहित्य में प्रयुक्त होती रही हैं, अतः इन बोलियों का अपना विशाल साहित्य भी है।..." (पठनीय, पाण्डेय, लक्ष्मीकान्त, (2004) 'भाषाविज्ञान एवं हिन्दी भाषा', कानपुर, आशीष प्रकाशन, पृ. 180)

समग्रतः प्राचीन 'मध्य देश' की प्रमुख बोलियों का समुदाय भाषाविज्ञान की दृष्टि से 'हिन्दी' कहा जाता है। इस समुदाय में ये पाँच बोलियाँ आती हैं–खड़ी बोली, बाँगरू (अथवा बाँगड़ू या हरियाणवी), ब्रज, कन्नौजी और बुँदेली। इन पाँच बोलियों को 'पश्चिमी हिन्दी' की उपभाषा के रूप में जाना जाता है। पूर्वी हिन्दी के अन्तर्गत अवधी, बघेली तथा छत्तीसगढ़ी हैं। पूर्वी हिन्दी का सम्बन्ध 'अर्द्ध मागधी प्राकृत' से माना गया है। राजस्थानी उपभाषा के अन्तर्गत ये मुख्यतः चार बोलियाँ आती हैं; ये हैं–मारवाड़ी, जयपुरी, मेवाती और मालवी। इसी तरह बिहारी उपभाषा के अन्तर्गत भोजपुरी, मैथिली तथा मगही–ये तीन प्रमुख बोलियाँ आती हैं। पहाड़ी हिन्दी उपभाषा के मुख्यतः तीन वर्ग हैं–पश्चिमी, मध्य तथा पूर्वी। इनमें गढ़वाली और कुमाऊँनी मध्य पहाड़ी हैं, तथा पूर्वी वर्ग में नेपाली है।

आइए, इन उपभाषाओं और बोलियों का संक्षिप्त परिचय देखें।

(अ) पश्चिमी हिन्दी की बोलियाँ

(1) **खड़ी बोली**–आज यही बोली (खड़ी बोली) एक सशक्त भाषा है। जिसका मानक रूप निर्धारित किया गया है। इसी को राजकाज, अध्ययन-अध्यापन और सम्पर्क तथा साहित्य-रचना के लिए अपनाया गया है। खड़ी बोली नाम से ज़रूर 'बोली' है; किन्तु जब हम हिन्दी कहते हैं, तब हम इसी खड़ी बोली को ही बोल रहे होते हैं। खड़ी बोली (भाषा) में अन्य कई बोलियों और भाषाओं के शब्दों को स्थान मिला है। संस्कृत तो इसका आधार ही है, यह अरबी-फ़ारसी तथा अंग्रेज़ी आदि की शब्दावली से भी समृद्ध है। सर्जनात्मक साहित्य–कविता, कहानी, उपन्यास, नाट्य, आदि के साथ-साथ निबन्ध, वैचारिक लेखन आदि विभिन्न विधाओं में लेखन इसी (उप) भाषा में हो रहा है। कार्यालयीन कामकाज, परस्पर संवाद, सूचना-समाचार तथा अनुवाद, प्रतिवेदन आदि में यही उपभाषा प्रयुक्त होती है। खड़ी बोली का प्रयोग-क्षेत्र व्यापक है। एक समय पर खड़ी बोली का प्रयोग पश्चिम रुहेलखण्ड, गंगा के उत्तरी दोआब तथा अम्बाला ज़िले में होता था। इनके साथ ही–मुरादाबाद, रामपुर, मेरठ, बिजनौर, मुज़फ़्फ़रनगर, सहारनपुर और देहरादून के मैदानी भाग में व्यवहार में आती थी; किन्तु अब यह विश्व स्तर पर व्यवहार की भाषा है।

(2) **बाँगरू (हरियाणवी)**–इस बोली का प्रयोग दिल्ली, करनाल, रोहतक, पानीपत, पटियाला, कुरुक्षेत्र तथा हिसार आदि में होता है। इसे पंजाबी और राजस्थानी का मिश्रण माना जाता है। यह भी माना गया है कि बाँगरू वास्तव में खड़ी बोली का ही एक रूप है।

(3) **ब्रजभाषा**–ब्रजभाषा एक समय में साहित्य की भाषा थी, जो आधुनिक समय में जब खड़ी बोली को मानक रूप में अपनाया गया, तो इसका प्रयोग-क्षेत्र कम हो गया। ब्रजभाषा का केन्द्र मथुरा है। मथुरा के साथ ही आगरा, अलीगढ़, हाथरस, एटा, इटावा, मैनपुरी, धौलपुर, भरतपुर आदि में ब्रजभाषा आज भी अपने वास्तविक रूप में बोली जाती है। किन्तु इसके प्रयोग में कहीं-कहीं पड़ौस की बोली का प्रभाव भी दिखाई देता है; जैसे–गुरुग्राम में हरियाणवी का प्रभाव है, तो इटावा की ब्रजभाषा में कन्नौजी का और बुलन्दशहर में खड़ी बोली का। बरेली, गुरुग्राम तथा ग्वालियर के पश्चिमी-उत्तरी भाग में भी इसका प्रयोग मिलता है।

(4) **कन्नौजी**–इस बोली का क्षेत्र ब्रजभाषा तथा अवधी के बीच का क्षेत्र है। कन्नौजी बोली का केन्द्र फ़र्रुख़ाबाद है। इसके उत्तर में हरदोई, शाहजहाँपुर, पीलीभीत तक एवं दक्षिण में इटावा, कानपुर ज़िलों के पश्चिमी हिस्से में कन्नौजी पर्याप्त रूप में बोली जाती है। कुछ विद्वान् कन्नौजी को स्वतन्त्र बोली न मानकर इसे ब्रजभाषा का ही रूप मानते हैं।

(5) **बुँदेली**–बुन्देलखण्ड सम्भाग की बोली बुँदेली है। ग्वालियर, झाँसी, जालौन, हमीरपुर, भोपाल, ओरछा, सागर, नरसिंहपुर तथा होशंगाबाद आदि में बुँदेली बोली जाती है। इस बोली पर सीमावर्त्ती क्षेत्र में बोली जाने वाली बोलियों का प्रभाव देखा जा सकता है; यथा–दतिया, पन्ना, दमोह, बालाघाट तथा छिन्दवाड़ा के कुछ हिस्सों में मिश्रित बुँदेली बोली जाती है। कुछ भाषाविज्ञानी मानते हैं कि बुँदेली और ब्रजभाषा में बहुत अधिक निकटता है। इसलिए इसे ब्रजभाषा का ही एक रूप माना गया है।

(ब) पूर्वी हिन्दी की बोलियाँ

(1) **अवधी**–उत्तर प्रदेश के अवध क्षेत्र में; हरदोई जनपद को छोड़कर, प्राय: सर्वत्र अवधी बोली जाती है। इसके अन्तर्गत लखनऊ, बाराबंकी, रायबरेली, सीतापुर, अयोध्या (पूर्व नाम) फ़ैज़ाबाद, बहराइच, गोण्डा, सुल्तानापुर, प्रतापगढ़ आदि जनपद आते हैं। इनके साथ दक्षिण में गंगापार

प्रयागराज (पूर्व नाम इलाहाबाद), फ़तेहपुर, कानपुर, जौनपुर तथा मिर्ज़ापुर के कुछ भागों में भी बोली जाती है। यह वस्तुतः पूर्वी बोलियों की प्रतिनिधि है। ब्रजभाषा की भाँति अवधी में भी उत्कृष्ट साहित्य लिखा गया है। इसकी मिश्रित बोली का प्रसार बिहार के मुज़फ्फरपुर तक मिलता है।

(2) **बघेली**–बघेली का प्रयोग-क्षेत्र अवधी के दक्षिणी भाग में होता है। रीवा (मध्य प्रदेश) इसका केन्द्र है। मध्य प्रान्त में दमोह, जबलपुर, बालाघाट और मण्डला तक इसका विस्तार है। कई भाषाविद् मानते हैं कि बघेली अवधी का ही रूप है।

(3) **छत्तीसगढ़ी**–छत्तीसगढ़ी का प्रयोग-क्षेत्र रायपुर एवं बिलासपुर ज़िले तथा कांकेर, नन्दगाँव, ख़ैरगढ़, रायगढ़, कोरवा, सरगुजा आदि तक है। छत्तीसगढ़ी को लरिया अथवा खल्ताई भी कहते हैं। इसमें शिष्ट साहित्य बहुत कम लिखा गया है। लेकिन आदिवासी बहुल राज्य होने से इसका लोकसाहित्य बेजोड़ है।

(स) पहाड़ी हिन्दी उपभाषा

पहाड़ी उपभाषा का प्रयोग पहाड़ के हिमाचल प्रदेश के मदवाह क्षेत्र में उत्तर-पश्चिम से लेकर नेपाल के पूर्वी हिस्से तक मिलता है। पहाड़ी उपभाषा के तीन रूप हैं–पश्चिमी पहाड़ी, मध्य पहाड़ी और पूर्वी पहाड़ी। गढ़वाली, कुमाऊँनी तथा नेपाली बोली। ये तीन रूप मुख्य हैं। इनका साहित्य समृद्ध है। कतिपय भाषाविदों (यथा–सुनीतिकुमार चाटुर्ज्या) ने पहाड़ी उपभाषा का विकास पैशाची, दरद अपभ्रंश शाखाओं से माना है। किन्तु अध्ययन बताते हैं कि इसकी निकटता शौरसेनी अपभ्रंश से अधिक है।

(द) राजस्थानी हिन्दी उपभाषा

(1) **मारवाड़ी**–मारवाड़ी पश्चिमी राजस्थानी की महत्त्वपूर्ण बोली है। इसका प्रयोग अरावली पर्वत श्रृंखला के पश्चिम तथा दक्षिण में, मुख्यतः जोधपुर, बीकानेर, अजमेर, सिरोही तथा जैसलमेर ज़िलों में होता है। इसे मेवाड़ी भी कहा जाता है। मारवाड़ी में साहित्य-रचना पर्याप्त हुई है और इसका लोकसाहित्य भी बेजोड़ है। इसका विकास शौरसेनी अपभ्रंश के उपनागर रूप से हुआ माना गया है।

(2) मेवाती–यह उत्तरी राजस्थान में प्रयुक्त होने से उत्तरी राजस्थानी भी कही जाती है। मेवाती का प्रयोग-क्षेत्र अलवर, गुरुग्राम, भरतपुर के आसपास है। इसका मेवाती नाम 'मेत्र' जाति के क्षेत्र 'मेवात' के नाम पर रखा गया है। इसकी एक मिश्रित बोली अहिरवाटी भी है। इस पर अपनी निकटवर्त्ती बोली हरियाणवी का प्रभाव मिलता है। इसमें शिष्ट साहित्य बहुत कम है। हाँ, लोकसाहित्य विशिष्ट है।

(ध) पूर्वी राजस्थानी

(1) **राजस्थान के पूर्वी भाग में**–जयपुर, अलवर तथा किशनगढ़ आदि ज़िलों में बोली जाती है। पूर्वी राजस्थानी का केन्द्र जयपुर है। इसलिए इसका व्यवहार जयपुरी अथवा जयपुरिया के नाम से भी होता है। इसे 'ढूढाणी' भी कहा जाता है। इसका कारण है कि इस क्षेत्र को पुराने समय में 'ढूढाण' कहा जाता था। इसका विकास शौरसेनी अपभ्रंश की उपनागर शाखा से हुआ ऐसा माना गया है। इस बोली में लोकसाहित्य बहुत समृद्ध है। यदि इसे उपभाषा कहा जाये, तो अतिशयोक्ति नहीं होगी। इसकी प्रमुख उपबोलियाँ हैं–तोरावटी, काठड़ा आदि।

(2) **दक्षिणी राजस्थानी**–यह मध्य प्रदेश के उज्जैन, इन्दौर, देवास, रतलाम, होशंगाबाद और भोपाल जनपद में बोली जाती है। 'मालवी' इसकी मुख्य उपबोली है। क्योंकि यह मालवा क्षेत्र की प्रतिनिधि उपबोली है। इसका विकास भी शौरसेनी अपभ्रंश की उपनागर शाखा से हुआ माना गया है। इस बोली में लोकसाहित्य तो पर्याप्त मिलता ही है शिष्ट साहित्य भी थोड़ा-बहुत मिलता है। इसके अन्तर्गत सोनवाड़ी, रींगड़ी, पाटणी, रतलामी जैसी उपबोलियाँ हैं।

(य) बिहारी हिन्दी उपभाषा

(1) **भोजपुरी**–भोजपुरी बिहारी उपभाषा की सबसे महत्त्वपूर्ण बोली है। इसका प्रयोग-क्षेत्र अत्यन्त व्यापक है। यह प्राचीन काशी जनपद की पहचान है। उत्तर प्रदेश के वाराणसी, मिर्ज़ापुर, जौनपुर, ग़ाज़ीपुर, बलिया, गोरखपुर, बस्ती, आज़मगढ़ और बिहार के चम्पारन, सारन तथा छोटा नागपुर आदि

में भोजपुरी बोली जाती है। इस बोली में अच्छा लोक साहित्य मिलता है। विश्व स्तर तक इसकी पहचान है। भारतीय प्रवासी देशों–मॉरीशस, फ़ीजी, त्रिनिडाड आदि देशों में भी भोजपुरी का प्रयोग मिलता है। यही कारण है कि भोजपुरी समाज की माँग होने लगी है कि भोजपुरी को हिन्दी से स्वतन्त्र भाषा के रूप में संविधान की अष्टम सूची में अन्य भाषाओं की तरह सम्मिलित किया जाये।

(2) **मैथिली**–मैथिली बिहार राज्य की प्रमुख भाषा है। इसका नाम हिन्दी से इतर स्वतन्त्र भाषा के रूप में गिना जाने लगा है। कुछ वर्षों पूर्व संविधान की 18 वीं अनुसूची में सम्मिलित किया गया है। बिहार के मुख्यत: गंगा के उत्तरी भाग में चम्पारन-सारन ज़िलों को छोड़कर अन्य कई ज़िलों में मैथिली ही बोली जाती है। इसका केन्द्र दरभंगा माना गया है। मैथिली में अच्छे साहित्य की रचना हुई है। इसकी लिपि भी अपनी निजी लिपि है, जो बंगाली लिपि से मिलती-जुलती है।

(3) **मगही**–यह बोली बिहार में गंगा के दक्षिणी भाग में शाहाबाद को छोड़कर प्राय: समस्त उत्तरी राज्य में बोली जाती है। पटना और गया ज़िले इसके केन्द्र माने जाते हैं। इस बोली में प्राचीन साहित्य प्रचुर मात्रा में उपलब्ध है। इसकी लिपि कैथी है।

पूर्वी हिन्दी का परिचय

पूर्वी हिन्दी का क्षेत्र उत्तर प्रदेश से लेकर पूर्वी मध्य प्रदेश तक फैला हुआ है। इसकी प्रमुख बोलियाँ हैं–अवधी, बघेली और छत्तीसगढ़ी। पूर्वी हिन्दी की उपभाषाओं/बोलियों का सम्बन्ध शौरसेनी प्राकृत एवं अपभ्रंश से माना जाता है। जबकि **डॉ. कैलाशचन्द्र भाटिया** ने अर्द्ध मागधी से बताया है। जैसाकि हमने पहले उल्लेख किया है, पूर्वी हिन्दी की उपभाषाओं में–अवधी, बघेली और छत्तीसगढ़ी की गणना की जाती है।

इनमें प्रधान उपभाषा/बोली अवधी है। अवधी मुख्यत: अवध क्षेत्र की बोली है, किन्तु इसी क्षेत्र तक सीमित नहीं है। इसका प्रयोग हरदोई, खीरी, फ़ैज़ाबाद (नया नाम अयोध्या) के कुछ हिस्सों में होता है। इसके साथ ही वह अवध के बाहर फ़तेहपुर, इलाहाबाद (अब प्रयागराज), कुछ तहसीलों को छोड़कर जौनपुर एवं मिर्ज़ापुर के पश्चिमी भाग में बोली जाने वाली महत्त्वपूर्ण बोली है। व्यापकता, साहित्य-लेखन आदि की दृष्टि से इसे उपभाषा माना जाता है।

बघेली का प्रयोग-क्षेत्र छोटा नागपुर का कुछ हिस्सा, रीवा का दक्षिणी भाग, मिर्ज़ापुर और जबलपुर है।

छत्तीसगढ़ी सरगुजा का क्षेत्र, छोटा नागपुर तथा छत्तीसगढ़ में बोली जाती है।

पूर्वी हिन्दी की प्रमुख बोलियों का वैशिष्ट्य **अवधी** के माध्यम से व्यक्त हो जाता है। यह वैशिष्ट्य इस प्रकार है।

अवधी की विशेषताएँ

अवधी के तीन प्रयोग-क्षेत्र माने गये हैं–(1) केन्द्रीय, (2) पूर्वी और, (3) पश्चिमी अवधी।

अवधी का **केन्द्रीय प्रयोग-क्षेत्र** रायबरेली, बहराइच, बाराबंकी है। **पूर्वी प्रयोग-क्षेत्र** है–गोण्डा, फ़ैज़ाबाद (अब अयोध्या), सुल्तानपुर, इलाहाबाद (वर्तमान नाम प्रयागराज), जौनपुर एवं मिर्ज़ापुर (विशेष रूप से इसका पश्चिमी भूभाग) **पश्चिमी क्षेत्र** के अन्तर्गत खीरी, सीतापुर, लखनऊ, उन्नाव और फ़तेहपुर ज़िले आते हैं। अवधी की उत्तरी सीमा पर नेपाली, पूर्वी सीमा पर भोजपुरी, दक्षिण में छत्तीसगढ़ी तथा पश्चिम में कन्नौजी बोली जाती है।

अवधी का साहित्यिक योगदान महत्त्वपूर्ण है। गोस्वामी तुलसीदास का अद्वितीय ग्रन्थ 'रामचरितमानस' विश्वस्तरीय क्लासिक महाकाव्य है। तुलसीदास की अन्य अधिकांश रचनाएँ अवधी में ही हैं। इनके अतिरिक्त जायसी का उच्चस्तरीय महाकाव्य ग्रन्थ 'पद्मावत' भी अवधी की प्रसिद्ध रचना है। कई अन्य सूफ़ी कवियों ने भी अवधी में लिखा और हिन्दी को समृद्ध किया; जिनमें मंझन, उस्मान नूर मुहम्मद आदि का नाम गणनीय हैं।

संज्ञा–अवधी में एक रूप 'घोड़ा' के स्थान पर तीन मिलते हैं–1. घोड़ (ह्रस्व), 2. घोड़वा (दीर्घ) और 3. घोड़वना (दीर्घतर)। इसी तरह 'रामनरेश' को 'रमनरेसवा' या 'रघुनाथ' को 'रघुनथवा' और 'रमण' को 'रमणवा' या 'रामदई' को 'रमदेइया' बोला जाता है।

व्याकरण

डॉ. लक्ष्मीकान्त पाण्डेय ने अवधी की व्याकरणिक एवं भाषावैज्ञानिक विशेषताएँ इस प्रकार निर्दिष्ट की हैं–(देखें–पाण्डेय, लक्ष्मीकान्त, (2004), 'भाषाविज्ञान एवं हिन्दी भाषा', कानपुर, आशीष प्रकाशन, पृ. 200)

ध्वनि

अवधी में स्वर विषयक शब्दान्त 'अ' का प्रयोग नहीं होता है। साथ ही 'ए' का 'य' हो जाता है। जैसे–'एक' का 'यक'।

व्यंजन

1. व्यंजनों में 'न्ह' 'म्ह', 'ल्ह' तथा 'र् ह' शब्द के मध्य में आते हैं; जैसे–'ब्रह्मा' का 'बरम्हा'।
2. 'व' का 'उ' कर दिया जाता है; यथा–'देव' का 'देउ'।
3. कहीं-कहीं 'व' का 'ज' भी कर दिया जाता है; जैसे–'यम् राज' का 'जमराज'।
4. तालव्य 'श' और मूर्धन्य 'ष' का प्रयोग नहीं होता है, केवल दंत्य 'स' का ही प्रयोग होता है।
5. 'क्ष' के लिए 'ख' का प्रयोग किया जाता है।
6. व्यंजन संयोग अधिक मिलते हैं; जैसे–'भाग चला' का 'भग्चला', 'जबसे' का 'जब्से', 'करता' का 'कर्ता'।

भाषावैज्ञानिक विशेषताएँ

1. 'ण' के स्थान पर 'न' का प्रयोग; जैसे–कारण-कारन; रावण-रावन।
2. ह्रस्व ए, ओ और दीर्घ ए, ओ के अतिरिक्त मिलते हैं; जैसे–बेटवा।
3. संज्ञा के तीन रूप मिलते हैं–पुल्लिंग–घोरा, घोरवा, घोरौना। स्त्रीलिंग–बेटी, बिटिया, बिटइया। साहित्य में तीसरा रूप प्रायः नहीं मिलता।
4. इया और वाला रूप व्यक्तिवाचक और विदेशी शब्दों तक प्रयुक्त होता है; यथा–रामनरायण–रामनरायनवा, किसन–किसनवा, क्रिकेट–क्रिकेटिया, किताब-कितबिया।
5. परसर्गों का विवरण निम्नांकित रूप में मिलता है–

   कर्ता–'0' खड़ी बोली का 'ने' पूर्वी हिन्दी में नहीं है। (कर्ता का कोई चिह्न नहीं है।)

   कर्म सम्प्रदान–का, काँ, साहित्यिक हिन्दी में 'कहूँ'।

   करण अपादान–से, सेनी, सेन।

   सम्प्रदान–बरे, वदे।

   सम्बन्ध–के, कर, केर, क, की, कै।

   अधिकरण–में, पर।

   अन्य परसर्ग–संग, लगि, लाहि, पाँहि, पास, तोंई।
6. सर्वनाम की स्थिति इस प्रकार है–

उत्तम पुरुष	**एकवचन**	**बहुवचन**
मूल रूप	मैं, मँह	हम, हम लोग
तिर्यक रूप	मो, मोहि, हमहिं	हम, हम लोग
मध्य पुरुष		
मूल रूप	तूँ, तैं, तई	तुम्ह, तुम, तुम लोग
तिर्यक रूप	तुम्हार, तोहार	तुम्हार, तोहार
प्रथम पुरुष		
मूल रूप	वह	वेइ, तेइ
तिर्यक रूप	ओ, ओहि, ओकर	उन, उन्ह, तिन, तिन्ह, उन्हहि, उन्हकर

7. **सम्बन्धवाचक शब्द**–जे, जेइ, जवन, जिन, जिन्ह इत्यादि।
8. **प्रश्नवाचक शब्द**–के, कवन, का (खड़ी बोली में क्या), काहे को, कहि, काहि।
9. **निजवाचक**–आप, आपु, आपुन, आपुहिं आदि।
10. अवधी में **विविध सहायक क्रियापद** होते हैं–
    वर्तमान–आटे, बाटे।
    भूतकाल–भए, रहे।

सहायक क्रिया के रूप इस प्रकार हैं–

एकवचन	**बहुवचन**
बाटेउँ, बाटस, बाटइ	बाटी, बाटिव, बाटे

संज्ञार्थक क्रिया प्रायः 'ब' रूप में होती है; यथा–देखब (देखना), करब (करना) आदि।

1. पश्चिमी हिन्दी का परिचय

पश्चिमी हिन्दी की मुख्य उपभाषा ब्रज है। ब्रजभाषा पश्चिमी हिन्दी की सभी बोलियों को समझने के लिए कुंजी का काम करती है। इसका प्रयोग-क्षेत्र अत्यन्त व्यापक है। पश्चिमी हिन्दी के साथ जिन उपभाषाओं/बोलियों को ब्रज के साथ रखकर देखा गया है, वे हैं–(अ) आकार बहुला-कौरवी, हरियाणवी, दखिनी, (ओकार बहुला)–ब्रज, बुंदेली और कन्नौजी। इसलिए प्रतिनिधि ब्रज है। यह अत्यन्त पुरानो है तथा इसमें ही खड़ी बोली तथा अन्य पश्चिमी हिन्दी उपभाषाओं/बोलियों से पूर्व अत्यन्त समृद्ध

साहित्य मिलता है। लम्बे समय तक साहित्य; विशेषतः कविता की सर्जना ब्रजभाषा में ही हुई है। कहा जा सकता है कि आधुनिक हिन्दी का मूल आधार ब्रजभाषा ही है।

ब्रजभाषा का वैशिष्ट्य

डॉ. लक्ष्मीकान्त पाण्डेय के अनुसार ब्रजभाषा की विशेषताएँ इस प्रकार हैं (देखें– पाण्डेय, लक्ष्मीकान्त, (2004), 'भाषाविज्ञान एवं हिन्दी भाषा', पृष्ठ 190)

भाषावैज्ञानिक विशेषताएँ

1. 'ऐ' तथा 'औ' ब्रज की मुख्य् ध्वनियाँ हैं। इनका उच्चारण कुछ कम विवृत होता है।
2. 'ऐ' तथा 'औ' का उच्चारण मिलता है। जबकि खड़ी बोली में 'ए' और 'ओ' मिलता है।
3. ब्रजभाषा में शब्द के अन्त में 'ओ' या 'औ' का प्रयोग किया जाता है।
4. पुल्लिंग एकवचन के अन्त में 'उ' तथा स्त्रीलिंग एकवचन में 'इ' का प्रयोग किया जाता है।
5. ब्रज में परसर्ग निम्नांकित हैं–
   कर्ता–ने, नै।
   कर्म–को, कौ।
   कर्ण सम्प्रदान–सो, सौं, सौ, तै, ते, तैं।
   सम्बन्ध–को, के, कि, की।
   अधिकरण–में, मैं, मांझ, पे, पै, पर।
   अन्य परसर्ग–काज, काजैं, लए, लगि, बाई, पाछैं, ताई, ताईं।
6. सर्वनाम इस रूप में प्रयोग किये जाते हैं–
   उत्तम पुरुष–मैं, मो, हौं।
   मध्य पुरुष–तू, तूँ, तै, तौं।
   प्रथम पुरुष–वह, वौ, वा।
7. प्रश्नवाचक–को, कौन, का, काहि, कहा।
8. अनिश्चयवाचक–कोई, काउ, काहू, कहू।
9. ब्रजभाषा में उच्चारण की निम्नांकित विशेषताएँ हैं–
   1. शब्द के अन्त में ह्रस्व 'इ' और 'उ' का प्रयोग।

2. संज्ञा, विशेषण और क्रियापद को एकवचन में ओकारान्त बोला जाता है; किन्तु तत्सम शब्द तथा 'र', 'ण'', 'व्' और 'न' के योग से निर्मित तथा सम्बन्धसूचक शब्दों में उसे नहीं जोड़ा जाता।
3. हिन्दी के पदान्त 'ए' और 'ओ' को 'ऐ' और 'औ' कर देना।
4. अल्पप्राण कर देना–मुझ = मुज, भूखा = भूका, हाथ = हात।
5. व्यंजन संयोग–

   एकादशी > एकाशी > एकास्सी।

10. सर्वनाम के रूप इस प्रकार हैं–

उत्तम पुरुष	एकवचन	बहुवचन
मूल शब्द	मैं, हम	हम, हमैं
तिर्यक (विकृत) शब्द	मैं, मो	हम, हमें
	मुज	हमकौं
मध्य पुरुष		
मूल शब्द	तू, तै	तुम
तिर्यक (विकृत) शब्द	तै, तो	तुम
11. अन्य पुरुष		
मूल शब्द	वु, वो	वे, बे
तिर्यक (विकृत) शब्द	वा	उन्हें, विनौ, विनें
12. संख्यावाची विशेषण	करोड़ = करोर,	दूसरा = दूजौ

ब्रजभाषा और अवधी का तुलनात्मक वैशिष्ट्य

संज्ञा–संज्ञा शब्द प्रायः एक ही रूप में बोला जाता है। जबकि अवधी में दो अथवा तीन रूप मिलते हैं; यथा–ब्रज में लड़का, जबकि अवधी में–लड़का, लड़कवा, लड़कनवा होता है। इसी तरह रामनिवास ब्रज में एक ही रूप है; जबकि अवधी में–रामनिवास, रमनिवसवा मिलता है।

कारकीय विभक्ति

ब्रजभाषा में 'हि' विभक्ति का प्रयोग होता है; जबकि अवधी में इसका व्यापक प्रयोग होता है। कर्ता के अतिरिक्त अन्य प्रयोग हैं–

कर्म —जननि जान कहि तुरत बोलावा।

सम्प्रदान —अरध भाग कौसल्यहि दीन्हा।

अधिकरण —जा दिन ते हरि गर्भहि आये।

कर्म तथा सम्प्रदान में 'कहँ' तथा अधिकरण में 'माँह' का प्रयोग मिलता है। अधिकरण में दोनों उपभाषाओं में 'ए' का प्रयोग होता है।

द्वारे, दुआरे–ब्रज

दुआरे–अवधी

परसर्ग (कारक चिह्न) दोनों उपभाषाओं में इस प्रकार मिलते हैं–

	ब्रजभाषा	**अवधी**
कर्ता	ने, नें, नै, नैं	-
कर्म	कु, कू, कुँ, कूँ, को, कौं, ऐ	के, काँ, कहँ
करण	ते, तें, सू, सूं, सों, सौं	से, सन
सम्प्रदान	कू, कूँ, को, कौ	को, कहँ, काँ
अपादान	ते, तें, सू, सों	से, तें
सम्बन्ध	कै, कौ	के, कर, क, केर
अधिकरण	एँ, माँहि, महँ, में, मैं	मे, माँ, (महँ) पर

संयुक्त परसर्ग

के लिए, के काजै, के ताँई, पै तै, कै नै–आदि अनेक रूप दोनों उपभाषाओं में हैं।

सर्वनाम

उत्तम पुरुष एकवचन	मैं, हौं, मोको, मेरा/मेरो	मैं, मोका, मोर
बहुवचन	हम, हमें, हमार/हमारौ	हम, हमका, हमार
मध्यम पुरुष एकवचन	तू, तुज, तोको, तेरा/ तेरो	तोका, तोर
बहुवचन	तुम, तुम्हें, तुमको तुम्हारा/तुम्हारो	तुमका, तुम्हार तोहार
अन्य पुरुष तथा अन्य	ऊ, वह, उस, ई, यह, इस जो, कौन, क्या, कुछ, कोई	अ, ओ, ई, ए जउन, कउन(कवन) के, का, कछु, कोई

डॉ. कैलाशचन्द्र भाटिया के अनुसार, "ब्रजभाषा में रूप अधिक हैं; जैसे अधिकरण में मो पै, मुज पै, मो परि, तीन रूप हैं, जबकि अवधी में मात्र 'मो परि'। अवधी में यह और वह के लिए क्रमशः 'इ' तथा 'ऊ' हैं, फिर अन्य रूपों का प्रश्न ही नहीं। ब्रजभाषा में 'सो' (तिर्यकता कौ) है, तो अवधी में 'से', 'तवन' तथा 'तौन' रूप हैं।" (भाटिया, कैलाशचन्द्र, (1995), 'हिन्दी भाषा', इलाहाबाद, साहित्य भवन प्रकाशन, पृ. 129-130)

क्रिया रूप : कुछ उदाहरण

सामान्य वर्तमान	खड़ी बोली	ब्रज	अवधी
	कहता हूँ	कहतौ, कहतु हों	कहत, कहेउं
	कहता है	कहै, कहतु हो	कहत अहेस
	कहते हैं	कहहि, कहै कहतु हैं	कहत अहैं
भूतकाल	खाया है	खायौ खाल्यौ	खावा
भविष्यत् काल	खायेगा	खायगौ	खाहि, खव्या
संज्ञार्थक क्रिया-रूप	देखना	देखनौं, देखिबौ	देखब
पूर्णकालिक रूप	देखकर	देखिकैं, देख के	देखि
भूतकालिक कृदन्त	खाया	खायौ	खाया
भविष्यत्	खाऊँगा	खावैगौ, खाऊँगो	खाइब
सहायक क्रिया	है, हैं	है, हैं	अहै, अहैं, आटे, बाटें
अव्यय	यहीं	इत, इतै, यौं	एठियाँ, एठियन, हिआँ, ईयाँ
	वहाँ	उत, उतै, वाँ	ओठियाँ, ओठियन, हुआँ
	जहाँ	वित, जाँ	जेठियाँ, जेठियन
	कहाँ	कित, कितै, काँ	केठियाँ, केठियन
	तहाँ	तित, ताँ	तेठियाँ, तेठियन

प्रमुख विशेषताएँ

1. ब्रजभाषा में भूतकाल में कर्ता के साथ 'ने' का प्रयोग होता है। 'ने' वस्तुतः करण का चिह्न है, जो हिन्दी में कर्मवाच्य के कारण अपन लिया गया

है। जबकि अवधी भाषा में यह नहीं मिलता। सकर्मक भूतकाल में जहाँ कृदन्त से निकले हुए रूप गृहीत किये गये हैं, वहाँ न कर्ता में करण का चिह्न 'ने' आता है और न कर्म के साथ क्रिया का रूप भी बदलता है; जैसे–ब्रज में उसने खाया के लिए–**वाने खायौ**, बोला जाता है, जबकि अवधी में **ऊ खायेस**।

2. '**चेला**' का बहुवचन रूप ब्रज में '**चेलों**' होगा, जबकि अवधी में एकवचन ही रहेगा।
3. सम्बन्ध-वाचक में **का, की** के स्थान पर अवधी में–'**कर**', '**केर**' रूप ही मिलते हैं।
4. ब्रजभाषा में खड़ी बोली की तरह–'ग' वाला रूप ही क्रिया-रूपों में है; यथा–जावै गौ, किन्तु अवधी में भविष्यत् काल के क्रियात्मक केवल तिगंत ही हैं, इनमें प्राय: लिंगभेद नहीं होता। जहाँ कहीं 'ग' वाले रूप मिलते भी हैं, वे ब्रजभाषा के प्रभाव के कारण मिलते हैं।
5. जैसाकि पहले बताया जा चुका है, ब्रज की प्रवृत्ति 'ओ' औकारान्त है, जो संज्ञाओं, विशेषणों और सम्बन्ध कारकीय सर्वनाम के रूपों में सर्वत्र देखी जा सकती है। इससे अलग अवधी में अकारान्त की प्रवृत्ति मिलती है। यथा–

ब्रज	**अवधी**
कैसौ, ऐसौ, वैसौ	कस, अस, तस
हमारौ, तुमारौ	हमार,तोर
छोटौ, बड़ौ	छोट, बड़

विशेषणों के प्रयोग में विशेष रूप से उल्लेखनीय है कि खड़ी बोली का आकारान्त, ब्रज में औकारान्त हो जाता है, किन्तु अवधी में इसमें कोई परिवर्तन नहीं होता; यथा–खड़ी बोली का **तीखा**, ब्रज में **तीखौ** हो जायेगा, जबकि अवधी में यह **तीख** रहेगा।

6. ब्रज में आदि स्थिति में व्यंजनगुच्छ सुरक्षित रहता है, जबकि अवधी में स्वरागम हो जाता है। परिणामत: व्यंजनगुच्छ टूट जाता है; यथा–ब्रज में **ब्याज** होगा तो अवधी में **बियाज**। इसी तरह ब्रज में **द्वारे** होगा, तो अवधी में **दुआरे** हो जायेगा।

7. देखा जा सकता है कि ब्रजभाषा में 'य', 'व' श्रुति विशेष प्रयोग में मिलती है, बाक़ि अवधी भाषा में मात्र स्वरों की बहुलता है; यथा–पूर्वकालिक–ब्रज में आय, जाये, पाय, दिखाय; अवधी में आइ, जाइ, पाइ, दिखाइ है। भविष्यत् रूप–ब्रज में आय है, जाये है प्रयुक्त होता है, तो अवधी में आइ है, जाइ है।
8. ब्रजभाषा में ऐ, औ मूल स्वर हैं, जबकि अवधी में ये उच्चारण के समय संयुक्त स्वर हो जाते हैं; यथा–**कौन, मौन, और** (ब्रज) अवधी में–**कउन, मउन, अउर** मिलेगा।

   टिप्पणी : इस पर ध्यान दें कि 'ऐ' तथा 'औ' का ब्रज में भी 'एइ' एवं 'अउ' की भाँति अर्ध्द स्वरों के पूर्व उच्चारण होता है अथवा नहीं। जैसे–'भैया' का उच्चारण 'भइया'।

इस प्रकार हम देखते हैं कि ब्रज और अवधी (उप) भाषाओं में वैषम्य है। किन्तु यह वैषम्य बहुत अधिक नहीं है। अनेक स्तरों पर दोनों में इतना साम्य है कि दोनों में पारस्परिक बोधगम्यता बनी रहती है। इस समानता को इस रूप में समझा जा सकता है–

1. सविभक्तिक पद दोनों में समान रूप में मिलते हैं; जैसे–रामहिं, घरै आदि।
2. दोनों उपभाषाओं में वर्तमान एवं भविष्यत् के तिङ्न्त रूपों में लिंगभेद नहीं होता; जैसे–स्त्री, करिहै आदि।
3. दोनों उपभाषाओं में तिर्यक बहुवचन में 'न' प्रत्यय जुड़ता है; जैसे–हाथिन को, घोड़न को।
4. ब्रज में सामान्यत: 'क्रिया' के तीन रूप हैं; जबकि अवधी में दो। '**ब**' से अन्त होने वाले क्रियारूप दोनों में मिलते हैं। जबकि ये खड़ी बोली में नहीं हैं; यथा–ब्रज का 'जाइबौ' = अवधी का 'जाइ' या 'जाब'।

ध्यान दें कि खड़ी बोली के रूपों से हरियाणवी तथा ब्रजभाषा के रूपों से राजस्थानी की उपभाषाओं और अवधी के रूपों से बिहारी की उपभाषाओं का अत्यधिक निकट का सम्बन्ध है। ब्रज और अवधी में 'ण' नहीं है जिसके प्रभाव से साहित्यिक खड़ी बोली ने भी 'ण' के स्थान पर 'न' रूपों को अपनाया है; यथा–कौरवी (खड़ी बोली) में **आपणा, जाणा, सोणा, जागणा, लेणा, देणा**–साहित्यिक खड़ी बोली में **आपना, जाना, सोना, जागना, लेना, देना** होता है।

इसी तरह खड़ी बोली ने ब्रज और अवधी के क्रिया-रूप अपनाये हैं; यथा–ब्रज में जाति है, खाति है, देख्यौ, सुन्यौ मिलौ या मिल्यौ...खड़ी बोली (साहित्यिक) में जाती है, खाती है, देखा, सुना, मिला...।

खड़ी बोली को कारकीय परसर्ग 'से' अवधी से मिला है। जबकि ब्रज भाषा और कौरवी में 'से' के साथ-साथ 'तें' 'तै' 'सेति' रूप भी हैं।

उपर्युक्त तथ्यों के आधार पर **डॉ. कैलाशचन्द्र भाटिया** ने यह सिद्ध किया है कि साहित्यिक खड़ी बोली हिन्दी ने अपना मानक रूप स्थिर करने के लिए मात्र किसी एक उपभाषा से ही व्याकरणिक रूप ग्रहण नहीं किये, वरन् सरलता-सुबोधता का ध्यान रखते हुए अनेक बोली-रूपों से समय-समय पर ग्रहण किया और स्थिर किया। (पठनीय : भाटिया, कैलाशचन्द्र, (1998), 'हिन्दी भाषा', पृ. 133)

6
हिन्दी की वैधानिक तथा संवैधानिक स्थिति

(भूमिका
राजभाषा के रूप में हिन्दी

- राजभाषा आयोग
- राजभाषा अधिनियम तथा उनका विश्लेषण
- संवैधानिक प्रावधान तथा उनका विश्लेषण।)

भूमिका

दुनिया भर की भाषाओं में उन्मेष, विकास और पराभव का चक्र चलता रहता है। किसी एक समय कोई भाषा किसी समाज में जन्म लेती है, विकास पाती है और धीरे-धीरे उसका प्रचलन कम होने लगता है। यह चक्र अदृश्य रूप में चलता रहता है। भाषा के प्रयोग की व्यापकता तथा समृद्ध होते चले जाने की प्रक्रिया बहुत लम्बी है। इसके कई कारक हैं। जो भाषा समय के साथ नहीं चलती, वह ठहर जाती है और यहाँ तक कि चलन से बाहर हो जाती है। जहाँ तक हिन्दी की बात है; हिन्दी एक सम्पन्न भाषा है। यह पर्याप्त लचीली है, इसलिए विभिन्न स्रोतों एवं अन्य भाषाओं के शब्दों को आसानी से ग्रहण कर लेती है; किन्तु अपने व्याकरण के अनुशासन में रहकर। अत: स्वाभाविक है कि उसकी शब्दावली अत्यन्त समृद्ध है। हिन्दी की शब्द-सम्पदा और उसके मूल स्रोत के सन्दर्भ में इसे अच्छी तरह समझा जा सकता है। एक समय था जब हज़ारों वर्षों तक संस्कृत भाषा अखण्ड भारतवर्ष की संस्कृति, साहित्य और अस्मिता की भाषा थी। यही कारण है कि संस्कृत ने समूचे भारतवर्ष को एकसूत्र में बाँधे रखा था। यह संस्कृत पर एक बहुत बड़ा दायित्व था। यह दायित्व हिन्दी को संस्कृत से विरासत में मिला है। भारतीय संविधान जब तैयार होने की प्रक्रिया में था, तब 'राष्ट्रीय भाषा और राजभाषा कौन सी हो?', इस प्रश्न पर पूरे देश

में गहन विचार-विमर्श हुआ और देश में जगह-जगह आयोजित सार्वजनिक बैठकों में बहसें हुईं। सही अर्थों में हिन्दी का लोकवृत्त आन्दोलित हो उठा था। स्वतन्त्रता के पूर्व से ही अन्य प्रश्नों की भाँति भाषा का प्रश्न भी भारतीय समाज को उद्वेलित कर रहा था। अधिसंख्य लोग हिन्दी को राजभाषा बनाये जाने के पक्ष में थे। लेकिन वास्तविकता यह है कि वे राष्ट्रभाषा और राजभाषा में अन्तर नहीं समझ पा रहे थे। सभी जगह 'राष्ट्रभाषा' के रूप में ही हिन्दी की चर्चा हो रही थी। उसे ही 'राजभाषा' भी माना जा रहा था। 'राजभाषा' और 'राष्ट्रभाषा' का अन्तर तो बाद में आकर स्पष्ट हुआ। इस सन्दर्भ में भाषाविद् **डॉ. रवीन्द्रनाथ श्रीवास्तव** का कथन सटीक है। जो दोनों की संकल्पनाओं के अन्तर को रेखांकित करता है। उनके कथनानुसार, राजभाषा वस्तुत: आर्थिक विकास और प्रशासनिक प्रयोजनों की भाषा है, जबकि राष्ट्रभाषा जातीय प्रामाणिकता और सामाजिक अस्मिता की भाषा है। राजभाषा राजनैतिक दृष्टि से देश को सफल बनाती है जबकि राष्ट्रभाषा सामाजिक-सांस्कृतिक दृष्टि से उसे एकताबद्ध करती है। राजभाषा का आधार 'राष्ट्रता' (नेशनिज़्म) है, और राष्ट्रभाषा का 'राष्ट्रीयता' (नेशनिज़्म) के लिए आवश्यक नहीं कि भाषा उस देश की ही हो, पर जातीय अस्मिता के प्रश्न से सम्बद्ध होने के कारण राष्ट्रभाषा के लिए यह निहायत ज़रूरी है कि वह अपने देश की भाषा हो।...सामाजिक नियन्त्रण की प्रभावी शक्ति और प्रभुता के मूल्य से राजभाषा जुड़ी होती है।...राजभाषा के रूप में हिन्दी अंग्रेज़ी की तरह न केवल प्रशासनिक प्रयोजनों की भाषा है, बल्कि राष्ट्रभाषा के रूप में भी है। वह हमारी सामाजिक-सांस्कृतिक अस्मिता की भाषा है। (श्रीवास्तव, रवीन्द्रनाथ, (1992), 'भाषाई अस्मिता और हिन्दी', नयी दिल्ली, वाणी प्रकाशन, पृ. 26, 98)

राजभाषा हिन्दी

भारतीय संविधान में राजभाषा सम्बन्धी उपबन्ध बहुत स्पष्ट रूप में दिया गया है। तदनुसार संघ की राजभाषा नीति यह है कि इसकी राजभाषा हिन्दी और लिपि देवनागरी है। संघ के राजकीय प्रयोजनों के लिए प्रयोग होने वाले अंकों का रूप भारतीय अंकों का अन्तरराष्ट्रीय रूप है। (संविधान का अनुच्छेद 343 (1)) परन्तु हिन्दी के अतिरिक्त अंग्रेज़ी भाषा का प्रयोग भी सरकारी कामकाज में किया जा सकता है। (राजभाषा अधिनियम की धारा 3)

संसद का कार्य हिन्दी में या अंग्रेज़ी में किया जा सकता है, परन्तु राज्यसभा के सभापति महोदय या लोकसभा के अध्यक्ष महोदय विशेष परिस्थिति में सदन के

किसी सदस्य को अपनी मातृभाषा में सदन को सम्बोधित करने की अनुमति दे सकते हैं। (संविधान का अनुच्छेद 120)

किन प्रयोजनों के लिए केवल हिन्दी का प्रयोग किया जाना है, किन प्रयोजनों के लिए हिन्दी और अंग्रेज़ी भाषा का प्रयोग किया जाना है, यह राजभाषा अधिनियम 1963, राजभाषा नियम 1976 और उसके अन्तर्गत समय-समय पर राजभाषा विभाग, गृह मन्त्रालय की ओर से जारी किये गये निर्देशों द्वारा निर्धारित किया गया है।

हम जानते हैं कि ब्रिटिश राज में शासन-प्रशासन का सारा काम अंग्रेज़ी भाषा में ही होता था। अतः अंग्रेज़ी को राजभाषा के रूप में अपनाया गया था। उससे पूर्व मुग़लकाल में प्रायः फ़ारसी में सारा राजकाज चलता था। स्वतन्त्रता के बाद अनुभव किया गया कि अंग्रेज़ी की अपेक्षा हिन्दी को राजभाषा के रूप में अपनाना श्रेयस्कर होगा। देश के शासन-प्रशासन में सारा कामकाज अपने देश की भाषा में ही होना चाहिए। अतः संविधान में राजभाषा सम्बन्धी प्रावधान किया गया कि अंग्रेज़ी के स्थान पर हिन्दी को वरीयता दी गयी, जिसकी लिपि देवनागरी होगी। संविधान के समग्र 395 अनुच्छेदों में से 11 अनुच्छेदों का विषय 'भाषा' से सम्बन्धित है। यही नहीं, इनके 18 भागों में से एक पूरा भाग (भाग-17) राजभाषा विषयक व्यवस्था के लिए है। संविधान के अनुच्छेद-343 से लेकर 351 में राजभाषा विषयक उपबन्ध दिये गये हैं।

यद्यपि संघ शासन के सन्दर्भ में संविधान द्वारा राजभाषा की चर्चा की गयी है, फिर भी बहुभाषिकता के चलते देश की अन्य भाषाओं को भी सम्मान दिया गया है। आरम्भ में संविधान-निर्माताओं ने देश की 14 प्रमुख भाषाओं को संविधान की आठवीं अनुसूची में राजभाषा के रूप में स्वीकृत किया। बाद में चलकर इन भाषाओं में सिन्धी, मणिपुरी, नेपाली, कोंकणी और फिर मैथिली, सन्थाली, बोडो भाषाओं को जोड़ा गया है। इस प्रकार पहले 14 भाषाएँ इस अनुसूची में थीं, फिर इनकी संख्या 18 हुई और आज ये 22 हो गयी हैं।

हिन्दी राजभाषा के रूप में किस तरह मान्य हुई, संक्षेप में इसकी ऐतिहासिक पृष्ठभूमि जान लेना श्रेयस्कर होगा।

स्वतन्त्रता से पूर्व राजभाषा हिन्दी का ऐतिहासिक परिदृश्य

स्वतन्त्रता से पूर्व हिन्दी को राजकाज की भाषा बनाने के लिए लम्बे समय तक वैचारिक आन्दोलन हुए। इन वैचारिक आन्दोलनों में केवल भारतीय बुद्धिजीवी और राजनेता ही सक्रिय थे; ऐसा नहीं है। कुछ गिने-चुने हिन्दीप्रेमी अंग्रेज़ बुद्धिजीवियों

ने भी राजकाज के लिए चल रही हिन्दी भाषा की इस मुहिम में अपनी महत्त्वपूर्ण भूमिका निभायी थी। उनसे पहले तेरहवीं-चौदहवीं शाताब्दी में **अलाउद्दीन** तथा **मोहम्मद** तुग़लक़ के समय में उत्तर भारत के अनेक लोग दक्षिण भारत में जाकर बस गये थे। वे तथा हैदर अली और टीपू सुल्तान हिन्दी को सुदूर केरल तक ले गये, जहाँ इसे **गोसायि (गोसाईं) भाषा** कहा जाता था। **टीपू सुल्तान** ने कोच्चि के राजा के साथ एक सन्धि की थी, जिसमें यह निश्चित हुआ था कि राज परिवार को हिन्दी भाषा सिखाई जायेगी। इसके लिए वहाँ शिक्षक के रूप में एक 'हिन्दुस्तानी मुंशी' को नियुक्त किया गया था। इससे यह सुविधा हुई कि वहाँ के राजकाज में हिन्दुस्तानी भाषा का प्रयोग शुरू हो गया। इसी क्रम में मराठा प्रशासन का उल्लेखनीय योगदान है कि इसमें अधिकांश कार्य हिन्दी में होता था। मराठों के राजकाज से सम्बन्धित अनेक पत्र पुणे और बीकानेर के अभिलेखागार में सुरक्षित हैं। **डॉ. केलकर** ने अपने **18वीं शताब्दी के हिन्दी पत्र** शीर्षक शोध-कार्य में इन पत्रों का वृहद् अध्ययन किया है। पेशवा कार्यालय में मराठी पत्रों के साथ हिन्दी के भी कई पत्र उपलब्ध हैं। इन पत्रों में प्रशासन सम्बन्धी शब्दावली भी बड़ी संख्या में मिलती है। राजस्थान की विभिन्न रियासतों में तो पूरा पत्राचार ही हिन्दी में होता था। ग्वालियर नरेश महाराज जायाजी राव सिन्धिया ने अपने दीवान **शेख़ ग़ुलाम हुसैन** को 27 नवम्बर,1853 के एक पत्र के माध्यम से यह निर्देश दिया था कि फ़ारसी शब्दों के प्रयोग पर दण्ड की व्यवस्था की गयी है। इसी तरह सन् 1807 में अलवर में उर्दू के स्थान पर हिन्दी के प्रयोग की राजाज्ञा प्रसारित की गयी। इस सामग्री का उपयोग करते हुए **डॉ. महेशचन्द्र गुप्त** ने अपना शोधप्रबन्ध प्रस्तुत किया है, जिसका नाम है–'राजस्थान के प्रशासनिक कार्यों में हिन्दी का प्रयोग'। बड़ौदा नरेश की आज्ञा से एक प्रशासनिक शब्दकोश तैयार किया गया, जिसका शीर्षक है–**श्री सयाजी शासन कल्पतरु**। इस कोश में गुजराती, बांग्ला, मराठी, फ़ारसी के साथ-साथ हिन्दी-रूप दिये गये हैं। इससे यह ज्ञात होता है कि उस समय हिन्दी के ऐसे शब्द प्रचलन में थे, जो आज भी चलते हैं; यथा–मध्यस्थ, पंच, काराध्यक्ष, अनन्तिम आज्ञा, व्यवस्थापत्र, उत्तराधिकारी, वादी इत्यादि। उन्हीं दिनों में **राजव्यवहार कोश छत्रपति शिवाजी महाराज** के निर्देश पर उनके अमात्य (मन्त्री) रामचन्द्र अमात्य के आग्रह पर तत्समय के विद्वान् **धुंधिराज** द्वारा सन् 1628 ईस्वी में सम्पादित कोश सामने आया। इसी क्रम में **शब्दरत्न समन्वय** और **शब्दार्थ-संग्रह** आदि जैसे कोश भी तैयार किये गये थे।

ब्रिटिश काल में हिन्दी भाषा की और अधिक आवश्यकता अनुभव की गयी। देश भर में अपनी-अपनी क्षेत्रीय बोलियों का प्रचलन था। उनमें एकरूपता नहीं थी। संस्कृत इसका अपवाद थी। राजकाज में अधिकतर फ़ारसी का प्रयोग किया जाता था। अनुभव किया गया कि भारतीयों को आपस में विचारों के विनिमय में ऐसी सामान्य भाषा होनी चाहिए, जिसे अधिक से अधिक लोग समझ सकें। और वह भाषा हिन्दी/हिन्दुस्तानी ही हो सकती थी। शताब्दियों से चली आ रही हिन्दी को अपनाकर उसे और अधिक विकसित एवं समृद्ध करना आवश्यक था। साहित्य-सर्जना और पत्रकारिता में भी हिन्दी का प्रयोग ख़ूब हुआ। कुछ अंग्रेज़ विद्वानों ने राजकाज में हिन्दी/हिन्दुस्तानी भाषा को अपनाने के लिए अपना समर्थन दिया और अपने प्रयासों से इसे यथाशक्ति समृद्ध भी किया। उदाहरण के लिए–मिलीजुली भाषा का कोश **हाब्सन जाब्सन** इसका प्रमाण है। हिन्दी का प्रथम व्याकरण सन् 1698 में हॉलैंड निवासी जान **जीशुआ केटेलर** ने 'हिन्दी भाषा' शीर्षक से डच भाषा में लिखा। कालान्तर में कुछ और भी व्याकरण सामने आये। इनमें से कुछ इस प्रकार हैं–**बैंजामिन शूल्ज** का 'हिन्दुस्तानी व्याकरण' (सन्1745), **केसियानो बैलिगत्ती** का 'अल्फबेतुन ब्रह्म्मनिकुम' (सन् 1771)। इसी क्रम में **सर विलियम जोंस** ने संस्कृत का अध्ययन किया। उन्होंने कलकत्ता (अब कोलकाता) में एशियाटिक सोसाइटी की स्थापना की। सन् 1793 से कामकाज में हिन्दी (नागरी) का प्रयोग प्रारम्भ हो गया। इन्हीं दिनों **गिलक्राइस्ट** ने अपना व्याकरण सम्पादित किया। जिसका नाम है–**हिन्दुस्तानी इंग्लिश डिक्शनरी** (सन् 1787–91) (इसके दो भाग छपे)। सन् 1798 में उन्होंने हिन्दुस्तानी भाषा की भूमिका के रूप में 'ओरियंटल लिंग्युस्ट' प्रस्तुत की तथा 'ओरियंटल सेमीनरी' की स्थापना की। इसमें फरवरी, सन् 1799 से हिन्दुस्तानी भाषा का अध्यापन शुरू हुआ। राजकाज के लिए 21 दिसम्बर सन् 1798 में निर्गत एक आदेश द्वारा हिन्दुस्तानी का ज्ञान अनिवार्य कर दिया गया।

इसी क्रम में **फ़ोर्ट विलियम कॉलेज** की भूमिका का भी उल्लेख किया जाना उचित रहेगा। 10 जुलाई, सन् 1800 को तत्कालीन गवर्नर जनरल लॉर्ड **मार्किस वैलेजली** ने कोलकाता में इस कॉलेज की स्थापना की। इस कॉलेज का योगदान हिन्दीभाषा को समृद्ध करने और राजकाज में उसके प्रयोग को गति देने में बहुत महत्त्वपूर्ण है। इस कॉलेज में शिक्षक के रूप में सर्वप्रथम नियुक्ति **जॉन गिलक्राइस्ट** की हुई, जो हिन्दीप्रेमी थे। उन्होंने स्वयं तो हिन्दी के प्रसार के लिए कार्य किया ही, **लल्लूजी लाल** एवं **सदल मिश्र** की नियुक्ति करते हुए उनसे खड़ी बोली की

पुस्तकें भी तैयार करायीं। उस समय हिन्दी को हिन्दुस्तानी ही कहा जाता था, जिसमें अरबी, फ़ारसी तथा स्थानीय उपभाषाओं एवं बोलियों के शब्द बड़ी मात्रा में थे। उसमें एकरूपता नहीं थी। **गिलक्राइस्ट** का कार्यकाल मात्र 4 वर्ष (सन् 1800 ई. से सन् 1804) तक ही रहा, किन्तु उनका योगदान उल्लेख किये जाने योग्य है। उन्होंने राजभाषा हिन्दी के मानक रूप को स्थिर करने का प्रयास किया। और सर्वमान्य भाषा के रूप में विस्तृत भूभाग में बोले जाने वाली भाषा को 'खड़ी बोली' नाम दिया। उनके प्रयासों के बाद ही सरकार द्वारा यह घोषणा की गयी कि, "सन् 1801 के प्रारम्भ से ऐसा कोई सिविल सर्वेंट किसी विश्वास तथा उत्तरदायित्व के पद पर नियुक्त नहीं किया जायेगा, जब तक ये निश्चय न कर लिया जाये कि उसे गवर्नर जनरल द्वारा बनाये गये क़ानूनों, नियमों तथा उन भाषाओं का ज्ञान है जो इस पद से सम्बन्धित कार्यकलाप के लिए आवश्यक है। फ़ोर्ट विलियम कॉलेज से अलग भी हिन्दी के व्यवहार के प्रयास हो रहे थे। इस सम्बन्ध में **डॉ. रामविलास शर्मा** ने लिखा है कि, "आगरा जैसे व्यापारिक केन्द्रों में किसी समय विदेशी व्यापार राजदूत आदि न केवल यहाँ की जनता से विचारों का आदान-प्रदान करने के लिए वरन् आपस में अन्तरराष्ट्रीय भाषा के रूप में हिन्दी या हिन्दुस्तानी का व्यवहार करते थे। उस समय अंग्रेज़ी विश्वभाषा न बनी थी। पुर्तगाल, हॉलैंड, यूनान, फ़्रांस, डेनमार्क आदि अन्य देशों की तरह ब्रिटेन के व्यापारी भी माल ख़रीदकर यहाँ बेचने के उद्देश्य से भारत आये थे। अरबी, तुर्की, चीनियों की तरह वह भी यहाँ की भाषा का व्यवहार करते थे। एशिया और यूरोप की इन जातियों की सम्पर्क भाषा कम से कम आगरा जैसे शहरों में हिन्दी या हिन्दुस्तानी थी।" (शर्मा, रामविलास, (1977), 'भारत की भाषा-समस्या', नयी दिल्ली, राजकमल प्रकाशन, पृ. 26) उस समय व्यापार, सैन्य और राजनीति आदि क्षेत्रों में सभी कामकाज हिन्दी अथवा हिन्दुस्तानी में होता था। व्याकरण और अनुवाद की कई पुस्तकें इसी दौर में प्रकाशित हुईं। राजभाषा के सन्दर्भ में इन पुस्तकों का ऐतिहासिक महत्त्व है। **एच.एस. विल्सन** ने प्रशासनिक शब्दावली की **ग्लोसरी ऑफ़ जूडीशियल ऐंड रेवेन्यू टर्म्स** (लन्दन, सन् 1855) इसी दौर में प्रकाशित हुई। यहाँ **फ्रेडरिक पिनकॉट** की भी चर्चा करना उचित रहेगा। हिन्दी के प्रसार-प्रसार के लिए उन्होंने अच्छा काम किया। संघर्ष भी किया। अपने एक पत्र में उन्होंने मार्मिक बात लिखी। वे लिखते हैं, "बीस साल पहले मैं यूरोपियन था, जिसने सरकार पर हिन्दी के बारे में दवाब डाला और दस साल बाद इस नियम को बनाने में सफल रहा कि भारत जाने वाले अंग्रेज़ों को

हिन्दी की परीक्षा पास करना अनिवार्य किया जाये।" (सन् 1888 में अपने भारतीय मित्र **श्रीधर पाठक** को लिखे गये पत्र का अंश।) सारांश के रूप में कहें तो एक शताब्दी पूर्व ही सन् 1881 में राजकाज की दृष्टि से हिन्दी/हिन्दुस्तानी एवं अन्य भारतीय भाषाओं का महत्त्व जान लिया था। **डॉ. कैलाशचन्द्र भाटिया** (भाटिया, (1998), 'हिन्दी भाषा', इलाहाबाद, साहित्य भवन प्रा.लि., पृ. 106) लिखते हैं कि, "ऐसी स्थिति में सरकार के सामने इसके अतिरिक्त कोई अन्य रास्ता नहीं था कि भारत में प्रशासन में आने वाले सिविल सर्विस के उच्च अधिकारियों के लिए हिन्दी तथा अन्य भारतीय भाषा का ज्ञान होना अनिवार्य कर दिया जाये। इस सम्बन्ध में इंडिया ऑफ़िस, लन्दन ने 975-81 जे.पी. दिनांक 12-8-1881 को आदेश सेक्रेटरी, सिविल सर्विस कमीशन को भेजा जिसमें काफ़ी विस्तार से इस पर विवेचन किया गया और अन्त में इन प्रस्तावों को प्रस्तुत किया गया।" (मूल पत्र राष्ट्रीय अभिलेखागार, नयी दिल्ली में उपलब्ध है।)

इसके साथ ही यह व्यवस्था भी की गयी कि मद्रास जाने वाले अधिकारियों के लिए हिन्दुस्तानी के लिए विशेष पुरस्कार दिया जाये। "जैसाकि उपर्युक्त विवरण से स्पष्ट है, सन् 1881 का वर्ष प्रशासन में हिन्दी तथा भारतीय भाषाओं के लिए चिरस्मरणीय माना जायेगा।"

कुछ आलोचक यह मानते हैं कि फ़ोर्ट विलियम कॉलेज, कोलकाता और **गिलक्राइस्ट** द्वारा खड़ी बोली हिन्दी के विकास में कोई विशेष योगदान नहीं है। **परमानंद पांचाल** ने अपने एक लेख में उर्दू के प्रसिद्ध आलोचक डॉ. ज्ञानचन्द जैन के मत को उद्धृत करते हुए कहा है कि, "गिलक्राइस्ट और फ़ोर्ट विलियम कॉलेज ने धार्मिक आधार पर उर्दू के मुक़ाबले में हिन्दी के गठन में कोई सहायता नहीं की। फोर्ट विलियम कॉलेज में उर्दू, अरबी, फ़ारसी आदि विभाग थे। नहीं था तो हिन्दी का। हिन्दी के तीन पण्डित इसलिए रखे गये थे कि उर्दू-फ़ारसी के शिक्षकों की सहायता कर सकें।" (पठनीय, **जैन, ज्ञानचन्द, (2005) 'एक भाषा : दो लिखावट : दो अदब', दिल्ली, एजुकेशनल पब्लिशिंग हाउस)**

पृष्ठभूमि : हिन्दी राजभाषा पर बहसें और तार्किक समाधान

भारत का संविधान तैयार करने के लिए सन् 1928 में एक कान्फ्रेंस हुई, जिसमें उस समय के सभी राजनीतिक दलों के लोग सदस्य थे। इसके अध्यक्ष मोतीलाल नेहरू थे। इस कान्फ्रेंस की रिपोर्ट में हिन्दुस्तानी को सर्वमान्य भाषा घोषित किया गया।

('नेहरू रिपोर्ट' पृ. 165-66) सन् 1946 में संविधान सभा का गठन हुआ। इसके सदस्य मुख्यत: कांग्रेस के थे। अन्य सदस्य मुस्लिम लीग तथा स्वतन्त्र आदि के थे। इस संविधान सभा की प्रथम बैठक 9 दिसम्बर, सन् 1946 को हुई थी तथा दिनांक 11 दिसम्बर 1946 को इसके अध्यक्ष **बाबू राजेन्द्र प्रसाद** चुने गये। स्वर्णिम दिन 15 अगस्त, 1947 को जब भारत को स्वतन्त्रता मिली और विभाजन के पश्चात् पृथक् देश के रूप में पाकिस्तान अस्तित्व में आ गया, तब मुस्लिम लीग के सदस्य इस समिति से हटा दिये गये। बाबू राजेन्द्र प्रसाद की अध्यक्षता में संविधान सभा की नियमन समिति ने अपनी बैठक में यह निर्णय ले लिया था कि सभा के कामकाज की भाषा हिन्दुस्तानी अथवा अंग्रेज़ी होगी, किन्तु कोई भी सदस्य चाहे तो वह अपनी मातृभाषा में भाषण दे सकेगा, लेकिन उसके लिए अध्यक्ष की अनुमति लेनी आवश्यक होगी। दिनांक 14 जुलाई, 1947 को संविधान सभा के चतुर्थ सत्र के दूसरे दिन यह संशोधन किया गया कि 'हिन्दुस्तानी' के स्थान पर 'हिन्दी' शब्द रखा जाये। इस पर कांग्रेस सरकार ने विचार-विमर्श किया और मतदान किया। 63 वोट इसके पक्ष में मिले जबकि हिन्दुस्तानी के पक्ष में मात्र 32 वोट। इसके साथ ही देवनागरी लिपि अपनाने के पक्ष में 63 वोट मिले, जबकि इसके विरोध में मात्र 18 वोट मिले।

फरवरी, 1948 में भारतीय 'संविधान' का प्रारूप सामने रखा गया, उसमें राजभाषा विषयक कोई धारा नहीं थी। मात्र इतना ही उल्लेख था कि–"संसद की भाषा अंग्रेज़ी या हिन्दी होगी।" इस प्रारूप पर विचार-विमर्श के दौरान सदस्यों ने पक्ष-विपक्ष में संसद में अपने-अपने तर्क और अभिमत व्यक्त किये। **जवाहरलाल नेहरू** ने कहा कि एक 'अखिल भारतीय भाषा' होनी चाहिए। स्वतन्त्र देश के कामकाज की भाषा के लिए उस देश की भाषा होनी आवश्यक है। यह भाषा जनता के बीच से ही विकसित होगी। 10 नवम्बर, 1948 को स्टीयरिंग कमेटी की बैठक हुई, जिसमें अन्य मुद्दों के साथ-साथ यह भी निश्चित हुआ कि साथ-साथ संविधान को हिन्दी में भी तैयार किया जाये। इस विषय पर प्रमुख बहस एक महीने तक (अगस्त से सितम्बर) 1949 में हुई। अगस्त, 1949 में कांग्रेस की वर्किंग कमेटी में भी बहस हुई और द्विभाषिकता का विचार सामने आया। यह तय हुआ कि अखिल भारतीय कामकाज के लिए भी 'स्टेट लैंग्वेज' होनी चाहिए। इसी मध्य साहित्य सम्मेलन (6-7 अगस्त, 1949) की ओर से 'राष्ट्रीय भाषा सम्मेलन' का आयोजन किया गया। इस सम्मेलन में प्रस्ताव पारित हुआ कि नागरी लिपि में हिन्दी को अपनाया जाये। यह भी तय हुआ कि बीच की अवधि 10 वर्ष से अधिक नहीं होनी

चाहिए। इन सुझावों/प्रस्तावों पर 8 अगस्त, 1949 ई. को सुझाये गये संशोधनों पर पर्याप्त बहस हुई थी। संविधान सभा ने इस पर मतदान कराया। मतदान में 'हिन्दी' के पक्ष में 82 वोट मिले तथा अंग्रेज़ी को चलते रहने के लिए 10 वर्ष तक का समय प्रस्तावित किया गया। इससे अलग दूसरे पक्ष का मत था कि यह अवधि 10 वर्ष न होकर 15 वर्ष होनी चाहिए। देवनागरी लिपि पर सभी की सहमति थी। इस बहस का मुख्य मुद्दा था कि संविधान में हिन्दी का स्वरूप क्या हो? इस पर सम्यक् रूप से विचार करने के लिए एक 'प्रारूप समिति' बना दी गयी। इस समिति में आयंगर, टी.टी. कृष्णमाचारी, अय्यर, मुंशी, डॉ. भीमराव आम्बेडकर, सआदुल्ला तथा राव थे। इनके सहयोगी थे–आज़ाद, गोविंद बल्लभ पंत, नवीन, श्यामा प्रसाद मुखर्जी तथा के. संतानम। यह भी माना जाता है कि घनश्याम गुप्त, मौटूरी सत्यनारायण तथा श्रीमती अमृत कौर से भी सहायता ली गयी। 8 अगस्त, 1949 को बहुत सारे प्रस्ताव प्राप्त हुए। एक प्रस्ताव ऐसा भी था जिस पर 82 लोगों के हस्ताक्षर थे। इनमें दक्षिण भारत के विद्वानों के हस्ताक्षर भी थे। इन प्रस्तावों में एक प्रस्ताव ऐसा था, जिसमें अरेबिक अंकों की व्यवस्था रखने की थी। यह प्रस्ताव 28 सदस्यों की ओर से आया था, जो दक्षिण भारतीय थे। यह प्रस्ताव बड़ी और लम्बी बहस का मुद्दा बन गया। 10 अगस्त से 15 अगस्त, 1949 ई. तक इस पर बहस होती रही। अन्ततः 16 अगस्त, 1949 को इस प्रारूप कमेटी ने अपनी रिपोर्ट प्रस्तुत की। इस रिपोर्ट में 10 वर्ष तक अंग्रेज़ी को राजकाज के लिए चलते रहने की संस्तुति थी। संसद के दो तिहाई बहुमत ने इसे स्वीकार तो किया, किन्तु अंग्रेज़ी को 05 वर्ष तक चलते रहने की व्यवस्था पर अपनी मुहर लगा दी। इसके साथ अन्तरराष्ट्रीय अंकों को अपनाये जाने की स्वीकृति दी। इसके कुछ ही दिन बाद **डॉ. भीमराव आम्बेडकर** ने 22 अगस्त को एक नया फ़ार्मूला प्रस्तुत किया, जिसमें मुख्यतः पाँच व्यवस्थाएँ रखी गयी थीं–(1) अंग्रेज़ी के प्रयोग-हेतु 15 वर्ष की अवधि का प्रस्ताव था और जिसे संसद बहुमत से आगे भी बढ़ा सकती थी। (2) अन्तरराष्ट्रीय अंक, (3) उच्च न्यायालयों में अंग्रेज़ी, (4) प्रादेशिक भाषाओं की अनुसूची, (5) भाषा आयोग आदि की मुख्य व्यवस्थाएँ।

26 अगस्त, 1949 को कांग्रेस पार्टी में इस प्रस्ताव पर बहुत बहस हुई। विशेष रूप से अन्तरराष्ट्रीय अंकों पर। मतदान हुआ। संयोग से दोनों पक्षों को एक बराबर वोट मिले! मत बराबर होने से यह निर्णय लिया गया कि अकेली कांग्रेस पार्टी इस विषय पर निर्णय नहीं ले सकती है। अच्छा होगा कि हर सदस्य को स्वेच्छा से अपनी

स्वतन्त्र राय देने का अधिकार दिया जाये। (सन्दर्भ, 'हिन्दुस्तान टाइम्स', दिल्ली, 27/8/ 1949)

इस दिन के चर्चित विवाद को जल्दी नहीं भुलाया जा सकता। तीन बार मतदान हुआ और हर बार सदस्य अपने अपने मत पर अडिग बने रहे। 2 सितम्बर, सन् 1949 को हुए मतदान में भी यही स्थिति रही। इसी दिन सायंकाल को मुंशी-आयंगर ने एक फ़ार्मूला प्रस्तुत किया। यह फ़ार्मूला उनके नाम पर **आयंगर फ़ार्मूला** कहा जाता है। इस फ़ार्मूला पर 65 संशोधन तो 5 सितम्बर तक ही आ गये थे। सबसे अधिक बहस अंकों को लेकर हुई। अस्तु। मसौदा प्रस्तुत करते हुए यह कहा गया था कि, "मसौदे के रचयिताओं के अनुसार हमारी मूल नीति यह होनी चाहिए कि संघ के कामकाज के लिए हिन्दी देश की सामान्य भाषा हो और देवनागरी सामान्य लिपि हो। मूल नीति का यह भी एक मुद्दा है कि सभी संघीय प्रयोजनों के अंक काम में लाये जायें, जिन्हें भारतीय अंकों का अन्तरराष्ट्रीय रूप कहा जाता है।" (डिबेट्स,1X/1319) **पं. जवाहरलाल नेहरू** ने अपनी ओर से हिन्दी के स्वरूप को इन शब्दों में स्पष्ट किया कि, "परित्यागमूलक (एक्सक्लूसिव) के बदले समावेशमूलक (इंक्लूसिव) बनायें और उसमें भारत की सभी भाषाओं के तत्त्वों को शामिल करें जिनसे यह बनी है, कुछ उर्दू के छींटे हों, और हिन्दुस्तानी भी हो।"

उपर्युक्त सन्दर्भों को समेटते हुए **डॉ. कैलाशचन्द्र भाटिया** ने लिखा है कि राजभाषा के मुद्दे पर मुख्य बहस 12 से 14 सितम्बर, सन् 1949 को चली। 10 सितम्बर, 1949 तक प्रस्तुत अनेक संशोधन 45 पृष्ठों में थे। फिर बढ़ते-बढ़ते यह 400 तक हो गयी! अन्ततः 14 सितम्बर को ही दोनों में समझौता हुआ। दोपहर 1 बजे बैठक स्थगित हुई। 3 बजे संविधान सभाई पार्टी में समझौते के प्रयास हुए। लगभग सायं 5 बजे कुछ सहमति बनी। अतएव मुंशी-आयंगर ने एक घण्टे का समय और माँगा। सायं 6 बजे सभी पहलुओं पर विचार-विमर्श के बाद मुंशी-आयंगर के फ़ार्मूले को कुछ सुधार के पश्चात् स्वीकार कर लिया गया। और यह आशा की गयी कि सभी 400 संशोधन वापस ले लिये जायेंगे। अन्ततः पाँच संशोधन नहीं लिये गये, जिनमें 3 कांग्रेस (ब्रजेश्वर प्रसाद, सक्सेना, टंडन) तथा दो मुस्लिम लीग के (अहमद तथा जेड.एच. लारी) थे। राजर्षि टंडन ने पार्टी से त्यागपत्र देकर संशोधन प्रस्तुत किया (जो बाद में पार्टी के अनुरोध पर उन्होंने वापस ले लिया)। इस प्रकार भारी तालियों की गड़गड़ाहट के बीच **मुंशी-आयंगर फ़ार्मूला** स्वीकर कर लिया गया और इस प्रकार हिन्दी को राजभाषा के पद पर प्रतिष्ठित किया गया। (डिबेट्स 1312, 1320, 1489-91) **मुंशी-आयंगर फ़ार्मूला** नाम से विख्यात अनुच्छेद

संविधान के भाग-17 में अनुच्छेद 343 से 351 तक है, तथा साथ में संविधान के परिशिष्ट के रूप में अष्टम अनुसूची।

समीक्षा

जब हम हिन्दी की संवैधानिक स्थिति की समीक्षा करते हैं, तो देखते हैं कि स्वतन्त्रता के बाद हिन्दी तथा अन्य भारतीय भाषाओं के सम्मान का प्रश्न अन्य प्रश्नों की तरह ही चर्चा के केन्द्र में बना हुआ था। संविधान सभा ने लम्बी चर्चा के बाद 14 सितम्बर सन् 1949 को हिन्दी को भारत की राजभाषा स्वीकार किया गया। इसके बाद संविधान में अनुच्छेद 343 से 351 तक राजभाषा के सम्बन्ध में व्यवस्था की गयी। इस ऐतिहासिक परिघटना की स्मृति को भारतीय जनमानस के मन में बनाये रखने के लिए प्रतिवर्ष 14 सितम्बर का दिन 'हिन्दी दिवस' के रूप में मनाया जाता है। ध्यान देने की बात यह है कि भारतीय संविधान में 'राष्ट्रभाषा' का उल्लेख नहीं है। राजभाषा और देवनागरी लिपि का उल्लेख है।

संविधान सभा की चर्चित बैठकें 12 सितम्बर, 1949, 13 सितम्बर, 1949 और 14 सितम्बर, 1949 को देर शाम तक सम्पन्न हुईं। 14 सितम्बर 1949 को आयोजित निर्णायक बैठक सर्वाधिक चर्चित रही, क्योंकि देर शाम तक चली। इस बैठक में शाम को बहुत लम्बी, बौद्धिक, विचारोत्तेजक और गम्भीर बहस के समापन के बाद संविधान का भाषा सम्बन्धी तत्कालीन भाग 14 (क) और वर्तमान भाग 17, संविधान का अंग बन गया। निश्चय ही भाषा का प्रश्न संवेदनशील है। इसलिए लम्बी बहस होनी ही थी। लगभग इसमें 71 सदस्यों की सक्रिय भागीदारी थी, जो विभिन्न प्रान्तों का प्रतिधित्व करते थे और बौद्धिक रूप से सम्पन्न थे। **डॉ. राजेन्द्र प्रसाद जी** ने कहा, "अब आज की कार्रवाई समाप्त होती है। किन्तु सदन को स्थगित करने से पूर्व मैं बधाई के रूप में कुछ शब्द कहना चाहता हूँ।...मेरे विचार में हमने संविधान में एक अध्याय स्वीकार किया है, जिसका देश के निर्माण पर बहुत प्रभाव पड़ेगा। आज पहली ही बार ऐसा संविधान बना है जबकि हमने अपने संविधान में एक भाषा रखी है, जो संघ के प्रशासन की भाषा होगी। इस अपूर्व अध्याय का देश के निर्माण पर बहुत प्रभाव पड़ेगा।" उन्होंने इस बात पर अपनी प्रसन्नता व्यक्त की कि संविधान सभा ने अत्यधिक बहुमत से भाषा-विषयक प्रावधानों को स्वीकार किया। अपने बधाई वक्तव्य के उपसंहार में उन्होंने जो कहा वह अत्यन्त महत्त्व का है। उन्होंने कहा, "यह मानसिक दशा का भी प्रश्न है जिसका हमारे समस्त जीवन पर

प्रभाव पड़ेगा। हम केन्द्र में जिस भाषा का प्रयोग करेंगे, उससे हम एक-दूसरे के निकटतर आते जायेंगे। आख़िर अंग्रेज़ी से हम निकटतर आये हैं, क्योंकि वह एक भाषा थी। अब उस अंग्रेज़ी के स्थान पर हमने एक भारतीय भाषा को अपनाया है। इससे अवश्यमेव हमारे सम्बन्ध घनिष्ठतर होंगे, विशेषत: इसलिए कि हमारी परम्पराएँ एक ही हैं, हमारी संस्कृति एक ही है और हमारी सभ्यता में सब बातें एक ही हैं। अतएव यदि हम इस सूत्र को स्वीकार नहीं करते तो परिणाम यह होता कि या तो इस देश में बहुत-सी भाषाओं का प्रयोग होता या वे प्रान्त पृथक् हो जाते जो बाध्य होकर किसी भाषा विशेष को स्वीकार करना नहीं चाहते थे। हमने यथासम्भव बुद्धिमानी का कार्य किया है और मुझे हर्ष है, मुझे प्रसन्नता है और मुझे आशा है कि भावी सन्तति इसके लिए हमारी सराहना करेगी। (संविधान सभा की बैठक,14 सितम्बर, 1949, डॉ. राजेन्द्र प्रसाद के भाषण का अंश, सैनी, राज कुमार (सं.), 'राजभाषा भारती' (पत्रिका), नयी दिल्ली, गृहमन्त्रालय, भारत सरकार से प्रकाशित, अंक-69, अप्रैल, 1995, वर्ष, 18, पृ. 1 से 6)

राजभाषा के रूप में हिन्दी का औचित्य

यह सच्चाई है कि भारत प्राचीन काल से ही एक बहुभाषी देश रहा है। फिर भी यह उल्लेखनीय है कि बहुत लम्बे समय से हिन्दी या उसका कोई अन्य रूप इसके बहुत बड़े भूभाग में सम्पर्क-भाषा के रूप में प्रचलन में रहा है। आदिकाल एवं मध्यकाल में उत्तर से दक्षिण तक और पूरब से पश्चिम तक अनेकानेक सन्तों द्वारा प्राचीन हिन्दी तथा क्षेत्रीय हिन्दी के विविध रूपों, बोलियों और उपभाषाओं में रचनाएँ लिखी गयीं। इसी क्रम में उल्लेखनीय है कि आधुनिक काल में अवतरित हिन्दी पत्रकारिता ने स्वतन्त्रता आन्दोलन में महती भूमिका का निर्वहन किया। मुख्यत: जिन लोगों ने हिन्दी को राष्ट्रभाषा के रूप में प्रतिष्ठित होने का सपना देखा था, उनमें मुख्य थे– महात्मा गांधी, पं. मदन मोहन मालवीय, स्वामी दयानन्द सरस्वती, राजा राममोहन राय, सुभाष चन्द्र बोस, सुब्रह्मण्य भारती, राम मनोहर लोहिया इत्यादि।

हिन्दी को राष्ट्रभाषा के रूप में अपनाने का औचित्य बताते हुए **महात्मा गांधी** ने सन् 1917 में इन्दौर में आयोजित हिन्दी साहित्य के आठवें सम्मेलन और भरूच के गुजरात शैक्षिक सम्मेलन में अपने अध्यक्षीय सम्बोधन में एक राष्ट्रभाषा की आवश्यकता पर बल दिया। उन्होंने कहा कि भारतीय भाषाओं में केवल हिन्दी ही एक ऐसी भाषा है जिसे राष्ट्रभाषा के रूप में अपनाया जा सकता है क्योंकि यह

अधिकांश भारतीयों द्वारा बोली जाती है; यह समस्त भारत में आर्थिक, धार्मिक और राजनीतिक सम्पर्क-माध्यम के रूप में प्रयोग के लिए सक्षम है तथा इसे सारे देश के लिए सीखना आवश्यक है।

महात्मा गांधी ने 'राजभाषा' के निम्नलिखित मुख्यतः पाँच आवश्यक लक्षण बताये थे–

(1) **सरलता** : वह भाषा प्रयोग करने वालों के लिए कठिन नहीं; सरल होनी चाहिए।

(2) **आपसी व्यवहार हो सके** : उस भाषा के द्वारा भारतवर्ष का आपसी धार्मिक, आर्थिक और राजनीतिक व्यवहार हो सकना चाहिए।

(3) **भाषाभाषियों की संख्या** : भारतीय सन्दर्भ में यह आवश्यक है कि बहुत बड़ी संख्या में लोग उस भाषा को बोलते-समझते हों।

(4) **आसान** : राष्ट्र के लिए वह आसान होनी चाहिए।

(5) **स्थायित्व** : उस भाषा का विचार करते समय किसी क्षणिक या अल्प स्थायी स्थिति पर ज़ोर नहीं देना चाहिए।

कहना न होगा कि हिन्दी ही ऐसी भारतीय भाषा है, जो भारतीय सन्दर्भ में इन लक्षणों पर पूरी तरह खरी उतरती है।

यह जान लेना भी ठीक रहेगा कि इन्दौर वाले हिन्दी साहित्य सम्मेलन में **महामना मदन मोहन मालवीय जी** को भी सम्मिलित होना था। लेकिन किन्हीं कारणों से नहीं आ सके। गांधी जी के लिए उन्होंने एक पत्र लिखकर हिन्दी को राष्ट्रभाषा के रूप में अपनाने पर तर्कों सहित अपना मत रखा था। गांधी जी ने अपने ऐतिहासिक सम्बोधन में इस पत्र को पढ़ा।

पण्डित मदन मोहन मालवीय जी के सन्दर्भित पत्र के उपयोगी अंश इस प्रकार हैं :

"प्रिय भाई गांधी जी,

मुझे खेद है कि मैं अब तक हिन्दी के विषय के आपके पत्र का उत्तर नहीं दे सका। मुझे क्षमा कीजिएगा, अवकाश नहीं मिला था। आपको तो मालूम ही है कि मेरा यह मत है कि हिन्दी ही हिन्दुस्तान की राष्ट्रभाषा हो सकती है और होनी चाहिए। बहुत अंश में अब भी है। उर्दू हिन्दी का एक विशेष रूप मात्र है और यदि कठिन संस्कृत, अरबी या फ़ारसी के शब्द उसमें बहुतायत से काम में न लाये जायें तो जो लोग उसको एक रूप में समझ सकते हैं, वे लोग दूसरे रूप में भी समझ लेंगे। संस्कृत से निकली मराठी, गुजराती, बंगाली, उड़िया आदि भाषाओं से इसका निकट

सम्बन्ध है। इसलिए मद्रास प्रान्त को छोड़कर और सब प्रान्त के लोगों को उसको समझना कठिन नहीं। कुछ पादरियों ने लिखा है कि मध्य एशिया में भी बहुत दूर तक हिन्दी अथवा सरल उर्दू, जिसे हिन्दुस्तानी कहते हैं, समझी जाती है।

पुराने समय में जब हिन्दुस्तान में स्वदेशी राजाओं का राज था, संस्कृत राष्ट्रभाषा के पीछे प्राकृत थी। यदि इस देश में फिर स्वराज्य स्थापित होना है—जैसाकि हम आशा करते हैं कि शीघ्र होगा, तो यह, आवश्यक है कि वह देशी भाषा, जिसको देश के सबसे अधिक लोग समझ सकते हैं, राष्ट्रभाषा मान ली जाये और दिन-दिन सब प्रान्तों के पढ़े-लिखे लोग उसमें लिखने और बोलने में लिखने और बोलने का अभ्यास करें।...यदि वर्तमान के स्थान पर स्वराज्य की रीति का शासन स्थापित होना है तो उसकी सफलता के लिए यह आवश्यक है कि उसकी कार्रवाई देशी भाषा में हो, जिसमें देश के सर्वसाधारण लोग उसको समझ सकें और उसका समर्थन या खण्डन कर सकें।...

हमारे देश की दशा के सुधार और उन्नति के लिए हमारा सबसे बड़ा साधन विद्या है। यही अमृत है कि जिसके सेवन करने से हमारे भाई-बहन फिर बलवान, धर्मवान, ज्ञानवान, धनवान हो सकते हैं। प्रजा में विद्या का प्रचार उनकी मतृभाषा ही के द्वारा हो सकता है। जिस प्रान्त में जो भाषा प्रचलित है, उस प्रान्त में उस भाषा के द्वारा ऊँची से ऊँची शिक्षा देने का प्रबन्ध होना चाहिए। अंग्रेज़ी के द्वारा हमारा बहुत उपकार हुआ है, किन्तु हम अंग्रेज़ी पढ़े हुए लोगों को उचित था कि अब तक प्रत्येक प्रान्त की भाषा की ऐसी उन्नति करते कि उनके द्वारा ऊँची से ऊँची शिक्षा हमारे भाई और बहनों को दी जाती होती। विदेशी भाषा का ज्ञान मात्र प्राप्त करने में जितना समय हमारे युवकों को लगाना पड़ता है, उतने ही समय में उनको बहुत से विषयों का बहुत ऊँचा ज्ञान प्राप्त हो सकता है। हर प्रान्त में मातृभाषा के द्वारा ऊँची शिक्षा का अधिक प्रचार करना चाहिए। जहाँ-जहाँ हिन्दी प्रचलित है, वहाँ-वहाँ उसी के द्वारा ऊँची से ऊँची शिक्षा देने का यत्न करना उचित है।

वर्तमान समय में अंग्रेज़ी बहुत उपकारी भाषा है। इसलिए जहाँ सुविधा हो वहाँ उसे दूसरी भाषा के रूप में पढ़ाना उचित है। इस घोर महाभारत का अन्त होने के बाद इससे भी भयंकर एक व्यापार-युद्ध प्रारम्भ होगा। उसमें हमें अपना जातीय जीवन और धन बचाने के लिए यह आवश्यक है कि हम देश के कला-कौशल और वणिज्य-व्यापार सम्बन्धी शिक्षा फैलाने का प्राणप्रण से यत्न करें। यह यत्न भी मातृभाषा के ही द्वारा हो सकता है, विदेशी भाषा के द्वारा जाति की शिक्षा नहीं हो सकती और बिना ऐसी शिक्षा के जातीय जीवन का वृक्ष न हरा-भरा और न पुष्ट हो

सकता है, और न रक्षित हो सकता है। इसीलिए सब प्रकार से देशी भाषाओं और विशेषकर हिन्दी भाषा का प्रचार और उन्नति करना है। हमारा धर्म है। जो लोग कहते या समझते हैं कि हिन्दी भाषा के द्वारा ऊँची-ऊँची शिक्षा नहीं दी जा सकती, उनका यही प्रयोजन हो सकता है कि इस भाषा में आधुनिक ऊँचे-ऊँचे विषय के ग्रन्थ अभी नहीं लिखे गये। यह कमी अवश्य है, किन्तु इसको पूरा करने का यत्न हो रहा है।... "

महामना मालवीय जी के इस विचार को हम नयी शिक्षा नीति–2020 में आकार लेता हुआ देख सकते हैं।

राजभाषा आयोग

राष्ट्रपति द्वारा भारतीय संविधान के अनुच्छेद 344 (1) में प्रदत्त शक्तियों का प्रयोग करते हुए 7 जून 1955 को श्री बी.जी. खेर की अध्यक्षता में राजभाषा आयोग का गठन किया गया। इसमें 30 सदस्य थे। इस आयोग को निम्नांकित विषयों पर अपनी राय और संस्तुतियाँ करनी थीं–

(क) संघ के सरकारी कामकाज के लिए हिन्दी भाषा का क्रमशः अधिक से अधिक प्रयोग,

(ख) संघ के सभी अथवा कुछ सरकारी कामों के लिए अंग्रेज़ी भाषा के प्रयोग से मुक्ति,

(ग) संविधान के अनुच्छेद 348 में वर्णित सभी अथवा कुछ कार्यों के लिए किस भाषा का प्रयोग किया जाये,

(घ) संघ के किसी या किन्हीं विशेष कार्यों के लिए प्रयोग में आने वाले अंकों का रूप क्या हो,

(ङ) एक समग्र अनुसूची तैयार करना जिसमें ये बताया जाये कि कब और किस प्रकार संघ की राजभाषा तथा संघ एवं राज्यों के बीच और एक राज्य और दूसरे राज्यों के बीच संचार की भाषा के रूप में अंग्रेज़ी का स्थान धीरे-धीरे हिन्दी ले।

अपनी संस्तुतियाँ प्रस्तुत करते समय आयोग को इस बात का ध्यान रखना था कि उन संस्तुतियों से भारत की औद्योगिक, सांस्कृतिक और वैज्ञानिक प्रगति में किसी प्रकार की बाधा न पहुँचे और सरकारी नौकरियों के मामले में हिन्दीतर क्षेत्रों के लोगों के उचित अधिकार और हित सुरक्षित रहें। आयोग ने अपने विचारार्थ विषय के विभिन्न पहलुओं से आधुनिक भाषा, भारतीय भाषाओं का स्वरूप, पारिभाषिक शब्दावली, संघ की भाषा और शिक्षा-पद्धति, सरकारी प्रशासन में भाषा, क़ानून

और न्यायालयों की भाषा, संघ की भाषा, लोक सेवाओं की परीक्षाएँ, हिन्दी और प्रादेशिक भाषाओं का प्रचार और विकास, राष्ट्रीय भाषा सम्बधी कार्यक्रम को कार्य रूप देने के लिए संस्थाओं आदि की व्यवस्था आदि के बारे में विस्तार से विवेचन तथा विचार-विमर्श करने के पश्चात 31 जुलाई 1956 को अपना प्रतिवेदन राष्ट्रपति के समक्ष प्रस्तुत किया।

अपनी रिपोर्ट के पैराग्राफ़ 24 में इस भाषाई परिवर्तन के सहज रूप की ओर ध्यान आकर्षित किया गया। समिति ने अंग्रेज़ी के हट जाने से हुई रिक्ति का भी ध्यान रखा। (पैरा-10 और 17) समिति का इस मामले में बहुत स्पष्ट विचार था कि, "किसी प्रजातन्त्रात्मक सरकार के लिए अनिश्चित काल अपना कामकाज, ऐसी भाषा में चलाना सम्भव नहीं है, जिसे देश में कुछ लोग ही समझते हों।" (पृ. 8 पैरा-16 तक)

समिति की रिपोर्ट पर संसद में 2-4 सितम्बर, सन् 1959 को तथा राज्यसभा में 8-9 सितम्बर, सन् 1949 में चर्चा हुई। बहस के लिए **फ्रेंक एंथनी** ने एक बिल प्रस्तुत किया कि अष्टम अनुसूची में अंग्रेज़ी को भी रखा जाये। इस पर तीखी बहस हुई। अन्ततः प्रधानमन्त्री **जवाहरलाल नेहरू** ने अपने विचार सामने रखे और कहा कि, "अंग्रेज़ी निश्चय ही एक थोपी गयी भाषा है। इसने हमारे लिए ज्ञान-विज्ञान की खिड़की ज़रूर खोली और हमें बहुत कुछ ज्ञान दिया भी, पर इस पर एक ऐसी भाषा होने का लांछन भी है, जो हमारी अपनी भाषाओं और हमारी सांस्कृतिक परम्पराओं के ऊपर जमकर बैठ गयी है।"

उपर्युक्त बहसों के सन्दर्भ में महामहिम राष्ट्रपति ने 27 अप्रैल, सन् 1960 में एक आदेश निर्गत किया। इस आदेश की मुख्य बातें नीचे दी जा रही हैं।

आयोग की संस्तुतियाँ

इस आयोग ने 31 जुलाई, 1956 को अपना प्रतिवेदन राष्ट्रपति को प्रस्तुत किया। आयोग की संस्तुतियाँ ये थीं–

(1) भारत की जनतान्त्रिक पद्धति को ध्यान में रखते हुए अखिल भारतीय स्तर पर सामूहिक माध्यम के रूप में अंग्रेज़ी को स्वीकार करना सम्भव नहीं है। भारतीय भाषाओं के माध्यम से ही अनिवार्य शिक्षा देने की सम्भावनाओं पर विचार किया जाना चाहिए। प्रशासन को सार्वजनिक जीवन एवं दैनिक कार्यकलापों में विदेशी भाषा का प्रयोग करना उचित नहीं है।

(2) बहुमत द्वारा बोली तथा समझी जाने वाली हिन्दी ही पूरे देश के लिए एक सुस्पष्ट भाषा माध्यम है।

(3) 14 वर्ष की उम्र तक के प्रत्येक विद्यार्थी को हिन्दी का उचित ज्ञान प्राप्त कराया जाना चाहिए।

(4) सारे देश में माध्यमिक शिक्षा के स्तर तक हिन्दी का शिक्षण अनिवार्य कर दिया जाये। हिन्दीभाषी क्षेत्र के विद्यार्थियों के लिए एक दूसरी दक्षिण भारतीय भाषा का ज्ञान अनिवार्य किया जाना आयोग को मान्य नहीं है।

(5) सभी विश्वविद्यालयों को चाहिए कि हिन्दी माध्यम से जो विद्यार्थी परीक्षा में बैठना चाहें, उनके लिए वे उचित प्रबन्ध करें।

(6) वैज्ञानिक एवं तकनीकी शिक्षण संस्थाओं में यदि सब विद्यार्थी एक भाषाई वर्ग के हों तो उनकी भाषा के माध्यम से ही उन्हें शिक्षा दी जाये और यदि वे विभिन्न भाषाई क्षेत्रों के हों तो हिन्दी भाषा को ही उन सभी के लिए माध्यम के रूप में अपनाया जाये।

(7) प्रशासनिक कर्मचारियों के लिए हिन्दी का निश्चित अवधि में आवश्यक ज्ञान प्राप्त करने के लिए नियम लागू किये जायें और ऐसा न करने वालों को दण्डित किया जाये।

(8) जनता से सीधा सम्बध रखने वाले विभागों और संगठनों में आन्तरिक कार्यों में हिन्दी तथा जनता से व्यवहार हेतु क्षेत्रीय भाषा व्यवहार में लायी जाये।

(9) राज्य और संघ सरकार के अधिकारियों के लिए किसी स्तर का हिन्दी ज्ञान अनिवार्य किया जाये और इसके लिए उन्हें अधिकाधिक पुरस्कार देकर प्रोत्साहित किया जाये।

(10) स्वीकृत सरकारी क़ानून हिन्दी में ही होने चाहिए, परन्तु जनता की सुविधा के लिए क्षेत्रीय भाषाओं में उनके अनुवाद प्रकाशित किये जाने चाहिए।

(11) देश में न्याय, देश की भाषा में किया जाये, इसके लिए यह ज़रूरी है कि उच्चतम न्यायालय और उच्च न्यायालयों की समस्त कार्यवाही तथा विलेखों, निर्णयों तथा आदेशों के आवश्यकतानुसार क्षेत्रीय भाषाओं में अनुवाद भी संलग्न किये जायें।

(12) अखिल भारतीय सेवाओं और केन्द्रीय सेवाओं हेतु कर्मचारियों के लिए हिन्दी की योग्यता रखना आवश्यक किया जाये। इन परीक्षाओं में हिन्दी

का अनिवार्य प्रश्नपत्र रखा जाये, परन्तु अहिन्दीभाषी विद्यार्थियों की सुविधा की दृष्टि से उसका स्तर अति साधारण रहे।

राजभाषा आयोग पर अन्यंत्र उल्लेख मिलता है कि इस आयोग की संस्तुतियाँ मुख्यतः इस प्रकार थीं–

1. त्वरित गति से पारिभाषिक शब्द-निर्माण हो।
2. 14 वर्ष तक प्रत्येक विद्यार्थी को हिन्दी की शिक्षा दी जाये।
3. माध्यमिक स्तर तक भारतीय विद्यार्थियों को हिन्दी अनिवार्य हो।

इसमें से क्रमांक-1 संस्तुति स्वीकार कर ली गयी। अखिल भारतीय एवं उच्च प्रशासनिक सेवाओं में अंग्रेज़ी का प्रयोग जारी रखा गया। सन् 1965 तक मात्र यह हुआ कि अंग्रेज़ी भाषा को मुख्य रखा गया और हिन्दी को गौण। 45 वर्ष से अधिक आयु वाले अधिकारियों-कर्मचारियों को हिन्दी–प्रशिक्षण प्राप्त करने की छूट दे दी गयी।

राजभाषा अधिनियम के सम्बन्ध में 1955 के आदेश की मुख्य विशेषताएँ इस प्रकार हैं–

1. संघ के सरकारी कार्यों में अंग्रेज़ी के साथ-साथ हिन्दी के प्रयोग का निर्देश दिया गया।
2. जनता से पत्र-व्यवहार, सरकारी रिपोर्ट की प्रस्तुति में हिन्दी का प्रयोग।
3. हिन्दी को अपनाने वाले राज्यों से पत्र-व्यवहार में हिन्दी का प्रयोग।
4. सन्धि और करार, अन्य देशों, दूतों, उनके अन्तरराष्ट्रीय संगठनों से पत्र-व्यवहार में हिन्दी का प्रयोग।
5. राजनयिक अधिकारियों तथा अन्तरराष्ट्रीय संगठनों में भारत के प्रतिनिधियों द्वारा निर्गत होने वाले औपचारिक विवरणों में हिन्दी का प्रयोग किया जाये।

राष्ट्रपति द्वारा राजभाषा आयोग के प्रतिवेदन पर सम्यक् रूप से विचार करने के बाद सन् 1960 में निम्नलिखित निर्देश जारी किये गये–

1. वैज्ञानिक तथा तकनीकी शब्दावली के निर्माण-हेतु शिक्षा मन्त्रालय के अधीन एक आयोग की स्थापना की जाये।
2. शिक्षा मन्त्रालय सांविधिक नियमों आदि के मैनुअलों की एकरूपता निर्धारित कर अनुवाद कराया जाये।
3. मानक विधि शब्दकोश, हिन्दी में विधि के अधिनियम और विधि शब्दावली-निर्माण क़ानून विशेषज्ञों का एक आयोग बनाये।

4. तृतीय श्रेणी के कर्मचारियों को छोड़कर 45 वर्ष की आयु वाले कर्मचारियों को हिन्दी का प्रशिक्षण अनिवार्य हो। इसके लिए गृहमन्त्रालय हिन्दी आशुलिपिक, हिन्दी टंकण-प्रशिक्षण योजना बनाये।

अब हम विचार करते हैं **सन् 1963 के राजभाषा आयोग** की संस्तुतियों पर। इस आयोग की मुख्य बातें इस प्रकार हैं–26 जनवरी, 1965 को आगामी 15 वर्षों तक के लिए अंग्रेज़ी को पूर्ववत् रखे जाने का प्रावधान बना। हिन्दी अनुवाद की व्यवस्था किये जाने पर बल दिया गया। उच्च न्यायालय के आदेशों/निर्णयओं में अंग्रेज़ी के साथ हिन्दी अथवा अन्य राजभाषा के वैकल्पिक प्रयोग की छूट दी गयी। परिणाम यह हुआ कि अंग्रेज़ी का वर्चस्व वैसा ही बना रहा। हिन्दी जो राष्ट्र को एकता के सूत्र में बाँधने वाली भाषा है, वह स्थान प्राप्त नहीं कर सकी, जिसकी वह अधिकारिणी है।

राजभाषा अधिनियम–1963 (यथा संशोधित–1967, 1976, 2011)

हिन्दी को राजभाषा बनाये जाने के लिए 'राजभाषा अधिनियम'–1963 पारित किया गया। गृहमन्त्रालय के राजभाषा विभाग द्वारा राजभाषा अधिनियम को 1963 ई. में अधिनियम संख्या–19 के रूप में स्वीकार किया गया। 1967 तथा इसके बाद भी इस अधिनियम–1963 में थोड़े-बहुत संशोधन किये गये हैं।

राजभाषा विभाग द्वारा स्वीकृत राजभाषा अधिनियम–1963 (यथासंशोधित सन् 1967, सन् 1976 एवं अद्यतन सन् 2011) की मुख्य बातें इस प्रकार हैं–

1. धारा–3 संघ के राजकीय प्रयोजनों के लिए एवं संसद में प्रयोग के लिए अंग्रेज़ी भाषा का प्रयोग चलता रहेगा। संविधान में यद्यपि 15 वर्षों तक अंग्रेज़ी भाषा के प्रयोग को छूट दी गयी थी, किन्तु इस अवधि के बीत जाने पर भी पुनः इसके प्रयोग को अपनाया गया। किन्तु जिन राज्यों ने हिन्दी को अपनी राजभाषा के रूप अपना लिया है, और जिन्होंने अभी नहीं अपनाया है; उन दोनों के बीच पत्राचार हिन्दी एवं उसके अंग्रेज़ी में अनुवाद के साथ किया जायेगा।
2. सरकार के किसी मन्त्रालय या विभाग अथवा कार्यालय द्वारा दूसरे मन्त्रालय, विभाग अथवा कार्यालय के बीच; निगम, कम्पनी या उसके कार्यालय के बीच; केन्द्र सरकार के नियन्त्रण वाले कार्यालयों के बीच पत्राचार हिन्दी अथवा अंग्रेज़ी में किया जायेगा।

3. संकल्पों, साधारण आदेशों, नियमों, अधिसूचनाओं, प्रशासनिक या अन्य प्रतिवेदनों या प्रेस-विज्ञप्तियों के लिए; संसद के समक्ष रखे गये प्रशासनिक तथा अन्य प्रतिवेदनों और राजकीय कागज-पत्रों के लिए निकाली गयी अनुज्ञप्तियों, अनुज्ञापत्रों, सूचनाओं तथा निविदाओं के लिए हिन्दी और अंग्रेज़ी दोनों प्रयोग में लायी जायेंगी।
4. जिस तारीख़ को धारा–3 प्रवृत्त होती है, उसके दस वर्ष की समाप्ति के पश्चात्, राजभाषा के सम्बन्ध में एक समिति बनायी जायेगी, जिसमें 20 सदस्य लोकसभा के और 10 सदस्य राज्यसभा के (कुल मिलाकर 30) सदस्य होंगे। यह समिति हिन्दी के प्रयोग में हुई प्रगति की समीक्षा करेगी और उस पर अपनी संस्तुति करते हुए एक प्रतिवेदन राष्ट्रपति को प्रेषित करेगी। राष्ट्रपति इसे दोनों सदनों के समक्ष रखवायेगा और सभी राज्यों को भिजवायेगा।
5. केन्द्रीय अधिनियमों तथा राष्ट्रपति द्वारा प्रख्यापित किसी अध्यादेश अथवा संविधान के अधीन निकाले गये आदेश, नियम, विनिमय या उपविधि का हिन्दी में अनुवाद उसका हिन्दी में प्राधिकृत पाठ समझा जायेगा।
6. इसी तरह राज्य अधिनियमों का हिन्दी अनुवाद प्राधिकृत पाठ समझा जायेगा।
7. उच्च न्यायालयों के निर्णय आदि में हिन्दी या अन्य राजभाषा का प्रयोग वैकल्पिक रहेगा। इसे सम्बन्धित राज्यपाल द्वारा राष्ट्रपति की पूर्व अनुमति से लागू किया जायेगा।
8. केन्द्र सरकार इस अधिनियम के प्रयोजनों को कार्यान्वित करने के लिए, शासकीय राजपत्र में अधिसूचना द्वारा नियम बना सकेगी।
9. धारा 6 और 7 के उपबन्ध जम्मू-कश्मीर राज्य को लागू नहीं होंगे।
10. राज्यों आदि एवं केन्द्रीय सरकार के कार्यालयों से भिन्न कार्यालयों के साथ पत्राचार क्षेत्र 'क' में किसी राज्य या संघ राज्य क्षेत्र को अथवा ऐसे राज्य या संघ राज्य क्षेत्र में किसी ऐसे कार्यालय, जो केन्द्रीय राज्य का कार्यालय न हो; अथवा व्यक्ति को (असाधारण स्थितियों को छोड़कर) पत्रादि हिन्दी में होंगे। यदि अंग्रेज़ी में पत्राचार आदि किया जाये तो उसके साथ हिन्दी अनुवाद भी दिया जाये।
11. क्षेत्र 'ख' के राज्यों से केन्द्रीय सरकार के कार्यालयों द्वारा पत्राचार हिन्दी में होगा, किन्तु अंग्रेज़ी में हो तो उसका हिन्दी अनुवाद साथ में भेजा जायेगा।

12. क्षेत्र 'ग' के राज्यों या संघ राज्य क्षेत्रों (जो केन्द्रीय कार्यालय नहीं हो) अथवा व्यक्ति के साथ केन्द्रीय सरकार के कार्यालय द्वारा पत्राचार अंग्रेज़ी में होगा।
13. किन्तु पत्रादि हिन्दी में ऐसे अनुपात में होंगे जो केन्द्रीय सरकार द्वारा ऐसे कार्यालयों में हिन्दी का कार्यसाधक ज्ञान रखने वाले व्यक्तियों की संख्या, सुविधाओं और अन्य बातों को ध्यान में रखा जायेगा।
14. जहाँ केन्द्रीय कार्यालय द्वारा क्षेत्र 'क' और 'ख' के किसी कार्यालय को सम्बोधित है, वहाँ यदि आवश्यक हो तो उनका दूसरी भाषा में अनुवाद प्राप्तकर्ता के स्थान पर किया जायेगा। किन्तु क्षेत्र 'ग' के सन्दर्भ में अन्य भाषा का अनुवाद साथ में दिया जायेगा।
15. नियम–3 और नियम–4 के अनुसार हिन्दी में पत्रादि के उत्तर केन्द्रीय कार्यालयों द्वारा हिन्दी में ही दिये जायेंगे।
16. अधिनियम की धारा–3 की उपधारा (3) में निर्दिष्ट सभी दस्तावेज़ों के लिए हिन्दी और अंग्रेज़ी दोनों का प्रयोग किया जायेगा। ऐसे दस्तावेज़ों पर हस्ताक्षर करने वाले व्यक्तियों का उत्तरदायित्व होगा कि वे यह सुनिश्चित कर लें कि ऐसे दस्तावेज़ हिन्दी और अंग्रेज़ी, दोनों भाषाओं में तैयार, निष्पादित और प्रेषित किये जाते हैं।
17. कोई भी कर्मचारी आवेदन, अपील या अभ्यावेदन हिन्दी या अंग्रेज़ी में कर सकता है। जब उपनियम–(1) में निर्दिष्ट कोई आवेदन, अपील या अभ्यावेदन हिन्दी में किया गया हो, तो उसका उत्तर हिन्दी में ही दिया जायेगा।
18. कोई भी कर्मचारी किसी फ़ाइल पर टिप्पण अथवा कार्यवृत्त हिन्दी या अंग्रेज़ी में लिख सकता है। उससे यह अपेक्षा नहीं की जायेगी कि वह इसका अनुवाद किसी अन्य भाषा में भी प्रस्तुत करे।
19. हिन्दी में प्रवीणता। यदि किसी कर्मचारी ने मैट्रिक अथवा उसके समतुल्य या उससे ऊपर की परीक्षा हिन्दी के माध्यम से उत्तीर्ण कर ली है; या स्नातक अथवा उसके समतुल्य परीक्षा में हिन्दी विषय विकल्प के रूप में लेते हुए उत्तीर्ण कर ली है; और यदि वह इन नियमों के प्रारूप में यह घोषणा करता है कि उसने हिन्दी में प्रवीणता प्राप्त कर ली है; तो उसके बारे में यह समझा जायेगा कि उसे हिन्दी में प्रवीणता प्राप्त है।

20. हिन्दी का कार्यसाधक ज्ञान। यदि किसी कर्मचारी ने मैट्रिक या उसके समतुल्य या उससे उच्चतर परीक्षा हिन्दी विषय के साथ उत्तीर्ण कर ली है अथवा केन्द्रीय सरकार की हिन्दी परीक्षा योजना के अन्तर्गत आयोजित प्राज्ञ परीक्षा अथवा उस सरकार द्वारा किसी विशिष्ट प्रवर्ग के पदों के सन्दर्भ में उस योजना के अन्तर्गत कोई निम्नतर परीक्षा उत्तीर्ण कर ली है, जो निर्धारित की गयी है; और वह इन नियमों से उपाबद्ध प्रारूप में यह घोषणा करता है कि उसने ऐसा ज्ञान प्राप्त कर लिया है; तो यह स्वीकृत होगा। किसी कार्यालय में कार्यरत कर्मचारियों में से 80% ने ऐसा ज्ञान प्राप्त कर लिया है, तो उस कार्यालय के कर्मचारियों के बारे में यह समझ लिया जायेगा कि उन्होंने हिन्दी का कार्यसाधक ज्ञान प्राप्त कर लिया है।
21. कार्यालयों से सम्बन्धित मैनुअल, संहिताएँ, प्रक्रिया सम्बन्धी अन्य साहित्य, लेखन-सामग्री हिन्दी और अंग्रेज़ी में (द्विभाषिक रूप में) यथास्थिति प्रकाशित किया जायेंगे।
22. प्रयोग किये जाने वाले रजिस्टरों के प्ररूप और शीर्षक, नामपट्ट, सूचना पट्ट, पत्र शीर्ष और लिफाफों पर उत्कीर्ण लेख तथा लेखन-सामग्री की अन्य मदें हिन्दी और अंग्रेज़ी दोनों में लिखी जायेंगी, मुद्रित तथा उत्कीर्ण होंगी। यदि सरकार चाहेगी तो इस उपबन्ध से छूट दे सकती है।
23. अनुपालन का उत्तरदायित्व। प्रत्येक कार्यालय के प्रशासनिक प्रधान का उत्तरदायित्व होगा कि वह यह सुनिश्चित करे कि अधिनियम और इन नियमों के उपबन्धों और उपनियम (2) के अधीन जारी किये गये निदेशों का समुचित रूप में अनुपालन हो रहा है। इसके लिए वह जाँच के उपाय करेगा। सरकार इन नियमों के उपबन्धों और उपनियम (2) के अनुपालन के लिए अपने कर्मचारियों एवं कार्यालयों को समय-समय पर आवश्यक निर्देश जारी कर सकती है।

राजभाषा विषयक संवैधानिक प्रावधान

संविधान-निर्माताओं ने हिन्दी को राष्ट्रभाषा बनाये जाने की माँग को ध्यान में रखते हुए संविधान सभा द्वारा 14/9/1949 को हिन्दी को संघ की राजभाषा स्वीकार किया तथा राजभाषा हिन्दी के सम्बन्ध में कई प्रावधान किये।

संविधान के भाग 5 एवं 6 के क्रमश: अनुच्छेद 120 तथा 210 में तथा भाग 17 के अनुच्छेद 343, 344, 345, 346, 347, 348, 349, 350 तथा 351 में राजभाषा हिन्दी के सम्बन्ध में प्रावधान किये गये हैं। इन प्रावधानों के साथ ही सम्प्रति भारत की 22 भाषाओं को संविधान की अनुसूची-8 में मान्यता दी गयी है। ये भाषाएँ इस प्रकार हैं–

संविधान की आठवीं अनुसूची में सम्मिलित भाषाएँ

1. असमिया, 2. उड़िया, 3. उर्दू, 4. कन्नड़, 5. कश्मीरी, 6. कोंकणी, 7. गुजराती, 8. डोगरी, 9. तमिल, 10. तेलुगु, 11. नेपाली, 12. पंजाबी, 13. बंगला, 14. बोडो, 15. मराठी, 16. मलयालम, 17. मणिपुरी, 18. मैथिली, 19. सन्थाली, 20. संस्कृत, 21. सिन्धी 22. हिन्दी।

(सन् 1967 में 21वें संविधान संशोधन द्वारा सिन्धी भाषा 8वीं अनुसूची में जोड़ी गयी थी। सन 1992 में 71वें संविधान संशोधन द्वारा कोंकणी, नेपाली तथा मणिपुरी भाषाएँ 8वीं अनुसूची में जोड़ी गयी थीं। सन 2003 में 92वें संविधान संशोधन द्वारा इस सूची में सन्थाली, मैथिली, बोडो तथा डोगरी भाषाएँ और जोड़ी गयीं।)

संवैधानिक प्रावधान का विश्लेषण

हम जानते हैं कि भारत के संविधान में हिन्दी तथा देश की अन्य भारतीय भाषाओं के प्रश्न को महत्त्वपूर्ण मानते हुए कई अनुच्छेद दिये गये हैं। इसके 17 भागों में से एक पूरा 17वाँ भाग भाषा के लिए है। समग्र 395 अनुच्छेदों में से 11 अनुच्छेद भाषाओं के लिए हैं। इसी प्रकार 9 अनुसूचियों में से एक (आठवीं अनुसूची) भाषा के लिए है। यह सिद्ध करता है कि भाषा का प्रश्न लोकतन्त्र और राष्ट्रीय एकता के लिए कितना महत्त्वपूर्ण है।

राष्ट्रीय सन्दर्भ में भाषा के लिए मुख्यत: तीन रूप उपलब्ध होते हैं–राष्ट्रभाषा, राजभाषा और सम्पर्क भाषा। इस पर चर्चा पूर्व अध्याय में की जा चुकी है। अधिकांश लोग इन तीनों रूपों में अन्तर नहीं मानते। अनेक लोग प्राय: हिन्दी को भारत की राष्ट्रभाषा कहते हैं। लेकिन ध्यान दें कि 'राष्ट्रभाषा' शब्द हमारे संविधान में कहीं नहीं है। वस्तुत: महात्मा गांधी ने सन्1917 ई. में भारत की राष्ट्रभाषा के लिए हिन्दी को अपनाने की बात कही थी। उनका बल हिन्दी को अपनाने और कार्यालयों में हिन्दी के प्रयोग पर था। उनका यह दृष्टिकोण 'राष्ट्रभाषा' को 'राजभाषा' मानने

को रेखांकित करता है। ध्यान दें कि स्वतन्त्रता से पूर्व हिन्दी का जो आन्दोलन चला, उसमें राष्ट्रभाषा के रूप में हिन्दी की भूमिका महत्त्वपूर्ण है। भावना थी राष्ट्रीय एकता और देशभक्ति; जिसे हिन्दी ने धार दी।

संविधान में भाषा के प्रश्न पर जो प्रावधान हैं, उन पर संघीय दृष्टि से विचार किया जाना ठीक रहेगा। संघ (यूनियन अथवा फ़ेडरल)-शासन से अर्थ है कि सभी जातीय समुदाय अपनी-अपनी अस्मिता की रक्षा करते हुए, स्वशासन एवं स्वायत्तता बनाये रहते हुए एक वृहत् राष्ट्र के अंग के रूप में कार्य करें। जहाँ तक भारतीय भाषाओं का प्रश्न है; संघीय दृष्टि से महत्त्वपूर्ण है। संकल्पना यह है कि सभी भाषाओं का सम्मान किया जाये। सभी भाषाएँ उन्नति करें। किसी भी भाषा को दूसरी भाषा के प्रसार में बाधा नहीं बनना चाहिए, बल्कि सहयोगी बनना चहिए। यह संघीय प्रकृति की मूल आत्मा है।

एक शब्द और है–गणतन्त्र (रिपब्लिक/फ़ेडरल) से तात्पर्य है कि संविधान के समक्ष देश का हर व्यक्ति न्याय, वैचारिक अभिव्यक्ति, स्वतन्त्रता तथा समानता का अधिकारी है। उसे सम्मानपूर्वक जीने का अधिकार है। यहीं रेखांकित किया जाना चाहिए कि संविधान के अनुच्छेद 350 में वैयक्तिक स्वतन्त्रता का उल्लेख है, जो भाषा के सन्दर्भ में महत्त्वपूर्ण है। कोई भी व्यक्ति संघ अथवा राज्य के किसी भी अधिकारी को अपनी व्यथा-निवारण के लिए संघ अथवा राज्य में प्रयुक्त किसी भी भाषा में प्रार्थनापत्र दे सकता है। सामूहिक अथवा दैनिन्दन कार्यों में जन-प्रतिनिधियों को यह अधिकार है कि राजभाषा का ज्ञान नहीं होने पर वह संसद के सदन एवं विधान मण्डलों को अपनी मातृभाषा में सम्बोधित कर सकता है। यही नहीं बल्कि अनुच्छेद-350 क में यह अधिकार है कि बच्चों की शिक्षा उनकी मातृभाषा में दी जाये।

संविधान के उपर्युक्त अध्याय के चार अनुच्छेदों (अनुच्छेद–343, 345, 346 और 347) में भाषाओं के सन्दर्भ में संघीय दृष्टिकोण अपनाते हुए प्रादेशिक भाषाओं को महत्त्व दिया गया है। हिन्दी के विषय में प्रावधान देखा जाये तो, वह संघ के राजकीय प्रयोजनों के लिए स्वीकृत भाषा है। किसी भी प्रदेश में हिन्दी के प्रयोग की कोई बाध्यता नहीं है। हिन्दी को अनिवार्य नहीं बनाया गया है। उसे बलपूर्वक थोपे जाने का भय निराधार है। केन्द्र द्वारा बनायी गयी नयी शिक्षा-नीति–2020 में भी हिन्दी तथा अन्य भारतीय भाषाओं में शिक्षा दिये जाने का प्रावधान है।

हिन्दी : संघ की राजभाषा

जैसाकि हमने कहा है, संविधान के भाग–17 के अनुच्छेद 343 से 351 तक में राजभाषा सम्बन्धी प्रावधान किये गये हैं।

संविधान के अनुच्छेद 343 के अन्तर्गत संघ की राजभाषा के सम्बन्ध में प्रावधान इस प्रकार है–

अनुच्छेद 343 के खण्ड (1) का तात्पर्य है कि देवनागरी लिपि में लिखित हिन्दी संघ की राजभाषा होगी। यहाँ यह भी स्पष्ट किया गया है कि संघ के शासकीय कामकाज में नागरी का ही प्रयोग होगा और इसमें प्रयोग होने वाले अंकों में मूल चिह्नों के स्थान पर उनका अन्तरराष्ट्रीय रूप प्रयोग किया जायेगा।

तथापि संविधान के इसी **अनुच्छेद 343 के खण्ड (2)** के अनुसार किसी बात के होते हुए भी इस संविधान के लागू होने के समय से पन्द्रह वर्ष की अवधि (अर्थात् 26 जनवरी, 1965) तक संघ के राजकाज में अंग्रेज़ी प्रयोग की जाती रहेगी, जिसके लिए वह संविधान के लागू होने के समय से पूर्व प्रयोग की जाती थी।

अनुच्छेद 343 के खण्ड (2) के अन्तर्गत यह भी प्रावधान किया गया है कि राष्ट्रपति चाहेंगे तो इसी 15 वर्षीय कालावधि में आदेश द्वारा संघ के राजकीय प्रयोजन के लिए अंग्रेज़ी के साथ-साथ हिन्दी के प्रयोग की अनुमति दे सकते हैं।

स्पष्टतः संविधान की धारा 343 (1) के अनुसार भारतीय संघ की राजभाषा हिन्दी एवं लिपि देवनागरी है। संघ के राजकीय प्रयोजनों के लिए प्रयुक्त अंकों का रूप भारतीय अंकों का अन्तरराष्ट्रीय स्वरूप (अर्थात् 1, 2, 3 आदि) है। किन्तु इसके साथ संविधान में यह भी व्यवस्था की गयी कि संघ के कार्यकारी, न्यायिक और वैधानिक प्रयोजनों के लिए 1965 तक अंग्रेज़ी का प्रयोग जारी रहे। तथापि यह प्रावधान किया गया था कि उक्त अवधि के दौरान भी राष्ट्रपति कतिपय विशिष्ट प्रयोजनों के लिए हिन्दी के प्रयोग का प्राधिकार दे सकते हैं।

संसद का कार्य हिन्दी में या अंग्रेज़ी में किया जा सकता है। परन्तु राज्यसभा के सभापति या लोकसभा के अध्यक्ष विशेष परिस्थिति में सदन के किसी सदस्य को अपनी मातृभाषा में सदन को सम्बोधित करने की अनुमति दे सकते हैं (संविधान का अनुच्छेद 120)। किन प्रयोजनों के लिए केवल हिन्दी का प्रयोग किया जाना है, किनके लिए हिन्दी और अंग्रेज़ी दोनों भाषाओं का प्रयोग आवश्यक है, और किन कार्यों के लिए अंग्रेज़ी भाषा का प्रयोग किया जाना है, यह राजभाषा अधिनियम 1963, राजभाषा नियम 1976 और उनके अन्तर्गत समय-समय पर राजभाषा

विभाग, गृहमन्त्रालय की ओर से जारी किये गये निर्देशों के अनुपालन में निर्धारित किया गया है।

अनुच्छेद 344 राजभाषा के सम्बन्ध में आयोग और संसद की समिति

इस अनुच्छेद में प्रमुखतः छह सन्दर्भों को रेखांकित किया गया है, जो इस प्रकार हैं–

1. पाँच वर्षों के पश्चात् विभिन्न भारतीय भाषाओं के सदस्यों के आधार पर राष्ट्रपति द्वारा एक आयोग का गठन किया जायेगा, जो राजभाषा के सम्बन्ध में कार्य-दिशा का निर्धारण करेगा।
2. उत्तरोत्तर हिन्दी के प्रयोग पर बल दिया जायेगा तथा देवनागरी के अंकों का प्र्योग किया जायेगा। यह भी सिफ़ारिश की जायेगी कि राज्यों एवं संघ के मध्य पत्राचार की भाषा कौन सी होनी चाहिए।
3. इस आयोग द्वारा औद्योगिक, वैज्ञानिक और सांस्कृतिक प्रगति के साथ लोकसेवाओं में हिन्दीतर भाषा-भाषी क्षेत्रों के न्यायपूर्ण औचित्य पर भी ध्यान रखा जायेगा।
4. एक समिति का गठन किया जायेगा, जिसमें 30 सदस्य होंगे। इस समिति के सदस्यों में 20 सदस्य लोकसभा के और 10 सदस्य राज्यसभा के होंगे। इन सदस्यों में राज्यों के प्रतिनिधित्व में अनुपात का ध्यान रखा जायेगा। यह समिति राजभाषा पर विचार करेगी।
5. यह समिति राजभाषा के रूप में हिन्दी तथा देवनागरी अंकों के प्रयोग का परीक्षण करेगी तदनुसार अपना प्रतिवेदन राष्ट्रपति के विचारार्थ प्रस्तुत करेगी।
6. आयोग द्वारा प्रस्तुत प्रतिवेदन पर राष्ट्रपति विचार करेंगे तथा इस प्रतिवेदन के आलोक में निर्देश जारी करेंगे।

अनुच्छेद 345, 346 और 347 इन अनुच्छेदों में विभिन्न राज्यों की भाषाओं के विषय में प्रावधान है :

अनुच्छेद 345 : विधि के अनुसार राज्य के विधान मण्डल द्वारा राजकीय कार्यों के लिए उस राज्य की अपनी भाषा अथवा हिन्दी को अपनाने का विचार किया जा सकता है। इस सन्दर्भ में यह भी स्पष्ट किया गया है कि तब तक पूर्ववत् अंग्रेज़ी में काम चलता रहेगा, जब तक कि किसी राज्य का विधान मण्डल अपने राज्य की भाषा या हिन्दी के अपनाने को प्रावधान नहीं कर लेता।

पुनः ध्यान दें कि इस अनुच्छेद द्वारा विकल्प दिया गया है कि किसी भी राज्य का विधान मण्डल विधि द्वारा अपने राज्य में प्रयोग में आने वाली भाषा/भाषाओं में से किसी एक अथवा एक से अधिक भाषाओं को (अथवा वह चाहे तो हिन्दी को) अपने राज्य के सभी प्रयोजनों के लिए (या किन्हीं सीमित सरकारी प्रयोजनों के लिए) राजभाषा (या राजभाषाएँ) स्वीकार कर सकता है।

मोटे तौर पर अनुच्छेद 345 में यह प्रावधान रखा गया है कि जो प्रदेश राज्य भाषा के रूप में अपने प्रदेश की भाषा को रखना चाहें, रख सकते हैं। उनको यह भी स्वतन्त्रता है कि वे चाहें तो हिन्दी को राजकाज के लिए अथवा द्वितीय भाषा के रूप में अपना सकते हैं। इस प्रकार राज्य अपनी राजभाषा एक से अधिक रख सकते हैं। और जब तक उपबन्ध न हो जाये, तब तक राजभाषा के रूप में अंग्रेज़ी का प्रयोग किया जाता रहेगा।

अनुच्छेद 346 : राज्यों द्वारा संघ में राजकीय कामकाज के लिए प्रयोग में आने वाली भाषा को अपनाया जा सकता है, यदि वे राज्य एक-दूसरे की सहमति से उस भाषा में आपस में पत्राचार करना चाहें, तो कर सकते हैं। राज्यों के लिए यह उचित रहेगा कि परस्पर निर्णय लेकर संचार भाषा के रूप में वे राजभाषा हिन्दी को अपना लें।

कहने का तात्पर्य है कि दो राज्यों के बीच पत्राचार उसी भाषा में किया जायेगा, जो संघ सरकार के शासकीय प्रयोजनों के लिए राजभाषा के रूप में स्वीकृत हो।

अनुच्छेद 347 : किसी राज्य में यदि कोई भाषा विस्तृत जनसमुदाय द्वारा प्रयोग की जा रही है तथा राज्य उस भाषा को राजकाज के लिए स्वीकृत कर लेता है, तो राष्ट्रपति की अनुमति के बाद इस भाषा का प्रयोग मान्य होगा।

अनुच्छेद 347 में अल्पसंख्यक आबादी के हित की रक्षा का प्रावधान भी रखा गया है। इस अनुच्छेद में निदेश का अधिकार राष्ट्रपति को दिया गया है। राष्ट्रपति के निदेश से स्थानीय संघर्ष एवं वैचारिक संकीर्णता से मुक्ति मिलती है। राष्ट्रीय एकता भी सुनिश्चित होती है। इस उपबन्ध के कारण किसी राज्य में रहने वाले भाषिक समुदाय राज्य की राजभाषा के अतिरिक्त अपनी-अपनी मातृभाषा में भी कार्य कर सकते हैं। हमारा देश बहुभाषी है। विविधताओं वाला है। यहाँ विभिन्न प्रदेशों में विभिन्न भाषाओं और बोलियों का प्रयोग होता है। इनकी संख्या 700 से ऊपर है। कोई भी प्रान्त ऐसा नहीं है, जो एक भाषाभाषी नहीं है। सभी में कम से कम दो या दो से अधिक भाषाओं-बोलियों का प्रयोग किया जाता है। इस बहुभाषिकता के कारण विभिन्न भाषाओं में एक-दूसरे की शब्दावली आदि का समावेश स्वाभाविक

है। सभी भाषाओं में लचीलापन उनकी संरचना के अनुरूप बना हुआ है। इस उदारता से सभी भाषाएँ समृद्ध हो रही हैं।

राजभाषा हिन्दी के कार्यान्वयन के लिए देश को भाषिक आधार पर तीन भागों में रखा गया है–

'क' क्षेत्र–बिहार, हरियाणा, हिमाचल प्रदेश, मध्य प्रदेश, राजस्थान, उत्तर प्रदेश और दिल्ली।

'ख' क्षेत्र–गुजरात, महाराष्ट्र, पंजाब, अण्डमान-निकोबार द्वीप समूह और केन्द्र शासित क्षेत्र।

'ग' क्षेत्र--भारत के अन्य क्षेत्र–बंगाल, उड़ीसा, आसाम, आन्ध्र प्रदेश, तमिलनाडु, कर्नाटक, केरल इत्यादि।

अनुच्छेद 348 : इस अनुच्छेद में उच्चतम न्यायालय तथा उच्च न्यायालयों में प्रयोग की जाने वाली भाषा पर विचार किया गया है। इसमें प्रावधान है कि जब तक विधि द्वारा संसद उपबन्ध न कर ले, तब तक यह कार्य पूर्ववर्त्ती रूप में अर्थात् अंग्रेज़ी में किया जाता रहेगा।

इसके अन्तर्गत इन कार्यक्षेत्रों को रखा गया है–उच्चतम न्यायालय तथा राज्यों के उच्च न्यायालय। इसके लिए संसद के दोनों सदनों (अर्थात् लोकसभा और राज्यसभा) में प्रस्ताव पारित होना चाहिए। साथ ही इससे सम्बन्धित अधिनियम सम्बन्धित राज्य विधान मण्डलों एवं संसद में पारित किये जायें और संसद के मामले में राष्ट्रपति तथा राज्यों के विधान मण्डल के मामले में राज्यपाल से स्वीकृति लेनी होगी। यह प्रस्ताव विधि के अधीन होंगे एवं अंग्रेज़ी भाषा में तैयार किये जायेंगे। राज्यपाल राष्ट्रपति की सम्मति से ही हिन्दी भाषा अथवा अपने राज्य की किसी भाषा का प्रयोग सम्भव होगा। परन्तु यह प्रावधान उच्च न्यायालय द्वारा दिये गये निर्णय अथवा आदेश पर लागू नहीं होगा।

इस धारा का तात्पर्य यह है कि हिन्दी भाषा के विकास तथा प्रसार का उत्तरदायित्व संघ सरकार को दिया गया है। इसमें चार बातों की ओर स्पष्टत: इंगित किया गया है। जो इस प्रकार हैं–

1. हिन्दी को भारत की सामासिक संस्कृति का वाहक बनाना,
2. आठवीं अनुसूची में हिन्दी के साथ स्वीकृत अन्य 21 भाषाओं की शैली, रूप और पदावली का हिन्दी भाषा में समावेश किया जाना,
3. हिन्दी में मुख्य रूप से संस्कृत से और गौणत: अन्य भारतीय भाषाओं से शब्द-ग्रहण

4. ऊपर दी गयी (2) और (3) की स्थिति में भाषा की मूल प्रवृत्ति को बनाये रखना।

प्रश्न किया जा सकता है कि हिन्दी भाषा के विकास और प्रसार कि आवश्यकता क्या है? इसको किस उद्देश्य से किया जा रहा है? हम जानते हैं कि हमारा देश अनेक भाषाओं, धर्मों और संस्कृतियों का देश है। सारी संस्कृतियाँ मिलकर एक समावेशी संस्कृति का निर्माण करती हैं। इसलिए भारतीय संस्कृति को सामासिक संस्कृति कहा जाता है। जब हिन्दी को भारत की सामासिक संस्कृति के सभी तत्त्वों की अभिव्यक्ति का माध्यम बनाया जायेगा, तो स्वाभाविक है कि हिन्दो का अखिल भारतीय रूप निर्मित हो सकेगा। फलत: हिन्दी एक राष्ट्रभाषा के दायित्व का निर्वहन करने में और अधिक सक्षम होगी।

यह भी ध्यान में रहना चाहिए कि हिन्दी के विकास में अन्य स्वीकृत भाषाओं की शैली, रूप, शब्दावली तथा अभिव्यक्तियों का समावेश हिन्दी की मूल प्रकृति की रक्षा करते हुए ही किया जाये। इस दृष्टि से सभी भारतीय भाषाओं की मूलभूत एकता स्थोपित की जा सकेगी।

अनुच्छेद 349 : संविधान के प्रारम्भिक 15 वर्षों की समयावधि तक संसद की के किसी सदन में पारित राजभाषा विषयक कोई विधेयक अथवा संशोधन राष्ट्रपति की स्वीकृति के बिना लागू नहीं होगा। यह विधेयक राजभाषा से सम्बन्धित तीस सदस्यीय आयोग की संस्तुति के बाद ही राष्ट्रपति द्वारा उस संस्तुति के अनुसार विचार करते हुए स्वीकृत किया जायेगा।

अनुच्छेद 350 : इस अनुच्छेद में विशेष निर्देशों की व्यवस्था की गयी है। तदनुसार कोई व्यक्ति अपनी समस्या को संघ और राज्य के पदाधिकारियों से किसी भी स्वीकृत भाषा में निवेदित कर सकेगा। इस तरह से प्रत्येक व्यक्ति को किसी भी स्वीकृत भाषा में पत्राचार करने का अवसर प्रदान किया गया है।

अनुच्छेद 351 : इस अनुच्छेद में संविधान की अष्टम सूची में स्थान प्राप्त 22 भाषाओं को महत्त्व दिया गया है। इस प्रकार हिन्दी भाषा के प्रचार-प्रसार एवं उसके द्वारा भारत की सामाजिक संस्कृति को अभिव्यक्ति मिलेगी। ऐसा संकेत है। हिन्दी भाषा में मुख्य रूप से संस्कृत भाषा की शब्दावली के साथ-साथ अन्य भाषाओं की शब्दावली से समृद्ध करने की संकल्पना की गयी है।

महामहिम राष्ट्रपति का आदेश : 27 अप्रैल, सन् 1960

सन् 1960 में राष्ट्रपति द्वारा निर्गत आदेश में राजभाषा आयोग के प्रतिवेदन पर विचार करने के बाद मुख्य रूप से निम्नांकित निर्देश दिये गये हैं–

1. वैज्ञानिक एवं तकनीकी शब्दावली का निर्माण किया जाये। इसके लिए शिक्षा मन्त्रालय के अधीन एक आयोग की स्थापना की जाये।
2. शिक्षा मन्त्रालय, संवैधानिक आदि के मैनुअलों में एकरूपता लाने के पश्चात् उनका अनुवाद कराया जाये।
3. मानक विधि शब्दकोष, हिन्दी में विधि सम्बन्धी अधिनियम तथा विधि-शब्दावली के निर्माण हेतु क़ानून विशेषज्ञों का एक आयोग स्थापित किया जाये।
4. तृतीय श्रेणी के सरकारी कर्मचारियों को छोड़कर, 45 वर्ष तक की उम्र वाले सभी कर्मचारियों को हिन्दी का प्रशिक्षण अनिवार्य हो। गृहमन्त्रालय हिन्दी आशुलिपि, हिन्दी में टंकण प्रशिक्षण के लिए कार्य योजना तैयार करे।

जैसाकि पीछे कहा गया है, अनुच्छेद 344 के खण्ड (4) के अनुसार लोकसभा के 20 और राज्यसभा के 10 सदस्यों की एक समिति का गठन किया गया था, जिसने प्रथम राजभाषा आयोग द्वारा की गयी सिफ़ारिशों की जाँच-परख करने के बाद सन् 1959 में अपनी रिपोर्ट राष्ट्रपति के सम्मुख प्रस्तुत की। तदनुसार उस रिपोर्ट की मुख्य बातें इस प्रकार हैं–

1. संसदीय समिति की सिफ़ारिश :

1. राजभाषा के बारे में संविधान में बड़ी समन्वित योजना दी हुई है। इसमें योजना के बाहर जाये बिना स्थिति के अनुसार परिवर्तन की गुंजाइश है।
2. विभिन्न प्रादेशिक भाषाएँ राज्यों में शिक्षा और सरकारी कामकाज के माध्यम के रूप में तेज़ी से अंग्रेज़ी का स्थान ले रही हैं। यह स्वाभाविक ही है कि प्रादेशिक भाषाएँ अपना उचित स्थान प्राप्त करें। अतः व्यावहारिक दृष्टि से यह बात आवश्यक हो गयी है कि संघ के प्रयोजनों के लिए कोई एक भाषा काम में लायी जाये। किन्तु ये आवश्यक नहीं है कि यह परिवर्तन किसी नियत तारीख़ को ही हो। यह परिवर्तन धीरे-धीरे इस प्रकार किया जाना चाहिए कि कोई गड़बड़ी न हो और कम से कम असुविधा हो।
3. 1965 तक अंग्रेज़ी मुख्य राजभाषा और हिन्दी सहायक राजभाषा रहनी चाहिए। 1965 में हिन्दी संघ की मुख्य राजभाषा हो जायेगी; किन्तु उसके उपरान्त अंग्रेज़ी सहायक राजभाषा के रूप में चलती रहनी चाहिए।

4. संघ के प्रयोजनों में से किसी के लिए अंग्रेज़ी के प्रयोग पर कोई रोक इस समय नहीं लगायी जानी चाहिए और अनुच्छेद 343 के खण्ड (3) के अनुसार इस बात की व्यवस्था की जानी चाहिए कि 1965 के उपरान्त भी अंग्रेज़ी का प्रयोग इन प्रयोजनों के लिए, जिन्हें संसद विधि द्वारा उल्लखित करे, तब तक होता रहे, जब तक कि वैसा करना आवश्यक रहे।
5. अनुच्छेद 351 का यह उपबन्ध कि हिन्दी का विकास ऐसे किया जाये कि वह भारत की सामासिक संस्कृति के सब तत्त्वों की अभिव्यक्ति का माध्यम बन सके, अत्यन्त महत्त्वपूर्ण है और इस बात के लिए पूरा प्रोत्साहन दिया जाना चाहिए कि सरल और सुबोध शब्द काम में लाये जाये।

अप्रैल, 1965 में इस रपट की प्रतियाँ लोकसभा एवं राज्यसभा दोनों सदनों के पटल पर रखी गयीं। इस रपट पर लोकसभा में 2 से 4 सितम्बर, 1959 को तथा राज्यसभा में 8 से 9 सितम्बर, 1959 तक विचार-विमर्श हुआ।

2. राष्ट्रपति ने संविधान के अनुच्छेद 343 के खण्ड (6) में निहित शक्तियों का प्रयोग करते हुए इस रपट पर विचार किया। तदुपरान्त राजभाषा आयोग की सिफ़ारिशों पर समिति द्वारा दी गयी अनुशंसाओं को ध्यान में रखते हुए निम्नलिखित संस्तुतियों को स्वीकार कर लिया–
3. **शब्दावली** : आयोग की जिन संस्तुतियों को स्वीकार किया, वे हैं–

(i) राजभाषा की शब्दावली तैयार करने में हमारा प्रमुख लक्ष्य होना चाहिए– स्पष्टता, सरलता और यथार्थता।

(ii) हमको अन्तरराष्ट्रीय शब्दावली अपनानी चाहिए अथवा जहाँ भी आवश्यक हो, उसका हिन्दी के सन्दर्भ में अनुकूलन कर लिया जाये।

(iii) शब्दावली के विकास के समय हमें यह लक्ष्य अपने ध्यान में रखना चाहिए कि सभी भारतीय भाषाओं के लिए अधिकतम एकरूपता हो।

(iv) हिन्दी एवं अन्य भारतीय भाषाओं में शब्दावली के विकास के लिए केन्द्र और राज्यों में जो प्रयत्न किये जा रहे हैं, उनमें परस्पर समन्वय होना चाहिए। इसके लिए समुचित प्रबन्ध किये जायें। इसके अतिरिक्त समिति का यह भी मत है कि विज्ञान तथा प्रौद्योगिकी के क्षेत्र में जहाँ तक सम्भव हो समरूपता होनी चाहिए। और शब्दावली अंग्रेज़ी अथवा अन्तरराष्ट्रीय शब्दावली जैसी होनी चाहिए। इस दृष्टि से समिति का सुझाव है कि इस क्षेत्र में जो संस्थाएँ कार्य कर रही हैं, उनसे समन्वय स्थापित करने तथा

इसकी निगरानी के लिए और सभी भारतीय भाषाओं में प्रयोग किये जाने हेतु एक प्रामाणिक शब्दकोश तैयार करने की दृष्टि से एक ऐसा आयोग गठित किया जाये जिसके सदस्य मुख्य रूप से वैज्ञानिक तथा औद्योगिकी के क्षेत्र से हों।

तदनुसार समिति ने सुझाव दिया कि भारत सरकार के शिक्षा मन्त्रालय द्वारा स्थायी रूप से विज्ञान तथा तकनीकी शब्दावली आयोग की स्थापना की जाये।

4. प्रशासनिक संहिताओं और अन्य कार्यविधि साहित्य का अनुवाद किये जाने हेतु आदेश निर्गत किये जायें।
5. प्रशासनिक सरकारी कर्मचारी वर्ग को हिन्दी का प्रशिक्षण : 45 वर्ष से कम आयु के सभी केन्द्रीय कर्मचारियों को सेवाकालीन प्रशिक्षण का प्रावधान किया जाये।
6. हिन्दी-प्रचार : आयोग की संस्तुति थी, हिन्दी के प्रचार-प्रसार और प्रशिक्षण का उत्तरदायित्व सरकार का होगा। यह भी कि भारतीय भाषाओं को परस्पर निकट लाने के लिए अनुच्छेद 351 में दिये गये निदेशों के अनुसार हिन्दी के विकास की योजना तैयार हो।

केन्द्रीय सरकार के सरकारी विभाग के कार्यालयों के लिए भर्ती, प्रशिक्षण, संस्थानों में हिन्दी के अध्ययन की व्यवस्था, अखिल भारतीय सेवाओं एवं उच्चतर केन्द्रीय सेवाओं में भर्ती परीक्षाओं का माध्यम (अन्तरराष्ट्रीय अंकों के साथ) हिन्दी होना चाहिए। साथ ही अधिनियमों/विधेयकों का अनुवाद, उच्चतम न्यायालय तथा उच्च न्यायालयों एवं न्यायिक/विधि के क्षेत्रों में शब्दावली आयोग की स्थापना हेतु हिन्दी के प्रगामी प्रयोग के लिए योजनाबद्ध कार्यक्रम के सम्बन्ध में समिति की सिफ़ारिश प्रस्तुत की गयी। इसी सिफ़ारिश के आलोक में सन् 1961 ईस्वी में भारत सरकार द्वारा 'वैज्ञानिक एवं तकनीकी शब्दावली आयोग' की स्थापना गयी। आयोग द्वारा अब तक विभिन्न क्षेत्रों की लाखों शब्दों की शब्दावली की तैयार जा चुकी है। यह क्रम आज भी जारी है।

सन् 1962-63 ईस्वी से राजपत्र (गजट) हिन्दी तथा अंग्रेज़ी दोनों भाषाओं में प्रकाशन की व्यवस्था है।

राजभाषा संकल्प, 1968

भारतीय संसद के दोनों सदनों (राज्यसभा और लोकसभा) ने 1968 में 'राजभाषा संकल्प' के नाम से निम्नलिखित संकल्प लिया–

1. जबकि संविधान के अनुच्छेद 343 के अनुसार संघ की राजभाषा हिन्दी रहेगी और उसके अनुच्छेद 351 के अनुसार हिन्दी भाषा का प्रसार, वृद्धि करना और उसका विकास करना ताकि वह भारत की सामासिक संस्कृति के सब तत्त्वों की अभिव्यक्ति का माध्यम हो सके, संघ का कर्तव्य है :
   यह सभा संकल्प करती है कि हिन्दी के प्रसार एवं विकास की गति बढ़ाने हेतु तथा संघ के विभिन्न राजकीय प्रयोजनों के लिए उत्तरोत्तर इसके प्रयोग हेतु भारत सरकार द्वारा एक अधिक गहन एवं व्यापक कार्यक्रम तैयार किया जायेगा और उसे कार्यान्वित किया जायेगा और किये जाने वाले उपायों एवं की जाने वाली प्रगति की विस्तृत वार्षिक मूल्यांकन रिपोर्ट संसद की दोनों सभाओं के पटल पर रखी जायेगी और सब राज्य सरकारों को भेजी जायेगी।
2. जबकि संविधान की आठवीं अनुसूची में हिन्दी के अतिरिक्त भारत की 22 मुख्य भाषाओं का उल्लेख किया गया है; और देश की शैक्षणिक एवं सांस्कृतिक उन्नति के लिए यह आवश्यक है कि इन भाषाओं के पूर्ण विकास-हेतु सामूहिक उपाये किये जाने चाहिए :
   यह सभा संकल्प करती है कि हिन्दी के साथ-साथ इन सब भाषाओं के समन्वित विकास हेतु भारत सरकार द्वारा राज्य सरकारों के सहयोग से एक कार्यक्रम तैयार किया जायेगा और उसे कार्यान्वित किया जायेगा ताकि वे शीघ्र समृद्ध हों और आधुनिक ज्ञान के संचार का प्रभावी माध्यम बनें।
3. जबकि एकता की भावना के संवर्धन तथा देश के विभिन्न भागों में जनता में संचार की सुविधा हेतु यह आवश्यक है कि भारत सरकार द्वारा राज्य सरकारों के परामर्श से तैयार किये गये त्रि-भाषा सूत्र को सभी राज्यों में पूर्णत: कार्यान्वित करने के लिए प्रभावी किया जाना चाहिए :
   यह सभा संकल्प करती है कि हिन्दी भाषी क्षेत्रों में हिन्दी तथा अंग्रेज़ी के अतिरिक्त एक आधुनिक भारतीय भाषा के, दक्षिण भारत की भाषाओं में से किसी एक को तरजीह देते हुए, और अहिन्दी भाषी क्षेत्रों में प्रादेशिक भाषाओं एवं अंग्रेज़ी के साथ साथ हिन्दी के अध्ययन के लिए उस सूत्र के अनुसार प्रबन्ध किया जाना चाहिए।

4. और जबकि यह सुनिश्चित करना आवश्यक है कि संघ की लोक सेवाओं के विषय में देश के विभिन्न भागों के लोगों के न्यायोचित दावों और हितों का पूर्ण परित्राण किया जाये।

यह सभा संकल्प करती है कि–

(क) कि उन विशेष सेवाओं अथवा पदों को छोड़कर जिनके लिए ऐसी किसी सेवा अथवा पद के कर्तव्यों के सन्तोषजनक निष्पादन हेतु केवल अंग्रेज़ी अथवा केवल हिन्दी अथवा दोनों जैसी कि स्थिति हो, का उच्च स्तर का ज्ञान आवश्यक समझा जाये, संघ सेवाओं अथवा पदों के लिए भर्ती करने हेतु उम्मीदवारों के चयन के समय हिन्दी अथवा अंग्रेज़ी में से किसी एक का ज्ञान अनिवार्यत होगा; और

(ख) कि परीक्षाओं की भावी योजना, प्रक्रिया सम्बन्धी पहलुओं एवं समय के विषय में संघ लोक सेवा आयोग के विचार जानने के पश्चात अखिल भारतीय एवं उच्चतर केन्द्रीय सेवाओं सम्बन्धी परीक्षाओं के लिए संविधान की आठवीं अनुसूची में सम्मिलित सभी भाषाओं तथा अंग्रेज़ी को वैकल्पिक माध्यम के रूप में रखने की अनुमति होगी।

विभिन्न समितियों का गठन

केन्द्रीय सरकार के एक निर्णय के अनुसार राजभाषा नीति का कार्यान्वयन सुनिश्चित करने और इस सम्बन्ध में आवश्यक सलाह देने के लिए जनता के साथ अधिक सम्पर्क में आने वाले मन्त्रालयों/विभागों में हिन्दी सलाहकार समितियाँ गठित करने का सुझाव दिया गया था। इस निर्णय के अनुसार अब तक 27 मन्त्रालयों में हिन्दी सलाहकार समितियों का गठन किया गया है। इन समितियों में संसद सदस्यों तथा हिन्दी विद्वानों के अतिरिक्त मन्त्रालय विशेष के वरिष्ठ अधिकारी सम्मिलित होते हैं। उन विभागों से सम्बन्धित मन्त्री इसके अध्यक्ष होते हैं।

इन समितियों का गठन केन्द्रीय हिन्दी समिति (जिसके अध्यक्ष प्रधानमन्त्री होते हैं) की संस्तुति के आधार पर बनाये गये मार्गदर्शी सिद्धान्तों के अनुसार किया जाना अपेक्षित होता है। ये समितियाँ समय-समय पर अपने-अपने मन्त्रालयों/विभागों/उपक्रमों में हिन्दी की प्रगति की समीक्षा करती हैं, विभाग में हिन्दी के प्रयोग को बढ़ाने के तरीक़े विचार करती हैं और राजभाषा नीति के अनुपालन के लिए ठोस क़दम उठाती हैं। सामान्यत: नियमानुसार इनकी बैठकें 3 महीने में एक बार अवश्य होनी चाहिए।

संसदीय राजभाषा समिति/केन्द्रीय राजभाषा कार्यान्वयन समिति

यह समिति सभी मन्त्रालयों/विभागों की कार्यान्वयन समितियों में समन्वय का कार्य करती है। राजभाषा विभाग के सचिव तथा भारत सरकार के हिन्दी सलाहकार इसके अध्यक्ष होते हैं। मन्त्रालयों/विभागों में राजभाषा हिन्दी का कार्य देख रहे प्रभारी अधिकारी (संयुक्त सचिव पद के समान) तथा मन्त्रालयों में राजभाषा का कार्य-सम्पादन करने वाले निदेशक तथा उपसचिव इसके पदेन सदस्य होते हैं। यह समिति, राजभाषा अधिनियमों के उपबन्धों तथा गृहमन्त्रालय द्वारा समय-समय पर जारी किये गये अनुदेशों के कार्यान्वयन में हुई प्रगति का पुनरीक्षण करती है और उनके अनुपालन में आयी कठिनाइयों के निराकरण के उपायों पर विचार करती है। इस समिति की बैठक का आयोजन प्रतिवर्ष किया जाता है।

नगर राजभाषा कार्यान्वयन समिति (नराकास)

यह राजभाषा विभाग द्वारा गठित समिति होती है जो नगर स्तर पर राजभाषा कार्यान्वय सम्बन्धी कार्य देखती है। सन् 1976 के एक आदेश के अनुसार इनका गठन किया गया। बड़े-बड़े नगरों में जहाँ केन्द्रीय सरकार के दस या उससे अधिक कार्यालय हैं, वहाँ नगर राजभाषा कार्यान्वयन समितियों (नराकास) का गठन किया गया। समिति का गठन राजभाषा विभाग के क्षेत्रीय कार्यान्वयन कार्यालयों से प्राप्त प्रस्तावों के आधार पर भारत सरकार के राजभाषा सचिव द्वारा किया जाता है।

इसकी बैठकें वर्ष में दो बार होती हैं। इनकी अध्यक्षता नगर के वरिष्ठतम अधिकारी करते हैं। इन समितियों में नगर में स्थित सभी केन्द्रीय सरकारी कार्यालयों, उपक्रमों तथा बैंकों के प्रतिनिधि भाग लेते हैं। वे अपने-अपने कार्यालयों की त्रैमासिक प्रगति आख्या या प्रतिवेदन (रिपोर्ट) की समीक्षा करते हैं और हिन्दी के प्रयोग को बढ़ाने के लिए सुझाव देते हैं। प्रारम्भ में ऐसे नगरों की संख्या सीमित थी, अब बढ़ती जा रही है। हिन्दी के प्रयोग को बढ़ाने में इन बैठकों से विशेष लाभ हुआ है। इस समय (सन् 2022) में पूरे भारत में 500 से अधिक नगर राजभाषा कार्यान्वयन समितियाँ कार्य कर रहीं हैं।

सन् 1979 के आदेश द्वारा इसके कार्यों में विस्तार करते हुए निम्नलिखित कर्तव्य निश्चित किये गये थे :

राजभाषा अधिनियम/नियम और सरकारी कामकाज में हिन्दी का प्रयोग बढ़ाने के सम्बन्ध में भारत सरकार द्वारा जारी किये गये आदेशों और हिन्दी के प्रयोग से सम्बन्धित वार्षिक कार्यक्रम के कार्यान्वयन की स्थिति की समीक्षा, नगर के केन्द्रीय

सरकार के कार्यालयों में हिन्दी का प्रयोग बढ़ाने के सम्बन्ध में किये जाने वाले उपायों पर विचार, हिन्दी के सन्दर्भ सहित्य, टाइपराइटरों, टाइपिस्टों, आशुलिपिकों आदि की उपलब्धि की समीक्षा, हिन्दी, हिन्दी टाइपिंग तथा हिन्दी आशुलिपि के प्रशिक्षण से सम्बन्धित समस्याओं पर विचार।

परिशिष्ट-1

राजभाषा अधिनियम

राजभाषा अधिनियम, 1963 (संशोधित, 1967)
(1963 का अधिनियम संख्या 19)
[10 मई, 1963]

उन भाषाओं का प्रावधान करने के लिए एक अधिनियम जिनका उपयोग संघ के आधिकारिक उद्देश्यों के लिए, संसद में कामकाज के लेन-देन के लिए, केन्द्रीय और राज्य अधिनियमों के लिए और उच्च न्यायालयों में कुछ उद्देश्यों के लिए किया जा सकता है।

भारत गणराज्य के चौदहवें वर्ष में संसद द्वारा इसे निम्नानुसार अधिनियमित किया जाये :

2. परिभाषाएँ

इस अधिनियम में, जब तक कि सन्दर्भ से अन्यथा अपेक्षित न हो–

धारा 3 के सम्बन्ध में 'नियुक्ति दिवस' का अर्थ 26 जनवरी, 1995 है और इस अधिनियम के किसी अन्य प्रावधान के सम्बन्ध में, वह दिन है जिस दिन वह प्रावधान लागू होता है; 'हिन्दी' का अर्थ देवनागरी लिपि में हिन्दी है।

3. संघ के आधिकारिक उद्देश्यों और संसद में उपयोग के लिए अंग्रेज़ी भाषा का जारी रहना संविधान के प्रारम्भ से पन्द्रह वर्षों की अवधि समाप्त होने के बावजूद, नियत दिन से, हिन्दी के अलावा, अंग्रेज़ी भाषा का उपयोग जारी रखा जा सकता है–

   संघ के सभी आधिकारिक उद्देश्यों के लिए जिसके लिए इसका उपयोग उस दिन से ठीक पहले किया जा रहा था; और

   संसद में कामकाज के लेन-देन के लिए।

4. **राजभाषा समिति**

(1) धारा 3 के लागू होने की तारीख़ से दस वर्ष की समाप्ति के बाद, राष्ट्रपति की पूर्व मंज़ूरी के साथ संसद के किसी भी सदन में इस आशय का प्रस्ताव पेश करने पर राजभाषा समिति का गठन किया जायेगा। और दोनों सदनों से पारित हो गया।

(2) समिति में तीस सदस्य होंगे, जिनमें से बीस लोकसभा के सदस्य होंगे और दस राज्य परिषद के सदस्य होंगे, जिन्हें क्रमश: लोकसभा के सदस्यों और राज्य परिषद के सदस्यों द्वारा चुना जायेगा। एकल संक्रमणीय मत के माध्यम् से आनुपातिक प्रतिनिधित्व प्रणाली के अनुसार राज्यों की परिषद का?

(3) समिति का यह कर्तव्य होगा कि वह संघ के आधिकारिक उद्देश्यों के लिए हिन्दी के उपयोग में हुई प्रगति की समीक्षा करे और उस पर सिफ़ारिशें करते हुए राष्ट्रपति को एक रिपोर्ट प्रस्तुत करे और राष्ट्रपति उस रिपोर्ट को प्रत्येक के समक्ष रखवायेंगे। संसद भवन, और सभी राज्य सरकारों को भेजा गया।

(4) राष्ट्रपति, उपधारा (3) में निर्दिष्ट रिपोर्ट और उस पर राज्य सरकारों द्वारा व्यक्त किये गये विचारों, यदि कोई हो, पर विचार करने के बाद, उस रिपोर्ट के सम्पूर्ण या किसी भाग के अनुसार निर्देश जारी कर सकते हैं।

5. केन्द्रीय अधिनियमों आदि का अधिकृत हिन्दी अनुवाद।

(1) नियत दिन पर और उसके बाद आधिकारिक राजपत्र में राष्ट्रपति के अधिकार के तहत प्रकाशित हिन्दी में अनुवाद किसी केन्द्रीय अधिनियम या राष्ट्रपति द्वारा प्रख्यापित किसी अध्यादेश का, या संविधान के तहत या किसी केन्द्रीय अधिनियम के तहत जारी किये गये किसी भी आदेश, नियम, विनियमन या उप-क़ानून का। इसे हिन्दी में प्रामाणिक पाठ माना जायेगा।

(2) नियत दिन से, संसद के किसी भी सदन में पेश किये जाने वाले सभी विधेयकों या उनमें पेश किये जाने वाले संशोधनों का अंग्रेज़ी भाषा में आधिकारिक पाठ उसके साथ हिन्दी में अधिकृत अनुवाद के साथ किया जायेगा। इस अधिनियम के तहत बनाये गये नियमों द्वारा निर्धारित।

6. कुछ मामलों में राज्य अधिनियमों का अधिकृत हिन्दी अनुवाद

जहाँ किसी राज्य के विधानमण्डल ने राज्य के विधानमण्डल द्वारा पारित अधिनियमों या राज्य के राज्यपाल द्वारा प्रख्यापित अध्यादेशों में उपयोग के लिए हिन्दी के अलावा किसी अन्य भाषा को निर्धारित किया है, वहाँ उसके अनुवाद के अलावा हिन्दी में भी अनुवाद किया जा सकता है। संविधान के अनुच्छेद 348 के खण्ड (3) द्वारा अपेक्षित अंग्रेज़ी भाषा में, उस राज्य के आधिकारिक राजपत्र में राज्य के राज्यपाल के अधिकार के तहत नियत दिन पर या उसके बाद प्रकाशित किया जा सकता है और ऐसे मामले में, अनुवाद किया जा सकता है। इसलिए ऐसे किसी भी अधिनियम या अध्यादेश का हिन्दी भाषा में आधिकारिक पाठ हिन्दी ही माना जायेगा।

7. उच्च न्यायालयों के निर्णयों आदि में हिन्दी अथवा अन्य राजभाषा का वैकल्पिक प्रयोग

नियत दिन से या उसके बाद किसी भी दिन, किसी राज्य का राज्यपाल, राष्ट्रपति की पूर्व सहमति से, किसी भी प्रयोजन के लिए अंग्रेज़ी भाषा के अलावा हिन्दी या राज्य की आधिकारिक भाषा के उपयोग को अधिकृत कर सकता है। उस राज्य के लिए उच्च न्यायालय द्वारा पारित या बनाया गया निर्णय, डिक्री या आदेश और जहाँ कोई भी निर्णय, डिक्री या आदेश किसी ऐसी भाषा (अंग्रेज़ी भाषा के अलावा) में पारित या दिया जाता है, उसके साथ उसका अनुवाद भी होना चाहिए। उच्च न्यायालय के अधिकार के तहत जारी अंग्रेज़ी भाषा।

8. नियम बनाने की शक्ति

(1) केन्द्र सरकार, आधिकारिक राजपत्र में अधिसूचना द्वारा, इस अधिनियम के उद्देश्यों को पूरा करने के लिए नियम बना सकती है।

(2) इस धारा के तहत बनाये गये प्रत्येक नियम को, इसके बनने के तुरन्त बाद, संसद के प्रत्येक सदन के समक्ष रखा जायेगा, जबकि यह सत्र में कुल तीस दिनों की अवधि के लिए होगा, जो एक सत्र या दो में शामिल हो सकता है। क्रमिक सत्र, और यदि उस सत्र की समाप्ति से पहले जिसमें इसे रखा गया है या तुरन्त बाद के सत्र में, दोनों सदन नियम में कोई संशोधन करने पर सहमत हैं या दोनों सदन इस बात पर सहमत हैं कि नियम नहीं बनाया जाना चाहिए, तो नियम उसके बाद होगा जैसा भी

मामला हो, केवल ऐसे संशोधित रूप में ही प्रभावी होगा या कोई प्रभाव नहीं डालेगा, इसलिए ऐसा कोई भी संशोधन या रद्दीकरण उस नियम के तहत पहले की गयी किसी भी चीज़ की वैधता पर प्रतिकूल प्रभाव डाले बिना होगा।

9. कुछ प्रावधान जम्मू-कश्मीर पर लागू नहीं होंगे।

धारा 6 और धारा 7 के प्रावधान जम्मू-कश्मीर राज्य पर लागू नहीं होंगे।

(स्रोत, भारत सरकार, गृहमन्त्रालय, राजभाषा विभाग)

राजभाषा नियम, 1976

राजभाषा (संघ के शासकीय प्रयोजनों के लिए प्रयोग)
नियम, 1976 (यथा संशोधित, 1987, 2007 तथा 2011)
सा.का.नि. 1052–राजभाषा अधिनियम, 1963 (1963 का 19) की धारा 3 की उपधारा (4) के साथ पठित धारा 8 द्वारा प्रदत्त शक्तियों का प्रयोग करते हुए, केन्द्रीय सरकार निम्नलिखित नियम बनाती है, अर्थात् :

संक्षिप्त नाम, विस्तार और प्रारम्भ

इन नियमों का संक्षिप्त नाम राजभाषा (संघ के शासकीय प्रयोजनों के लिए प्रयोग) नियम, 1976 है।

इनका विस्तार, तमिलनाडु राज्य के सिवाय सम्पूर्ण भारत पर है।

ये राजपत्र में प्रकाशन की तारीख़ को प्रवृत्त होंगे।

परिभाषाएँ–इन नियमों में, जब तक कि सन्दर्भ से अन्यथा अपेक्षित न हो :

'अधिनियम' से राजभाषा अधिनियम, 1963 (1963 का 19) अभिप्रेत है;

'केन्द्रीय सरकार के कार्यालय' के अन्तर्गत निम्नलिखित भी है, अर्थात् :

केन्द्रीय सरकार का कोई मन्त्रालय, विभाग या कार्यालय;

केन्द्रीय सरकार द्वारा नियुक्त किसी आयोग, समिति या अधिकरण का कोई कार्यालय; और

केन्द्रीय सरकार के स्वामित्व में या नियन्त्रण के अधीन किसी निगम या कम्पनी का कोई कार्यालय;

'कर्मचारी' से केन्द्रीय सरकार के कार्यालय में नियोजित कोई व्यक्ति अभिप्रेत है;

'अधिसूचित कार्यालय' से नियम 10 के उपनियम (4) के अधीन अधिसूचित कार्यालय, अभिप्रेत है;

'हिन्दी में प्रवीणता' से नियम 9 में वर्णित प्रवीणता अभिप्रेत है;

'क्षेत्र क' से बिहार, हरियाणा, हिमाचल प्रदेश, मध्य प्रदेश, छत्तीसगढ़, झारखण्ड़, उत्तराखण्ड, राजस्थान और उत्तर प्रदेश राज्य तथा अण्डमान और निकोबार द्वीप समूह, दिल्ली संघ राज्य क्षेत्र अभिप्रेत है;

'क्षेत्र ख' से गुजरात, महाराष्ट्र और पंजाब राज्य तथा चण्डीगढ़, दमन और दीव तथा दादरा और नगर हवेली संघ राज्य क्षेत्र अभिप्रेत हैं;

'क्षेत्र ग' से खण्ड (च) और (छ) में निर्दिष्ट राज्यों और संघ राज्य क्षेत्रों से भिन्न राज्य तथा संघ राज्य क्षेत्र अभिप्रेत हैं;

हिन्दी का कार्यसाधक ज्ञान से नियम 10 में वर्णित कार्यसाधक ज्ञान अभिप्रेत है।

राज्यों आदि और केन्द्रीय सरकार के कार्यालयों से भिन्न कार्यालयों के साथ पत्रादि–

केन्द्रीय सरकार के कार्यालय से क्षेत्र 'क' में किसी राज्य या संघ राज्य क्षेत्र को या ऐसे राज्य या संघ राज्य क्षेत्र में किसी कार्यालय (जो केन्द्रीय सरकार का कार्यालय न हो) या व्यक्ति को पत्रादि असाधारण दशाओं को छोड़कर हिन्दी में होंगे और यदि उनमें से किसी को कोई पत्रादि अंग्रेज़ी में भेजे जाते हैं तो उनके साथ उनका हिन्दी अनुवाद भी भेजा जायेगा।

केन्द्रीय सरकार के कार्यालय से

क्षेत्र 'ख' में किसी राज्य या संघ राज्य क्षेत्र को या ऐसे राज्य या संघ राज्य क्षेत्र में किसी कार्यालय (जो केन्द्रीय सरकार का कार्यालय न हो) को पत्रादि सामान्यतया हिन्दी में होंगे और यदि इनमें से किसी को कोई पत्रादि अंग्रेज़ी में भेजे जाते हैं तो उनके साथ उनका हिन्दी अनुवाद भी भेजा जायेगा: परन्तु यदि कोई ऐसा राज्य या संघ राज्य क्षेत्र यह चाहता है कि किसी विशिष्ट वर्ग या प्रवर्ग के पत्रादि या उसके किसी कार्यालय के लिए आशयित पत्रादि सम्बद्ध राज्य या संघ राज्य क्षेत्र की सरकार द्वारा विनिर्दिष्ट अवधि तक अंग्रेज़ी या हिन्दी में भेजे जायें और उसके साथ दूसरी भाषा में उसका अनुवाद भी भेजा जाये तो ऐसे पत्रादि उसी रीति से भेजे जायेंगे;

क्षेत्र 'ख' के किसी राज्य या संघ राज्य क्षेत्र में किसी व्यक्ति को पत्रादि हिन्दी या अंग्रेज़ी में भेजे जा सकते हैं।

केन्द्रीय सरकार के कार्यालय से क्षेत्र 'ग' में किसी राज्य या संघ राज्य क्षेत्र को या ऐसे राज्य में किसी कार्यालय (जो केन्द्रीय सरकार का कार्यालय न हो)या व्यक्ति को पत्रादि अंग्रेज़ी में होंगे।

उपनियम (1) और (2) में किसी बात के होते हुए भी, क्षेत्र 'ग' में केन्द्रीय सरकार के कार्यालय से क्षेत्र 'क' या 'ख' में किसी राज्य या संघ राज्य क्षेत्र को या ऐसे राज्य में किसी कार्यालय (जो केन्द्रीय सरकार का कार्यालय न हो) या व्यक्ति को पत्रादि हिन्दी या अंग्रेज़ी में हो सकते हैं। परन्तु हिन्दी में पत्रादि ऐसे अनुपात में होंगे जो केन्द्रीय सरकार ऐसे कार्यालयों में हिन्दी का कार्यसाधक ज्ञान रखने वाले व्यक्तियों की संख्या, हिन्दी में पत्रादि भेजने की सुविधाओं और उससे आनुषंगिक बातों को ध्यान में रखते हुए समय-समय पर अवधारित करे।

केन्द्रीय सरकार के कार्यालयों के बीच पत्रादि–

केन्द्रीय सरकार के किसी एक मन्त्रालय या विभाग और किसी दूसरे मन्त्रालय या विभाग के बीच पत्रादि हिन्दी या अंग्रेज़ी में हो सकते हैं;

केन्द्रीय सरकार के एक मन्त्रालय या विभाग और क्षेत्र 'क' में स्थित संलग्न या अधीनस्थ कार्यालयों के बीच पत्रादि हिन्दी में होंगे और ऐसे अनुपात में होंगे जो केन्द्रीय सरकार, ऐसे कार्यालयों में हिन्दी का कार्यसाधक ज्ञान रखने वाले व्यक्तियों की संख्या, हिन्दी में पत्रादि भेजने की सुविधाओं और उससे सम्बन्धित आनुषंगिक बातों को ध्यान में रखते हुए, समय-समय पर अवधारित करे;

क्षेत्र 'क' में स्थित केन्द्रीय सरकार के ऐसे कार्यालयों के बीच, जो खण्ड (क) या खण्ड (ख) में विनिर्दिष्ट कार्यालयों से भिन्न हैं, पत्रादि हिन्दी में होंगे;

क्षेत्र 'क' में स्थित केन्द्रीय सरकार के कार्यालयों और क्षेत्र 'ख' या 'ग' में स्थित केन्द्रीय सरकार के कार्यालयों के बीच पत्रादि हिन्दी या अंग्रेज़ी में हो सकते हैं;

परन्तु ये पत्रादि हिन्दी में ऐसे अनुपात में होंगे जो केन्द्रीय सरकार ऐसे कार्यालयों में हिन्दी का कार्यसाधक ज्ञान रखने वाले व्यक्तियों की संख्या, हिन्दी में पत्रादि भेजने की सुविधाओं और उससे आनुषंगिक बातों को ध्यान में रखते हुए समय-समय पर अवधारित करे;

क्षेत्र 'ख' या 'ग' में स्थित केन्द्रीय सरकार के कार्यालयों के बीच पत्रादि हिन्दी या अंग्रेज़ी में हो सकते हैं;

परन्तु ये पत्रादि हिन्दी में ऐसे अनुपात में होंगे जो केन्द्रीय सरकार ऐसे कार्यालयों में हिन्दी का कार्यसाधक ज्ञान रखने वाले व्यक्तियों की संख्या, हिन्दी में पत्रादि भेजने की सुविधाओं और उससे आनुषंगिक बातों को ध्यान में रखते हुए समय-समय पर अवधारित करे;

परन्तु जहाँ ऐसे पत्रादि–

क्षेत्र 'क' या क्षेत्र 'ख' किसी कार्यालय को सम्बोधित हैं वहाँ यदि आवश्यक हो तो, उनका दूसरी भाषा में अनुवाद, पत्रादि प्राप्त करने के स्थान पर किया जायेगा;

क्षेत्र 'ग' में किसी कार्यालय को सम्बोधित है, वहाँ उनका दूसरी भाषा में अनुवाद, उनके साथ भेजा जायेगा;

परन्तु यह और कि यदि कोई पत्रादि किसी अधिसूचित कार्यालय को सम्बोधित है तो दूसरी भाषा में ऐसा अनुवाद उपलब्ध कराने की अपेक्षा नहीं की जायेगी।

हिन्दी में प्राप्त पत्रादि के उत्तर–

नियम 3 और नियम 4 में किसी बात के होते हुए भी, हिन्दी में पत्रादि के उत्तर केन्द्रीय सरकार के कार्यालय से हिन्दी में दिये जायेंगे।

हिन्दी और अंग्रेज़ी दोनों का प्रयोग

अधिनियम की धारा 3 की उपधारा (3) में निर्दिष्ट सभी दस्तावेज़ों के लिए हिन्दी और अंग्रेज़ी दोनों का प्रयोग किया जायेगा और ऐसे दस्तावेज़ों पर हस्ताक्षर करने वाले व्यक्तियों का यह उत्तरदायित्व होगा कि वे यह सुनिश्चित कर लें कि ऐसी दस्तावेज़ें हिन्दी और अंग्रेज़ी दोनों ही में तैयार की जाती हैं, निष्पादित की जाती हैं और जारी की जाती हैं।

आवेदन, अभ्यावेदन आदि

कोई कर्मचारी आवेदन, अपील या अभ्यावेदन हिन्दी या अंग्रेज़ी में कर सकता है।

जब उपनियम (1) में विनिर्दिष्ट कोई आवेदन, अपील या अभ्यावेदन हिन्दी में किया गया हो या उस पर हिन्दी में हस्ताक्षर किये गये हों, तब उसका उत्तर हिन्दी में दिया जायेगा।

यदि कोई कर्मचारी यह चाहता है कि सेवा सम्बन्धी विषयों (जिनके अन्तर्गत अनुशासनिक कार्यवाहियाँ भी हैं) से सम्बन्धित कोई आदेश या सूचना, जिसका कर्मचारी पर तामील किया जाना अपेक्षित है, यथास्थिति, हिन्दी या अंग्रेज़ी में होनी चाहिए तो वह उसे असम्यक् विलम्ब के बिना उसी भाषा में दी जायेगी।

केन्द्रीय सरकार के कार्यालयों में टिप्पणों का लिखा जाना

कोई कर्मचारी किसी फ़ाइल पर टिप्पण या कार्यवृत्त हिन्दी या अंग्रेज़ी में लिख सकता है और उससे यह अपेक्षा नहीं की जायेगी कि वह उसका अनुवाद दूसरी भाषा में प्रस्तुत करे।

केन्द्रीय सरकार का कोई भी कर्मचारी, जो हिन्दी का कार्यसाधक ज्ञान रखता है, हिन्दी में किसी दस्तावेज़ के अंग्रेज़ी अनुवाद की माँग तभी कर सकता है, जब वह दस्तावेज़ विधिक या तकनीकी प्रकृति का है, अन्यथा नहीं।

यदि यह प्रश्न उठता है कि कोई विशिष्ट दस्तावेज़ विधिक या तकनीकी प्रकृति का है या नहीं तो विभाग या कार्यालय का प्रधान उसका विनिश्चय करेगा।

उपनियम (1) में किसी बात के होते हुए भी, केन्द्रीय सरकार, आदेश द्वारा ऐसे अधिसूचित कार्यालयों को विनिर्दिष्ट कर सकती है जहाँ ऐसे कर्मचारियों द्वारा, जिन्हें हिन्दी में प्रवीणता प्राप्त है, टिप्पण, प्रारूपण और ऐसे अन्य शासकीय प्रयोजनों के लिए, जो आदेश में विनिर्दिष्ट किये जायें, केवल हिन्दी का प्रयोग किया जायेगा।

हिन्दी में प्रवीणता

यदि किसी कर्मचारी ने मैट्रिक परीक्षा या उसकी समतुल्य या उससे उच्चतर कोई परीक्षा हिन्दी के माध्यम से उत्तीर्ण कर ली है;या स्नातक परीक्षा में अथवा स्नातक परीक्षा की समतुल्य या उससे उच्चतर किसी अन्य परीक्षा में हिन्दी को एक वैकल्पिक विषय के रूप में लिया हो; या यदि वह इन नियमों से उपाबद्ध प्ररूप में यह घोषणा करता है कि उसे हिन्दी में प्रवीणता प्राप्त है; तो उसके बारे में यह समझा जायेगा कि उसने हिन्दी में प्रवीणता प्राप्त कर ली है।

हिन्दी का कार्यसाधक ज्ञान

यदि किसी कर्मचारी ने–

मैट्रिक परीक्षा या उसकी समतुल्य या उससे उच्चतर परीक्षा हिन्दी विषय के साथ उत्तीर्ण कर ली है; या

केन्द्रीय सरकार की हिन्दी परीक्षा योजना के अन्तर्गत आयोजित प्राज्ञ परीक्षा या यदि उस सरकार द्वारा किसी विशिष्ट प्रवर्ग के पदों के सम्बन्ध में उस योजना के अन्तर्गत कोई निम्नतर परीक्षा विनिर्दिष्ट है, वह परीक्षा उत्तीर्ण कर ली है; या केन्द्रीय सरकार द्वारा उस निमित्त विनिर्दिष्ट कोई अन्य परीक्षा उत्तीर्ण कर ली है; या

यदि वह इन नियमों से उपाबद्ध प्ररूप में यह घोषणा करता है कि उसने ऐसा ज्ञान प्राप्त कर लिया है;

तो उसके बारे में यह समझा जायेगा कि उसने हिन्दी का कार्यसाधक ज्ञान प्राप्त कर लिया है।

यदि केन्द्रीय सरकार के किसी कार्यालय में कार्य करने वाले कर्मचारियों में से अस्सी प्रतिशत ने हिन्दी का ऐसा ज्ञान प्राप्त कर लिया है तो उस कार्यालय के कर्मचारियों के बारे में सामान्यतया यह समझा जायेगा कि उन्होंने हिन्दी का कार्यसाधक ज्ञान प्राप्त कर लिया है।

केन्द्रीय सरकार या केन्द्रीय सरकार द्वारा इस निमित्त विनिर्दिष्ट कोई अधिकारी यह अवधारित कर सकता है कि केन्द्रीय सरकार के किसी कार्यालय के कर्मचारियों ने हिन्दी का कार्यसाधक ज्ञान प्राप्त कर लिया है या नहीं।

केन्द्रीय सरकार के जिन कार्यालयों में कर्मचारियों ने हिन्दी का कार्यसाधक ज्ञान प्राप्त कर लिया है, उन कार्यालयों के नाम राजपत्र में अधिसूचित किये जायेंगे;

परन्तु यदि केन्द्रीय सरकार की राय है कि किसी अधिसूचित कार्यालय में काम करने वाले और हिन्दी का कार्यसाधक ज्ञान रखने वाले कर्मचारियों का प्रतिशत किसी तारीख़ में से

उपनियम (2) में विनिर्दिष्ट प्रतिशत से कम हो गया है, तो वह राजपत्र में अधिसूचना द्वारा घोषित कर सकती है कि उक्त कार्यालय उस तारीख़ से अधिसूचित कार्यालय नहीं रह जायेगा।

मैनुअल, संहिताएँ, प्रक्रिया सम्बन्धी अन्य साहित्य, लेखन-सामग्री आदि–

केन्द्रीय सरकार के कार्यालयों से सम्बन्धित सभी मैनुअल, संहिताएँ और प्रक्रिया सम्बन्धी अन्य साहित्य, हिन्दी और अंग्रेज़ी में द्विभाषिक रूप में यथास्थिति, मुद्रित या साइक्लोस्टाइल किया जायेगा और प्रकाशित किया जायेगा।

केन्द्रीय सरकार के किसी कार्यालय में प्रयोग किये जाने वाले रजिस्टरों के प्रारूप और शीर्षक हिन्दी और अंग्रेज़ी में होंगे।

केन्द्रीय सरकार के किसी कार्यालय में प्रयोग के लिए सभी नामपट्ट, सूचनापट्ट, पत्रशीर्ष और लिफ़ाफ़ों पर उत्कीर्ण लेख तथा लेखन-सामग्री की अन्य मदें हिन्दी और अंग्रेज़ी में लिखी जायेंगी, मुद्रित या उत्कीर्ण होंगी;

परन्तु यदि केन्द्रीय सरकार ऐसा करना आवश्यक समझती है तो वह, साधारण या विशेष आदेश द्वारा, केन्द्रीय सरकार के किसी कार्यालय को इस नियम के सभी या किन्हीं उपबन्धों से छूट दे सकती है।

अनुपालन का उत्तरदायित्व

केन्द्रीय सरकार के प्रत्येक कार्यालय के प्रशासनिक प्रधान का यह उत्तरदायित्व होगा कि वह–

यह सुनिश्चित करे कि अधिनियम और इन नियमों के उपबन्धों और उपनियम (2) के अधीन जारी किये गये निदेशों का समुचित रूप से अनुपालन हो रहा है; और इस प्रयोजन के लिए उपयुक्त और प्रभावकारी जाँच के लिए उपाय करे।

केन्द्रीय सरकार अधिनियम और इन नियमों के उपबन्धों के सम्यक् अनुपालन के लिए अपने कर्मचारियों और कार्यालयों को समय-समय पर आवश्यक निदेश जारी कर सकती है।

[भारत का राजपत्र, भाग-2, खण्ड 3, उपखण्ड (i) में प्रकाशित]

नयी दिल्ली, दिनांक : अगस्त, 2007

अधिसूचना

सा.का.नि. 145 केन्द्रीय सरकार, राजभाषा अधिनियम, 1963 (1963 का 19) की धारा 3 की उपधारा (4) के साथ पठित धारा 8 द्वारा प्रदत्त शक्तियों का प्रयोग करते हुए, राजभाषा (संघ के शासकीय प्रयोजनों के लिए प्रयोग) नियम, 1976 का और संशोधन करने के लिए निम्नलिखित नियम बनाती है, अर्थात् :

इन नियमों का संक्षिप्त नाम राजभाषा (संघ के शासकीय प्रयोजनों के लिए प्रयोग) संशोधन नियम, 2011 है।

ये राजपत्र में प्रकाशन की तारीख़ को प्रवृत्त होंगे।

राजभाषा (संघ के शासकीय प्रयोजनों के लिए प्रयोग) नियम, 1976 के नियम 2 के खण्ड (छ) के स्थान पर निम्नलिखित खण्ड रखा जायेगा, अर्थात् :

'क्षेत्र ख' से गुजरात, महाराष्ट्र और पंजाब राज्य तथा चण्डीगढ़, दमन और दीव तथा दादरा और नगर हवेली संघ राज्य क्षेत्र अभिप्रेत हैं;

[(फा.सं.I/14034/02/2010-रा.भा. (नीति-1)]

टिप्पण : मूल नियम भारत के राजपत्र में सा.का.नि. संख्यांक 1052 तारीख़ 17 जुलाई, 1976 द्वारा प्रकाशित किये गये थे और सा.का.नि. संख्यांक 790, तारीख़ 24 अक्तूबर, 1987 तथा सा.का.नि. संख्यांक 162 तारीख़ 03 अगस्त, 2007 द्वारा उनमें पश्चातवर्ती संशोधन किये गये।

परिशिष्ट-2

राजभाषा हिन्दी की विकास-यात्रा

(विभिन्न स्त्रोतों से संकलित)

हिन्दी लम्बे समय से भारत में विस्तृत समाज के आपसी सम्पर्क की जीवन्त भाषा रही है। आदिकाल से लेकर भक्तिकाल तक में अनेक सन्त कवियों ने पहले पुरानी

हिन्दी और बाद में हिन्दी के बोली-रूप में साहित्य-सर्जना की है तथा समाज का मार्गदर्शन किया है। उल्लेखनीय है कि केवल उत्तरी भारत की नहीं, बल्कि दक्षिण भारत के आचार्यों बल्लभाचार्य, रामानुज, रामानन्द आदि ने भी अपने-अपने मतों का प्रचार इसी भाषा के माध्यम से किया था। हिन्दीतर भाषाभाषी राज्यों के भक्त-सन्त कवियों (जैसे–असम के शंकरदेव, महाराष्ट्र के संत ज्ञानेश्वर एवं नामदेव (13वीं शताब्दी), गुजरात के नरसी मेहता, बंगाल के चैतन्य प्रभु आदि) ने हिन्दी को ही अपने धर्म-प्रचार और साहित्य का माध्यम बनाया था। सिखों के पवित्र ग्रन्थ 'गुरु ग्रन्थ साहिब' में अनेक सन्त कवियों के हिन्दी में रचित काव्य संगृहीत हैं। हिन्दी के प्रसिद्ध कवि भूषण, छत्रपति शिवाजी के राजकवि थे। सन् 1816 ई. में **विलियम केरी** ने लिखा कि हिन्दी किसी एक प्रदेश की भाषा नहीं, बल्कि देश में सर्वत्र बोली जाने वाली भाषा है।

राजभाषा के रूप में हिन्दी की यात्रा वर्षवार संक्षेप में इस प्रकार देखी जा सकती है–

स्वतन्त्रता पूर्व

18वीं शताब्दी : भरतपुर राज्य तथा पूर्वी राजस्थान के कई राजवाड़े हिन्दी (ब्रजभाषा) में राजकाज कर रहे थे।

मई 1826 : कलकत्ता से पण्डित युगल किशोर शुक्ल के सम्पादन में हिन्दी का पहला समाचारपत्र **उदन्त मार्तण्ड** का प्रकाशन हुआ।

1829 : राजा राममोहन राय द्वारा **बंगदूत** समाचारपत्र का प्रकाशन शुरू हुआ। चार भाषाओं में प्रकाशित हुआ था–हिन्दी, बांग्ला, फ़ारसी और अंग्रेज़ी में।

1835 : बिहार राज्य में हिन्दी के लिए आन्दोलन शुरू हुआ था। इस आन्दोलन के प्रभाव से सन् 1875 में बिहार में कचहरियों और स्कूलों में धीरे-धीरे हिन्दी की प्रतिष्ठापना हुई।

1872 : आर्यसमाज के संस्थापक **महर्षि दयानन्द सरस्वती** जी कलकत्ता में **केशवचन्द्र सेन** से मिले थे, तब उन्होंने स्वामी जी को यह सलाह दी कि आप सार्वजनिक जीवन में संस्कृत भाषा का मोह छोड़कर हिन्दी में बोलना आरम्भ कर दें तो भारत का बहुत कल्याण होगा। जनता उनके व्याख्यान सुनने आती थी। हिन्दी में जब उन्होंने अपने व्याख्यान देने आरम्भ किये, तो श्रोताओं की संख्या लाखों में होने लगी। तभी से स्वामी जी के व्याख्यानों की भाषा हिन्दी हो गयी। इसी कारण

से स्वामी जी ने आगे चलकर अपना कालजयी ग्रन्थ **सत्यार्थ प्रकाश** हिन्दी भाषा में लिखा।

1873 : **महेन्द्र भट्टाचार्य** ने **पदार्थ विज्ञान** (मैटेरियल साइंस) नाम की पुस्तक हिन्दी में लिखी। विज्ञान की यह हिन्दी माध्यम में लिखी गयी प्रथम पुस्तक थी।

1875 : बिहार में कचहरियों और स्कूलों में हिन्दी प्रतिष्ठित हुई।

1875 : **महर्षि दयानन्द सरस्वती** जी ने हिन्दी में अपना अमूल्य ग्रन्थ **सत्यार्थ प्रकाश** लिखा। इसे आर्यसमाज का आधार ग्रन्थ माना जाता है।

1877 : **श्रद्धाराम फिल्लौरी** ने **भाग्यवती** नामक हिन्दी उपन्यास की रचना की। उन्होंने ही सर्वत्र गायी जाने वाली आरती 'ओम जय जगदीश हरे' लिखी है।

1878 : **भारतमित्र** नामक हिन्दी समाचारपत्र का कलकता से प्रकाशन। इसे कचहरियों में हिन्दी प्रवेश आन्दोलन का मुखपत्र कहा जाता है।

1880 का दशक : गुजराती के महान् कवि **श्री नर्मद** (1833-86) ने हिन्दी को राष्ट्रभाषा बनाने का विचार रखा।

1882 : **भारतेन्दु हरिश्चन्द्र** ने शिक्षा आयोग (हन्टर कमीशन) के समक्ष अपनी गवाही दी जिसमें हिन्दी को न्यायालयों की भाषा बनाने की महत्ता पर बल दिया।

1886 : बिहार के 'इंस्पेक्टर ऑफ़ स्कूल्स' **भूदेव मुखोपाध्याय** ने न्यायालयों में फ़ारसी के स्थान पर हिन्दी चलाने का आग्रह किया। उन्होंने 'सामाजिक निबन्ध' में लिखा, "भारतवर्ष में अधिकांश लोग हिन्दी कथोपकथन करने में समर्थ हैं। इसलिए शुद्ध भारतवासियों की सभाओं में अंग्रेज़ी के स्थान पर हिन्दी का ही प्रयोग होना चाहिए।" उन्होंने सन् 1919 में कांग्रेस कमिटी में सबसे पहले हिन्दी में भाषण दिया था।

1893 : हिन्दी तथा देवनागरी के प्रसार-प्रचार हेतु **काशी नागरी प्रचारिणी सभा** की स्थापना की गयी।

1898 : **मदन मोहन मालवीय** के नेतृत्व में 17 सदस्यीय प्रतिनिधि मण्डल ने पश्चिमोत्तर प्रदेश व अवध के गवर्नर सर **एंटोनी मैकडोनेल** को 'कोर्ट कैरेक्टर एण्ड प्राइमरी एजुकेशन इन नार्थ वेस्टर्न प्रोविंसेज' नामक ज्ञापन सौंपा।

जनवरी, 1900 : इंडियन प्रेस, प्रयाग से सुप्रसिद्ध पत्रिका **सरस्वती** का प्रकाशन शुरू हुआ। इस पत्रिका का हिन्दी के मानक रूप को निर्धारित करने तथा निखार एवं परिष्कार में बहुत बड़ा योगदान है।

18 अप्रैल 1900 : पश्चिमोत्तर प्रान्त और अवध के लेफ़्टीनेंट गर्वनर **एंटोनी मैकडानेल** ने 'बोर्ड ऑफ़ रिवेन्यु' और हाई कोर्ट तथा 'जुडिशियल कमिशनर अवध' से सम्मति लेकर आज्ञापत्र जारी किया गया। नागरी प्रचारिणी सभा और **महामना मदन मोहन मालवीय** जी के नेतृत्व में चलने वाले इस आन्दोलन ने पश्चिमोत्तर प्रान्त में कचहरियों और प्राइमरी स्कूलों में हिन्दी भाषा के लिए प्रवेश द्वार खोल दिया।

1905 : बाल गंगाधर तिलक ने काशी नागरी प्रचारिणी सभा के अधिवेशन में देवनागरी को सभी भारतीय भाषाओं की सम्पर्क भाषा (राष्ट्रलिपि), तथा हिन्दी को राष्ट्रभाषा बनाने का आह्वान किया। इसे देश भर में समर्थन मिला और जगह-जगह संस्थाएँ बनने लगीं तथा भाषाई आयोजन होने लगे।

1907 : हरिद्वार के गुरुकुल कांगड़ी महाविद्यालय में हिन्दी विभाग आरम्भ हुआ और हिन्दी को विज्ञान, गणित, पाश्चात्य दर्शन आदि सभी विषयों की शिक्षा का माध्यम रखा गया। उस समय हिन्दी में उच्च शिक्षा देना एक असम्भव बात समझी जाती थी। गुरुकुल ने इसे कार्यरूप में परिणत करके दिखा दिया। उस समय आधुनिक विद्वानों की पुस्तकें हिन्दी में नहीं थी। गुरुकुल के उपाध्यायों ने पहले-पहल इस क्षेत्र में काम किया और गुरुकुल के अनेक उच्चकोटि के ग्रन्थ प्रकाशित हुए।

1907 : **न्यायमूर्ति शारदाचरण मित्र** द्वारा **एक लिपि विस्तार परिषद्** की स्थापना की गयी एवं देवनागरी लिपि में 'देवनागर' नामक मासिक पत्र का प्रकाशन किया गया।

1917 : **महात्मा गांधी** ने 1917 में भरूच में आयोजित गुजरात शैक्षिक सम्मेलन में अपने अध्यक्षीय भाषण में राष्ट्रभाषा की आवश्यकता पर बल देते हुए कहा था कि भारतीय भाषाओं में केवल हिन्दी ही एक ऐसी भाषा है जिसे राष्ट्रभाषा के रूप में अपनाया जा सकता है।

1918 : मराठी भाषी **लोकमान्य बाल गंगाधर तिलक** ने कांग्रेस अध्यक्ष की हैसियत से घोषित किया कि हिन्दी भारत की राजभाषा होगी।

1918 : इन्दौर में सम्पन्न आठवें हिन्दी सम्मेलन की अध्यक्षता करते हुए **महात्मा गांधी** ने कहा था–मेरा यह मत है कि हिन्दी को ही हिन्दुस्तान की राष्ट्रभाषा बनने का गौरव प्रदान करें। हिन्दी सब समझते हैं। इसे राष्ट्रभाषा बनाकर हमें अपना कर्तव्यपालन करना चाहिए।

1918 : महात्मा गांधी द्वारा दक्षिण भारत हिन्दी प्रचार सभा की स्थापना की गयी। यह संस्था समर्पित भाव से आज भी हिन्दी के प्रसार-प्रचार में संलग्न है।

1929 : **हिन्दी शब्दसागर** का प्रकाशन हुआ। इससे राजभाषा हिन्दी के प्रसार के लिए एक विश्वसनीय आधार मिला।

1930 : **शैलेन्द्र मेहता** द्वारा हिन्दी टाइपराइटर का विकास किया गया।

1935 : मद्रास राज्य के मुख्यमन्त्री के रूप में **सी. राजगोपालाचारी** ने हिन्दी शिक्षा को अनिवार्य कर दिया।

1937 : हिन्दी प्रेमी **श्री हरि गोविन्द गोविल** द्वारा देवनागरी के लिए एक नये टाइप फेस का आविष्कार किया गया।

स्वतन्त्रता के बाद

14.9.1949 : बहुत लम्बी बहस के बाद सर्वसम्मति से संविधान सभा ने हिन्दी को संघ की राजभाषा के रूप में स्वीकार किया। अब इस दिन को **हिन्दी दिवस** के रूप में मनाया जाता है।

26.1.1950 : भारतवर्ष का संविधान लागू हुआ। संविधान में किये गये भाषाई प्रावधान (अनुच्छेद 120, 210 तथा 343 से 351) विधिवत् लागू हुए।

वैज्ञानिक-तकनीकी शब्दावली के लिए शिक्षा मन्त्रालय ने सन् 1950 में एक बोर्ड की स्थापना की। सन् 1952 में बोर्ड के तत्त्वावधान में शब्दावली निर्माण का कार्य प्रारम्भ हुआ।

1952 : शिक्षा मन्त्रालय द्वारा हिन्दी भाषा का प्रशिक्षण ऐच्छिक तौर पर प्रारम्भ किया गया।

मोटूरि सत्यनारायण तथा अन्य हिन्दीसेवियों के प्रयत्न से सन् 1952 में 'अखिल भारतीय हिन्दी परिषद्' की स्थापना आगरा में की गयी। इसी परिषद् के प्रयत्नों से सन् 1962 में आगरा में केन्द्रीय हिन्दी संस्थान अस्तित्व में आया।

27.5.1952 : राज्यपालों, उच्चतम न्यायालय के न्यायाधीशों तथा उच्च न्यायालय के न्यायाधीशों की नियुक्तियों में अंग्रेज़ी भाषा के अतिरिक्त हिन्दी भाषा एवं भारतीय अंकों के अन्तरराष्ट्रीय स्वरूप के अतिरिक्त अंकों के देवनागरी स्वरूप का प्रयोग प्राधिकृत किया गया।

14 सितम्बर 1953 : राष्ट्रभाषा समिति, वर्धा के आग्रह पर 14 सितम्बर 1953 को पहली बार अखिल भारतीय स्तर पर **हिन्दी दिवस** मनाया गया।

जुलाई, 1955 : हिन्दी शिक्षण योजना आरम्भ हुई। केन्द्र सरकार के मन्त्रालयों, विभागों, सम्बद्ध एवं अधीनस्थ कर्मचारियों के लिए सेवाकालीन प्रशिक्षण शुरू हुआ।

7.6.1955 : संविधान के अनुच्छेद 344 (1) के अनुसार **बी.जी. खेर** की अध्यक्षता में राजभाषा आयोग का गठन हुआ।

अक्तूबर, 1955 : गृहमन्त्रालय के अन्तर्गत हिन्दी शिक्षण योजना प्रारम्भ की गयी।

3.12.1955 : संविधान के अनुच्छेद 343 (2) के परन्तुक द्वारा दी गयी शक्तियों का प्रयोग करते हुए संघ के कुछ कार्यों के लिए अंग्रेज़ी भाषा के अतिरिक्त हिन्दी भाषा का प्रयोग किये जाने के आदेश जारी किये गये।

31.7.1956 : राजभाषा के सन्दर्भ में गठित **खेर आयोग** की रिपोर्ट राष्ट्रपति को प्रस्तुत की गयी।

1957 : खेर आयोग की रिपोर्ट पर विचार हेतु तत्कालीन गृहमन्त्री **श्री गोविन्द बल्लभ पंत** की अध्यक्षता में संसदीय समिति का गठन हुआ।

8.2.1959 : संविधान के अनुच्छेद 344 (4) के अन्तर्गत संसदीय समिति की रिपोर्ट राष्ट्रपति जी को प्रस्तुत की गयी।

सितम्बर, 1959 : संसदीय समिति की रिपोर्ट पर संसद में बहस हुई। तत्कालीन प्रधानमन्त्री जवाहरलाल नेहरू द्वारा आश्वासन दिया गया कि अंग्रेज़ी को सह-भाषा के रूप में प्रयोग में लाये जाने हेतु कोई व्यावधान उत्पन्न नहीं किया जायेगा और न ही इसके लिए कोई समय-सीमा ही निर्धारित की जायेगी। भारत की सभी भाषाएँ समान रूप से आदरणीय हैं और ये हमारी राष्ट्रभाषाएँ हैं।

1960 : नवगठित गुजरात की सरकार ने केन्द्र सरकार से माँग की कि संघ लोक सेवा आयोग द्वारा आयोजित की जाने वाली सभी परीक्षाएँ अंग्रेज़ी के स्थान पर हिन्दी में करायी जायें।

1960 : कर्मचारियों के लिए हिन्दी टंकण, हिन्दी आशुलिपि का अनिवार्य प्रशिक्षण आरम्भ किया गया।

19 मार्च, 1960 : शिक्षा मन्त्रालय, भारत सरकार ने 'केन्द्रीय हिन्दी शिक्षण महाविद्यालय' की स्थापना की और उसके संचालन के लिए 'केन्द्रीय शिक्षण मण्डल' नाम से एक स्वायत्त संस्था का गठन हुआ। 1963 में केन्द्रीय हिन्दी शिक्षण महाविद्यालय का नाम बदलकर केन्द्रीय हिन्दी संस्थान किया गया।

27.4.1960 : संसदीय समिति की रिपोर्ट पर राष्ट्रपति के आदेश जारी किये गये जिनमें हिन्दी शब्दावलियों का निर्माण, संहिताओं व कार्यविधिक साहित्य का हिन्दी

अनुवाद, कर्मचारियों को हिन्दी का प्रशिक्षण, हिन्दी प्रचार, विधेयकों की भाषा, उच्चतम न्यायालय व उच्च न्यायालयों की भाषा आदि मुद्दे हैं।

1961 : स्थायी राजभाषा आयोग का गठन किया गया (लेकिन 1976 में स्थायी राजभाषा आयोग को समाप्त कर दिया गया)।

30 मार्च 1962 : केन्द्र सरकार द्वारा हिन्दी साहित्य सम्मेलन अधिनियम, 1962 पारित हुआ; हिन्दी साहित्य सम्मलेन, प्रयाग को 'राष्ट्रीय महत्त्व का संस्थान' घोषित किया गया।

वैज्ञानिक तथा तकनीकी शब्दावली आयोग की स्थापना हुई।

10.5.1963 : अनुच्छेद 343 (3) के प्रावधान एवं **जवाहरलाल नेहरू** के आश्वासन को ध्यान में रखते हुए राजभाषा अधिनियम बनाया गया। इसके अनुसार हिन्दी संघ की राजभाषा व अंग्रेज़ी सह-राजभाषा के रूप में प्रयोग में लायी गयी।

1964 : भारत की केन्द्रीय सरकार ने **डॉ. दौलतसिंह कोठारी** की अध्यक्षता में स्कूली शिक्षा प्रणाली को नया आकार एवं नयी दिशा देने के उद्देश्य से एक आयोग का गठन किया। आयोग ने अन्य बातों के अलावा यह सिफ़ारिश की कि सभी बच्चों को प्राइमरी कक्षाओं में मातृभाषा में ही शिक्षा दी जाये। माध्यमिक स्तर (सेकेंडरी लेवेल) पर स्थानीय भाषाओं में शिक्षण को प्रोत्साहन दिया जाये। आयोग ने कॉमन स्कूल सिस्टम लागू करने और स्नातकोत्तर तक की शिक्षा मातृभाषा में दिये जाने की भी संस्तुति दी।

20 जून, 1965 : **लाल बहादुर शास्त्री** के मन्त्रिमण्डल के सदस्य **के. कामराज** ने कोयम्बटूर में विचार रखा कि संघ लोक सेवा आयोग की परीक्षाओं का माध्यम भारतीय भाषाएँ भी होनी चाहिए। इसी वर्ष **गुलजारीलाल नन्दा** ने संसद को सम्बोधित करते हुए यूपीएससी में भारतीय भाषाओं के उपयोग के सुझाव को सही ठहराया।

5.9.1967 : प्रधानमन्त्री की अध्यक्षता में केन्द्रीय हिन्दी समिति का गठन किया गया। यह समिति सरकार की राजभाषा नीति के सम्बन्ध में महत्त्वपूर्ण दिशा-निदेश देने वाली सर्वोच्च समिति है। इस समिति में प्रधानमन्त्री जी के अलावा नामित केन्द्रीय मन्त्री, कुछ राज्यों के मुख्यमन्त्री, सांसद तथा हिन्दी एवं अन्य भारतीय भाषाओं के विद्वान सदस्य के रूप में सम्मिलित किये जाते हैं।

16.12.1967 : संसद के दोनों सदनों द्वारा राजभाषा संकल्प पारित किया गया जिसमें हिन्दी के राजकीय प्रयोजनों हेतु उत्तरोत्तर प्रयोग के लिए अधिक गहन

और व्यापक कार्यक्रम तैयार करने, प्रगति की समीक्षा के लिए वार्षिक मूल्यांकन रिपोर्ट तैयार करने, हिन्दी के साथ-साथ 8वीं अनुसूची की अन्य भाषाओं के समन्वित विकास के लिए कार्यक्रम तैयार करने, त्रिभाषा सूत्र का अपनाये जाने, संघ सेवाओं के लिए भर्ती के समय हिन्दी व अंग्रेज़ी में से किसी एक के ज्ञान की आवश्यकता अपेक्षित होने तथा संघ लोक सेवा आयोग द्वारा उचित समय पर परीक्षा के लिए संविधान की 8वीं अनुसूची में सम्मिलित सभी भाषाओं तथा अंग्रेज़ी को वैकल्पिक माध्यम के रूप में रखने की बात कही गयी है। (संकल्प 18.8.1968 को प्रकाशित हुआ)

1967 : सिन्धी भाषा संविधान की आठवीं अनुसूची में सम्मिलित की गयी।

8.1.1968 : राजभाषा अधिनियम, 1963 में संशोधन किये गये। तदनुसार धारा 3 (4) में यह प्रावधान किया गया कि हिन्दी में या अंग्रेज़ी भाषा में प्रवीण संघ सरकार के कर्मचारी प्रभावी रूप से अपना काम कर सकें तथा केवल इस आधार पर कि वे दोनों ही भाषाओं में प्रवीण नहीं हैं, उनका कोई अहित न हो। धारा 3 (5) के अनुसार संघ के राजकीय प्रयोजनों में अंग्रेज़ी भाषा का प्रयोग समाप्त कर देने के लिए आवश्यक है कि सभी राज्यों के विधान मण्डलों द्वारा (जिनकी राजभाषा हिन्दी नहीं है) ऐसे संकल्प पारित किये जायें तथा उन संकल्पों पर विचार करने के पश्चात् अंग्रेज़ी भाषा का प्रयोग समाप्त करने के लिए संसद के प्रत्येक सदन द्वारा संकल्प पारित किया जाये।

1968 : राजभाषा संकल्प 1968 में किये गये प्रावधान के अनुसार वर्ष 1968-69 से राजभाषा हिन्दी में कार्य करने के लिए विभिन्न मदों के लक्ष्य निर्धारित किये गये तथा इसके लिए वार्षिक कार्यक्रम तैयार किया गया।

1969 : कांग्रेस कार्यकारी समिति ने त्रिभाषा फ़ॉर्मूला प्रस्तुत किया, जिसका जनसंघ के **अटल बिहारी वाजपेयी** और **बलराज मधोक** जैसे नेताओं ने विरोध किया।

1.3.1971 : केन्द्रीय अनुवाद ब्यूरो का गठन हुआ।

1973 : केन्द्रीय अनुवाद ब्यूरो के दिल्ली स्थित मुख्यालय में एक प्रशिक्षण केन्द्र की स्थापना।

1974 : तृतीय श्रेणी के नीचे के कर्मचारियों, औद्योगिक प्रतिष्ठानों के कर्मचारियों तथा कार्य प्रभारित कर्मचारियों को छोड़कर केन्द्र सरकार के कर्मचारियों के साथ-साथ केन्द्र सरकार के स्वामित्व एवं नियन्त्रणाधीन निगमों, उपक्रमों, बैंकों

आदि के कर्मचारियों व अधिकारियों के लिए हिन्दी भाषा, टंकण एवं आशुलिपि का अनिवार्य प्रशिक्षण।

1975 : नागपुर में 18 से 14 जनवरी तक प्रथम विश्व हिन्दी सम्मेलन आयोजित किया गया।

जून, 1975 : राजभाषा से सम्बन्धित संवैधानिक, विधिक उपबन्धों के कार्यान्वयन हेतु राजभाषा विभाग का गठन किया गया।

1976 : संसदीय राजभाषा समिति का गठन हुआ और राजभाषा नियम बनाये गये।

1977 : तत्कालीन विदेश मन्त्री **श्री अटल बिहारी वाजपेयी** ने पहली बार संयुक्त राष्ट्र की आमसभा को हिन्दी में सम्बोधित किया।

1979 : आपातकाल के बाद बनी **मोरारजी देसाई** की सरकार ने **कोठारी आयोग** की संस्तुतियों को स्वीकार कर लिया। पहली बार सिविल सेवा की प्रारम्भिक परीक्षा के लिए उम्मीदवारों को अंग्रेज़ी के अलावा हिन्दी व अन्य भाषाओं को भी अपने माध्यम के रूप में चुनने का विकल्प दिया गया।

1981 : केन्द्रीय सचिवालय राजभाषा सेवा संवर्ग का गठन किया गया।

25.10.1983 : केन्द्रीय सरकार के मन्त्रालयों, विभागों, सरकारी उपक्रमों, राष्ट्रीयकृत बैंकों में यान्त्रिक और इलेक्ट्रॉनिक उपकरणों द्वारा हिन्दी में कार्य को बढ़ावा देने तथा उपलब्ध द्विभाषी उपकरणों के प्रचार-प्रसार के उद्देश्य से राजभाषा विभाग में तकनीकी कक्ष की स्थापना की गयी।

21.8.1985 : केन्द्रीय हिन्दी प्रशिक्षण संस्थान का गठन, कर्मचारियों/अधिकारियों को हिन्दी भाषा, हिन्दी टंकण और हिन्दी आशुलिपि के पूर्णकालिक गहन प्रशिक्षण सुविधा उपलब्ध कराने के लिए किया गया।

1986 : कोठारी शिक्षा आयोग की रिपोर्ट में सिफ़ारिश 1968 में पहले ही की जा चुकी थी कि भारत में शिक्षा का माध्यम भारतीय भाषाएँ होनी चाहिए। उच्च शिक्षा के माध्यम के सम्बन्ध में नयी शिक्षा नीति (1986) के कार्यान्वयन-कार्यक्रम में कहा गया–

स्कूल स्तर पर आधुनिक भारतीय भाषाएँ पहले ही शिक्षण माध्यम के रूप में प्रयुक्त हो रही हैं। आवश्यकता इस बात की है कि विश्वविद्यालय के स्तर पर भी इन्हें उत्तरोत्तर माध्यम के रूप में अपना लिया जाये। इसके लिए अपेक्षा यह है कि राज्य सरकारें, विश्वविद्यालय अनुदान आयोग से परामर्श करके, सभी विषयों में और सभी स्तरों पर शिक्षण माध्यम के रूप में उत्तरोत्तर आधुनिक भारतीय भाषाओं को अपनायें।

1986-87 : 'इंदिरा गांधी राजभाषा पुरस्कार' प्रारम्भ किये गये।

9.10.1987 : राजभाषा नियम, 1976 में संशोधन किये गये।

1988 : विदेश मन्त्री के रूप में संयुक्त राष्ट्र की जनरल असेम्बली में तत्कालीन विदेश मन्त्री **श्री नरसिंह राव** जी ने हिन्दी में अपना व्याख्यान दिया।

1996 : केन्द्र सरकार द्वारा वर्धा में महात्मा गांधी अन्तरराष्ट्रीय हिन्दी विश्वविद्यालय की स्थापना की गयी।

अगस्त, 1999 : विश्व हिन्दी सचिवालय की संकल्पना को मूर्त रूप देने के लिए भारत और मॉरीशस की सरकारों के बीच 20 अगस्त 1999 को एक समझौता ज्ञापन सम्पन्न किया गया। 12 नवम्बर 2002 को मॉरीशस के मन्त्रिमण्डल द्वारा विश्व हिन्दी सचिवालय अधिनियम पारित किया गया और भारत सरकार तथा मॉरीशस की सरकार के बीच 21 नवम्बर 2001 को एक द्विपक्षीय करार सम्पन्न किया गया। विश्व हिन्दी सचिवालय ने 11 फरवरी 2008 से औपचारिक रूप से कार्य करना आरम्भ कर दिया।

14.9.1999 : संघ की राजभाषा हिन्दी की स्वर्ण जयन्ती मनायी गयी।

20.10.2000 : 'राष्ट्रीय ज्ञान-विज्ञान मौलिक पुस्तक लेखन पुरस्कार' वर्ष 2001-02 से आरम्भ करने की घोषणा की गयी जिसमें निम्न पुरस्कार राशियाँ हैं :

(1) प्रथम प्ररस्कार–100000 रुपये

(2) द्वितीय प्ररस्कार–75000 रुपये

(3) तृतीय पुरस्कार–50000 रुपये

(4) सांत्वना पुरस्कार (दस)–100000 रुपये

17 सितम्बर, 2001 : भारत सरकार द्वारा मॉरीशस में विश्व हिन्दी सचिवालय की स्थापना की गयी।

2.9.2003 : संविधान की आठवीं अनुसूची में अन्य भाषाओं को सम्मिलित किये जाने तथा आठवीं अनुसूची में सभी भाषाओं को संघ की राजभाषा घोषित किये जाने की साध्यता परखने पर विचार करने के लिए **सीताकान्त महापात्र** की अध्यक्षता में एक समिति का गठन किया गया। इस समिति ने 14.6.2004 को अपनी रिपोर्ट सरकार को प्रस्तुत की।

11.9.2003 : मन्त्रिमण्डल ने एन.डी.ए. तथा सी.डी.एस. की परीक्षाओं में प्रश्नपत्रों को हिन्दी में भी तैयार करने का निर्णय लिया।

14.9.2003 : कम्प्यूटर की सहायता से प्रबोध, प्रवीण तथा प्राज्ञ स्तर की हिन्दी स्वयं सीखने के लिए राजभाषा विभाग ने कम्प्यूटर प्रोग्राम (लीला हिन्दी प्रबोध, लीला हिन्दी प्रवीण, लीला हिन्दी प्राज्ञ) तैयार करवाकर सर्वसाधारण द्वारा उसका नि:शुल्क प्रयोग के लिए उसे राजभाषा विभाग की वेबसाइट पर उपलब्ध कराया गया।

8.1.2004 : बोडो, डोगरी, मैथिली तथा सन्थाली भाषाओं को संविधान की आठवीं अनुसूची में जोड़ा गया।

22.7.2004 : केन्द्रीय सरकार की राजभाषा नीति के अनुपालन/कार्यान्वयन के लिए न्यूनतम हिन्दी पदों के मानक पुन: निर्धारित किये गये।

6.9.2004 : मातृभाषा विकास परिषद् द्वारा दायर एक जनहित याचिका पर सर्वोच्च न्यायलय ने यह पाया कि वैज्ञानिक तथा तकनीकी शब्दावली आयोग के गठन का उद्देश्य हिन्दी एवं अन्य आधुनिक भाषाओं के लिए तकनीकी शब्दावली में एकरूपता अपनाया जाना है। यह एकरूपता तकनीकी शब्दावली के प्रयोग के लिए आवश्यक है। उच्चतम न्यायालय ने निदेश दिया कि आयोग द्वारा बनायी गयी तकनीकी शब्दावली भारत सरकार के अन्तर्गत एन.सी.ई.आर.टी तथा इसी प्रकार की अन्य संस्थाओं द्वारा तैयार की जा रही पाठ्य-पुस्तकों में प्रयोग में लायी जाये।

14.9.2004 : कम्प्यूटर की सहायता से तमिल, तेलुगु, मलयालम तथा कन्नड़ भाषाओं के माध्यम से प्रबोध, प्रवीण तथा प्राज्ञ स्तर की हिन्दी स्वयं सीखने के लिए कम्प्यूटर प्रोग्राम तैयार करवाकर उसके निशुल्क प्रयोग के लिए उसे राजभाषा विभाग की वेबसाइट पर उपलब्ध कराया गया।

20.6.2005 : 525 हिन्दी फॉण्ट, फॉण्ट कोड कनवर्टर, अंग्रेज़ी-हिन्दी शब्दकोश, हिन्दी स्पेल चेकर को नि:शुल्क प्रयोग के लिए वेबसाइट पर उपलब्ध कराया गया।

8.8.2005 : 'राष्ट्रीय ज्ञान-विज्ञान मौलिक पुस्तक लेखन पुरस्कार' का नाम बदलकर 'राजीव गांधी राष्ट्रीय ज्ञान-विज्ञान मौलिक पुस्तक-लेखन पुरस्कार' कर दिया गया तथा पुरस्कार राशि बढ़ाकर निम्न प्रकार कर दी गयी :

प्रथम पुरस्कार–रू. 2 लाख

द्वितीय पुरस्कार–रू. 1.25 लाख

तृतीय पुरस्कार–रू. 0.75 लाख

सांत्वना पुरस्कार (10)–प्रत्येक को 10 हज़ार रूपये

14.9.2005 : कम्प्यूटर की सहायता से बांगला भाषा के माध्यम से प्रबोध, प्रवीण तथा प्राज्ञ स्तर की हिन्दी स्वयं सीखने के लिए प्रोग्राम तैयार करवाकर राजभाषा विभाग की वेबसाइट पर उपलब्ध कराया गया।

'मन्त्र'–राजभाषा अंग्रेज़ी से हिन्दी अनुवाद सॉफ़्टवेयर प्रशासनिक एवं वित्तीय क्षेत्रों के लिए प्रयोग एवं डाउनलोड हेतु राजभाषा विभाग की वेबसाइट पर उपलब्ध कराया गया।

14.9.2006 : कम्प्यूटर की सहायता से उड़िया, असमी, मणिपुरी तथा मराठी भाषा के माध्यम से प्रबोध, प्रवीण तथा प्राज्ञ स्तर की हिन्दी स्वयं सीखने के लिए प्रोग्राम तैयार करवाकर राजभाषा विभाग की वेबसाइट पर उपलब्ध करा दिया।

'मन्त्र'–राजभाषा अंग्रेज़ी से हिन्दी अनुवाद सॉफ़्टवेयर लघु उद्योग एवं कृषि क्षेत्रों के लिए प्रयोग एवं डाउनलोड हेतु राजभाषा विभाग की वेबसाइट पर उपलब्ध करा दिया।

14.9.2007 : कम्प्यूटर की सहायता से नेपाली, पंजाबी, कश्मीरी तथा गुजराती भाषा के माध्यम से प्रबोध, प्रवीण तथा प्राज्ञ स्तर की हिन्दी स्वयं सीखने के लिए प्रोग्राम तैयार करवाकर राजभाषा विभाग की वेबसाइट पर उपलब्ध कराया गया।

'मन्त्र'–राजभाषा अंग्रेज़ी से हिन्दी अनुवाद सॉफ़्टवेयर सूचना प्रौद्योगिकी एवं स्वास्थ्य सुरक्षा क्षेत्रों के लिए प्रयोग एवं डाउनलोड हेतु राजभाषा विभाग की वेबसाइट पर उपलब्ध कराया गया।

श्रुतलेखन-राजभाषा (हिन्दी स्पीच से हिन्दी टेक्स्ट) अन्तिम वर्जन जन-प्रयोग के लिए मार्किट में बिक्री के लिए उपलब्ध कराया गया।

अप्रैल, 2017 : **राष्ट्रपति प्रणव मुखर्जी** ने 'संसदीय राजभाषा समिति' की इस सिफ़ारिश को 'स्वीकार' किया कि राष्ट्रपति और ऐसे सभी मन्त्रियों और अधिकारियों को हिन्दी में ही भाषण देना चाहिए और बयान जारी करने चाहिए, जो हिन्दी पढ़ और बोल सकते हों। इस समिति ने हिन्दी को और लोकप्रिय बनाने के तरीक़ों पर 6 वर्ष पहले 117 सिफ़ारिशें दी थीं।

मई, 2018 : अखिल भारतीय तकनीकी शिक्षा परिषद् (एआईसीटीई) ने हिन्दी माध्यम से इंजीनियरिंग की शिक्षा की अनुमति दी।

2018 : 'संयुक्त राष्ट्र में हिन्दी' परियोजना शुरू की गयी। इसका उद्देश्य हिन्दी भाषा में संयुक्त राष्ट्र की लोगों तक पहुँच को बढ़ाना तथा दुनिया भर में लाखों हिन्दीभाषियों के बीच वैश्विक विषयों के बारे में वृहद् जागरूकता फैलाना था।

17 जुलाई, 2019 : सर्वोच्च न्यायालय ने अपने सभी निर्णयों का हिन्दी या अन्य पाँच भारतीय भाषाओं (असमिया, कन्नड, मराठी, ओड़िया एवं तेलुगु) में अनुवाद प्रदान करना आरम्भ किया।

जुलाई, 2020 : भारत की नयी शिक्षा नीति–2020 में मातृभाषाओं और हिन्दी को विशेष महत्त्व देने की अनुसंशा की गयी। इससे प्राथमिक और माध्यमिक शिक्षा में अंग्रेज़ी के मनमाने प्रयोग पर अंकुश लगने की सम्भावना है।

सितम्बर, 2020 : केन्द्र-शासित प्रदेश जम्मू और कश्मीर की आधिकारिक भाषाओं में उर्दू और अंग्रेज़ी के अतिरिक्त हिन्दी, डोगरी और कश्मीरी को भी सम्मिलित किया गया।

2022 : 2022-2023 सत्र से हिन्दी में इंजीनियरी की शिक्षा का आरम्भ हुआ। मेडिकल और नर्सिंग की शिक्षा भी हिन्दी में होगी।

जून 2022 : संयुक्त राष्ट्र महासभा ने पहली बार हिन्दी भाषा से जुड़े भारत के प्रस्ताव को मंज़ूरी दी जिसमें कहा गया कि संयुक्त राष्ट्र के सभी ज़रूरी कामकाज और सूचनाओं को इसकी आधिकारिक भाषाओं के अलावा हिन्दी में भी जारी किया जाये।

16 अक्टूबर, 2022 : भारत के गृह एवं सहकारिता मन्त्री **अमित शाह** ने भोपाल में हिन्दी में मेडिकल की शिक्षा का शुभारम्भ किया। (क्रमिक विकास सामग्री स्रोत : http:hi.m.wikipedia.org...'भारत की राजभाषा के रूप में हिन्दी', 'हिन्दी : भारत की राजभाषा' के आधार पर)

7
देवनागरी लिपि

हमको इस भ्रम से बाहर निकलना चाहिए कि 'मौखिक भाषा' और 'लिखित भाषा' दो अलग-अलग भाषाएँ होती हैं। भाषा तो एक ही है–मौखिक। उसका लिखा हुआ रूप भी वही भाषा है। जो हम लिखते हैं, वह वही भाषा है, जिसे हम बोलते हैं। बोले हुए को लिखना 'लिपि-चिह्नों' में 'अंकित' करना, दर्ज करना अथवा 'लिपिबद्ध' करना है। उदाहरण के लिए हम हिन्दी भाषा बोलते हैं। इसे किसी भी लिपि में लिखें, पढ़ी हिन्दी ही जायेगी। हम मोबाइल में अपनी बात कहना चाहें तो हमारे पास लिखने के लिए देवनागरी के अलावा रोमन लिपि भी उपलब्ध है। रोमन लिपि में लिखे को जब हम पढ़ेंगे तो वह हमारी बोले जाने वाली हिन्दी ही होगी। फ़ारसी लिपि में भी लिखें, तो भी पढ़ी हिन्दी ही जायेगी। संरचनात्मक भाषाविज्ञान इस बात को मानता है कि **ब्लूमफील्ड** ने ठीक ही कहा है, "लेखन भाषा नहीं है, बल्कि भाषा के अभिलेखीकरण का उपाय भर है।" (राइटिंग इज़ नॉट लैंग्वेज बट मीअरली वे ऑफ़ रिकॉर्डिंग लैंग्वेज बाइ मींस ऑफ़ विजीवल मार्क्स।–ब्लूमफील्ड, लियोनार्ड (1933), 'लैंग्वेज') कहने का अर्थ यह है कि भाषा का यह मूल वैशिष्ट्य है कि वह मुख्यत: उच्चरित होती है। उच्चरित भाषा में बोलने या वाक्-ध्वनियों से शब्द बनते हैं। जो बाद में लिखे जा सकते हैं। इसलिए भाषा और लिपि का गहरा सम्बन्ध है। भाषा का आविष्कार मानव सभ्यता का बहुत बड़ा आधार है। भाषा ही मानव को अन्य प्राणियों से अलग करती है। भाषा का व्यवहार प्राय: दो रूपों में होता है। ये दो रूप हैं–1. वाचिक, 2. लिखित। इनमें वाचिक रूप मूल है, क्योंकि; जैसा हमने अभी कहा, 'भाषा' को बोला जाता है। वह मौखिक और आंगिक होती है। 'वर्ण' उसके लिखित प्रतिनिधि प्रतीक होते हैं। ये भी कह सकते हैं कि वे भाषिक ध्वनियों के लिखित अनुकरण हैं। भाषाई उच्चारण मुख-विवर के द्वारा किया जाता है। बोलना रुकते ही ध्वनि अथवा मौखिक शब्द वातावरण में घुल जाते हैं। अत: भाषा को

लम्बे समय तक स्थायी रूप से संगृहीत करने के लिए 'वर्ण' का उपयोग किया जाता है। क्योंकि प्रत्येक ध्वनि-प्रतीक के लिए कुछ लिखित संकेत खोज़े गये। इन लिखित संकेतों को 'वर्ण' कहा जाता है। वर्णों के समुच्चय को 'लिपि' कहा जाता है। स्पष्ट है कि लिपि का विकास बाद में हुआ। आरम्भ में भाषा मौखिक ही थी। बाद में चित्रों के माध्यम से उसे संरक्षित किये जाने के उद्देश्य से लिपि का विकास हुआ। लिपि का प्रयोग पत्थर, गुफाओं और काग़ज़ आदि माध्यमों पर भाषा के अंकन के लिए होने लगा। कहना चाहिए कि पहले चित्रलिपि आयी, रेखीय अंकन की लिपि बाद में। आज भी चीनी/मन्दारिन और जापानी जैसी भाषाओं को चित्रलिपि में अंकित किया जाता है। रेखीय अंकन की लिपि का सर्वोत्तम उदाहरण देवनागरी लिपि है। हम जानते हैं कि भाषा का मूल स्वरूप उच्चरित है। लिपि उसे स्थायित्व देती है, अतः लिपि का अत्यन्त महत्त्व है। किसी भी मानव समाज की साहित्यिक, सांस्कृतिक विरासत को लिपि ही संरक्षित करती है।

एक सर्वेक्षण के अनुसार विश्व की भाषाओं की लिपियों की संख्या कम से कम 20 है। इन लिपियों के दो प्रकार हैं–चित्रात्मक लिपि तथा प्रतीकात्मक (वर्ण प्रधान अथवा आक्षरिक), जो उच्चारण पर आधारित हैं। विद्वानों ने प्रतीतात्मक (अथवा वर्ण प्रधान) लिपि के तीन वर्ग निर्धारित किये हैं–

1. ध्वन्यात्मक (फ़ोनेटिक) लिपि,
2. आक्षरिक (सिलेबिक) लिपि; तथा
3. संश्लिष्ट लिपि।

1. **ध्वन्यात्मक लिपि** का सबसे अच्छा उदाहरण अंग्रेज़ी की **रोमन लिपि** है। इसमें प्रत्येक स्वर और व्यंजनों के लिए अलग-अलग चिह्न हैं। इस लिपि का प्रारम्भ लैटिन से हुआ माना जाता है। अंग्रेज़ी तथा इटैलियन भाषाओं में रोमन का ही प्रयोग होता है।

2. **आक्षरिक लिपि** भारत एवं अन्य कई देशों की भाषाओं में प्रयुक्त होती है। इस लिपि में स्वर तथा व्यंजन के मेल में मात्रा-युक्त अक्षर बनते हैं। कई स्थानों पर दो व्यंजन मिलकर नये अक्षर की सृष्टि करते हैं। वर्तमान में भारतीय भाषाओं में लगभग 10 लिपियाँ हैं, जिनका उत्स ब्राह्मी लिपि से हुआ माना गया है। देवनागरी लिपि की तरह एशिया की कई भाषाएँ ऐसी हैं, जिनकी लिपि का प्रेरणा-स्रोत संस्कृत है; यथा–ब्रह्मदेश, थाईलैण्ड, वियतनाम आदि। माना जाता है कि जापानी लिपि भी संस्कृत से प्रेरित है,

साथ ही उसने चीनी के हज़ारों अक्षर भी सम्मिलित किये हैं। अतः जापानी लिपि हिन्दी से भिन्न इसलिए है कि उसमें हिन्दी की तरह मूल स्वर अथवा व्यंजन नहीं हैं। प्रत्येक स्वर-व्यंजन के लिए अलग-अलग चिह्न हैं।

3. **संश्लिष्ट लिपि** का प्रयोग मूलतः अरबी भाषा में मिलता है। अरबी भाषा की लिपि में स्वर एवं व्यंजन के मूल वर्ण हैं; किन्तु शब्द में उसके स्थान के आधार पर मूल स्वर और व्यंजन का अंश मात्र रह जाता है। वे आपस में इस तरह मिल जाते हैं कि उनका स्वरूप बदल जाता है।

देवनागरी का नामकरण

देवनागरी लिपि के नामकरण को लेकर विद्वानों में एकमत नहीं है। आठवीं-नौवीं शताब्दी के लिपि-रूप को 'प्राचीन नागरी' नाम दिया गया था। इस लिपि को हम देवनागरी लिपि ही कहते हैं। दक्षिण भारत के विजय नगर के राजाओं के दानपात्रों पर लिखी हुई लिपि का नाम 'नन्दिनागरी' दिया गया है। वर्तमान समय में इसे देवनागरी तथा कहीं-कहीं इसको 'नागरी' कहा गया है।

'देवनागरी' नाम के सन्दर्भ में कुछ विद्वानों के उल्लेखनीय मत इस प्रकार हैं–

1. **डॉ. धीरेन्द्र वर्मा** का एक मत यह है कि मध्ययुग में स्थापत्य कला की एक शैली थी, जिसका नाम 'नागर' था। इस शैली में सभी चिह्न किसी न किसी रूप में चतुर्भुज से मिलते-जुलते होते हैं। इस प्रकार क, प, म, ग, भ, झ इत्यादि चिह्नों की 'नागर' शैली के आधार पर इसे नागरी नाम दिया गया है।
2. संस्कृत भाषा को 'देववाणी' भी कहा जाता है। संस्कृत भी 'नागरी' लिपि में लिखी जाती है। इसलिए 'नागरी' में 'देव' जोड़कर 'देवनागरी' नाम दिया गया।
3. कुछ भाषाविद् मानते हैं कि प्राचीन समय में काशी को 'देव नगर' कहा जाता था। इस लिपि का प्रयोग काशी में होता था। यहीं से इस लिपि का उद्‌भव हुआ। इसलिए इसे देवनागरी लिपि कहा जाता है।
4. कुछ विद्वान् मानते हैं कि बौद्ध ग्रन्थ '**ललित विस्तार**' में '**नाग लिपि**' का उल्लेख आया है। इसी से 'नागरी' शब्द जुड़ा और इसलिए यह लिपि 'नागरी' कहलाती है।

5. ऐसा भी माना जाता है कि गुजरात के नागर ब्राह्मणों द्वारा सर्वप्रथम इस लिपि का प्रयोग किया गया, इसलिए इसे 'नागरी' नाम दिया गया।
6. कई लोग कहते हैं कि नगरों में इस लिपि के प्रचलन के कारण इसे 'नागरी' नाम दिया गया है।
7. एक मत यह भी है कि दक्षिण के विजयनगर राजाओं के दानपत्रों में इसे **'नन्दि नागरी'** नाम दिया गया है। इसी से 'नागरी लिपि' का विकास हुआ है।

इन मतों के अपने-अपने तर्क हैं। वास्तविकता इन्हीं विचारों में कहीं निहित है। जो भी हो; हिन्दी तथा अन्य कुछ भाषाओं की लिपि 'देवनागरी' है; यह तथ्य सर्वस्वीकृत है।

देवनागरी लिपि का विकास

भाषा के आरम्भिक रूप पर विचार करें तो पायेंगे कि उसका **आरम्भिक रूप संकेत** है। इसी प्रकार **लिपि का प्रारम्भिक रूप चित्रात्मक (पिक्टोग्राफ़िक)** है। इसके बाद **भावलिपि (आइडियोग्राफ़)** अस्तित्व में आयी। तदनन्तर संकेत लिपि (लोगोग्राफ़) और ध्वन्यात्मक लिपि (फ़ोनोग्राफ़िक) हैं। इसी क्रम में आक्षरिक (अल्फ़ावेटिकल) लिपि है। प्रागैतिहासिक काल के शिलालेखों, गुफाओं और भित्ति चित्रों को देखकर पता चलता है कि मनुष्य ने अपने ज्ञान, अनुभव और भावों-विचारों को स्थायी करने के क्रम में कुछ साधनों के रूप में लिपि का आविष्कार किया। ये लिपियाँ शुरू में चित्रात्मक थीं। निस्सन्देह ये आरम्भिक चित्र थे जिनमें एकरूपता का अभाव था। इसलिए उनसे अर्थ ग्रहण करने में कठिनाई थी। हर व्यक्ति किसी भी चित्र को देखकर अपने अनुभव और बुद्धि से अपना मनमाना अर्थ लगा लेता था। सबके अपने अलग–अलग अर्थ हो सकते थे। माना गया कि चित्रलिपि ऐसी लिपि है, जिसमें ध्वनि व्यक्त करने वाली वर्णमाला के स्थान पर, अर्थ प्रकट करने वाले भावचित्र (इडियोग्रैम) होते हैं। ये भावचित्र ऐसे चित्रालेख अथवा चिह्न होते हैं जिनमें कोई वस्तु, क्रिया, अवधारणा, विचार अथवा भाव व्यक्त किये जा सकते हैं। आज भी दुनिया में कई लिपियाँ चित्रलिपि हैं, लेकिन पहले से भिन्न ये अब स्थिर हैं, सभी चित्र अपनी–अपनी जगह हैं और उनमें प्रायः एकरूपता है।

सभ्यता के प्राचीन इतिहास और लिपि के विकास पर दृष्टि डालें तो देखेंगे कि किसी सतह पर अपने भाव, विचार और अनुभवों को अंकित करने के प्राचीनतम

प्रमाण इंडोनेशिया के जावा द्वीप से मिले हैं। 'द गार्जियन' समाचारपत्र के इंटरनेशनल संस्करण (ऑट्रेलियन एसोसिएट प्रेस) में 03 दिसम्बर, 2014 अंक में प्रकाशित एक रिपोर्ट के अनुसार जावा द्वीप में प्राप्त एक सीपी पर आड़ी-तिरछी रेखाएँ उकेरी गयी मिली हैं जिनमें एक ज्यामितीय अनुशासन है। इनको सप्रयोजन उकेरा गया है। यह लिपि का आरम्भिक रूप माना गया है। लिपि और भाषा पर कार्य करने वाले वैज्ञानिकों एवं पुरातत्त्ववेत्ताओं ने लाखों वर्ष पुरानी 'होमो एरेक्टस' नामक आदि मानव शाखा द्वारा बनायी गयी इन ज्यामितीय रेखाओं को 4, 30, 000 वर्ष पुरानी माना है। प्रतीक-चिह्नों को स्पष्ट क्रम में पाषाण-अभिलेख के रूप में उकेरे जाने का प्रयास विश्व का प्राचीनतम उदाहरण स्पेन के अल्तामिरा स्थान पर मिले गुफाचित्रों को भी माना गया है। माना गया है कि ये गुफाचित्र 36,000 से 15,000 वर्ष पुराने हैं। इसी तरह भारतवर्ष के मध्य प्रदेश में प्राप्त भीमबेटिका के शैलाश्रय में पुरापाषाण काल के शैलचित्र प्राप्त हुए हैं। ये भी प्राचीन चित्रलिपि के अच्छे उदाहरण हैं। इन चित्रलिपियों की अपनी सीमाएँ हैं। ये बहुअर्थीय हैं। हम इनके अलग-अलग आशय अपने-अपने मन से लगा सकते हैं। उनमें विचारों, भावों और अनुभवों को वस्तुनिष्ठ ढंग से नहीं समझा जा सकता है।

ऐतिहासिकता की दृष्टि से उपलब्ध प्रमाणों की व्याख्या करने पर हम पाते हैं कि आधुनिक लिपि का आरम्भ मेसोपोटामिया की कीलाकार लिपि (क्यूनिफ़ॉर्म) लिपि से हुआ है।

भारत की प्राचीनतम लिपि सिन्ध घाटी से प्राप्त लिपि है। सिन्ध क्षेत्र के मुअनजोदड़ो और हड़प्पा (वर्तमान पाकिस्तान) से मिले सिक्कों में प्राचीन लिपि के कुछ चिह्न मिले हैं। लेकिन इन चिह्नों के विकास का कोई स्पष्ट ज्ञान नहीं हो सका है। अध्ययन बताते हैं कि भारत की प्राचीनतम लिपि ब्राह्मी है। इसका प्रारम्भिक रूप उत्तर प्रदेश के बस्ती जनपद के पिपरावा के एक स्तूप पर मिला है। अनुमान के अनुसार ब्राह्मी लिपि का प्रयोग ई.पू. 500वीं शताब्दी से लेकर तीसरी शताब्दी तक होता रहा है। गुप्तकाल भारतीय कला-साहित्य की दृष्टि से स्वर्णकाल माना गया है। उस समय की ब्राह्मी लिपि की उत्तरी शैली से विकसित लिपि को शासकों ने **'गुप्त लिपि'** नाम दिया। गुप्त लिपि का प्रयोग लगभग 200 वर्षों तक चलता रहा। इस लिपि से 'कुटिल लिपि' का विकास हुआ। **देवनागरी लिपि का विकास ब्राह्मी की इसी शाखा 'कुटिल लिपि' से हुआ है।** नौवीं शताब्दी में प्राचीन देवनागरी का रूप दिखाई दिया। कालान्तर में इस प्राचीन देवनागरी लिपि से भारत की अन्य कई लिपियों का विकास हुआ।

लिपियों की **आबूगीदा प्रणाली** बृहद् ब्राह्मी लिपि परिवार में मिलती है। आबूगीदा प्रणाली में व्यंजन और स्वर एक ही इकाई में लिखे जाते हैं। उदाहरण के लिए 'र' व्यंजन के साथ 'आ' स्वर को मिला देंगे, तब 'रा' लिखा जायेगा। इसी तरह 'की' जब लिखते हैं तो 'क' व्यंजन में 'ई' स्वर मिलाते हैं। स्वर अपने आप को विलीन कर लेता है।

प्राचीन नागरी के दो रूप मिलते हैं–

1. पूर्वी भाग (जिसकी मैथिली, बांग्ला और ओड़िया लिपियाँ हैं।)
2. पश्चिमी भाग (जिसकी देवनागरी, गुजराती, महाजीन, राजस्थानी तथा मराठी लिपियाँ हैं।

सच तो यह है कि अभी तक नागरी लिपि का आरम्भ कबसे हुआ; इसका कोई निश्चित उत्तर नहीं मिला है। अब तक के अध्ययन बताते हैं कि गुजरात के **राजा जयभट्ट** (लगभग सन् 700-800 ई.) द्वारा लगवाये गये शिलालेख में उत्कीर्ण सन्देश में नागरी लिपि का प्रयोग मिलता है। दसवीं शताब्दी से लेकर 15वीं शती तक नागरी लिपि के चिह्नों में सुधार किया जाता रहा। ये सुधार मुख्यत: लिपि को सुन्दर और सहज बनाने के उद्देश्य से किये गये। 15वीं शताब्दी के लिपि-चिह्न वर्तमान देवनागरी से कुछ भिन्न दिखाई देते हैं। धीरे-धीरे इनमें सन्निकट आने तक परिवर्तन हुआ। 15वीं शताब्दी के बाद यह परिवर्तन निम्नांकित रूप में दिखाई देता है–

1. लिपि-चिह्नों को सरल, सुबोध और सुन्दर बनाने में,
2. लिपि-चिह्नों में स्पष्टता लाने में,
3. लिपि-चिह्नों में शिरोरेखा लगाने में, ताकि लिपि-चिह्नों को आकर्षक, व्यवस्थित और सरल रूप में अपनाया जा सके।
4. लिपि-चिह्नों में स्पष्ट लेखन के साथ शीघ्र लेखन-गुण का समावेश करने में।

अध्ययन बताते हैं कि देवनागरी लिपि का प्रयोग दसवीं शताब्दी से ही मिल जाता है। 18वीं शताब्दी के मध्य तक यह मुद्रण के साधन विकसित होने लग गये, तब देवनागरी के विकास को भी गति मिल गयी। उसमें निखार, परिष्कार एवं परिपक्वता आने लगी। संस्कृत में तो देवनागरी लिपि का प्रयोग तो सहज ही होने लगा था, मराठी और नेपाली भाषा की लिपि भी देवनागरी हो गयी। कुछ विद्वान् राय देते हैं कि भारत की सभी भाषाओं में देवनागरी लिपि का प्रयोग किया जाये। लेकिन यह माँग व्यावहारिक नहीं है। अन्य भाषाओं की अपनी-अपनी स्वतन्त्र लिपिया हैं। दक्षिण भारत की भाषाएँ–तमिल, तेलुगु, मलयालम हों, अथवा बांग्ला, असमी या ओड़िया आदि, सभी की अपनी-अपनी लिपि है। इन भाषाओं के प्रयोक्ता अपनी परम्परागत लिपियों को क्यों छोड़ना चाहेंगे।

नागरी लिपि की विशेषताएँ-वैज्ञानिकता

जैसाकि पिछले पृष्ठों में कहा गया है, जिस लिपि में हिन्दी लिखी जाती है, वह नागरी लिपि है। इसका विकास प्राचीन ब्राह्मी लिपि से हुआ है। भारत के संविधान में अनुच्छेद 343 में स्पष्टतः लिखा गया है कि संघ की भाषा देवनागरी लिपि में लिखी हुई हिन्दी राजभाषा होगी।

नागरी लिपि के सम्बन्ध में प्राचीन लिपियों के अध्येता इतिहासकार **पं. गौरीशंकर हीराचंद ओझा** ने अपनी खोजपरक पुस्तक 'भारतीय प्राचीन लिपि' (सन् 1894/1918) में कहा है, "वर्तमान नागरी लिपि का मूल अर्थात् प्राचीन रूप अशोक के शिलालेखों की लिपि से मिलता है जो विक्रम संवत् से लगभग दो सौ वर्ष पूर्व का है और काठियावाड़ से उड़ीसा तक और नेपाल की तराई से मैसूर तक अनेक स्थानों से मिला है। अशोक के समय की लिपि को ही नागरी लिपि का प्राची रूप मानना चाहिए। अशोक के समय की लिपि का नाम 'ललित विस्तार' में ब्राह्मी मिलता है और 'नित्यषोडविकार्णव' के भाष्य सेतुबन्ध में **भास्करानंद** ने उसका नाम नागर (नागरी) लिपि ही माना है।" उनकी इस पुस्तक में देवनागरी अक्षरों के ब्राह्मी लिपि से उद्‌भव को तर्कों सहित समझाया गया है।

नागरी लिपि के पास उसकी अपनी एक समृद्ध, दीर्घकालीन एवं ऐतिहासिक परम्प्परा है। इसकी गणना विश्व की लगभग सभी भाषाओं की वैज्ञानिक लिपियों में होती है। यह भारतीय संविधान द्वारा स्वीकृत एक राष्ट्रीय लिपि है, जिसके प्रमुख गुण इस प्रकार हैं–विश्व की किसी भी भाषा को सीखने में सक्षम, कम्प्यूटर पर कार्य करने के लिए सर्वथा उपयुक्त, परिपूर्ण वर्णमाला, ध्वनियों का वैज्ञानिक वर्गीकरण, प्रत्येक ध्वनि के लिए अलग चिह्न, स्वर तथा व्यंजनों का निश्चित क्रम, उच्चारण तथा लेखन में सामंजस्य आदि। यही कारण है कि विश्व के अनेक विद्वानों ने देवनागरी लिपि के लिए प्रशंसात्मक उद्‌गार व्यक्त किये हैं; यथा–

1. "संसार में यदि कोई संवर्गपूर्ण अक्षर हैं तो देवनागरी के हैं।"–**पिटमैन**
2. "देवनागरी हिन्दुओं की सम्मानित लिपि है और मैं कह सकता हूँ कि मानव के मस्तिष्क से निकली हुई वर्णमालाओं में यह सबसे अधिक पूर्ण वर्णमाला है।"–**जॉन क्राइस्ट**
3. "देवनागरी अक्षरों से बढ़कर पूर्ण और उत्तम अक्षर दूसरे नहीं हैं।"–**मोनियर विलियम्स**

4. "देवनागरी लिपि से बढ़कर वैज्ञानिक लिपि मैंने दुनिया में पायी. नहीं।"– **आचार्य विनोबा भावे**
5. देवनागरी दुनिया की सर्वाधिक वैज्ञानिक लिपि है।"–**महापण्डित राहुल सांकृत्यायन**
6. हमारी देवनागरी इस देश की ही नहीं, समस्त संसार की लिपियों में से सबसे अधिक वैज्ञानिक लिपि है। हमारी लिपि में स्वरों और व्यंजनों का जैसा वैज्ञानिक पृथक्करण है, वैसा अन्य लिपियों में नहीं "–**सेठ गोविन्द दास**

विश्व की सभी लिपियों में देवनागरी लिपि सर्वाधिक वैज्ञानिक है। इसमें उच्चरित वनियों को वैज्ञानिक ढंग से लिखने का विशेष गुण है।

देवनागरी लिपि की प्रमुख विशेषताएँ इस प्रकार हैं–

1. **एक ध्वनि के लिए एक लिपि-चिह्न देवनागरी की महती विशेषता है।** ऐसा बहुत कम ही भाषाओं की लिपियों में मिलता है; यथा–रोमन में एक लिपि-चिह्न से कई ध्वनियाँ निःसृत होती हैं। उदाहरणार्थ :
   देवनागरी का 'क' चिह्न देखें–कमल, रकम, विधेयक। आदि, मध्य और अन्त में 'क' ध्वनि है। जैसी लिखी जाती है, वैसी ही बोली और पढ़ी जाती है। इसके विपरीत अंग्रेज़ी की रोमन लिपि में 'के' चिह्न से कई ध्वनियाँ निलकलती हैं; यथा–नाइफ़ में 'के' भी है, काइट में 'के' है, कैट में 'सी' है, कैमिस्ट्री में 'सीएच' है, ब्लेक में 'सीके' है। इसी तरह 'बॉक्स' में 'एक्स' और 'चैक' में 'क्यू' आता है।
2. **एक लिपि-चिह्न के लिए एक ध्वनि की विशेषता** भी देवनागरी में है; यथा–ह्रस्व स्वर 'उ' का उच्चारण करने के लिए सब जगह 'उ' लिपि-चिह्न का ही प्रयोग किया जाता है। जबकि रोमन में इसके लिए 'यू' का चिह्न कहीं कोई ध्वनि है, कहीं कोई; यथा–'सीयूटी' का उच्चारण 'कट', या 'बीयूटी' 'बट' है। इनमें 'यू' का उच्चारण 'अ' से हो रहा है। जबकि 'पुट' में 'यू' का उच्चारण 'उ' के रूप में है और 'यूनिटी' में 'यू' उच्चरित होता है।
3. **देवनागरी में लिपि-चिह्न में समानता** है। इसके विपरीत रोमन में लिखित एवं पठित रूप में कहीं कम, कहीं अधिक भेद है और दोनों रूपों में छोटा (स्मॉल), बड़ा (कैपिटल) दोनों रूप हैं; यथा–देवनागरी में 'उ' एवं रोमन में–u और U

4. **देवनागरी में अक्षर लिपि-चिह्न पर्याप्त हैं।** देवनागरी लिपि में जितनी ध्वनियाँ हैं, उन सबके लिए अलग-अलग चिह्न हैं। यहाँ तक कि अन्य भारतीय भाषाओं की विशिष्ट ध्वनियों के लिए नागरी में लिपि-चिह्न बढ़ा दिये गये हैं। इन नये लिपि-चिह्नों को केन्द्रीय हिन्दी निदेशालय ने परिवर्धित नागरी लिपि में समायोजित कर लिया है। इससे नागरी और समृद्ध हो गयी है।

   ख, घ, छ, झ, ठ, ढ इत्यादि महाप्राण ध्वनियों के लिए रोमन में क्रमशः kh, gh, chh, jh, th, dh लिखे जाते हैं। हम देखते हैं कि th, dh को ही थ, ध के लिए भी लिखा जाता है, इससे प्रायः भ्रान्ति होती है।

   डॉ. कैलाशचन्द्र भाटिया का कहना है कि नागरी के इस गुण के कारण ही नागरी की वर्णमाला एक प्रकार से वही है जिसको विश्व के अनेक भाषाविदों ने पर्याप्त खोजबीन कर आई.पी.ए. (I.P.A.) द्वारा व्यक्त किया है। यह इसकी पर्याप्तता का सटीक उदाहरण है। (भाटिया, कैलाश चन्द्र, (1998), 'हिन्दी भाषा', इलाहाबाद, साहित्य भवन, पृ. 159)

5. **स्पष्टता।** किसी भी वैज्ञानिक ध्वनि चिह्नों के लिए आवश्यक है कि उसके वर्णों की आकृति में स्पष्टता होनी चाहिए। इससे अल्पभेद से भ्रम नहीं होता। जल्दी-जल्दी या घसीटकर लिखने में रोमन या फ़ारसी लिपि जैसी लिपियों में लिखे गये को पढ़ने में पर्याप्त कठिनाई आती है। फ़ारसी लिपि में लिखे को तो बहुत से लोग पढ़ने में ग़लती कर जाते हैं; जैसे–'अजमेर गये' को–'आज मर गये' पढ़ लिया जाता है! देवनागरी लिपि में कुछ ही वर्ण ऐसे हैं, जिनमें भ्रम हो सकता है। लेकिन अब इसको सुधार लिया गया है; यथा–'ख' का भ्रम 'रव' से न हो तो 'ख'। 'ध' का भ्रम 'घ' से ना हो तो 'ध'। 'भ' का भ्रम 'म' से न हो तो 'म'। 'ण' का भ्रम 'रा' से न हो तो 'ण'।

   स्वरों में 'अ' को मान्यता दी गयी है।

6. **स्वर और व्यंजनों के वर्गीकरण में वैज्ञानिकता।** महर्षि पाणिनी ने प्रयत्न, स्थान, मुखरता, मात्रा, घोषत्व की दृष्टि से जो वर्गीकरण किया है, वह पूरी तरह से वैज्ञानिक है। हिन्दी की वर्णमाला के सन्दर्भ में सुधार के बाद एक वर्णमाला यह मिलती है–

इन वर्णों के सटीक उच्चारण करने के लिए प्रयत्न की चर्चा की गयी है– आभ्यन्तर एवं बाह्य। बाह्य प्रयत्न ग्यारह प्रकार के हैं–विवाद, संवाद, नाद, श्वास, घोष, अघोष , अल्पप्राण, महाप्राण, उदात्त, अनुदात्त, स्वरित।

स्वर-ध्वनियाँ :

अ आ (*ऑ) इ ई ए ऐ ओ औ

(ध्यान दें कि 'अ' को छोड़कर अन्य उपर्युक्त स्वर-ध्वनियों को मात्राओं के माध्यम से भी व्यक्त किया जा सकता है। किन्तु यहाँ ध्वनि की बात हो रही है और मात्राओं का मामला लिपि से सम्बन्ध रखता है।)

व्यंजन-ध्वनियाँ :

क्	ख्	ग्	घ्	ङ्	(*क़्	ख़्	ग़)
च्	छ्	ज्	झ्	ञ्	(*ज़)		
ट्	ठ्	ड	ढ	ण्	(#ड़	ढ़)	
त्	थ्	द्	ध्	न्			
प्	फ्	ब्	भ्	म्	(*फ़)		
य्	र्	ल्	व्	श्	ष्	स्	ह्
(@ क्ष्	त्र्	ज्ञ्)					

(*= आगत ध्वनियाँ, # नयी ध्वनियाँ, @ = संयुक्त ध्वनियाँ)

इस वर्णमाला में भी सुधार करते हुए केन्द्रीय हिन्दी निदेशालय (उच्चतर शिक्षा विभाग, भारत सरकार), नयी दिल्ली ने देवनागरी लिपि एवं हिन्दी की वर्तनी का मानकीकरण करते हुए वर्णमाला तैयार की है। इसका संशोधित संस्करण सन् 2024 में आया है। तदनुसार इस अध्याय के अन्त में यह मानक वर्णमाला और देवनागरी लिपि यथावत् दी गयी है।

7. **आशुलेखन के लिए सर्वथा उपयुक्त।** लचीली होने के कारण देवनागरी आशुलेखन के लिए सर्वथा उपयुक्त लिपि है। भाषा और लिपि के मर्मज्ञ मानते हैं कि **पिटमैन** ने रोमन लिपि के लिए आशुलिपि (शॉर्टहैंड) का आविष्कार किया था। हाँलाकि हिन्दी के सन्दर्भ में इससे बहुत गति प्राप्त नहीं हुई। अतः **श्री गोपाल प्रसाद बिष्ट** को इसके लिए अपनी निजी पद्धति विकसित करनी पड़ी। 'हिन्दी आशुलिपि विज्ञान' पर सन् 1986

में श्री बिष्ट को पंजाब विश्वविद्यालय की पीएच.डी. की उपाधि प्राप्त हुई। एक समय में श्री बिष्ट की आशुलिपि की गति विश्व स्तर पर सर्वाधिक थी। आशुलिपि की गति की तीव्रता के लिए उनको गिनीज बुक में सम्मानजनक स्थान प्राप्त है।

8. **नागरी लिपि आक्षरिक है।** व्यंजन और स्वर वर्ण में संयुक्त रूप से विद्यमान रहते हैं। वर्णात्मक होने पर विश्लेषण में सुविधा रहती है, लेकिन नागरी में यह भी सम्भव है; यथा–

प्राप्त = रोमन में–PRAAPT

नागरी में–प+र+आ+प+त

छ्न्द = रोमन में–CHAND

देवनागरी में–छ्+ अ+ न् +द् +अ

9. **वर्णविन्यास का क्रम।** इस क्रम की अपनी विशेषताएँ हैं; यथा–

–स्वर और व्यंजन पृथक्-पृथक् हैं।

–स्वर आरम्भ में व्यंजन बाद में।

–स्वर और व्यंजन दोनों का क्रम पूर्णतः उच्चारण के क्रम में है।

विश्व की अन्य किसी लिपि में ऐसा नहीं है। एक लिपि में 'अलिफ़' के बाद 'बे' तो दूसरी में 'ए' के बाद 'बी'। स्वर और व्यंजन पृथक् से नहीं हैं।

10. **वर्ण का निश्चित मूल उच्चारण।** यथा–नागरी में 'अ' के लिए मात्र 'अ' है। रोमन में 'अ' के लिए 'ए' (a A)। उर्दू में 'अ' के लिए 'अलिफ़'–अ+ल+इ+फ़ चार वर्ण; रोमन में 'व' के लिए लिपि-चिह्न W (डब्ल्यू) में एक साथ पाँच वर्ण हैं।

11. **उच्चारण के अनुरूप लेखन/लेखन के अनुरूप उच्चारण।** यथा– 'राम' का उच्चारण 'राम' ही होगा। जबकि इसे हम रोमन में लिखें, तो इसका उच्चारण 'रम', 'रामा', 'रेम', 'रमा' कुछ भी पढ़ा जा सकता है। यही कारण है कि आकाशवाणी और टेलीविज़न के समाचारों या अन्य कार्यक्रमों में कई बार उच्चारण अटपटे तथा अशुद्ध होते हैं। इसका कारण है कि समाचारों में जो नाम लिखे जाते हैं, वे रोमन में होते हैं। ऐसी स्थिति में उच्चारण भेद होना स्वभाविक है।

संस्कृत में इस वर्णमाला का बहुत स्पष्ट विवरण दिया गया है, "बुद्धि से सम्बद्ध और कुछ बोलने की इच्छा से प्रेरित होकर आत्मा मस्तिष्क को प्रेरित करती है और फिर मस्तिष्क पिण्ड में ऊष्मा उत्तेजित करता है, ताप वायु की सृष्टि करता है, और वक्ष से गुज़रती हुई वायु स्वरों को जन्म देती है। स्वर भी मुख के विभिन्न भागों से घात-प्रतिघात करते हुए अपना आकार विभिन्न अक्षरों के रूपों में प्रस्तुत करते हैं।"

18 अप्रैल सन् 1900 को **सर एंटोनी** ने कचहरी तथा निचले स्तर पर राजकाज में देवनागरी के वैकल्पिक प्रयोग की आज्ञा प्रसारित की थी। इस कार्य के लिए भारतेन्दु हरिश्चन्द्र, राजा रामपाल सिंह, बाबू तोताराम, श्यामसुन्दर दास, महामना मदन मोहन मालवीय इत्यादि ने अथक परिश्रम किया था। 'नागरी लिपि' को लेकर बहुत दिनों तक आन्दोलन हुआ था। यह विमर्श बहुत लम्बा चला। इसे लेकर वाद-विवाद ख़ूब हुआ।

11. **मात्रा की विशेषता।** विद्वानों के अनुसार देवनागरी की सर्वाधिक विशेषता 'मात्रा' है। मात्र व्यंजनों की आवृत्ति 6.3 प्रतिशत है। सभी व्यंजन अन्य स्वरों के साथ उच्चरित होते हैं। इस प्रकार के व्यंजनों की आवृत्ति लगभग 55 प्रतिशत है। यही कारण है कि समस्त व्यंजन-ध्वनियों को 'अ-स्वर' से निहित मानकर वर्ण को लिपि में आधारभूत इकाई के रूप में प्रस्तुत किया गया। अनेक भाषाविदों ने सिद्ध कर दिया है कि 'अ-स्वर' सर्वाधिक सहज और स्वाभाविक है, जिससे मूल व्यंजनों में विकार नहीं आता।
12. **शिरोरेखा का प्रयोग।** देवनागरी की एक विशेषता और है–उसमें प्रयोग में आने वाली शिरोरेखा। एक पूरे शब्द को इकाई के रूप में देखने और उच्चरित करने के लिए शिरोरेखा स्पष्ट संकेत के रूप में उभरकर आती है। जिससे ठीक उच्चारण तथा उचित स्थान पर बलाघात में सहायता मिलती है।

देवनागरी और कम्प्यूटर का सामंजस्य

कम्प्यूटर पर काम करने के लिए भी देवनागरी लिपि सर्वथा उपयुक्त लिपि है। इसका कारण है कि यह लिपि स्पष्ट व्यवस्था पर आधारित है। हाँ, कहीं-कहीं कठिनाई अवश्य है। विशेष रूप से यूनिकोड में प्रयुक्त वर्तमान व्यवस्था में कुछ चिह्नों का

समावेश नहीं हो पाता। हिन्दी के फ़ॉण्ट्स की विविधता मिलती है। ये सहज सुन्दर और अलग-अलग डिज़ाइनों में उपलब्ध हैं। यूनिकोड ने बहुत अच्छी सुविधा दी है। इसमें कोई डॉक्यूमेंट फ़ाइल तैयार की जाये, तो वह किसी भी कम्प्यूटर में खोली जा सकती है। यह भी ध्यान देने की आवश्यकता है कि अलग-अलग कम्प्यूटर पर कई ऐसे व्यंजन और संयुक्ताक्षर हैं जो पाठ (टेक्स्ट) को बदल देते हैं। इसलिए केन्द्रीय हिन्दी निदेशालय, दिल्ली ने मानक वर्णमाला का निर्धारण किया है। इसी को आधार मानना चाहिए। कुछ ऐसे भी चिह्न हैं, जिनका समावेश अभी नहीं हुआ है। इस पर काम चल रहा है। यूनिकोड में हिन्दी को आवण्टित कोड का विस्तार U+0900 से लेकर U+097F तक है। कुल मिलाकर 128 कोड प्वाइंट हैं। इनके अतिरिक्त देवनागरी के लिए कोई और कोड प्वॉइंट आरक्षित नहीं है।

देवनागरी की समस्याएँ और सुधार

पिछले पृष्ठों में हमने देवनागरी लिपि की विशेषताओं पर प्रकाश डाला है। सारी विशेषताओं और वैज्ञानिकता के होते हुए भी हम देखते हैं कि देवनागरी में लिखते हुए कुछ समस्याओं का सामना करना पड़ता है। इनमें से कई समस्याओं को दूर करने के उपाय भी हुए हैं। आइये, सबसे पहले समस्याओं पर विचार करते हैं। देखें–

1. चिह्नों में एकरूपता नहीं है; यथा–इ (हि) की मात्रा पहले लगती है, किन्तु उसका उच्चारण बाद में होता है।
2. संयुक्त व्यंजन लिखने में असमानता है; यथा–कभी प्रथम व्यंजन आधा लिखा जाता है; जैसे-ग्लानि, भविष्य, पट्टा, रट्टा; कहीं दूसरा व्यंजन आधा लिखा जाता है; जैसे–प्रकट, प्रदीप। कभी संयुक्त व्यंजन से नया व्यंजन बन जाता है; यथा–क्+ ष = क्ष। च् + च्+ह् = च्छ्।
3. दो प्रकार के अक्षरों का प्रचलन; यथा–अ और झ को दूसरी तरह से भी लिखा जाता है। किन्तु अब देवनागरी का मानक रूप चलता है। केन्द्रीय हिन्दी निदेशालय ने नागरी लिपि का मानक रूप तैयार कर दिया है। इस समस्या का हल हो गया है।
4. शिरोरेखा लगाने में भ्रम। शिरोरेखा लगाने में सावधानी न बरते जाने पर कई बार अक्षरों में भ्रम की स्थिति पैदा हो जाती है; यथा–म और भ में। घर और धर में।

5. देवनागरी के कुछ वर्णों की तरह कुछ अंकों में भी अनेक रूपता है; यथा–सात और नौ को लिखने में भिन्नता है।

सुधार

1. **काका कालेलकर समिति के सुझाव।** सब से पहले **काका कालेलकर समिति** ने दो महत्त्वपूर्ण सुझाव दिये। जिसे महात्मा गांधी और विनोबा भावे ने भी समर्थन दिया। एक, अ, आ, इ, ई , उ, ऊ...के रूप में बारहखड़ी का उपयोग किया जाये। दो, गुजराती की तरह ही देवनागरी को भी बिना शिरोरेखा के लिखा जाये।

   लोकमान्य तिलक ने सन् 1874 में देवनागरी लिपि में सुधार की आवश्यकता पर ध्यान दिलाया। उन्होंने अपने समाचारपत्र 'केशरी' के माध्यम से कुछ सुधार सामने रखे। महात्मा गांधी ने 'हरिजन सेवक' अख़बार में काका कालेलकर द्वारा सुझायी गयी 'अ' की बारहखड़ी का प्रयोग किया था।

2. **हिन्दी साहित्य सम्मेलन प्रयाग** ने सन् 1941 में लिपि सुधार समिति का गठन किया, जिसने निम्नांकित सुझाव दिये–
   1. मात्राओं रेख और अनुस्वार को ऊपर न लिखकर अथवा लिखा जाये जिससे उनका वर्णक्रम स्पष्ट हो; जैसे–क, ल, क, स्, ध, र्म।
   2. इ की मात्रा को बाद में किया जाये; जैसे–दीया (दिया), लीया (लिया।)।
   3. ऊ की बारहखड़ी अपनायी जाये।
   4. संयुक्त व्यंजनों में र को पूरा लिखा जाये; यथा–अन्तरराष्ट्रीय, प्राप्त आदि।
   5. शिरारेखा का लेखन वैकल्पिक रखा जाये।
   6. ध और भ भ्रम पैदा करते हैं। इसलिए इनको ऊपर से लिखा जाये।
3. **आचार्य नरेन्द्र देव की समिति** का गठन सन् 1947 में उत्तर प्रदेश सरकार ने किया। इसमें धीरेन्द्र वर्मा, मंगलदेव शास्त्री इत्यादि सदस्य थे। इस समिति का सुझाव था कि 1. क्ष, त्र, श्र, द्य को निकाल दिया जाये। 2. इ के लिए पश्चगामी, भिन्न मात्रा जैसे–की। 3. ध और भ का रूप।
4. **नागरी प्रचारिणी सभा** के अनुरोध पर उत्तर प्रदेश सरकार ने सन् 1953 में लिपि के सुधार के सुझाव दिये थे। ये सुझाव निम्नवत् हैं–

1. इ की मात्रा (घि, घी आदि)
2. क्ष, त्र, श्र, द्य आदि जैसे संयुक्ताक्षरों को अलग लिखा जाये; जैसे– क्‍ष, त्‍र, श्रू आदि।
3. मानक वर्णों की सिफ़ारिश–ख, ध, भ, छ।

मानक देवनागरी लिपि और हिन्दी वर्तनी का मानकीकरण

जैसा हमने पहले कहा कि केन्द्रीय हिन्दी निदेशालय, उच्चतर शिक्षा विभाग ने 'देवनागरी लिपि और हिन्दी वर्तनी के मानकीकरण' की एक पुस्तिका प्रकाशित की है। उसकी प्रस्तावना में कहा गया है, "प्रस्तुत नियमावली लिपि को एकरूप और परिनिष्ठित बनाने में विगत कई दशकों से एक सांस्थानिक भूमिका में रही है। सन् 1966 ई. में शिक्षा मन्त्रालय द्वारा मानक हिन्दी वर्णमाला का प्रकाशन किया गया। उसके बाद विविध चरणों में आवश्यक समीक्षा करते हुए इसे अद्यतन किया जाता रहा।" **(देशगव्हाणकर, कुळकर्णी, सुनील बाबूराव एवं अन्य, 2024,** आमुख, 'नागरी लिपि एवं हिन्दी वर्तनी का मानकीकरण', नयी दिल्ली, केन्द्रीय हिन्दी निदेशालय, उच्चतर शिक्षा विभाग, भारत सरकार, पृ. (ix))

हिन्दी वर्णमाला

स्वर

स्वर वर्ण			
अ	आ	इ	ई
उ	ऊ	ऋ	ए
ऐ	ओ	औ	
अनुस्वार एवं विसर्ग			
अं	अः		

- मूलस्वरों की संख्या 11 है।
- संस्कृत के लिए प्रयुक्त देवनागरी में ॠ, ऌ भी सम्मिलित हैं, किन्तु हिन्दी में इसका प्रयोग न होने के कारण इन्हें हिन्दी की मानक वर्णमाला में स्थान नहीं दिया गया है।

मूल व्यंजन

मूल व्यंजन				
क	ख	ग	घ	ङ
च	छ	ज	झ	ञ
ट	ठ	ड	ढ	ण
त	थ	द	ध	न
प	फ	ब	भ	म
य	र	ल	व	
श	ष	स	ह	
संयुक्त व्यंजन				
क्ष	त्र	ज्ञ	श्र	
उत्क्षिप्त व्यंजन				
ड़	ढ़			
विशिष्ट व्यंजन				
ळ				

- मूल व्यंजनों की संख्या 33, व्यंजनों की कुल संख्या 40।
- क्ष (क्+ष), त्र (त्+र), ज्ञ (ज्+ञ), श्र (श्+ र) हिन्दी वर्णमाला के 4 संयुक्त व्यंजन हैं।
- 'ळ' वर्ण का प्रयोग हिन्दी की प्रमुख बोलियों; यथा–हरियाणवी, मारवाणी, गढ़वाली कुमाऊँनी के अतिरिक्त मराठी जैसी समृद्ध भाषाओं में भी है। इसके अतिरिक्त देवनागरीतर लिपियों वाली भारतीय भाषाओं; यथा–तमिल, तेलुगु, मलयालम, कन्नड़ और ओड़िया मे भी 'ळ' ध्वनि का व्यापक प्रयोग है। अत: व्यक्तिवाचक संज्ञाओं (व्यक्ति, स्थान, भू-आकृतियों के नामों) में इनके प्रयोग किये जाने का अवकाश अपेक्षित है। अत: वर्णमाला में विशिष्ट व्यंजन के रूप में ळ वर्ण को स्थान दिया गया है।

परिवर्तित देवनागरी लिपि में स्वीकृत लिपि-चिह्न

परिवर्धित देवनागरी, देवनागरी लिपि का वह रूप है जिसमें मूल देवनागरी लिपि में कुछ प्रतीक-चिह्न (विशेषक चिह्न) जोड़े गये हैं। परिवर्धित चिह्नों को जोड़ने का

मूल उद्देश्य यह है कि देवनागरी लिप्यन्तरण करते समय अर्थभेदकता की स्थिति में सम्बन्धित भाषा की ध्वनियों का लेखन सम्भव हो सके।

परिवर्धित देवनागरी लिपि में स्वीकृत लिपि-चिह्न :

भारतीय भाषाओं के विशिष्ट स्वर					
क्र. सं.	**परिवर्धित देवनागरी वर्ण**	**मात्रा**	**वर्ण**	**मात्रा**	**वर्ण**
1.	ह्रस्व ए, ओ	ॆ	ऎ	ॊ	ऒ
2.	कश्मीरी	ॖ	अॖ	ॗ	अॗ
		ॅ	अॅ	ॉ	ऑ
3.	संताली	ॏ	अॏ	ॽ	
		ा़	आ़	ॆ़	ऎ़
		ो़	ओ़	ो़	ओ़
व्यंजन					
4.	कश्मीरी चवर्ग	च़	छ़	ज़	
5.	सिंधी	ॻ	ॼ	ॾ	ॿ
6.	बांग्ला, असमिया	य़			
7.	तमिळ और मलयाळम	ऴ			
8.	तमिळ	ऩ			
9.	तमिळ, मलयाळम, तेलुगु, कन्नड़	ऱ			
10.	उर्दू	क़	ख़	ग़	ज़
		फ़			
11.	तमिळ	ऩ			

अनुस्वार (ं) और अनुनासिक (ँ)

अनुस्वार और अनुनासिक के प्रयोग को लेकर बहुधा भ्रम की स्थिति रहती है और इसलिए समाचारपत्रों, पत्रिकाओं और कभी-कभी तो पाठ्यपुस्तकों में भी अनुनासिक के स्थान पर भी अनुस्वार का प्रयोग किया जाता है। इन नासिक्य व्यंजन (ङ, ञ, ण, न, म) के बाद यदि कोई सवर्गीय वर्ण आये तो नासिक्य व्यंजन अनुस्वार के रूप में अपने पूर्ववर्त्ती वर्ण के ऊपर आ जाते हैं; जैसे-चञ्चल > चंचल, गङ्गा > गंगा, पण्डित > पंडित। अनुनासिक अथवा चन्द्रबिन्दु का प्रयोग हिन्दी में देशज और तद्भव शब्दों में किया जाता है। ऐसे शब्दों में जहाँ स्वर मात्राएँ शिरोरेखा के ऊपर लगती हों, वहाँ स्थानलाघव के लिए चन्द्रबिन्दु भी अनुस्वार के रूप में लिखे जाते हैं; जैसे–आँख, माँ, साँस, यहाँ, वहाँ, हँसना, क्यों (क्यों), खींचना (खीचना)।

हिन्दी में अकारान्त, आकारान्त, इकारान्त, ईकारान्त, उकारान्त एवं ऊकारान्त स्त्रीलिंग शब्दों में बहुवचन रूपों में चन्द्रबिन्दु का ही प्रयोग होता है; जैसे–लड़कियाँ, लताएँ, चीटियाँ, नदियाँ, महिलाएँ, ऋतुएँ, वस्तुएँ, वधुएँ, रीतियाँ। अनुस्वार और चन्द्रबिन्दु में आधारभूत अन्तर उच्चारण का ही है। अनुस्वार में जहाँ नासिक्य से श्वास निकलता है, वहीं अनुनासिक में नासिका और मुँह दोनों से निकलता है।

विसर्ग : प्रातः।

हल चिह्न : उद्‌भव।

आगत चिह्न :

अवग्रह **:** ऽ सोऽहं

अर्धचन्द्र : ऑ डॉक्टर

हिन्दी अंक

संविधान के 343 (1) के अनुसार संघ के राजकीय प्रयोजनों के लिए प्रयुक्त होने वाले अंकों का रूप भारतीय अंकों का अन्तरराष्ट्रीय रूप होगा। परन्तु राष्ट्रपति संघ के किसी प्रयोजन के लिए भारतीय अंकों के अन्तरराष्ट्रीय रूप के साथ-साथ देवनागरी रूप का प्रयोग प्राधिकृत कर सकते हैं।

भारतीय अंकों का अन्तरराष्ट्रीय रूप

1 2 3 4 5 6 7 8 9 0

देवनागरी अंक

१(एक) २(दो) ३(तीन) ४(चार) ५(पाँच) ६(छह) ७(सात) ८(आठ) ९(नौ) १०(दस)

परिवर्धित देवनागरी

परिवर्धित नागरी देवनागरी लिपि का वह रूप है, जिसमें मूल देवनागरी में कुछ प्रतीक-चिह्न (विशेषक चिह्न) जोड़े गये हैं। परिवर्धित चिह्नों को जोड़ने का मूल उद्देश्य यह है कि देवनागरी लिप्यन्तर करते समय अर्थभेदकता की स्थिति में सम्बन्धित भाषा की विशिष्ट ध्वनियों का लेखन सम्भव हो सके।

देवनागरी लिपि को भारतीय भाषाओं के लिप्यन्तरण का सशक्त माध्यम बनाने के लिए यह अपेक्षित है कि देवनागरी में अन्य भाषाओं की ध्वनियों के सूचक प्रतीक-चिह्नों का विकास किया जाये। अत: विभिन्न भाषाओं के भाषा विशेषज्ञों के साथ विचार-विमर्श करने के बाद परवर्धित देवनागरी का विकास किया गया है, जिसमें दक्षिण भारत की भाषाओं के साथ-साथ कश्मीरी, बांग्ला, मराठी, ओड़िया तथा असमिया भाषाओं के विशिष्ट स्वरों और व्यंजनों के साथ-साथ सिन्धी और उर्दू की विशिष्ट ध्वनियों के लिप्यन्तरण के लिए देवनागरी में अपेक्षित परिवर्धन किया गया।

देवनागरी लिपि में जिन ध्वनियों के कोई चिह्न उपलब्ध नहीं हैं, अर्थात् जो ध्वनियाँ हिन्दी भाषा में स्वनमिक (फ़ोनेमिक) स्तर पर विद्यमान नहीं हैं, उनके लिए ही विशेषक चिह्न निर्धारित किये गये। उदाहरण के लिए दक्षिण भारतीय भाषाओं एवं कश्मीरी में ह्रस्व 'ए' और 'ओ' उपलब्ध हैं, किन्तु देवनागरी में वे स्वनिक स्तर पर उपलब्ध नहीं हैं।

अनेक भारतीय भाषाओं की वर्णमाला देवनागरी के समान है परन्तु भाषा विशेष में कुछ वर्णों का उच्चारण हिन्दी के उच्चारण से भिन्न है। यह भाषाओं के ध्वन्यात्मक व्यतिरेक (फ़ोनेमिक कंट्रास्ट) का विषय है।

परिवर्धित देवनागरी (विशेषक चिह्न एवं यूनिकोड)

भारतीय भाषाओं के विशिष्ट स्वर					
क्र.सं.	परिवर्धित देवनागरी वर्ण	मात्रा (यूनिकोड कुंजी सहित)	वर्ण (यूनिकोड कुंजी सहित)	मात्रा (यूनिकोड कुंजी सहित)	वर्ण (यूनिकोड कुंजी सहित)
1.	ह्रस्व ए, ओ	ॆ (0946)	ऎ (090E)	ॊ (094A)	ऒ (0912)
2.	कश्मीरी	ॖ (0956)	ॶ (0976)	ॗ (0957)	ॷ (0977)
		ॅ (0945)	ॲ (0972)	ॉ (0949)	ऑ (09114)
3.	संताली	ऻ (093B)	ॳ (0973)	ॽ (097D)	
		ा (यूनिकोड कुंजी आवंटित नहीं)	अॏ (यूनिकोड कुंजी आवंटित नहीं)	ॆ (यूनिकोड कुंजी आवंटित नहीं)	ऐ (यूनिकोड कुंजी आवंटित नहीं)
		ॏ (यूनिकोड कुंजी आवंटित नहीं)	अॏ (यूनिकोड कुंजी आवंटित नहीं)		
व्यंजन					
4.	कश्मीरी चवर्ग	त्र	[illegible]	ज़ (095B)	
5.	सिंधी	ॻ (097B)	ॼ (097C)	ॾ (097E)	ॿ (097F)
6.	बांग्ला, असमिया	य़ (095F)			
7.	तमिल(ழ) मलयालम(ഴ)	ऴ (0934)			
8.	तमिल(ன)	ऩ (0929)			
9.	तमिल, मलयालम, तेलुगु, कन्नड़	ऱ (0931)			
10.	उर्दू	क़ (0958)	ख़ (0959)	ग़ (095A)	ज़ (095B)
		फ़ (095E)			
देवनागरी में लिप्यंतरण हेतु अन्य अपेक्षित जानकारी					
11.	तमिल	[illegible]	ट़		
12.	तमिल	[illegible]	ऩ		
13.	मलयालम	[illegible]	ग़		

संविधान की अष्टम सूची में परिगणित अन्य भारतीय भाषःओं की विशिष्ट ध्वनियों को व्यक्त करने के लिए देवनागरी वर्णमाला में जो विशेषक चिह्न (डेकक्रिटिकल मार्क्स) जोड़े गये, उनकी अद्यतन स्थति यहाँ वर्णित है।

मैथिली : बहऽ/अथवा भ'ऽ/कऽ के स्थान पर यूनीकोड का' (093A) चिह्न का उपयोग करते हुए भ'/क' के रूप में लिखा जाये।

मणिपुरी : मणिपुरी की मौखिक भाषा में दो तरह के तान (टोन) स्पष्ट रूप से अभिव्यक्त होते हैं परन्तु इसकी लिपि 'मैती' के लिए कोई तान (टोन) अंकित नहीं किया जाता।

पंजाबी : इसी प्रकार पंजाबी भाषा भी तानयुक्त (टोनल) है, लेकिन स्पष्ट रूप से अभिव्यक्त होते हैं, परन्तु पंजाबी वर्तनी में उसका कोई तान अर्थात् विशेषक चिह्न अंकित नहीं किया जाता।

प्रयोक्ताओं की सुविधा केलिए कोष्ठकों में दी गयी कुंजी संख्या यूनीकोड से साभार उद्धृत है।

इससे सम्बन्धित विस्तृत जानकारी वेवलिंक :

http//Unicode.org/charts/PDF/0900.pdf पर उपलब्ध है।

विशेषक चिह्नों की सूची की विशेषज्ञ समिति द्वारा समय-समय पर समीक्षा की जाती है।

इस मानक देवनागरी लिपि में शुद्ध लिखने के लिए इस पुस्तिका में बहुत सारी जानकारी दी गयी है। विस्तृत जानकारी के लिए उस पुस्तिका को अवश्य देखा जाना चाहिए।

8
क्षेत्रीय बोली का अध्ययन

एक समय था, जब क्षेत्रीय बोलियाँ पूरे भारत में विविधता के साथ प्रचलित थीं। आवागमन के साधन कम थे। इसलिए प्राय: सीमित समाज में उनकी अपनी-अपनी बोलियाँ थीं। संस्कृत से इतर की बोलियों/उपभाषाओं की बात हो रही है, संस्कृत जैसी आदर्श भाषा की नहीं; जिसे 'देवभाषा' माना गया है। उन क्षेत्रीय बोलियों/उपभाषाओं में प्राय: न तो मानकता थी और न शिष्ट अथवा लिखित साहित्य था और न व्याकरण ही था। बोलियों को भाषा में उच्चीकृत होने में हज़ारों वर्ष का समय लगा। ऐसा मुख्यत: साहित्य-लेखन के बाद हुआ।

जैसाकि हमने उल्लेख किया है; हिन्दी और उसकी उपभाषाओं/बोलियों का विकास अपभ्रंश के विविध रूपों से हुआ है। मोटे तौर पर हम अपभ्रंश की विभिन्न शाखाओं से विकसित आधुनिक भारतीय भाषाओं का परिचय इस रूप में देख सकते हैं–

अपभ्रंश		**विकसित भारतीय भाषाएँ/उपभाषाएँ/बोलियाँ**
शौरसेनी	पश्चिमी हिन्दी	ब्रजभाषा, कन्नौजी, बुँदेली, खड़ी बोली, बाँगरू (हरियाणवी)।
	राजस्थानी	पश्चिमी राजस्थानी (मेवाड़ी), पूर्वी राजस्थानी (जयपुरी, उत्तरी राजस्थानी (मेवाती), दक्षिणी राजस्थानी (मालवी, मेवाड़ी)।
	पहाड़ी हिन्दी	पश्चिमी पहाड़ी (हिमाचल, मंडियाली, चम्बाली आदि गुजराती)। (यह शूरसेन-प्रदेश की भाषा थी। काव्य-रचना के 'ब्रज' भाखा (भाषा) का सर्वाधिक आदर रहा। यही कारण है कि गुजरात के भुज (काठियावाड़)

में ब्रजभाषा की पाठशाला अठारहवीं शताब्दी में स्थापित हो गयी थी। इस अपभ्रंश का क्षेत्र सर्वाधिक विस्तृत था। भरतमुनि ने अपने 'नाट्यशास्त्र' में इसका विशेष उल्लेख किया है। अन्य भाषाएँ/ उपभाषाएँ भी ब्रजभाषा से सम्बन्ध रखती हैं।)

पैशाची — लहंदा, पंजाब की भाषा।

ब्राचड़ — सिन्धी।

महाराष्ट्री — मराठी।

(**बाबू श्यामसुन्दर दास** के अनुसार महाराष्ट्री उस समय समस्त बृहत्तर राष्ट्र की भाषा थी। 'गाहा सत्तसई' (गाथा सप्तशती) की रचना इसी में की गयी।

मागधी — बांग्ला, उड़िया, असमिया।
बिहारी (भोजपुरी, मगही, मैथिली)

अर्धमागधी — पूर्वी हिन्दी–अवधी, बघेली, छत्तीसगढ़ी

(भगवान महावीर जी ने अपने धर्म-प्रचार के लिए इसी भाषा को अपनाया था।)

जैसा हमने पूर्व में उल्लिखित किया है; हिन्दी भाषा और उसकी उपभाषाओं और बोलियों का विकास तीन चरणों में हुआ माना गया है–

1. प्राचीन या पुरानी हिन्दी (सन् 1100 ईस्वी से सन् 1400 ईस्वी तक)
2. मध्यकालीन हिन्दी (सन् 1400 ईस्वी से सन् 1850 ईस्वी तक)
3. आधुनिक हिन्दी (सन् 1850 ईस्वी से वर्तमान तक)।

हमारे विचार से इसे इस रूप में संशोधित-परिवर्धित किया जा सकता है–

1. प्राचीन या पुरानी हिन्दी (सन् 1100 ईस्वी से सन् 1400 ईस्वी तक)
2. मध्यकालीन हिन्दी (सन् 1400 ईस्वी से सन् 1850 ईस्वी तक)
3. आधुनिक हिन्दी (सन् 1850 ईस्वी से 1950 तक)
4. समकालीन हिन्दी (सन् 1950 से वर्तमान तक)

प्राचीन हिन्दी (पुरानी हिन्दी अथवा आदिकालीन हिन्दी) वह है जो अपभ्रंश और अवहट्ट के बाद की हिन्दी है। यह काल वह था, जिसमें अपभ्रंश तथा अवहट्ट का प्रभाव धीरे-धीरे कम हो चुका था। इस कालखण्ड में हिन्दी की प्रमुख बोलियों के रूप स्पष्ट और निश्चित नहीं हुए थे।

मध्यकाल में हिन्दी का स्वरूप स्पष्ट होने लगा था और इसकी उपभाषाओं/ बोलियों में साहित्य लिखने का काम शुरू हो चुका था। भाषाविदों का कहना है

कि हिन्दी की बोलियों का विकास नये धरातल पर हुआ। भाषा के ये तीन रूप कुछ अधिक उन्नत हुए–1. ब्रजभाषा, 2. अवधी और खड़ी बोली। इन बोलियों को उपभाषा अथवा भाषा कहा गया। इन तीनों में साहित्य-सर्जना ख़ूब होने लगी थी। ब्रजभाषा के अत्यन्त महत्त्वपूर्ण कवि हुए–सूरदास, रसखान, मीराबाई। अवधी में भी पर्याप्त साहित्य रचा गया। प्रमुख कवि हुए–मलिक मुहम्मद जायसी, विश्वकवि तुलसीदास...आदि।

उल्लेखनीय है कि कबीर दास, गुरु नानक देव जी और दादू दयाल जैसे कवियों ने अपनी रचनाओं में खड़ी बोली का मिश्रित प्रयोग किया है।

18वीं शताब्दी में मुस्लिम शासकों ने खड़ी बोली को बढ़ावा दिया, जो खड़ी बोली के विकास में सहायक सिद्ध हुआ।

आधुनिक काल में खड़ी बोली का प्रयोग व्यापक हो चला था। 19वीं सदी के मध्य तक ब्रिटिश साम्राज्य का पर्याप्त विस्तार हुआ। खड़ी बोली के प्रयोग ने ब्रज और अवधी की साहित्यिक दिशा को धीरे-धीरे धूमिल कर दिया। ये दोनों उन्नत उपभाषाएँ/बोलियाँ धीरे-धीरे कम प्रयोग की जाने लगीं। खड़ी बोली उभरकर आने लगी। जो ब्रजभाषा एक समय में भारत के अधिकांश भागों में प्रयुक्त हो रही थी, उसको साहित्य के व्यापक प्रयोग से और मुख्यधारा से लगभग अलग ही कर दिया गया। खड़ी बोली को व्यापक रूप में अपनाया जाने लगा। अखिल भारतीय स्तर पर, मुख्यत: उत्तर तथा मध्य भारत और पूर्वांचल में ब्रजभाषा कविता की भाषा थी। गद्य की भाषा होती चली गयी खड़ी बोली। धीरे-धीरे वह समय आ गया कि कविता भी खड़ी बोली में रची जाये। इस सवाल पर लम्बी बहसें देश भर में चलीं। भारतेन्दु हरिश्चन्द्र ने खड़ी बोली का प्रयोग व्यापक रूप में आरम्भ होने को लेकर अपना प्रसिद्ध कथन–'हिन्दी नयी चाल में ढली' (सन् 1873) में लिखा। जो 'कालचक्र' में पुस्तक में है। वे लिखते हैं कि, "नयी सुधरी हुई हिन्दी का उदय 'हरिश्चन्द्र चन्द्रिका' के समय में हुआ। जिस प्यारी हिन्दी को देश ने अपनी विभूति समझा, जिसको जनता ने उत्कण्ठापूर्वक दौड़कर अपनाया, उसका दर्शन इसी पत्रिका में हुआ।"

जिसे हम समकालीन हिन्दी कह रहे हैं, वह ऐसी हिन्दी है जो तकनीकी शब्दावली से लैस है। मीडिया की हिन्दी, कम्प्यूटरी हिन्दी/इंटरनेटी हिन्दी अथवा तकनीकी हिन्दी इत्यादि नामों से अभिहित किया जा सकता है। यह खड़ी बोली का विस्तार है, जिसका सम्बन्ध सूचना एवं प्रौद्योगिकी से है। इसमें तकनीकी शब्दावली का प्रयोग प्रचुर मात्रा में किया गया है। इंटरनेट के विकास के साथ-साथ चलने वाले

नित नये आविष्कार हो रहे हैं। इनकी तकनीकी शब्दावली जनसाधारण में धीरे-धीरे अपनी पैठ बना चुकी है। अब हिन्दी का यह रूप प्रयोग में आ रहा है। आधुनिक युग में 1950 के आसपास से तकनीकी शब्दावली बाहुल्य हिन्दी निरन्तर विकसित हो रही है। इसमें कोई सन्देह नहीं होना चाहिए कि मल्टीमीडिया और तकनीकी ने हिन्दी को विश्व स्तर की भाषा बनाने में बहुत बड़ा योगदान दिया है।

आइए, अब प्रमुख तीन बोलियों/उपभाषाओं के साहित्यिक भाषा के रूप में विकास की यात्रा को देखें।

क्षेत्रीय बोली का विकास-क्रम : अवधी भाषा

अवधी बोली उत्तर प्रदेश के अवध क्षेत्र की बोली/उपभाषा है, जिसे अवधी भाषा कहा जाता है। अवध क्षेत्र अयोध्या (पूर्व में फ़ैज़ाबाद), लखनऊ, उन्नाव, रायबरेली, लखीमपुर खीरी, गोण्डा, बहराइच, सीतापुर, सुल्तानपुर, बाराबंकी, प्रतापगढ़ और फतेहपुर जिलों तक विस्तृत भाग में फैला हुआ है। अवधी को 'कोसली' नाम से भी जाना जाता है, क्योंकि अवध क्षेत्र को कोसल प्रदेश भी कहा जाता है। इसी तरह कुछ जगह रायबरेली क्षेत्र को 'बैसवारा' क्षेत्र कहने के कारण इस बोली को 'बैसवाड़ी' भी कहा गया है।

ऐतिहासिक विकास-क्रम में अवधी भाषा का सम्बन्ध अर्द्धमागधी प्राकृत से माना गया है। अर्द्धमागधी से हिन्दी की अनेक बोलियाँ विकसित हुईं। इन सबकी प्रतिनिधि और प्रमुख बोली अवधी ही मानी गयी है।

अवधी साहित्य का उत्पत्ति-बिन्दु और विकास-क्रम क्या है?–इस प्रश्न का कोई एक निश्चित उत्तर नहीं है। हो भी नहीं सकता। 'कोसली' का उल्लेख जैन काव्य **कुवलयमाला** (सन् 779 ईस्वी में रचित/रचनाकार उद्योतन सूरि) नामक ग्रन्थ में मिलता है, जो आठवीं शती की रचना मानी गयी है। एक **सिद्ध कवि डोम्भिपा (अथवा डोम्भिया)** नाम के हुए हैं। जिनका जन्म लगभग सन् 840 माना गया है। डोम्भिपा का ग्रन्थ है–'योगचर्या'। अवधी का प्राचीन रूप इसी 'योगचर्या' नामक ग्रन्थ में मिलता है। इसी क्रम में **रोडा** नामक कवि की रचना **राउरबेल** (11वीं शती की रचना। सम्पादक : डॉ. कैलाशचन्द्र भाटिया) का नाम आता है, जिसमें साहित्यिक अवधी भाषा के प्रयोग के कई उदाहरण मिलते हैं। इसी तरह **दामोदर पण्डित** की रचना **उक्तिव्यक्तिप्रकरण** में भी अवधी का बोलचाल वाला प्राचीन रूप अपनाया गया है। **हेमचंद** की रचनाओं–**प्राकृत व्याकरण, काव्यानुशासन,**

प्राकृतपैंगलम् में अवधी का प्रयोग मिलता है। चंदबरदाई के महाकाव्य 'पृथ्वीराज रासो' में तत्समय प्रचलित हिन्दी की कई बोलियों का प्रयोग किया गया है। उनमें से एक अवधी भी है। इसी तरह **अमीर ख़ुसरो** के पर्यायवाची शब्दकोश **खालिकबारी** में अरबी-फ़ारसी के अतिरिक्त उस समय की अन्य प्रचलित बोलियों के साथ अवधी की भी शब्दावली प्रचुर मात्रा में मिलती है।

यह क्रम बहुत आगे बढ़ा जब सूफ़ी कवियों ने अवधी को साहित्यिक भाषा के रूप में अपनाया और अवधी साहित्य को नया आकाश दिया। मुल्ला दाऊद सूफ़ी प्रेम काव्यधारा के प्रथम कवि माने गये हैं। उनकी कृति **लोरकहा या चन्दायन** (रचनाकाल सन् 1379) है, जो अवधी में लिखी गयी है। डॉ. वासुदेवशरण अग्रवाल ने इसका रचनाकाल 15 से 19वीं सदी के मध्य माना है। अधिकांश आलोचकों ने इसी कृति से अवधी भाषा के साहित्यिक रूप का श्रीगणेश स्वीकार किया है। इसमें सामान्य बोलचाल की अवधी को साहित्यिक रूप प्रदान किया गया है। यह मुख्यत: श्रृंगारपरक ग्रन्थ है, जिसे अत्यन्त लोकप्रियता मिली। कवि ने स्वयं कहा है–

दाऊद कवि जो चाँदा गाई।
जेंइ रे सुना सो गा मुरझाई ॥

इसमें श्रृंगार रस के दोनों पक्षों–संयोग और वियोग का अच्छा वर्णन है और वियोग में बारहमासा पद्धति को अपनाया गया है। यह पद्धति आगे चलकर सूफ़ी काव्य की प्रमुख शैली बन गयी।

इसके बाद **मैनासत** नाम के एक काव्य-ग्रन्थ का उल्लेख मिलता है। किन्तु इसके रचनाकार की सटीक जानकारी उपलब्ध नहीं है। इसका रचना-काल 16वीं सदी माना गया है। लेकिन कोई प्रामाणिक विवरण नहीं मिलता।

कवि **कुतुबन** की रचना **मृगावती** अवधी भाषा का बहुत ही लोकप्रिय ग्रन्थ है, जो मुल्ला दाऊद के 'चन्दायन' के बाद सामने आया। 'मृगावती' की रचना सन् 1503 में हुई मानी जाती है। जबकि कुतुबन का रचना-काल **आचार्य रामचन्द्र शुक्ल** ने विक्रम की 16वीं शताब्दी का मध्यभाग संवत् 1550 माना है। उनके अनुसार, "कुतुबन ने **मृगावती** नाम की एक कहानी चौपायी दोहे के क्रम में सन् 909 हिजरी (संवत् 1558) में लिखी।" (शुक्ल, रामचन्द्र, 'हिन्दी साहित्य का इतिहास', पृ. 66) 'मृगावती' पर मुल्ला दाऊद की **चन्दायन** का प्रभाव है, लेकिन उससे अधिक प्रभाव अपभ्रंश काव्य-परम्परा का है। लगभग उसी दौरान लिखा गया अपेक्षाकृत एक कम चर्चित ग्रन्थ मिलता है, जिसका नाम है–**सत्यवती कथा**। इस

लघु ग्रन्थ के रचनाकार हैं–**ईश्वरदास**। यह बोलचाल की अवधी भाषा में लिखा गया है।

इस पृष्ठभूमि के साथ सुप्रसिद्ध सूफ़ी कवि **मलिक मुहम्मद जायसी** का अवतरण हुआ। इन्होंने अवधी भाषा को काव्यभाषा का विस्तृत और नया आकाश प्रदान किया। एक साहित्यिक भाषा के रूप में अवधी को पुष्पित-पल्लवित करने में जायसी का अमूल्य योगदान है। उन्होंने चौदह ग्रन्थों की रचना की, जिनमें ठेठ अवधी का प्रयोग किया गया है। उनके प्रकाशित उपलब्ध महत्त्वपूर्ण ग्रन्थ इस प्रकार हैं–'पद्मावत', 'अखरावट', 'चित्रावत', 'कहरानामा', 'आखिरी कलाम', 'कान्हावत' इत्यादि। इनमें 'पद्मावत' अवधी का सर्वाधिक लोकप्रिय और मानक ग्रन्थ है। 'पद्मात्रत' की रचना सन् 1527 और 1540 ईस्वी के मध्य हुई है। ठेठ अवधी में रचित इस महाकाव्य में तत्सम शब्दावली का प्रयोग बहुत कम हुआ है। छिटपुट शब्दावली प्राकृत और अपभ्रंश की भी है। कहीं-कहीं अरबी-फ़ारसी की शब्दावली भी दिख जाती है। लेकिन यह अवधी का मानक काव्य ग्रन्थ माना गया है। 'पद्मावत' के रूप में अपनी लिखी कथा को लोकप्रिय बनाने के लिए कवि ने सामान्य बोलचाल की अवधी को काव्यभाषा के रूप में अपनाया है, जिसमें तद्भव शब्दावली की प्रचुरता है। जीवन लोक के मुहावरों का प्रयोग अद्भुत बन पड़ा है। डॉ. ओमप्रकाश सिंह ने 'पद्मावत्' के भाषा-वैशिष्ट्य को इन शब्दों में रेखांकित किया है–"(जायसी ने) कविता को अधिक से अधिक सामान्य जन तक पहुँचाने के लिए तद्भव शब्दों का व्यापक प्रयोग किया है। और इसके लिए 'ऊ' ध्वनि को शब्दों के साथ जोड़कर उन्हें अवधी बना लिया है; जैसे–मिठासू, छहूँ, जोगू, नरेसू, इन्दू। पद्मावत की अवधी में लोकजीवन के मुहावरों से अत्यन्त सधा हुआ प्रयोग है–'हिय फटा', 'सूधी अंगुरि न निकसै घीऊ'। इसके साथ ही जायसी ने अरबी-फ़ारसी के उन्हीं शब्दों का प्रयोग किया जो बोलचाल की भाषा के अंग बन गये थे। सम्पूर्ण साहित्य में उनका यही प्रयास रहा कि भाषा अपने ठेठपन, देसीपन को खोये बिना, मिठास और लोकसंस्कृति को धारण करते हुए कथ्य को व्यक्त करे। लोकजीवन की स्वाभाविकता उनके शब्द-चयन में स्पष्टतः दिखाई देती है।... काव्यभाषा की बिम्ब-योजना तथा अप्रस्तुत योजना अद्भुत है। बिम्ब-योजना की सफलता मूलतः लोक-बिम्बों के निर्माण पर टिकी है।" जायसी की एक बड़ी विशेषता और है। वह है उनके द्वारा अपनायी गयी अवधी की मिठास। और यह ऐसा गुण है जिसके कारण भाषा सीधे-सीधे काव्य-संवेदना के साथ जुड़ने में समर्थ

हो गयी है। 'पद्मावत' काव्यभाषा तथा काव्य-रूप–दोनों ही दृष्टियों से सूफ़ी प्रेम-काव्य-पद्धति को अपनाकर चली है। इस काव्य-रूप का प्रयोग सर्वप्रथम मुल्ला दाऊद ने किया था। और जिसे आगे बढ़ाया कुतुबन ने। यह पद्धति अपभ्रंश के चरित-काव्य तथा फ़ारसी की मसनवी शैली से मिलकर बनी थी।

समीक्षकों ने कहा है कि जायेसी की कृति 'पद्मावत' मुख्यत: एक प्रेम-काव्य है। इसमें जायसी ने लौकिक कथा के माध्यम से आध्यात्मिक संकेतों का संकेत किया है। कवि ने उस समय प्रचलित प्रेमकथा को अपनाकर अध्यात्म चेतना का आभास भी किया है। भारतीय समाज के विभिन्न पक्षों और उपादानों को अपनाते हुए भारतीय सांस्कृतिक चेतना को विस्तृत किया है। इस कालजयी कृति नें नगर-वर्णन, प्रकृति-वर्णन, समुद्र, सरोवर, गढ़, विवाह आदि के वर्णन अत्यन्त आकर्षक बन पड़े हैं। यही नहीं, नारी के सौन्दर्य-चित्रण, मनोभावों के चित्रण, संयोग और वियोग के शृंगार-चित्रण तथा इनमें बारहमासा पद्धति को अपनाते हुए कवि ने 'पद्मावत' को श्रेष्ठ रचना बना दिया है।

जायसी के समकालीन कवि **मंझन** हुए हैं। उनकी कृति **मधुमालती** है। 'मधुमालती' भी एक प्रेम-काव्य है। इसमें सर्वत्र अवधी भाषा का ही रचनात्मक प्रयोग किया गया है। पुरानी हिन्दी, अपभ्रंश तथा अरबी-फ़ारसी की शब्दावली अत्यन्त अल्प है। इसके कारण 'मधुमालती' एक सरस काव्य है।

अवधी की इसी काव्य-परम्परा में एक कवि और हुए हैं–कवि **लालदास**। ये जायसी के समकालीन माने गये हैं। इनकी लिखी दो रचनाएँ मिलती हैं–**हरिचरित्र** (जो सन् 1528 ईस्वी की लिखी है), और **भागवत् दशम स्कन्ध भाषा** (जो सन् 1530 में लिखी गयी)।

प्रेमाख्यान परम्परा दूर तक चली। इस परम्परा के एक और प्रतिष्ठित कवि हुए हैं–**उसमान**। **उसमान** की लिखी कृति का नाम है--**चित्रावली** (सन् 1613)। 'चित्रावली' पर जायसी की 'पद्मावत' का गहरा प्रभाव दिखाई देता है। कवि **शेख़ नबी**-द्वारा रचित **ज्ञानदीप** (सन् 1619) और **न्यामत ख़ाँ (जानकवि)** द्वारा रचित 21 ग्रन्थों ने उस समय की अवधी भाषा को काव्य की दृष्टि से समृद्ध किया। शेख़ नबी तत्सम शब्दावली के प्रयोग तथा अलंकारों के प्रति सजग दिखाइ देते हैं। जान कवि (न्यामत ख़ाँ) ने 21 ग्रन्थों की रचना की। निस्सन्देह यह संख्या बहुत है, किन्तु वे अवधी भाषा के प्रति सचेत दिखाई नहीं देते। पढ़ने में उनकी भाषा सपाट दिखाई देती है। अवधी की अपेक्षा उनका मोह ब्रजभाषा के प्रति अधिक दिखाई देता है। यही कारण है कि उनकी अवधी ब्रजभाषा मिश्रित है।

अवधी की प्रेमाख्यान परम्परा बहुत लम्बी है। हुसैन अली (सदानन्द) की 'पुहुपावती' (सन्1669), कासिम शाह की 'हंस जवाहिर' (सन्1736), नूर मुहम्मद की 'इन्द्रावती' (सन्) एवं अनुराग बाँसुरी' (सन्1821), शेख़ निसार की 'यूसुफ़ जुलेखा'(सन्) आदि रचनाओं के माध्यम से अवधी को व्यापक प्रसार मिला। यद्यपि इन रचनाओं में अधिकांश की भाषा पर ब्रजभाषा का गहरा प्रभाव है; तथापि अवधी के बोलचाल वाले रूप को अपनाये जाने के कारण इन रचनाओं को पर्याप्त लोकप्रियता मिली। कुछ कवियों को छोड़ दें तो प्राय: सभी कवि मुसलमान हैं। स्वाभाविक है कि इनकी भाषा पर अरबी-फ़ारसी का भी प्रभाव है। इन रचनाओं से अवधी भाषा में परिवर्तन लक्षित किया जा सकता है।

गोस्वामी तुलसीदास का उदय इन रचनाकारों के बीच ही हुआ। वे मात्र अवधी के ही प्रतिनिधि कवि नहीं हैं, अपितु विश्व स्तर के समूची हिन्दी भाषा के कवि हैं। प्रेमाख्यान परम्परा अपनी जगह है और उसमें रचित विपुल काव्य की अपनी पहचान है। समाज में इस परम्परा को पर्याप्त सम्मान प्राप्त हुआ। तभी अवधी भाषा में रामकाव्य का प्रादुर्भाव हुआ, जिसके सर्वाधिक सम्मान प्राप्त कवि हैं तुलसीदास। वे रामकाव्य के ध्वजवाहक हैं।

ऐतिहासिक दृष्टि से रामकाव्य की सर्जना सर्वप्रथम रामानन्द जी ने की। इनका रचनाकाल पन्द्रहवीं-सोलहवीं सदी के मध्य में है। उसके बाद तुलसीदास जी का उदय हुआ। रामकाव्य से पहले के सभी कवि प्रेमाख्यान परम्परा से आये थे। उनको कुछ सीमा तक अपभ्रंश और फ़ारसी काव्य-परम्परा का ज्ञान तो था; लेकिन संस्कृत का ज्ञान न के बराबर था। अवधी भाषा को वरदान के रूप में तुलसीदास के रूप में ऐसे महाकवि की प्राप्ति हुई, जिनको संस्कृत काव्य-परम्परा का अच्छा ज्ञान था। गोस्वामी तुलसीदास तथा अन्य रामभक्त कवियों को सूफ़ी काव्य परम्परा के कवियों से जो विशेषता उन्हें अलग करती है, वह है दोनों की काव्यभाषा। जहाँ रामकाव्य के कवियों की काव्यभाषा संस्कृतनिष्ठ है, उसमें तत्सम शब्दावली की प्रचुरता है, वहीं प्रेमाख्यान परम्परा के कवियों की भाषा में संस्कृतनिष्ठता का अभाव है और अरबी-फ़ारसी शब्दावली का बाहुल्य है। रामकाव्य के कवियों ने अवधी भाषा की शब्दावली को समृद्ध किया है। उन्होंने बहुत सारे तत्सम शब्दों का अवधीकरण किया। उदाहरण के लिए–'अमृत' को 'अम्रिय', 'करुणा' को 'करुना' और 'कृपण' को 'कृपन' लिखा है। ऐसी शब्दावली पूरे रामकाव्य में प्रचुर मात्रा में मिलती है। मात्र यही नहीं, उन्होंने तत्समय प्रचलित अरबी-फ़ारसी शब्दावली को भी कहीं-कहीं अपनाया है और बड़ी संख्या में ठेठ अवधी बोली की शब्दावली को भी।

काव्यभाषा में नवीन प्रयोग विशेष रूप से तुलसीदास ने किये हैं। उन्होंने अवधी भाषा का नया संस्कार किया है। तुलसीदास तथा रामकाव्य के अन्य कुछ कवियों की काव्यभाषा पर यह टिप्पणी पठनीय है–'ध्वनि-मैत्री' का अप्रतिम कौशल तुलसी की भाषा की महत्त्वपूर्ण विशेषता है। अलंकार-प्रयोग की निपुणता उनकी भाषा का विशिष्ट गुण है। उन्होंने अनुप्रास अलंकार का प्रयोग बड़ी ही सहजता से किया है। इसके अतिरिक्त उपमा, सांगरूपक जैसे अलंकार तथा अद्‌भुत प्रतीक व बिम्ब-योजना तुलसी के साहित्य में प्रयुक्त अवधी भाषा को गहरे कलात्मक स्तर पर आसीन करा देती है। उपमानों की नवीनता की माँग प्रयोगवादी कवियों ने तो आधुनिक काल में की, तुलसी यह माँग भक्तिकाल में ही कर रहे थे–सब उपमा कवि रहे जुठारी। कहि पटतरौं बिदेह कुमारी॥" (प्रो. ओमप्रकाश सिंह)

तुलसी ने अपने काव्य में पूर्व प्रचलित काव्य-शैलियों को अपनाया है। अवधी के मुख्य कवि होते हुए भी उन्होंने ब्रजभाषा में भी काव्य-रचना की है। दोनों भाषाओं पर उनका अधिकार अप्रतिम है। यही कारण है कि उन्होंने काव्यभाषा के क्षेत्र में नये-नये प्रयोग किये हैं। उनका सर्वज्ञात ग्रन्थ 'रामचरितमानस' अवधी का सर्वश्रेष्ठ काव्य है, जिसमें अवधी के पूरबी और पछाहीं दोनों का मेल है। उनके ग्रन्थ 'कवितावली', 'गीतावली' और 'विनय-पत्रिका' ब्रजभाषा के अनमोल ग्रन्थ हैं।

रामकाव्य परम्परा में तुलसीदास के अतिरिक्त कई अन्य कवि हुए हैं। इनमें से महत्त्वपूर्ण कुछ कवि हैं–अग्रदास, नाभादास, सूरजदास, प्राणचन्द्र चौहान, लालदास इत्यादि।

आधुनिक अवधी का साहित्य इतना सम्पन्न नहीं है। इसका कारण है कि अवधी का एक मानक रूप नहीं बन सका है। साथ ही खड़ी बोली का हर क्षेत्र में प्रचलन इसका एक और कारण है। आज मानक हिन्दी के रूप में खड़ी बोली हिन्दी ही स्वीकार की जा रही है। इसलिए अवधी भाषा का साहित्य भी समाज में उतनी लोकप्रियता और स्वीकृति प्राप्त नहीं कर पा रहा है। समाज में प्रचलित अवधी बोलचाल की भाषा अवश्य है; किन्तु साहित्य की रचना में उपेक्षित है। फिर भी कतिपय रचनाकार ऐसे अवश्य हैं जिन्होंने समकालीन अवधी को अपने सृजन के लिए अपनाया है। आधुनिक अवधी भाषा के प्रमुख कवि हैं–बलभद्रप्रसाद दीक्षित 'पढ़ीस', वंशीधर शुक्ल, चन्द्रभूषण द्विवेदी (रमई काका), दयाशंकर दीक्षित देहाती, ब्रजनन्दन इत्यादि। इनमें से अधिकांश कवियों पर खड़ी बोली का प्रभाव है।

क्षेत्रीय बोली का विकास-क्रम : ब्रजभाषा

पश्चिमी हिन्दी का परिचय

पश्चिमी हिन्दी की सर्वाधिक मुख्य बोली/उपभाषा 'ब्रजभाषा' है। इसका प्रयोग क्षेत्र अत्यन्त व्यापक है। पश्चिमी हिन्दी के साथ जिन उपभाषाओं/बोलियों को ब्रज के साथ रखकर देखा गया है, वे हैं–(अ) आकार बहुला–कौरवी, हरियाणवी, दखिनी, (ब) ओकार बहुला–ब्रज, बुँदेली और कन्नौजी। इसलिए प्रतिनिधि ब्रज है। यह अत्यन्त पुरानी है तथा इसमें ही खड़ी बोली तथा अन्य पश्चिमी हिन्दी उपभाषाओं/बोलियों से पूर्व अत्यन्त समृद्ध साहित्य मिलता है। लम्बे समय तक (लगभग 600 वर्षों तक) साहित्य; विशेषत: कविता की सर्जना ब्रजभाषा में ही हुई है। इसलिए या इतनी महत्त्वपूर्ण हो गयी कि 'बोली' की परिधि लाँघकर इसे 'भाषा' कहा गया। कहा जा सकता है कि आधुनिक हिन्दी का मूल आधार ब्रजभाषा ही है। बाद में खड़ी बोली का विकास हुआ और वह आज की मानक हिन्दी बनी।

साहित्यिक भाषा के रूप में विकास

एक समय में उत्तर भारत की प्राय: सभी साहित्यिक भाषाएँ गंगा-यमुना के भौगोलिक क्षेत्र (मध्यदेश) में प्रचलित बोलियों से विकसित हुईं। या कहें कि ये साहित्यिक भाषाएँ इन विविध बोलियों के परिष्कृत रूप हैं। ब्रज ऐसी ही बोली थी जो अन्य बोलियों की तुलना में कहीं अधिक प्रचलन में थी। यह शौरसेनी से विकसित हुई। एक परिष्कृत जनभाषा के रूप में इसका यह विकास 11वीं शती में हुआ। यह उस काल में उत्तर भारत की सांस्कृतिक भाषा थी। इसकी पृष्ठभूमि के रूप में आरम्भिक साहित्यिक काल में वीरता, उत्सर्ग एवं शौर्य के उदात्त भावों का संचरण हुआ। मध्ययुगीन भक्ति आन्दोलन से इसके दिव्य भाव लोक-परलोक, भक्ति, आध्यात्मिकता एवं दर्शन से अनुप्राणित हुए। इस सबके कारण ब्रजभाषा को क्षेत्रीय बोली के सीमित रूप से अखिल भारतीय भाषा के स्तर का विस्तार मिला।

'सूरपूर्व ब्रजभाषा' पर शोध करने वाले विद्वान् **डॉ. शिवप्रसाद सिंह** ने ब्रजभाषा के उद्‌भव और विकास पर टिप्पणी करते हुए कहा है कि, "ब्रजभाषा के विकास के पीछे सैकड़ों वर्षों की परम्परा छिपी है। पर इस परम्परा के विकास में आर्य-अनार्य, कोल-द्रविड़ और न जाने कितने प्रकार के प्रभाव घुले-मिले हैं। आर्यभाषा को प्राचीन से नवीन तक विकसित होने में जितने सोपान पार करने पड़े हैं, उन सबकी कुछ न कुछ विशेषता है। इन सबका सन्तुलित और आवश्यक दाय ब्रजभाषा को प्राप्त

हुआ। उनके निरन्तर विकासशील तत्त्व इस भाषा के ढाँचे में प्रतिष्ठापित हुए। एक हज़ार ईस्वी के आसपास शौरसेनी अपभ्रंश की अपनी जन्मभूमि में ब्रजभाषा का उदय हुआ। उस समय उसके सिर पर साहित्यिक अपभ्रंश की छाया थी और रक्त में शौरसेनी भाषाओं की परम्परा और अन्य सामाजिक तथा सांस्कृतिक तत्त्वों का ओज और बल। पश्चिमी अपभ्रंश को एक प्रकार से ब्रजभाषा और हिन्दुस्तानी की उनके पहले की ही पूर्वज कहना उचित है।" (सिंह, शिवप्रसाद, (1958), 'सूरपूर्व ब्रजभाषा और उसका साहित्य', वाराणसी, हिन्दी प्रचारक पुस्तकालय, पृ. 220)

जैसाकि इंगित किया गया है, ब्रजभाषा की कुछ न कुछ शब्दावली आदिकालीन रचनाओं में मिल जाती है। शिलालेखों में भी। यथा–अपभ्रंश के पाणिनि कहे जाने वाले आचार्य श्री हेमचन्द्र–कृत 'देसी नाममाला' में ब्रजभाषा की शब्दावली मिलती है। उनके व्याकरण में भी ब्रजभाषा का प्रयोग मिलता है। इसमें दोहों की भाषा वाक्य गठन की दृष्टि से ब्रजभाषा के बहुत निकट है। शब्दावली, विभक्तियों और क्रियाओं में भी बहुत समानता है। (विशेष अध्ययन के लिए पठनीय 'देशी नाममाला का भाषावैज्ञानिक अध्ययन', लेखक डॉ. शर्मा, शिवमूर्ति, जयपुर, देवनागर प्रकाशन, प्रकाशन वर्ष नहीं दिया हुआ।)

डॉ. माताप्रसाद गुप्त ने पिंगल की परम्परा में दो ग्रन्थ सम्मिलित किये हैं। एक, 'प्राकृतपैंगलम्' तथा 'पृथ्वीराज रासो'। 'पृथ्वीराज रासो' मूलतः डिंगल का ग्रन्थ है। यह सर्वविदित है। किन्तु तत्समय में ब्रजभाषा का व्यापक क्षेत्र में प्रभाव था। इसलिए इस रासो में ब्रजभाषा की शब्दावली का समावेश सामान्य बात थी। डॉ. धीरेन्द्र वर्मा की स्थापना है कि, "'पृथ्वीराज' रासो मध्यकालीन ब्रजभाषा में ही लिखा गया है, पुरानी राजस्थानी में नहीं, जैसाकि साधारणतया इस विषय में माना जाता है।"

प्रयोग-क्षेत्र

ब्रजभाषा का प्रयोग-क्षेत्र अत्यन्त व्यापक है। मुख्यतः इस भाषा (अब बोली कहेंगे) का प्रयोग-क्षेत्र ब्रज है, जिसके अन्तर्गत उत्तर प्रदेश के मथुरा, आगरा, हाथरस, अलीगढ़, फ़िरोज़ाबाद, मैनपुरी, एटा, बरेली ज़िले आते हैं। इनके साथ-साथ उत्तर प्रदेश के बदायूँ एवं बरेली, हरियाणा के गुड़गाँव (गुरुग्राम) और पलवल ज़िले, राजस्थान के भरतपुर और धौलपुर जनपद, (और जयपुर के कुछ हिस्सों में) मध्य प्रदेश के ग्वालियर ज़िले में ब्रजभाषा का प्रयोग मिलता है। इसकी निकटवर्त्ती

बोलियाँ हैं—कौरवी (हरियाणवी/ बाँगरू), राजस्थानी, बुँदेली, कन्नौजी। कई विद्वान् कन्नौजी और बुन्देलखण्डी को ब्रज का ही रूप मानते हैं। उनका यह मत है कि कन्नौजी वस्तुतः ब्रजभाषा का ही पूर्वी रूप है और बुँदेली उसका दक्षिणी रूप। इस विचार से ब्रजभाषा का प्रयोग-क्षेत्र और अधिक विस्तृत हो जाता है। उल्लेख मिलता है कि स्थानीयता के अन्तर के कारण ब्रजभाषा की कई बोलियाँ हैं।

साहित्यिक भाषा के रूप में महत्त्व और विकास

यह तथ्य स्पष्ट है कि शौरसेनी अपभ्रंश से विकसित ब्रजभाषा हिन्दी की पश्चिमी बोलियों में सर्वाधिक महत्त्व की है। आदिकाल के ग्रन्थों में; उपलब्ध प्रारम्भिक साहित्य में इस भाषा के शब्द-बीज दिखाई देते हैं। मध्यकाल तक आते-आते कई ग्रन्थों का प्रणयन ब्रजभाषा में पर्याप्त रूप में हुआ। यह ब्रजभाषा के लिए ऐसी गौरव की बात थी कि ब्रज के साहित्य की अखिल भारतीय स्तर पर पहचान बन गयी थी। ब्रज साहित्य में विविध भावों से सज्जित सर्जना होने से यह भाषा 'स्वर्णयुग' की प्रतीक बन गयी थी।

ब्रजभाषा का सबसे प्रथम ग्रन्थ कौन सा है? इसका उत्तर आसान नहीं है। 18वीं सदी से पूर्व यह भाषा पिंगल तथा 'भाखा' के नाम से जानी जाती थी। **डॉ. शिवप्रसाद सिंह** के अनुसार महाराष्ट्र में रचित ब्रजभाषा काव्य का कुछ संकेत **चालुक्य नरेश सोमेश्वर** (सन् 1127 ई.) के **मानसोल्लास** नामक ग्रन्थ में मिलता है। **हेमचन्द्र** के व्याकरण से उद्धृत दोहों तथा उनके कोश **देशीनाममाला** में संगृहीत शब्दों में ब्रजभाषा का आरम्भिक रूप झलकता है; यथा—'सासानल जल झलक्किियउ' में अपभ्रंश का शब्द 'झलक्क्यउ' ब्रज के 'झलक्को' शब्द का पूर्व रूप है। इसी तरह 'बाउल्लो' से 'बाबरा' (बाबरौ), 'चोट्टी' से 'चोटी', 'लग्गि' से 'लागि' इत्यादि शब्द निर्मित हुए हैं। इसी तरह पिंगल की प्रामाणिक मानी जाने वाली रचनाओं में उल्लेखनीय एक ग्रन्थ है—'रणमल्ल छंद प्राकृतपैंगलम' (रचयिता श्रीधर व्यास)। इसमें चारण शैली के छन्द हैं।

यह भी उल्लेख मिलता है कि ब्रजभाषा की ज्ञात सबसे प्राचीन कृति **प्रद्युम्न-चरित** मानी गयी है। इसके रचयिता **सधारु** कवि माने जाते हैं। और इसका रचना-वर्ष संवत् 1411 है। इसको कवि ने आगरा में लिखा था। कुछ लोग इसे **अग्रवाल कवि** द्वारा रचित **प्रद्युम्न-चरित** मानते हैं और उनके अनुसार इसका रचनाकाल 1354 ई. है। लेकिन यह सही नहीं है।

पं. चैनसुख दास न्यायतीर्थ तथा कपूरचन्द कासरीवाल शास्त्री ने **प्रद्युम्न-चरित** की उपलब्ध हस्तलिखित प्रतियों (पाण्डुलिपियों) को मिलाकर 1959 ई. में प्रकाशित कराया है। (विस्तृत अध्ययन के लिए देखें–रचनाकार कवि सधारु, पं. सुखचैन दास न्यायतीर्थ तथा कपूरचन्द कासलीवाल शास्त्री (सम्पादक), 1959, पद्मुम्न-चरित, जयपुर, केशरलाल बख्शी, दिगम्बर जैन अ. क्षेत्र, श्री महावीर जी, जयपुर) इस काव्य कृति में ब्रजभाषा की पर्याप्त शब्दावली मिलती है। एक उदाहरण देखें–

अठदल कमल सरोवर वायु, कासमोरि पुरियउ निवासु।
हंस चडी करिवीणा लेइ, कवि सधारु सरसै पण वेह ॥1॥ (पृ. 11)

इसमें स्पष्ट लिखा कि इसका कवि सधारु है।

सधारु कवि अपने समय के अकेले हिन्दी कवि हैं, जिन्होंने इस प्रकार का प्रबन्धकाव्य लिखने का प्रयास किया है। एक स्थल पर उनकी कल्पना-शक्ति बहुत तीव्र रूप में मुखरित हुई है; यथा–

प्रसंग : प्रद्युम्न का मायावी घोड़ा बनकर वृध्द ब्राह्मण का भेष धारण करना

"तहाँ मयण मन करइ उपाउ, अब इहकउ भानउ भरिवाउ।
बूढ़ वेस विप्र को करइ , चंचल तुरिय नयामउ करइ।। 323 ॥
चंचल तुरियउ गहिरी हिंस, चार्‌यो पाय पखार दीस।
चारि चारि अंगुल ताके कान, रामबाग सहचाणइ सान" ॥ 324 ॥

इसके अतिरिक्त एक कृति **हरिश्चन्द्र पुराण** नाम से और मिलती है, जिसमें ब्रजभाषा के शब्द अधिक मात्रा में मिलते हैं। इसके रचनाकार **जाखू मणियार** माने जाते हैं।

एक स्थापना यह भी मिलती है कि **विष्णुदास** ब्रजभाषा के प्रथम कवि हैं। वस्तुतः उनके पहले के कवियों ने ब्रजभाषा की शब्दावली छिटपुट रूप में ही प्रयोग की थी। विष्णुदास ने अपनी रचनाओं के माध्यम से ब्रजभाषा का रूप स्थिर किया। इनकी दो रचनाएँ प्रमुख बतायी गयी हैं–'महाभारत कथा' और 'स्वर्गारोहण'। इनके अतिरिक्त उनकी दो कृतियाँ और प्रकाश में आयी हैं–'रुक्मणी मंगल' तथा 'स्नेहलीला'। विष्णुदास की ब्रजभाषा स्तरीय, आदर्श और परिनिष्ठित है। आप उनकी भाषा का आस्वादन निम्नलिखित पंक्तियों को पढ़कर ले सकते हैं–

"मोहन महलन करत विलास।
कनक मन्दिर में केलि करत हैं और कौउ नहिं पास।

रुक्मिनी चरन सिरावै पी के पूजी मन की आस।
जो चाहो सो अम्बे पावों हरि पति देवकि सास।
तुम बिन और न कोई मेरो, धरणि पताल अकास।
निसिदिन सुमिरन करत तिहारिने सब पूरन परकास।।
घटघट व्यापक अन्तरजामी त्रिभुवन स्वामी सब सुख रास।
विष्णुदास रुकमन अपनाई जनम जनम का दास॥"

इसी क्रम में **नारायणदास** की कृति **छिताईवार्ता** (1590 ई.) पठनीय है। इसमें राजस्थानी मिश्रित ब्रजभाषा का प्रयोग किया गया है। इतिहास और कल्पना का मणिकांचन संयोग इस कृति को विशिष्ट बनाता है। इसमें दोहा-चौपायी छन्दों का प्रयोग हुआ है। इसका सम्पादन माताप्रसाद गुप्त ने किया है, जो 1958 ई. में काशी नागरी प्रचारिणी सभा से प्रकाशित है। इसका संशोधित परिवर्धित रूप 1960 ई. में हरिहर द्विवेदी और अगरचन्द नाहटा ने सम्पादित कर, ग्वालियर से प्रकाशित कराया।

चतुर्भुजदास रचित 'मधुमालती कथा' सोलहवीं शताब्दी में प्रचलित ब्रजभाषा में है। इसी मध्य ब्रजभाषा की अन्य महत्त्वपूर्ण कृतियाँ हैं–मानिक कवि की 'बैताल पचीसी' (जिसमें 25 कथाएँ हैं।), ठक्कर–सी की 'पंचेन्द्रिय बेलि', मेघनाथ कृत 'गीताभाषा' आदि। श्री नानक देव जी के पदों में स्वाभाविक रूप से पंजाबी से प्रभावित ब्रजभाषा प्रयुक्त हुई है। गुरु श्री अर्जुन देव जी ने 'गुरुग्रन्थ साहब' में अन्य कवियों के साथ ब्रजभाषा के पाँच कवियों की रचनाओं को चुना है। **गुरु गोविंद सिंह जी** की काव्यभाषा तो ब्रज ही है। नामदेव, कबीर, सन्त रैदास आदि की भाषा में ब्रजभाषा का प्रचुर मात्रा में प्रयोग हुआ है। **अमीर ख़ुसरो** की रचनाओं में खड़ी बोली के प्रयोग के साथ-साथ ब्रजभाषा की छटा भी दिखाई देती है। उनकी काव्यभाषा ब्रजरंजित खड़ी बोली है।

भक्त कवि सूरदास के काव्य का सर्वकालिक महत्त्व है। वे ब्रज के प्रतिनिधि कवि हैं। **डॉ. हरबंसलाल शर्मा** ने ब्रजभाषा के विकास में सूरदास के योगदान को इस रूप में रेखांकित किया है, " जो कोमलकान्त पदावली, भावानुकूल शब्द-चयन, सार्थक अलंकार योजना, धारावाही प्रवाह, संगीतात्मकता और सजीवता सूर की भाषा में है, उसे देखकर यही कहना पड़ता है कि सूर ने ही सर्वप्रथम ब्रजभाषा को साहित्यिक रूप दिया।" (पठनीय, शर्मा, हरबंसलाल (सं.), 'सूरदास', नयी दिल्ली, राधाकृष्ण प्रकाशन, संस्करण, 2015)

उनसे पहले के कवियों में **विष्णुदास** अत्यन्त लोकप्रिय कवि हुए हैं। काव्यभाषा के रूप में शुद्ध ब्रजभाषा के प्रथम कवि अमीर ख़ुसरो (1253 ईस्वी-1325 ईस्वी) थे।

ब्रजभाषा और उसकी साहित्य के अध्येता मानते हैं कि ब्रजभाषा को उच्चस्तरीय साहित्यिक रूप देने में सूरदास और नन्ददास की महत्त्वपूर्ण भूमिका है। इसलिए सूरदास ब्रजभाषा के प्रथम महान् कवि माने गये हैं। 'सूरसागर' पर आचार्य रामचन्द्र शुक्ल की महत्त्वपूर्ण टिप्पणी है, "सूरसागर रचना इतनी प्रगल्भ और कलापूर्ण है कि आगे आगे आने वाले कवियों की शृंगार और वात्सल्य की उक्तियाँ सूर की झूठी-सी जान पड़ती हैं।" काव्यभाषा के माधुर्य की दृष्टि से नन्ददास सर्वोपरि हैं। 'अष्टछाप' के शेष कवियों ने ब्रजभाषा के विकास में अहम भूमिका निभायी थी। भक्तिकाव्य से इतर रीतिकाल के कवियों ने अपनी रचनाओं से इस काव्यभाषा को समृद्ध किया। इस दृष्टि से बिहारी, घनानन्द, केशवदास, भूषण, पद्माकर, रहीम आदि का काव्य बेजोड़ है। घनानन्द ब्रजभाषा प्रवीण थे। उनके काव्य पर आचार्य रामचन्द्र शुक्ल का यह कथन पठनीय है कि, "लाक्षणिक मूर्तिमत्ता और प्रयोग-वैचित्र्य की जो छटा घनानन्द में दिखाई पड़ी, वह फिर आधुनिक काल में ही देखी गयी।" वे अन्यत्र कहते हैं कि, "घनानन्द की सी विशुद्ध, सरस और शक्तिशाली ब्रजभाषा लिखने में और कोई कवि समर्थ नहीं हुआ। प्रेममार्ग का ऐसा प्रवीण और धीर पथिक तथा जबाँदानी का ऐसा दावा रखने वाला ब्रजभाषा का दूसरा कवि नहीं हुआ।" यही वे आधार हैं जिनके चलते हिन्दी साहित्य के मध्यकाल को 'स्वर्णयुग' कहा जाता है।

आधुनिक युग में भारतेन्दु हरिश्चन्द्र, जगन्नाथदास रत्नाकर, सत्यनारायण 'कविरत्न', वियोगी हरि ने ब्रजभाषा को समृद्ध किया।

ब्रजभाषा की प्रसिद्ध कृतियाँ

'प्रद्युम्न-चरित' (कवि सधारु-1354 ई.), 'स्वर्गारोहण' (1435 ई.), 'रुक्मिणी मंगल', 'महाभारत', 'स्नेह-लीला', (सभी विष्णुदास); 'सूरसागर', 'सूरसारावली', 'साहित्यलहरी' 'भ्रमगीत' (सभी सूरदास); 'बैताल पचीसी' (1489 ई., मानिक कवि), 'छिताईवार्ता' (1590 ई., नारायणदास), 'गीताभाषा' (1500 ई., मेघनाथ), 'मधुमालती' (चतुर्भुजदास), 'विनय-पत्रिका', 'कवितावली', 'गीतावली', 'कृष्णगीतावली' (सभी तुलसीदास); 'सुजान रसखान', 'प्रेमवाटिका', 'दानलीला', 'अष्टयाम' (सभी रसखान); मीराबाई की पदावली, 'सुदामाचरित' (नरोत्तमदास);

'रामचन्द्रिका' (1601 ई., केशवदास); 'रसकलश' (1931 ई., हरिऔध); 'उद्धवशतक' (1931, 'जगन्नाथदास' रत्नाकर); 'गंगावतरण' (1927, हरिश्चन्द्र); 'हृदय तरंग' (सत्यनारायण कविरत्न, सम्पादक–बनारसीदास चतुर्वेदी) इत्यादि-इत्यादि। रीतिकालीन काव्य का भाषिक वैभव अपने चरम पर था। बिहारी, भूषण, देव, सेनापति, घनानन्द, कुलपति मिश्र, भिखारीदास, आचार्य केशव दास आदि कवियों तथा आचार्यों ने ब्रजभाषा साहित्य को अत्यन्त समृद्ध किया। एक समय में ब्रजभाषा का विस्तार बहुत था। इसमें अष्टछाप के कवियों–(1. कुम्भनदास, 2. सूरदास, 3. परमानन्द दास 4. कृष्ण दास, 5. गोविंद स्वामी, 6. नन्ददास, 7. छीतस्वामी और 8. चतुर्भुजदास।) के संगीत से समृद्ध पदों की बहुत लोकप्रियता थी जो दिन भर में श्रीकृष्ण जी के मन्दिर में निर्धारित अलग-अलग समय पर अपने संगीतमय पदों का गायन करते थे। ये 'अष्टछाप' कवि-मण्डल संवत् 1602 के आसपास गोस्वामी बिठ्ठल दास ने निर्मित किया था। इनमें 1 से 4 तक के भक्तकवि बिठ्ठलदास के पिता बल्लभदास के शिष्य थे और 5 से 8 तक बिठ्ठल जी के शिष्य थे।

ब्रजभाषा का उत्कृष्ट रूप देखने के लिए सूरदास की निम्नांकित पंक्तियाँ पर्याप्त हैं :

"रुकमिनि राधा ऐसे भेंटी।
जैसे बहुत दिनन की बिछुरी, एक बाप की बेटी॥
एक सुभाव एक वय दोहू, दोऊ हरि की प्यारी।
एक प्रान मन एक दुहिन कौ, तन करि दीसति न्यारी॥
निज मन्दिर लै गयी रुकमिनी, पहुनाई विधि ठानी।
'सूरदास' प्रभु तहँ पग धारे, जहँ दोऊ ठकुरानी॥"

सूरसागर, 4909॥

डॉ. ब्रजेश्वर वर्मा ने ब्रजभाषा काव्य के सन्दर्भ में महत्त्वपूर्ण टिप्पणी की है। वे लिखते हैं : "सूरदास के समकालीन और उनके अनुवर्त्ती कृष्ण-भक्त ब्रजभाषा कवियों की जैसी सम्पन्न और व्यापक परम्परा सोलहवीं से बीसवीं सदी के आरम्भ तक चलती रही, उसकी मिसाल नहीं मिलती। सूरदास और अन्य कृष्ण-भक्त कवियों ने अधिकांश विविध छन्दों में गेय पदों की रचना की। +++ यदि साम्प्रदायिक विचारधारा की उपेक्षा करके सभी पूर्ववर्त्ती कवियों की गेय पद-शैली की रचनाओं के साथ सूरदास की काव्यभाषा का तुलनात्मक विश्लेषण किया जाये, तो निःसन्देह

इसका आंशिक उत्तर मिल जायेगा कि सूरदास ऐसी प्रौढ़ ब्रजभाषा का प्रयोग कैसे कर सके। +++ कृष्ण भक्तिकाव्य की सर्जनात्मक भाषा की एक और महत्त्वपूर्ण विशेषता यह है कि उसमें विविध क्षेत्रों की ग्रामीण शब्दावली और अक्सर भाषिक प्रयोग भी काव्यभाषा के अंग बन गये। +++ सूरदास की भाषा के सम्बन्ध में यह भ्रम आज तक बना चला आ रहा है कि उसका वास्तविक मूल स्वरूप आगरा-मथुरा के ठेठ ब्रज-क्षेत्र की बोली रहा होगा। परन्तु ऐसा है नहीं। सूर की काव्यभाषा का आधार बृहत्तर ब्रज-क्षेत्र की बोली/बोलियाँ हैं जिनमें पूर्वी ब्रज यानी कन्नौजी और दक्खिनी यानी बुंदेली के भाषिक तत्त्व अच्छी-ख़ासी मात्रा में पाये जाते हैं। यही नहीं, उसमें पूर्वी हिन्दी के प्रयोग भी मिलते हैं। वह साहित्यिक भाषा है। +++ साहित्य-सर्जन की भाषा क्षेत्रीय सीमाओं का आदर नहीं करती। तभी तो उसमें अन्तर क्षेत्रीयता है। काव्यभाषा के इसी गुण के कारण काव्य में ब्रजभाषा के प्रयोग का विस्तार पूर्व में असम से लेकर पश्चिम में गुजरात और कच्छ तक हो गया।" (वर्मा, ब्रजेश्वर, 'साहित्य-सर्जन में हिन्दी', पृ. 11)

विक्रम संवत् 13वीं शताब्दी से लेकर 20वीं शताब्दी तक ब्रजभाषा भारत के मध्यदेश की मुख्य भाषा थी। इसके साथ-साथ लगभग समस्त भारत की साहित्यिक भाषा थी। विभिन्न स्थानीय भाषाओं से समन्वय करती हुई इस भाषा ने भारत की विभिन्न हिन्दीतर भाषाओं को भी रचनात्मक सम्मान दिया।

खड़ी बोली का साहित्यिक भाषा के रूप में विकास

'**खड़ी बोली**' शब्द का प्रयोग सर्वप्रथम 'प्रेमसागर' (लेखक–लल्लूलाल) की भूमिका में मिलता है। देखें–"श्रीयुत गननायक युनियन सुखदायक जॉन गिलक्राइस्ट की आज्ञा से संवत् 1860 श्री लल्लूजी लाल कवि ब्राह्मण गुजराती...आगरेवाले ने किसका सार ले यामनी भाषा छोड़, दिल्ली आगरे की **खड़ी बोली** में कहा, नाम 'प्रेमसागर' द्वारा।"

लगभग उसी समय फ़ोर्ट विलियम कॉलेज, कलकत्ता के डॉ. जॉन गिलक्राइस्ट तथा सदल मिश्र ने भी इस नाम का उल्लेख किया है। गिलक्राइस्ट ने सन् 1803 में प्रकाशित दो पुस्तकों में तीन बार 'खड़ी बोली' शब्द का प्रयोग किया है। लिखा है–"इनमें (कहानियों) से कई **खड़ी बोली** अथवा हिन्दुस्तानी के शुद्ध हिन्दवी ढंग की हैं। कुछ ब्रजभाषा में लिखी जायेंगी।" ('हिन्दु स्टोरी टेलर'–भाग-1)

"मुझे खेद है कि ब्रजभाषा के साथ **खड़ी बोली** की भी उपेक्षा कर दी गयी है।"

"**खड़ी बोली** में हिन्दुस्तानी के व्याकरण पर विशेष ध्यान दिया जाता है और अरबी-फ़ारसी का प्राय: पूर्ण परित्याग रहता है।" ('दि ओरियंटल फेब्युलिस्ट')

सदल मिश्र ने 'नासिकेतोपाख्यान' में इसका उल्लेख किया है–"अब संवत् 1860 में 'नासिकेतोपाख्यान' को जिसमें चन्द्रावली की कथा कही है, देववाणी में कोई समझ नहीं सकता, इसलिए **खड़ी बोली** में किया।"

आज खड़ी बोली साहित्य और राजकाज की भाषा है। राहुल सांकृत्यायन ने इसे 'कौरवी' कहा है। खड़ी बोली का साहित्यिक भाषा के रूप में प्रयोग प्राचीन ब्रजभाषा और अवधी भाषा के समानान्तर ही चला है। अत: इस भ्रम से उबरना चाहिए कि ब्रज या अवधी भाषाएँ खड़ी बोली की अपेक्षा अधिक प्राचीन हैं। खड़ी बोली के साहित्य की प्रारम्भिक प्रवृत्तियाँ सिद्ध और नाथ साहित्य में देखी जा सकती हैं। 'ण' के स्थान पर 'न' का प्रयोग, अकारान्त और एकारान्त तथा अनुनासिकता जैसे प्रयोग सिद्ध और नाथपंथ के साहित्य में दिखाई देते हैं। खड़ी बोली का प्रथम कवि कौन था?–कहना कठिन है। फिर भी कुछ अध्येता मानते हैं कि सूफी सन्त शेख़ फ़रीद गंजशकर खड़ी बोली को काव्यभाषा के रूप में अपनाने वाले प्रथम कवि हैं। हिन्दी साहित्य के अधिकांश इतिहासकारों ने अमीर ख़ुसरो (वास्तविक नाम अबुल हसन) को खड़ी बोली का प्रथम कवि माना है। अमीर ख़ुसरो ऐसे कवि हैं, जिन्होंने 14वीं शताब्दी के आरम्भ में आश्चर्यजनक रूप से खड़ी बोली के साहित्यिक रूप को अपनाया। आचार्य रामचन्द्र शुक्ल का कहना है कि, "क्या उस समय भाषा घिसकर इतनी चिकनी हो गयी थी, जितनी अमीर ख़ुसरो की पहेलियों में मिलती है?" (शुक्ल, रामचन्द्र, 'हिन्दी साहित्य का इतिहास', पृ. 39) अमीर ख़ुसरो की पहेलियों में खड़ी बोली का प्रयोग काव्यभाषा के रूप में हुआ है। उनकी काव्यभाषा आज की खड़ी बोली के साहित्यिक रूप जैसी ही है। यथा उनकी एक पहेली पढ़कर देखें–

"एक थाल मोती से भरा, सब के सिर पर औंधा धरा।
चारों ओर वह थाली फिरे, मोती उससे एक न गिरे॥"

ख़ुसरो की कई रचनाओं में खड़ी बोली का ऐसा रूप भी मिलता है, जिसमें ब्रज और खड़ी बोली का पुराना रूप मिश्रित है। इसी तरह बहुत-सी रचनाओं में ब्रज और खड़ी बोली में फ़ारसी सहज भाव से मिश्रित है। इस महत्त्वपूर्ण कवि ने अपनी काव्यभाषा में अनेक प्रयोग किये हैं। विशेष रूप से ख़ुसरो का काव्य उस कालखण्ड की खड़ी बोली का प्रामाणिक दस्तावेज़ है।

इसी क्रम में सन्त साहित्य की भाषा को देखें। यहाँ खड़ी बोली का आरम्भिक रूप कुछ समृद्ध होता हुआ दिखाई देता है। कबीर इसमें सिद्धहस्त हैं। वे कई भाषाओं के सहज प्रवाह में अपनी रचनाओं को नया धरातल प्रदान करते हैं, जिसे समीक्षकों ने 'पंचमेल खिचड़ी' कहा है और इस काव्यभाषा प्रयोग के लिए वे विशेष रूप से जाने जाते हैं; यथा–

"हमन हैं इश्क़ मस्ताना हमन को होशियारी क्या
रहें आज़ाद या जग से हमन दुनिया से यारी क्या
जो बिछड़े हैं पियारे से भटकते दर-ब-दर फिरते
हमारा यार है हम में हमन को इंतिज़ारी क्या

X X X

'कबीरा' इश्क़ का माता दुई को दूर कर दिल से
जो चलना राह नाजुक है हमन सर बोझ भारी क्या।"

मूलतः खड़ी बोली की यह भाषिक संरचना पूर्वी हिन्दी और फ़ारसी को भी अपने अन्दर समेटे हुए है। 'हमन' सरीखे पूर्वी हिन्दी के शब्द हैं, तो 'इश्क़', 'होशियारी', 'आज़ाद' जैसे फ़ारसी शब्दों को देखा जा सकता है। शब्द-चयन की इसी विशेषता के कारण आचार्य हजारीप्रसाद द्विवेदी जी ने कबीर को 'भाषा का डिक्टेटर' कहा है।

कबीर जैसे अन्य कई सन्त कवियों की भाषा में भी खड़ी बोली का लगभग ऐसा ही रूप मिलता है।

जब हम रीतिकाल में प्रवेश करते हैं तो भाषा की इस प्रवृत्ति को विशेष रूप से रीतिकालीन सन्त कवियों की रचनाओं में देखते हैं। इस काल के सन्त कवियों में दरिया साहब, पलटू साहब और यारी साहब जैसे सन्त कवियों को पढ़कर समझ सकते हैं कि वे खड़ी बोली के अच्छे कवि हैं।

सन्त मलूक दास का यह प्रसिद्ध दोहा पढ़कर देखें, जिसमें खड़ी बोली की शब्दावली और उसी का व्याकरणिक ढाँचा है–

"अजगर करै न चाकरी, पंछी करे न काम।
दास मलूका कह गये सबके दाता राम॥"

इसमें 'अजगर', 'गये', 'कहा', 'सबके' आदि शब्द और व्याकरण खड़ी बोली के हैं। सम्बन्ध कारक 'के' का प्रयोग भी खड़ी बोली की ओर संकेत करता है।

अकबर के दरबारी कवियों में रहीम (अब्दुर्रहीम 'ख़ानख़ाना') महत्त्वपूर्ण कवि हैं। उनकी रचना 'मदनाष्टक' में खड़ी बोली का प्रयोग मिलता है। उनकी काव्यभाषा आज की खड़ी बोली के बहुत निकट है। साथ ही इनकी भाषा में ब्रजभाषा का भी पुट है। उनकी भाषा का एक उदाहरण देखें–

"रहिमन धागा प्रेम का, मत तोरो चटकाय।
टूटे पे फिर ना जुरे, जुरे गाँठ परि जाये॥"

तेरहवीं शताब्दी के अन्त में सुल्तान अलाउद्दीन की गतिविधियाँ बहुत तेज़ दिखाई देती हैं। उसने दक्षिण भारत की ओर अपना अभियान चलाया। उसके साथ बीजापुर, गोलकुण्डा आदि क्षेत्रों में अनेक अधिकारी, कर्मचारी तथा व्यापारी थे। ये प्रायः दिल्ली-मेरठ के आसपास के थे। उनकी बोली-भाषा खड़ी बोली थी। (खड़ी बोली को कौरवी भी कहा जाता है।) अतः उनके साथ उनकी भाषा भी गयी। इसी तरह चौदहवीं शताब्दी के आरम्भ में मुहम्मद तुग़लक़ के फ़रमान पर बहुत बड़ी संख्या में दिल्ली के लोगों को देवगिरि अथवा दौलताबाद जाकर बसना पड़ा। दिल्ली से राजधानी दौलताबाद का तुग़लक़ी आदेश बहुप्रचलित है। धीरे-धीरे दिल्ली और आसपास के जो लोग वहाँ गये और वहीं बस गये; उनकी भाषा पर वहाँ की भाषा-बोली का प्रभाव पड़ने लगा। ऐसा होना स्वाभाविक ही था। उस क्षेत्र में बोले जाने वाली भाषाएँ थीं–मराठी, तेलुगु और कन्नड़। इस प्रक्रिया में धीरे-धीरे एक अलग ही भाषा विकसित हुई जिसमें आधारभूत व्याकरणिक ढाँचा तो खड़ी बोली का था, किन्तु उस पर बहुत कुछ प्रभाव फ़ारसी का था। कुछ-कुछ मराठी, कुछ-कुछ तेलुगु और कुछ-कुछ कन्नड़ का प्रभाव भी था। इस सामासिक प्रकृति की भाषा में उस समय के अनेक सूफ़ी तथा सन्त कवियों ने जो साहित्य रचा, वह खड़ी बोली का समृद्ध साहित्य है। यह कालखण्ड चौदहवीं से लेकर अठारहवीं शताब्दी तक फैला हुआ है। इस काल में लिखी गयी रचनाएँ समग्रतः 'दक्खिनी साहित्य' के नाम से जानी जाती हैं।

ध्यान देने योग्य बात है कि दक्खिनी हिन्दी के अधिकांश साहित्यकारों की भाषा खड़ी बोली के अत्यन्त निकट है। यहाँ तक कि दक्खिनी हिन्दी के अनेक साहित्यकारों की कुछ रचनाएँ आज भी खड़ी बोली की रचनाएँ मानी जाती हैं। कई विद्वान इस सन्दर्भ में वली दकनी की एक रचना का उल्लेख करते हैं। देखें–

"जिसे इश्क़ का तीर कारी लगे,
उसे ज़िन्दगी क्यों न भारी लगे।।

न होवे उस जग में हरगिज़ करार।
जिसे इश्क़ की बेकरारी लगे॥
वली कहे तूँ अगर एक वचन।
रकीबों के दिल में कटारी लगे।।"

(रामछबीला त्रिपाठी, (2017) 'हिन्दी और भारतीय भाषा साहित्य का तुलनात्मक अध्ययन', दिल्ली, वाणी प्रकाशन, पृ. 401)

वली के अतिरिक्त और भी कई ऐसे कवि हैं जिनकी कई रचनाएँ खड़ी बोली हिन्दी के अत्यन्त निकट हैं। मुल्ला वजही और ख़्वाजा बन्दानवाज़ ऐसे ही रचनाकार हैं। उनकी कुछ पंक्तियाँ पढ़कर इस तथ्य की पुष्टि की जा सकती है। यथा–

"छुपी रात उजाला हुआ दीस का,
लग्या जग करन सेव परमेस का।
X X X
सूरज यूँ है रंग आसमानी मने,
के ख़िल्या कमल फूल पानी मने।
हर यकस कूँ हर एक कुच काम था,
नवल शाह कूँ उस नार का फ़ाम था।

(वाग्रे, विमला और हाशमी, नसीरुद्दीन, (सम्पादक), (1954), मुल्ला वजही की 'कुतुब मुश्तरी', हैदराबाद, दक्खिनी प्रकाशन समिति, पृ. 53)

इसी तरह–

बकरी जो में में करे। गले छुरी फिरवाये॥
मैंना जो मै-न-कहे। सब के मन को भाये॥
मुसलमान होना न्हन्नी बात नै।
मुसलमाँ होता है लाखों में कुई॥

(अहेमद, शेख़ सहेनाज, (2014), द्वारा अपने शोधपत्र में उद्धृत, 'रिव्यूज़ ऑफ़ लिटरेचर', बन्दानवाज़, 'दक्खिनी गद्य', पृ. 28)

दक्खिनी हिन्दी में गद्य-लेखन भी उभरकर सामने आया। ख़्वाजा बन्दानवाज़ गेसूदराज़ को दक्खिनी हिन्दी का प्रथम गद्यकार माना जाता है। इसके बाद कई गद्यकारों की पंक्ति खड़ी मिलती है। इनमें से कतिपय नाम हैं–मीराँजी, शम्सुल

उश्शाक, शाह कलन्दर, बुरहानुद्दीन जानम, अमीनुद्दीन आला। दक्खिनी हिन्दी गद्य की प्रतिनिधित्व मुल्ला वजही की कृति 'सबरस' है।

अठारहवीं शताब्दी के पूर्वार्द्ध तक खड़ी बोली पर आधृत साहित्य की भाषा को 'हिन्दी' अथवा 'हिन्दवी' के नाम से जाना जाता था। उस समय के साहित्य को देखकर यह कहा जाता था कि खड़ी बोली मुसलमानों की भाषा है। यह अवधारणा भारतेन्दु हरिश्चन्द्र के पदार्पण तक बनी रही।

उन्नीसवीं शताब्दी में खड़ी बोली हिन्दी का साहित्यिक विकास

उन्नीसवीं सदी खड़ी बोली के लिए बहुत ही अनुकूल सिद्ध हुई। इस सदी में खड़ी बोली का साहित्यिक भाषा के रूप में विकास तेज़ी से हुआ। इस विकास की तीव्रता एवं जटिलता के पीछे कई कारण माने जा सकते हैं। आधुनिकता इसमें सर्वप्रमुख है। ऐसा कहा जाता है कि आधुनिक संवेदनाओं को सटीक रूप में अभिव्यक्त करने में उस समय की साहित्यिक भाषा–ब्रजभाषा इतनी समर्थ नहीं थी। आधुनिक ज्ञान-विज्ञान की तीव्रगामी प्रगति और तद्जनित आधुनिक संवेदना ने सब कुछ बदल दिया था। ब्रजभाषा इस प्रगति और बदली हुई संवेदना के साथ नहीं चल सकी। पश्चिमी जगत् की साहित्यिक गतिविधियों को भी ब्रजभाषा समझ नहीं पा रही थी और व्यक्त नहीं कर पा रही थी। अत: माना जाने लगा कि अब ब्रजभाषा 'चुक'-सी गयी है। इससे अलग खड़ी बोली में इस तरह की कई विशेषताएँ थीं, जिनके कारण वह इस बदली हुई आधुनिक चेतना को व्यक्त करने में सक्षम अनुभव की गयी। डॉ. ओमप्रकाश सिंह ने सही कहा है कि, "हिन्दी का आधुनिक काल अनेक सामाजिक-राजनीतिक परिवर्तनों का साक्षी बना। यह वह समय था जब भारतवासी अंग्रेज़ों के विरुद्ध आज़ादी की लड़ाई लड़ रहे थे। अंग्रेज़ी का प्रभाव देश की भाषा और संस्कृति पर दिखाई पड़ने लगा था। मुग़ल सत्ता के समाप्त हो जाने से अरबी-फ़ारसी शब्दों के प्रचलन में कमी हुई थी और खड़ी बोली का प्रभाव बढ़ा था।" (सिंह, ओमप्रकाश, 'साहित्यिक भाषा के रूप में खड़ी बोली का विकास', ई-पाठशाला) अंग्रेज़ शासकों को जो भाषा अधिक प्रयोग में होती दिखाई दी, वह खड़ी बोली ही थी। उनके संज्ञान में अरबी-फ़ारसी भी थी, लेकिन उत्तर भारत में अरबी-फ़ारसी की शब्दावली धीरे-धीरे कम होती चली जा रही थी। उनको राजकाज भी करना था और जनता से भी जुड़ना था। अत: उन्होंने खड़ी बोली के प्रचार-प्रसार किये जाने को प्राथमिकता दी। इसी उद्देश्य से कलकत्ता (अब कोलकात) में सन्

1800 ई. में फ़ोर्ट विलियम कॉलेज की स्थापना की। फ़ोर्ट विलियम कॉलेज के प्रिंसिपल जॉन गिलक्रिस्ट ने हिन्दी की विभिन्न शैलियों की समृद्धि और प्रचार-प्रसार में सहयोग किया। इसी तरह ईसाई मिशनरियों ने हिन्दी की इन शैलियों के विकास में परोक्ष रूप से अपना योगदान दिया। उन्होंने ईसाई धर्म के प्रचार के लिए जो प्रचार–सामग्री प्रकाशित करके बँटवायी, वह सरल खड़ी बोली हिन्दी में थी। इस सामग्री में बाइबल के विभिन्न अंशों का सरल हिन्दी में अनुवाद रहता था और यह नि:शुल्क बाँटी जाती थी। दूसरी ओर ईसाइयों के इस काम से हिन्दू धर्म के बुद्धिजीवियों को धर्मान्तरण की चिन्ता हुई। अत: प्रतिक्रियास्वरूप हिन्दू धर्म से सम्बन्धित साहित्य का प्रकाशन खड़ी बोली हिन्दी में उपलब्ध कराया। इनमें प्रमुख थे आर्यसमाज के स्तम्भ दयानन्द सरस्वती, हिन्दू धर्मसभा के पं. श्रद्धानन्द फिल्लौरी तथा ब्रह्मसमाज के राजा राममोहन रॉय। एनी बेसेंट ने थियोसोफिकल सोसाइटी के माध्यम से खड़ी बोली हिन्दी के प्रसार-प्रचार का समर्थन किया।

उन्नीसवीं शताब्दी में भारत में प्रेस की स्थापना हुई जो सामाजिक विकास के लिए क्रान्तिकारी घटना सिद्ध हुई। खड़ी बोली हिन्दी की विभिन्न पत्र-पत्रिकाओं का मुद्रण-प्रकाशन होने लगा। इससे सामाजिक सम्प्रेषण का दायरा बढ़ा। प्रेस खड़ी बोली हिन्दी का मानक स्वरूप स्थिर होने में एक मज़बूत आधार बना। हिन्दी साहित्य का मुद्रण और प्रचार-प्रसार भी होने लगा।

हिन्दी भाषा (जो खड़ी बोली का पर्याय बन रही थी) साहित्य-रचना के लिए लोकप्रिय होने लगी। कविता की भाषा ब्रजबोली धीरे-धीरे कम होने लगी। खड़ी बोली समृद्ध होने लगी। उस समय खड़ी बोली और ब्रजभाषा को लेकर हिन्दी जगत् में बहुत हलचल हो रही थी। विशेष रूप से हिन्दी के कविगण सहज ही यह स्वीकार नहीं कर पा रहे थे कि खड़ी बोली हिन्दी में कविता लिखी जा सकती है। पाठक और श्रोता भी परम्परागत ब्रजभाषा काव्य की सरसता के रसिक थे। हिन्दी (उस समय इसे प्राय: 'हिन्दुस्तानी' बोला जाता था।) अपना रूप निखार रही थी। इस प्रक्रिया में हिन्दी के कुछ व्याकरण तथा कई शब्दकोष तैयार किये गये। इसमें फ़ोर्ट विलियम कॉलेज की भूमिका महत्त्वपूर्ण मानी जा सकती है। लल्लूजी लाल, सदल मिश्र, सदासुख लाल नियाज, इंशा अल्ला ख़ाँ ने खड़ी बोली हिन्दी के इस प्रारम्भिक रूप में साहित्य-रचना की। सैयद इंशा अल्ला ख़ाँ की लिखी हुई 'रानी केतकी की कहानी' (सन् 1803) हिन्दी की 'पहली कहानी' मानी जाती रही है। बाद में इस पर आलोचकों में मतमतान्तर हुआ और सिद्ध किया गया है कि यह हिन्दी की पहली

कहानी नहीं है। हिन्दी की पहली कहानी 'एक टोकरा भर मिट्टी' (सन् 1901 ई., लेखक माधवराव सप्रे) को माना गया है। लल्लूलाल की प्रसिद्ध रचना 'प्रेमसागर' है, जो सन् 1810 ई. में प्रकाशित हुई। यह खड़ी बोली हिन्दी की आरम्भिक गद्य रचना है। इसमें कृष्णलीला का आख्यान है। लल्लूलाल जी की अन्य कृतियाँ हैं–'सिंहासन बत्तीसी', 'बैताल पचीसी', 'शकुंतला नाटक'। उनकी इन कृतियों की भाषा आरम्भिक खड़ी बोली है, जिसमें ब्रजभाषा तथा आरबी-फ़ारसी की शब्दावली भी ख़ूब है। सदल मिश्र भी उस समय फ़ोर्ट विलियम कॉलेज से जुड़े हुए थे और लल्लूलाल जी की भाँति गिलक्राइस्ट के आग्रह पर खड़ी बोली में पुस्तक तैयार कर रहे थे। उनकी लिखी पुस्तक है–'नासिकेतोपाख्यान'। इनकी भाषा में अपेक्षाकृत अरबी-फ़ारसी की शब्दावली का प्रयोग कम है। संस्कृत शब्दावली अधिक है।

30 मई, सन् 1826 ई. का दिन खड़ी बोली हिन्दी के लिए स्वर्णिम माना जाता है। इस दिन हिन्दी का प्रथम समाचारपत्र प्रकाशित हुआ। यह पत्र था–'उदंत मार्त्तण्ड'। यह साप्ताहिक समाचारपत्र था। इसका प्रकाशन कलकत्ता से हुआ। सम्पादक थे–जुगुलकिशोर शुक्ल। यद्यपि यह मात्र 6 महीने तक ही निकल पाया और अर्थाभाव के कारण बन्द हो गया, तथापि इसका ऐतिहासिक महत्त्व तो है ही। हिन्दी पट्टी से निकलने वाला पहला समाचारपत्र काशी (बनारस/वाराणसी) से सन् 1885 ई. से राजा शिवप्रसाद सितारेहिंद ने शुरू किया, जिसके सम्पादक थे–पण्डित गोबिंद रघुपति धंते। देवनागरी लिपि में निकले इस समाचारपत्र की भाषा में उर्दू शब्दावली की अधिकता रहती थी। यह उर्दू मिश्रित हिन्दी भाषा राजा सितारेहिंद की पसन्द की थी। वे हिन्दी में अरबी-फ़ारसी की शब्दावली रखने के पक्ष में थे। इसी क्रम में एक महत्त्वपूर्ण समाचारपत्र और निकला, जिसका प्रकाशन कालाकाँकर, (प्रतापगढ़) उत्तर प्रदेश से हुआ और इसके सम्पादक थे पं. मदनमोहन मालवीय जी। यह पत्र कालाकाँकर के राजा रामपाल सिंह ने निकाला था। इनके बाद तो बहुत सारे समाचारपत्र और मासिक-साप्ताहिक पत्रिकाएँ निरन्तर निकलने लगे। इनसे हिन्दी भाषा का रूप निखरता चला गया और हिन्दी साहित्य भी समृद्ध हुआ।

हिन्दी में पहला उपन्यास सन् 1877 में प्रकाशित हुआ, जिसका नाम है–'भाग्यवती' और इसके लेखक थे–पं. श्रद्धाराम फिल्लौरी। (यह भी जान लेना ठीक रहेगा कि सुप्रसिद्ध आरती 'ओम जय जगदीश हरे, इन्हीं श्रद्धाराम फिल्लौरी जी की लिखी हुई है।) इन्हीं दिनों ऐयारी जासूसी उपन्यास 'चन्द्रकान्ता' और 'चन्द्रकान्ता-सन्तति' प्रकाशित हुए; जिनके लेखक थे बाबू देवकीनन्दन खत्री। यों तो खत्री जी

ने दस उपन्यास लिखे, लेकिन इन दो उपन्यासों को जैसी लोकप्रियता मिली, वैसी लोकप्रियता किसी और को नहीं मिल सकी। कहा जाता है कि इन उपन्यासों को पढ़ने के लिए लोगों ने हिन्दी सीखी।

भारतेन्दु हरिश्चन्द्र का पदार्पण : हिन्दी नयी चाल में ढली

उन्हीं दिनों हिन्दी साहित्य में भारतेन्दु बाबू हरिश्चचन्द्र (09 सितम्बर, सन् 1850 ई.–06 जनवरी, सन् 1885 ई.) का पदार्पण हुआ (उनका नाम 'हरिश्चन्द्र' था, 'भारतेन्दु' उपाधि उन्हें काशी के विद्वत्समाज ने दी थी)। उन्होंने अपनी पुस्तक 'कालचक्र' में घोषित किया–"हिन्दी नयी चाल में ढली सन् 1873 में।" सन् 1873 में हिन्दी भाषा में आया परिवर्तन मूल्यवान है। दुर्भाग्य से भारतेन्दु जी को हिन्दी भाषा और साहित्य के संवर्धन हेतु मात्र 10 वर्ष का ही समय मिल सका, किन्तु इतने अल्प समय में उन्होंने जो काम किया, वह बेजोड़ है। वे हिन्दी साहित्य में अधुनिक युग के प्रवर्तक बने (हिन्दी साहित्य में भारतेन्दु युग सन् 1857 से 1900 ई. तक माना गया है)। मात्र 34 वर्ष 4 माह की अल्प आयु में उन्होंने हिन्दी भाषा, साहित्य और समाज में व्यापक परिवर्तन घटित कर दिया। उनके द्वारा लिखित और अनूदित 16 नाटक (850 पृष्ठों में), 800 से अधिक पृष्ठों में कविताएँ, कई हज़ार पृष्ठों में लेख इत्यादि-इत्यादि हैं। उन्होंने 'हरिश्चन्द्र चन्द्रिका', 'कविवचनसुधा' तथा 'बालाबोधिनी' नामक पत्रिकाओं का सम्पादन किया। उन्होंने आरम्भ में परम्परागत रूप से ब्रजभाषा में ही कविताएँ लिखीं, किन्तु जल्दी ही खड़ी बोली में लिखने लगे। वे एक उत्कृष्ट कवि, सशक्त व्यंग्यकार, प्रभावशाली नाट्यशिल्पी, ओजस्वी गद्य-लेखक तथा जागरूक पत्रकार थे।

भारतेन्दु जी और उनके समय के साहित्यकारों ने हिन्दी को एक नया व्यक्तित्व प्रदान किया। इस नये व्यक्तित्व को जनता ने व्यापक रूप से स्वीकार किया। यह सहज, सरल खड़ी बोली हिन्दी थी, जिस पर संस्कृत, उर्दू या अन्य किसी भाषा की छाया नहीं थी। हिन्दी भाषा और साहित्य में दिये गये भारतेन्दु हरिश्चन्द्र के अवदान को भुलाया नहीं जा सकता। उन्होंने 'रीतिकाल' की सामन्ती संस्कृति की पोषक प्रवृत्तियों को छोड़कर स्वस्थ परम्परा को अपनाया। नवीन आधुनिक प्रवृत्तियों का बीजारोपण किया। वे भारतीय नवजागरण के अग्रदूत बने।

जो कार्य फ़ोर्ट विलियम कॉलेज में रहकर सदासुख लाल नियाज, इंशा अल्ला ख़ाँ, लल्लूलाल, सदल मिश्र ने खड़ी बोली हिन्दी को स्वरूप देने एवं समृद्ध करने के लिए किया वह प्रशंसा के योग्य है और इसी काम को रचनात्मक स्तर तक ले

जाने में भारतेन्दु हरिश्चन्द्र तथा उनके मण्डल के लेखकों ने अपना अमूल्य योगदान दिया। भारतेंदु जी का हिन्दी के प्रति समर्पण सर्वविदित है, जो उनके द्वारा हिन्दी भाषा के प्रति समय-समय पर व्यक्त विचारों में प्रकट हुआ है। उनकी निम्नांकित पंक्तियाँ सुप्रसिद्ध हैं–

> अंग्रेज़ी पढ़के जदपि सब गुण होत प्रवीन
> पै निज भाषा ज्ञान बिन रहत हीन के हीन
> निज भाषा उन्नति अहै, सब उन्नति को मूल
> बिन निज भाषा ज्ञान के मिटत न हिय को शूल
> सब गुरुजन को बुरा बतावे, अपनी खिचड़ी अलग पकावे
> भीतर तत्त्व न झूठी तेजी, क्यों सखि साजन? नहीं अंग्रेज़ी।

इसी कालखण्ड में सन् 1893 की बसन्त पंचमी को काशी में नागरी प्रचारिणी सभा की स्थापना हुई। हिन्दी भाषा, नागरी लिपि और साहित्य के संवर्द्धन में इसका बहुत बड़ा योगदान है।

बीसवीं शताब्दी में खड़ी बोली हिन्दी का विकास अत्यन्त गति के साथ हुआ। जनवरी, सन् 1900 ई. में सुप्रसिद्ध साहित्यिक पत्रिका 'सरस्वती' का प्रकाशन आरम्भ हुआ। 'सरस्वती' पत्रिका के माध्यम से खड़ी बोली हिन्दी का शुद्ध रूप स्थिर करने का काम हुआ। जो कविता परम्परागत रूप से ब्रज में लिखी जा रही थी, वह अब खड़ी बोली हिन्दी में लिखी जाने लगी। इन कविताओं को 'सरस्वती' में प्रकाशित किया जाने लगा। इसी तरह कहानी, उपन्यास, नाटक, लेख और अनुवाद आदि क्षेत्र में खड़ी बोली हिन्दी का व्यापक प्रयोग किया जाने लगा। नये लेखकों को अपनी रचनाएँ प्रकाशित किये जाने और प्रोत्साहन के लिए एक मंच मिला। विभिन्न साहित्यिक विधाओं का विकास हुआ। उदाहरण के लिए 'सरस्वती' के प्रथम अंक में किशोरीलाल गोस्वामी की 'इन्दुमती' नामक कहानी प्रकाशित हुई। अनेक इतिहासकार इस कहानी को हिन्दी की प्रथम कहानी मानते हैं। कारण कि यह कहानी पूर्ववर्ती परम्परागत क़िस्सागोई और आख्यानों के ढाँचे से अलग तरह की थी।

इस समय देश में अनेक आन्दोलन चल रहे थे। सामाजिक, आर्थिक और राजनीतिक आदि क्षेत्रों के साथ-साथ हिन्दी भाषा तथा साहित्य-क्षेत्र में भी विचारोत्तेजक बहसें चल रही थीं। समग्र लोकवृत्त (पब्लिक स्फीयर) आन्दोलित हो उठा था। पहले से चला आ रहा स्वतन्त्रता आन्दोलन अपनी गति में था। सभाएँ,

जुलूस आदि आयामों के साथ ही भाषा के सवाल उठने लगे थे। इन सबमें हिन्दी की भूमिका अत्यन्त महत्त्वपूर्ण थी। इन सबकी अभिव्यक्ति का माध्यम हिन्दी ही था। इस संक्रमण काल में हिन्दी उत्तर से दक्षिण, पूरब से पश्चिम तक सर्वत्र प्रचलित होने लगी। अर्थात् स्वतन्त्रता आन्दोलन की भाषा हिन्दी ही हो गयी। इसी क्रम में सन् 1918 में महात्मा गांधी की प्रेरणा से मद्रास में 'दक्षिण हिन्दी प्रचार सभा' की स्थापना की गयी। इस कार्य को गांधी जी के निर्देश पर स्वामी सत्यदेव और गांधी जी के सुपुत्र देवदास गांधी ने किया। इससे दक्षिण में भी हिन्दी के प्रचार-प्रसार को गति मिली। लेकिन एक बात यह हुई कि 'हिन्दी' के स्थान पर 'हिन्दुस्तानी' शब्द का भी प्रयोग चल पड़ा। जिसके मूल में हिन्दी और उर्दू का मेल किये जाने की अवधारणा थी। क्योंकि उन्हीं दिनों साम्प्रदायिक संघर्ष चल पड़ा था, जिसकी चपेट में भाषा और संस्कृति आ रही थी। महात्मा गांधी का कहना था कि, "यदि हिन्दी और उर्दू का संगम हो जाये, तो सरस्वती प्रकट हो जाये, जो गंगा और यमुना दोनों से महान और विशाल होगी। यह सरस्वती ऐसी बड़ी हुगली के समान होगी, जिसका पंक दूर कर दिया गया है।" स्पष्टत: देखा जा सकता है कि गांधी जी हिन्दी-उर्दू को क्रमश: हिन्दू-मुस्लिम की भाषाएँ कह रहे थे। देश में भी लगभग यही धारणा बन रही थी कि हिन्दी हिन्दुओं की भाषा है और उर्दू मुसलमानों की! इसलिए उन्होंने हिन्दी और उर्दू के झगड़े को समेटने के लिए अथवा तुष्टीकरण केलिए दोनों को मिलाकर हिन्दी को 'हिन्दुस्तानी' कहा। पुन: देखें कि इस 'हिन्दुस्तानी' भाषा में न तो संस्कृत की क्लिष्ट शब्दावली के प्रयोग की उत्कण्ठा थी और न उर्दू की कठिन शब्दावली का दुराग्रह था। इसका स्वरूप बोलचाल का था जो सीधी-सरल शब्दावली से युक्त थी, जो पूरे देश में बोली और समझी जाने योग्य थी। जहाँ तक अन्य भाषाओं का प्रश्न है, भारत की अन्य हिन्दीतर भाषाओं–तमिल, तेलुगु, मलयालम, गुजराती, मराठी, बांग्ला, ओड़िया आदि का साहित्य हिन्दी से अधिक समृद्ध और प्राचीन था। लेकिन बोलचाल की दृष्टि से 'हिन्दुस्तानी' कहीं अधिक लोकप्रिय थी। सभी राज्यों में 'हिन्दुस्तानी' बोली और समझी जाती थी। इसलिए गांधी जी ने 'हिन्दुस्तानी' को देश की राष्ट्रभाषा बनाने की पैरवी की।

सन् 1900 से 1950 ई. तक खड़ी बोली हिन्दी के साहित्य को सैकड़ों साहित्यकारों ने समृद्ध किया। इनमें प्रेमचन्द, जयशंकर प्रसाद, सूर्यकान्त त्रिपाठी 'निराला', जैनेन्द्र, इलाचन्द जोशी, सुमित्रानन्दन पन्त, महादेवी वर्मा, सुभद्रा कुमारी चौहान, माखनलाल चतुर्वेदी, मैथिलीशरण गुप्त, सच्चिदानन्द हीरानन्द वात्स्यायन

'अज्ञेय', रामधारी सिंह 'दिनकर' इत्यादि-इत्यादि के नाम विशेष रूप से उल्लेखनीय हैं। सन् 1950 के बाद इन सबका और बहुत अच्छी कहानियों, उपन्यासों, कविताओं, निबन्ध, लेख, शोधपरक आलेख, अन्य कथेतर गद्य विधाओं इत्यादि साहित्यिक विधाओं का सृजन निरन्तर हो रहा है। आज हमारे पास हज़ारों हिन्दी लेखक हैं, जिन्होंने विश्वस्तर पर हिन्दी का परचम लहरा दिया है। आज के युग में मीडिया के क्षेत्र में भी हिन्दी एक समर्थ भाषा के रूप में विकसित हो चुकी है। ज्ञान-विज्ञान तथा संचारपरक अधुनातन क्षेत्रों में हिन्दी का प्रयोग निरन्तर बढ़ रहा है।

9
कम्प्यूटर और हिन्दी

सामान्य-सी बात है कि कम्प्यूटर एक मशीन है। इसके माध्यम से तीव्र गति एवं सटीकता के साथ प्रतीकों का 'संसाधन' (प्रोसेस) किया जाता है और तत्काल हमें अपने कार्य के सटीक निर्णय प्राप्त हो जाते हैं।

कम्प्यूटर मनुष्य द्वारा अन्वेषित एक असाधारण मशीन है। इस अनूठे आविष्कार और निरन्तर नयी-नयी तकनीकी विकास ने दुनिया भर में अभूतपूर्व बदलाव ला दिया है। आपने सर्वत्र कम्प्यूटर का प्रयोग देखा होगा। समय और श्रम तथा सटीकता के कारण इसे जादुई डिवाइस कह सकते हैं। इस असाधारण क्षमता वाले यन्त्र के आविष्कारक **चार्ल्स बैबेज** ने भी नहीं सोचा होगा कि वह जो आविष्कार कर रहे हैं, आगे चलकर लोगों के जीवन में इतनी बड़ी क्रान्ति ले आयेगा। **चार्ल्स बैबेज** ने पहला कम्प्यूटर यान्त्रिक मशीन के रूप में सन् 1833 में निर्मित किया था। वे गणित के प्रोफ़ेसर और वैज्ञानिक थे। इसलिए स्वाभाविक रूप से गणितीय आवश्यकताओं को ध्यान में रखकर ये मशीन बनायी गयी। इसका नाम रखा गया–एनालिटिकल इंजन।

आपमें से अधिकांश ने कम्प्यूटर पर काम किया होगा। और नहीं तो कार्यालयों में, रेल, बस, हवाई जहाज़ आदि आवागमन के साधनों में कम्प्यूटर की सहायता से कई काम होते देखे होंगे। अपने आरम्भिक रूप में कम्प्यूटर पर केवल अंग्रेज़ी भाषा का प्रयोग ही होता था। वह भी सीमित कार्य–स्वचालित रूप में, सटीकता और तीव्रता के साथ गणना करने में। धीरे-धीरे इससे बहुत सारे कार्य और विश्व की प्रायः सभी भाषाओं में होने लगे हैं।

'कम्प्यूटर' को यह नाम कैसे मिला?

'कम्प्यूटर' शब्द अंग्रेज़ी के 'कम्प्यूट' से बना है, जिसका सामान्य अर्थ है–'गणना' करना। लेकिन विज्ञान की दुनिया में इसका विस्तृत नाम है–'कॉमनली ऑपरेटिड

मशीन पर्टिकुलरली यूज़्ड फ़ॉर टेक्नोलॉजी, एजुकेशन एण्ड रिसर्च'। अर्थात् सामान्य रूप से संचालित मशीन, जो विशेष रूप से प्रौद्योगिकी, शिक्षा और अनुसन्धान के लिए प्रयोग में लायी जाती है। यह मशीन बड़ी से बड़ी गणनाओं को सटीक तथा अत्यन्त तीव्र गति से सम्पन्न करने में सक्षम है। इंटरनेट ने कम्प्यूटर की गति और अनेक कार्य करने की क्षमता कई गुनी कर दी है। आज हमारे सामने एक डिजिटल इलेक्ट्रॉनिक उपकरण के रूप में कम्प्यूटर विराजमान है। न केवल गणितीय कार्यों में, अपितु और बहुत सारे कामों को कम्प्यूटर पर किया जा सकता है। हम भारी भरकम मशीन से लेकर अब तक कई जेनरेशन के कम्प्यूटरों, लैपटॉप और सुपर कम्प्यूटरों तक पहुँच गये हैं। आज सभी देशों में 'एआई' (आर्टिफ़िशियल इंटैलिजेंस–कृत्रिम बुद्धि) पर शोधकार्य हो रहे हैं। रोबोटों के निर्माण का सपना साकार हो गया है। फिर भी इस दिशा में और अनुसन्धान चल रहा है। यह भी कम्प्यूटर के उपयोग से ही सम्भव हुआ है। चन्द्रयानों के निर्माण और उनके चन्द्रमा जैसे अत्यन्त दूरस्थ उपग्रहों तक जाने की सफलता का आधार भी कम्प्यूटर ही है। जैसे अभी हाल ही में 23 अगस्त, 2023 को भारत के 'इसरो' (भारतीय अन्तरिक्ष अनुसन्धान संगठन) ने 'चन्द्रयान-3' का निर्माण किया है और चन्द्रमा के दक्षिणी ध्रुव पर सफलतापूर्वक सॉफ़्ट लैंडिंग की है। हम इस उपलब्धि पर विश्व में प्रथम देश बन गये हैं। इस चन्द्रयान का लैंडर और रोवर चन्द्रमा पर पहुँचकर उसकी विभिन्न कोणों से फ़ोटो और वीडियो बनाकर पृथ्वी पर भेज रहा है। वैज्ञानिक इनका अध्ययन कर रहे हैं।

हिन्दी और कम्प्यूटर

समय के इस प्रवाह में यह दुनिया तेज़ी के साथ बदल रही है। हिन्दी भाषा इंटरनेट से जुड़कर समृद्ध हो रही है। कम्प्यूटर में काम करने में भाषा कोई समस्या नहीं है। सैद्धान्तिक रूप में कम्प्यूटर के लिए विश्व की कोई भी भाषा ऐसी नहीं है, जिस पर हम काम कर सकते हैं। शुरू में भाषा को लेकर कठिनाई अवश्य थी। अंग्रेज़ी में ही काम करना सम्भव था। या रोमन लिपि में। जैसे-जैसे कम्प्यूटर का विकास होता गया, नयी भाषाओं में काम करने की सुविधाएँ बढ़ती चली गयीं। काम करने की गति भी बढ़ गयी। डाटा और ज़रूरी सूचनाओं को स्मृति भण्डार में संचित करने और उसे बाद में कभी भी प्राप्त करने की शक्ति बढ़ा दी। फ़ोनेटिक प्रणाली ने किसी भी भाषा में काम करने के लिए यह सम्भव कर दिया है।

कम्प्यूटर की संरचना पर ध्यान दें। लगभग सभी को यह विदित है कि एक सामान्य कम्प्यूटर के दो संसाधन होते हैं। ये हैं–

1. हार्डवेयर
2. सॉफ़्टवेयर।

1. **हार्डवेयर** वे हिस्से हैं जो भौतिक रूप से दिखाई देते हैं तथा उनका स्पर्श किया जा सकता है। इनमें इन संसाधनों की गणना की जाती है-सीपीयू (सेंट्रल प्रोसेसिस यूनिट) जो कैबिनेट में सुरक्षित ढंग से इंस्टाल की जाती है–मदर बोर्ड, की-बोर्ड, माउस, मॉनीटर, सीडी, पैन ड्राइव, प्रिंटर, आदि।

कम्प्यूटर हार्डवेयर कई प्रकार के होते हैं; यथा–

1. सिस्टम यूनिट
2. इनपुट डिवाइस
3. आउटपुट डिवाइस
4. इंटरनल पार्ट्स
5. कम्युनिकेशन डिवाइस।

सिस्टम यूनिट किसी छोटे कंटेनर या बक्से की तरह होती है। इसमें बहुत सारे इलेक्ट्रॉनिक उपकरण लगे हुए रहते हैं। सामान्यतः इसे 'सीपीयू' कहा जाता है। किन्तु कुछ जानकार कहते हैं कि सीपीयू को सिस्टम यूनिट कहना ग़लत है।

इनपुट डिवाइस ऐसे उपकरण हैं, जो कम्प्यूटर के उपयोगकर्ता द्वारा दिये गये निर्देशों को कम्प्यूटर तक भेजते हैं।

कुछ इनपुट डिवाइस इस प्रकार हैं–की-बोर्ड, माउस, स्केनर, टचस्क्रीन आदि।

आउटपुट डिवाइस वे हैं, जो सीपीयू द्वारा आपके इनपुट किये गये कार्य को प्रोसेस करके उसके परिणाम को प्रदर्शित करते हैं। कुछ आउटपुट डिवाइस इस प्रकार हैं–मॉनीटर, टचस्क्रीन, स्पीकर, प्रिंटर आदि।

इंटरनल पार्ट्स कम्प्यूटर की सिस्टम यूनिट के अन्दर स्थित वे भाग हैं, जिनको बाहर नहीं देखा जा सकता। ये बहुत नाज़ुक होते हैं, इसलिए इनको कम्प्यूटर केस में सम्हालकर रखा जाता है। प्रचलित कुछ आन्तरिक उपकरण हैं–मदर बोर्ड, सीपीयू, हार्ड डिस्क ड्राइव, रैम, एसएमपीएस, डीवीडी राइटर आदि।

कम्युनिकेशन डिवाइस वे उपकरण हैं, जो एक कम्प्यूटर को किसी अन्य कम्प्यूटर के साथ जोड़ते हैं। 'मोडेम' एक कम्युनिकेशन डिवाइस है।

2. **सॉफ़्टवेयर** वे हैं, जो हाथ से नहीं छुए जा सकते, क्योंकि इनका भौतिक अस्तित्व नहीं होता। अदृश्य होते हैं। ये ही वे साधन हैं, जो कम्प्यूटर के प्राण हैं। इनके बिना कम्पूटर कोई काम नहीं कर सकता है। सॉफ़्टवेयर में ऐसे प्रोग्राम होते हैं, जो उचित इनपुट के द्वारा निर्देश देने पर सीपीयू के माध्यम से आउटपुट के कार्य सम्पादित करता है। 'सीपीयू' को कम्प्यूटर का 'मस्तिष्क' (ब्रेन) कहा जाता है।

दरसल सॉफ़्टवेयर निर्देशों अथवा प्रोग्राम्स का ऐसा समूह है, जो किसी कार्य विशेष को करने का निर्देश देता है। आप किसी गणना सम्बन्धी या डॉक्यूमेंट को तैयार करना चाहते हैं या कोई ऐसा कार्य जो कम्प्यूटर द्वारा ही हो सकता है, वह उस कार्य को करने में उस कार्य विशेष के लिए बनाये गये सॉफ़्टवेयर के निर्देश पर ही निर्भर करता है। वस्तुतः एक सॉफ़्टवेयर नियम एवं क्रियाओं का समूह होता है, जो कम्प्यूटर सिस्टम के कार्यों पर नियन्त्रण रखता है। वह कम्प्यूटर के विभिन्न हार्डवेयर के बीच समन्वय बनाता है। सॉफ़्टवेयर सामान्यतः तीन तरह के होते हैं–

1. सिस्टम सॉफ़्टवेयर
2. एप्लीकेशन सॉफ़्टवेयर
3. यूटिलिटी सॉफ़्टवेयर

सिस्टम सॉफ़्टवेयर हार्डवेयर को नियन्त्रित करता है तथा उसको उपयोग के योग्य बनाता है। इससे एप्लीकेशन सॉफ़्टवेयर अपना काम सही ढंग से करता है। अतः कह सकते हैं कि सिस्टम सॉफ़्टवेयर वे हैं जो सिस्टम को व्यवस्थित एवं नियन्त्रित करते हैं। सिस्टम सॉफ़्टवेयर कई प्रकार के होते हैं; यथा–

1. ओपरेटिंग सिस्टम सॉफ़्टवेयर
2. कम्पाइलर सॉफ़्टवेयर
3. इंटरप्रेटर सॉफ़्टवेयर
4. एस्सेम्बलर सॉफ़्टवेयर
5. लिंकर सॉफ़्टवेयर
6. लोडर सॉफ़्टवेयर आदि।

कम्प्यूटर का विकास भी उसकी कार्यक्षमता की भाँति अत्यन्त तीव्र गति के साथ हुआ है, जो आज भी जारी है। इस विकास को कम्प्यूटर की 'पीढ़ियाँ' (जेनरेशन) कहते हैं। इस विकास को हम इस रूप में समझ सकते हैं–

1. **प्रथम पीढ़ी के कम्प्यूटर : (सन् 1946 ई. से 1956 ई. तक)** इस अवधि के कम्प्यूटर आकार में बहुत बड़े होते थे। उनको किसी बड़े

कमरे में ही रखा जाना सम्भव था। उनकी कार्यक्षमता कम थी। गणनाओं में समय लगता था। ये सीमित कार्य ही कर सकते थे। इनकी भण्डारण-क्षमता वर्तमान की तुलना में बहुत कम थी। इन कम्प्यूटरों के निर्माण में 'वैक्यूम ट्यूब' का प्रयोग किया जाता था। इस पीढ़ी के कुछ कम्प्यूटरों के नाम इस प्रकार हैं–ईनिएक, यूनीवेक, आईबीएम–650 आदि।

2. **द्वितीय पीढ़ी के कम्प्यूटर : (सन् 1956 से 1964 ई. तक)** इस अवधि के कम्प्यूटरों का आकार छोटा हुआ। इनके निर्माण में 'वैक्यूम ट्यूब' की जगह ट्रांजिस्टर का उपयोग किया गया। इनकी कार्यक्षमता में वृद्धि हुई और गणितीय गणना के अतिरिक्त कुछ अन्य कार्य करने की सुविधा मिली। इनकी भण्डारण-क्षमता भी पहले से अधिक थी। ऐसे कुछ कम्प्यूटर हैं–आईएम–1620, यूनीवेक 1108, आईबीएम–1794 आदि।
3. **तृतीय पीढ़ी के कम्प्यूटर : (1965 ई. से 1971 ई. तक)** ये पूर्ववर्ती कम्प्यूटरों की सीमित क्षमता से आगे थे। इनका आकार और वज़न कम था। इनको आसानी से कहीं ले जाया जा सकता था। इनके निर्माण में 'इंट्रीग्रेटिड सर्किट' (आईसी) का उपयोग किया गया था। इनका भण्डारण बहुत बढ़ा दिया गया। इनके निर्माण में भी कम लागत आयी। इस पीढ़ी के कम्प्यूटरों का उपयोग बहुत लोग करने लगे। इनकी कार्यक्षमता, तीव्रता और काम करने तथा कहीं भी लाने-ले जाने की सुविधा के कारण ये अत्यन्त लोकप्रिय हो गये। इस पीढ़ी के कम्प्यूटरों के कुछ नाम इस प्रकार हैं–आईबीएम–360, हनीवेल–6000 सीरीज़, टीडीसी–316 आदि।
4. **चतुर्थ पीढ़ी के कम्प्यूटर : (1972 ई. से 1985 ई. तक)** इन कम्प्यूटरों का आकार और वज़न पहले के कम्प्यूटरों की तुलना में बहुत कम हुआ। जबकि कार्य करने की गति उनसे बहुत अधिक हुई। इनके निर्माण में 'आईसी' (इंट्रीग्रेटेड सर्किट) की नयी तकनीक 'वीएलएसई' का उपयोग किया गया। इनमें माइक्रो प्रोसेसर इस्तेमाल किये गये, जिससे कम्प्यूटर अत्यन्त तीव्र गति से काम करने लगे। कम्प्यूटरों को घरों में ले जाने और घर से काम करने की सुविधा मिलने लगी। इस पीढ़ी के कम्प्यूटरों के कुछ उदाहरण हैं–आईबीएम–4341, स्स्टार–10000, पीडीपी–11 इत्यादि।
5. **पाँचवीं पीढ़ी के कम्प्यूटर : (1986 ई. से वर्तमान समय तक)** ये कम्प्यूटर अत्याधुनिक हैं। इनकी 'भण्डारण' क्षमता (स्टोर कैपेसिटी) और गति बहुत है। लैपटॉप और मल्टीमीडिया सहित स्मार्ट मोबाइल फ़ोन,

नोटबुक, टैबलेट इत्यादि गैज़ेट्स कम्प्यूटर-साधित डिवाइस हैं। ये वास्तव में इस नवीनतम पीढ़ी के कम्प्यूटर ही हैं। इनका उपयोग करना बहुत आसान है। दुनिया भर की सूचनाएँ एक क्लिक में, पलक झपकते ही उपलब्ध हो जाती हैं। इंटरनेट का वास्तविक उपयोग इन कम्प्यूटर-साधित डिवाइसों की शक्ति है। इन कम्प्यूटरों के उदाहरण के लिए कुछ नाम इस प्रकार हैं–लैपटॉप, डेस्कटॉप, अल्ट्रा बुक्स आदि।

अत्यन्त तीव्र गति और स्मृति-भण्डारण की विशालता वाले 'सुपर कम्प्यूटरों' का निर्माण चतुर्थ एवं पंचम पीढ़ी के कम्पूटरों के युग में ही हुआ।

वर्तमान समय में कम्प्यूटर बहुत तरह के हैं। इनमें से कुछ हैं–डेस्कटॉप कम्प्यूटर, लैपटॉप कम्प्यूटर, टैबलेट कम्प्यूटर, स्मार्ट फ़ोन, डिजिटल वॉच, टेलिविज़न, गेम कंट्रोलर इत्यादि। इनके उपयोग प्रायः सभी लोग जानते हैं। इधर पैसा भेजने, बिलों के भुगतान करने आदि की सुविधाएँ कई मशीनों और स्मार्ट फ़ोन में उपलब्ध हैं। डिजिटल रूप में एक क्षण में पैसा ट्रांसफ़र हो जाता है। बैंकिंग के क्षेत्र में क्रान्तिकारी परिवर्तन हो गया है। एटीएम कार्ड और एटीएम मशीनों से हमें बहुत सारी सुविधाएँ प्राप्त हुई हैं।

कम्प्यूटर पर हिन्दी भाषा में कार्य करने की सुविधाएँ

कम्प्यूटर का आविष्कार पश्चिमी देशों में हुआ। आरम्भिक प्रयोगों से नित नयी समस्याओं का समाधान भी पश्चिमी देशों में ही होता रहा। बाद में तकनीकी विकास के चलते हिन्दी तथा आधुनिक भारतीय भाषाओं और विदेशी भाषाओं (जापानी, चीनी–मन्देरियन, फ्रेंच, जर्मन आदि) में होने लगा। हम हिन्दी की ही बात करें।

हिन्दी भाषा में कौन-कौन से काम हो सकते हैं? या किन-किन क्षेत्रों में कम्प्यूटर पर काम किये जाने की आवश्यकता है। इसे ध्यान में रखते हुए अनेक तरह के सॉफ़्टवेयर विकसित किये गये हैं। हिन्दी भाषा का विकास ऐसे ही सॉफ़्टवेयरों की सहायता से आगे बढ़ा है। कम्प्यूटर पर हिन्दी का काम मूलतः दो प्रकार का होता है। इनमें पहला काम है प्रशासनिक अथवा निजी कार्यालयों में पत्र, टिप्पणी-लेखन, रिपोर्ट तैयार करना, पत्र-पत्रिकाओं का मुद्रण इत्यादि से सम्बन्धित है। दूसरा काम है आँकड़ों (डाटा) को सुरक्षित रखना, इनमें शिक्षण संस्थाओं में प्रवेश से लेकर परीक्षा सम्बन्धी कार्य, वेतन आदि का वित्तीय विवरण और लेन-देन इत्यादि। सार्वजनिक क्षेत्र के विविध कार्य भी हिन्दी में सम्पन्न हो रहे हैं। इन सबके लिए तरह-तरह के

पैकेज बाज़ार में सहज उपलब्ध हैं। हिन्दी कम्प्यूटर सॉफ़्टवेयर के अप्रतिम विकास ने इन कार्यों को अत्यन्त सरल बना दिया है। यथा–पुणे के भारतीय प्रतिष्ठान 'सी-डेक' ने आम भाषा में सॉफ़्टवेयर तैयार करके हिन्दी में काम करने का मार्ग सुगम कर दिया है। इससे अंग्रेज़ी की बाध्यता समाप्त हो चुकी है। इसी क्रम में भारत सरकार के सूचना प्रौद्योगिकी मन्त्रालय ने 'ओआरजी' तकनीक का प्रयोग करते हुए भाषाओं के बीच का अन्तराल मिटा दिया है। सरकारी और ग़ैर-सरकारी संस्थाओं ने इस दिशा में बहुत काम किया है। यह काम दो स्तरों पर किया गया है। एक तो राजभाषा के रूप में हिन्दी का सरल प्रयोग, विस्तार, प्रचार-प्रसार और प्रोत्साहन। दूसरे हिन्दी का जनभाषा के रूप में विस्तार। राजभाषा के विकास हेतु सरकार ने राजभाषा नीति बनायी है। ताकि आम आदमी भी डिजिटल दुनिया के साथ जुड़ सके।

राजभाषा के प्रयोग में आने वाली कठिनाइयों को दूर किया जा रहा है। अनुवाद का क्षेत्र समृद्ध हो रहा है। इसके लिए कई सुविधाएँ विकसित की गयी हैं। इस दिशा में सर्वप्रथम कार्य भारतीय प्रौद्योगिकी संस्थान, कानपुर (उ.प्र.) ने किया है। इस संस्थान ने 'कारपोर' उदाहरण आधारित कम्प्यूटर अनुवाद उपकरण तैयार किया। इसमें स्वास्थ्य मन्त्रालय के मैनुअलों का अंग्रेज़ी से हिन्दी में अनुवाद करने का काम हुआ। यह भी नया काम शुरू हुआ कि अनुवाद के कई विकल्प इस उपकरण में जोड़े गये हैं। इसके बाद 1995 ई. में मुम्बई की 'नेशनल कौंसिल फ़ॉर सॉफ़्टवेयर टेक्नॉलोजी' ने 'मन्त्रा' नाम से कम्प्यूटर अनुवाद का टूल विकसित किया। 'सी-डेक' पुणे ने 'एन-ट्रांस' नाम का सॉफ़्टवेयर बनाया है, जिसकी सहायता से अंग्रेज़ी सामग्री का अनुवाद किसी भी महत्त्वपूर्ण भारतीय भाषा में किये जाने की सुविधा है। एक सन्दर्भ कोश भी इसमें उपलब्ध है। पुणे की ही एक संस्था है–प्रिया इलेक्ट्रॉनिक्स। इस संस्था ने 'परिवर्तन' नाम से एक सॉफ़्टवेयर निर्मित किया है, जिसके द्वारा हिन्दी में बनायी गयी कोई भी 'फ़ाइल' उपलब्ध हिन्दी फ़ॉण्ट या सॉफ़्टवेयर द्वारा पढ़ी जा सकती है। फ़ॉण्ट परिवर्तन की यह सुविधा बहुत लोकप्रिय है। इसी तरह एक सॉफ़्टवेयर का नाम है–मेट। इसके माध्यम से अंग्रेज़ी से हिन्दी में आसानी से किया जा सकता है। प्राकृतिक भाषा संसाधन प्रयोगशाला ने इसे बनाया है। मशीन साधित यह अनुवाद प्रणाली 85% पद-व्याख्या और 60% तक शुद्ध अनुवाद कर सकती है। द्विभाषी कोश की सुविधा के साथ इस अनूदित सामग्री का सम्पादन किया जा सकता है। कम्प्यूटर में वर्तनी जाँच के लिए 'स्पेल चेक' सॉफ़्टवेयर भी उपलब्ध है। अनुवाद के लिए 'सी-डेक' के 'एप्लाइड आर्टिफ़िशियल इंटैलीजेंस' समूह ने एक

सॉफ़्टवेयर और विकसित किया है, जिसका नाम है–'मन्त्र राजभाषा'। इसे भारत सरकार के राजभाषा विभाग ने प्रायोजित किया है। मशीन-साधित अनुवाद के लिए यह एक सटीक टूल है। यह टूल राजभाषा के कई काम अनूदित कर सकता है; यथा–कार्यालयी आदेश, परिपत्र, राजपत्रित अधिसूचना, ज्ञापन आदि के साथ ही वित्त-क्षेत्र के पत्रजात आदि का अंग्रेज़ी से हिन्दी में सटीक अनुवाद कर सकता है।

'मन्त्र राजभाषा' के कई संस्करण हैं। ये हैं–मन्त्र राजभाषा स्टैंड अलोन संस्करण, इंट्रानेट संस्करण, इंटरनेट संस्करण। अनुवाद के लिए अद्यतन यह सॉफ़्टवेयर एक आदर्श है।

हिन्दी शब्द संसाधन (वर्ड प्रोसेसिंग)

कम्प्यूटर में हम जटिल से जटिल गणनाओं (गणितीय सामग्री), या आँकड़ों के विश्लेषण का ही नहीं, शब्द-संसाधन का भी काम करते हैं। शब्द-संसाधन (वर्ड प्रोसेसिंग) को टंकण (टाइपिंग) का आधुनिक रूप कहा जा सकता है। इसमें सम्पादन (एडिटिंग) भी सम्मिलित है। जब कम्प्यूटर में शब्द-संसाधन की सुविधा नहीं थी, तो हम टंकण मशीन पर टंकण-कार्य करते थे। उन कार्यों में ग़लत टंकण हो जाने पर सब काम दुबारा करना पड़ता था। आज की तरह टंकित सामग्री में न बदलाव सम्भव था, न ही अच्छे फ़ॉण्ट चुनने की सुविधा उपलब्ध थी। फिर आये इलेक्ट्रॉनिक टाइपराइटर। इनमें बड़ी सामग्री टाइप नहीं हो पाती थी। फ़ॉण्ट बदलने की सुविधा भी नहीं थी। सिर्फ़ फ़ॉण्ट को बोल्ड (गहरा) या इटैलिक किया जा सकता था। अधिक से अधिक चार-पाँच पंक्तियों का ही संशोधन किया जाना सम्भव था अर्थात् सम्पादन की सुविधा नहीं थी। कम्प्यूटर पर यह सभी सुविधाएँ उपलब्ध हैं। हम सुरुचिपूर्वक, अच्छे से अच्छे फ़ॉण्ट चुनकर, कितनी ही सामग्री टाइप कर सकते हैं। उसे आसानी से सम्पादित कर सकते हैं। उसमें कई तरह के रंग वाले चित्र, रेखांकन, अक्षर इत्यादि जोड़ सकते हैं। वह भी तीव्र गति से। पुस्तक प्रकाशन का काम भी बहुत अच्छी तरह आसानी से कर सकते हैं। तत्काल ई-मेल या व्हाट्सएप आदि के माध्यम से तत्काल (रीयल टाइम में) दुनिया के किसी भी कोने में बैठे किसी भी व्यक्ति को भेज सकते हैं। पहले किसी उपकरण में यह सारी सुविधाएँ उपलब्ध नहीं थीं। एमएस वर्ड और पेजमेकर आदि फ़ॉर्मेट में हम अपनी सुविधा से मन चाहे तो पीडीएफ़ फ़ाइल बनाकर भी भेज सकते हैं। विंडोज द्वारा बहुभाषी कम्प्यूटिंग के लिए अपनायी गयी प्रौद्योगिकी **'यूनिकोड' आज हमें बहुत बड़ी सुविधा दे रही है। फ़ोनेटिक की-बोर्ड पर टाइपिंग का कार्य बहुत आसानी से**

हो सकता है। किसी भी भाषा में हम सामग्री को टाइप करके निवेश (इनपुट) कर सकते हैं और मनचाही भाषा में उसका प्रिंट ले सकते हैं।

अनुवाद

अनुवाद का कार्य भी कम्प्यूटर की सहायता से व्यापक स्तर पर किया जा रहा है। हिन्दी तथा अन्य भाषाओं में परस्पर अनुवाद की सुविधा इधर के कुछ वर्षों में विकसित हो चुकी है। यह मशीनी अनुवाद की श्रेणी में आता है। मशीनी अनुवाद को एक ऐसी बौद्धिक अथवा विचार-प्रक्रिया कहा जा सकता है, जिसमें तीन चरण होते हैं–विश्लेषण, अन्तरण और पुनर्गठन। मशीनी अनुवाद के लिए विभिन्न भाषाओं के शब्द, वाक्य और अर्थ के स्तर पर व्याप्त संदिग्ध को समझकर नियमबद्ध किया जाता है। इसके बिना अनुवाद सम्भव नहीं हो सकता। तदनुसार मशीनी अनुवाद में भी वही सब प्रक्रिया अपनायी जाती है जो मनुष्यकृत अनुवाद में होती है। अर्थात् मशीनी अनुवाद में भी भाषा सम्बन्धी संश्लेषण, विश्लेषण और संसाधन के सभी चरण होते हैं।

कम्प्यूटर से अनुवाद की प्रणाली का मार्ग इतना सहज और सटीक नहीं होता; जितना दिखाई देता है। इसके लिए विशाल '**कार्पोरा**' चाहिए और '**पार्सर**' की आधारभूत आवश्यकता रहती है। कार्पोरा कहते हैं विषय विशेष की अध्ययन सामग्री को। इसकी सहायता से उस विषय की सम्पूर्ण शब्दावली प्राप्त की जा सकती है। इसी तरह 'पार्सर' कहते हैं ऐसा व्याकरण जिसको गणितीय पद्धति के माध्यम से अंकित किया जाता है। किसी भी भाषा की संरचनात्मक विशिष्टताओं को ध्यान में रखकर ही इस व्याकरण को तैयार किया जाता है। यह शाब्दिक तत्त्वों की खोज करते हुए शुद्ध वाक्यों का पद निरूपक वृक्ष तैयार करता है। स्रोत-भाषा (सोर्स लैंग्वेज जिस भाषा का अनुवाद करना होता है) का वाक्यपरक एवं शाब्दिक संदिग्धताओं को ठीक करने का कार्य 'पार्सर' द्वारा ही किया जाता है। जब 'पार्सर' अपना कार्य कर चुका होता है, इसके बाद '**जनरेटर**' अपना कार्य करता है। 'जनरेटर' लक्ष्य भाषा (टार्गेट लैंग्वेज अर्थात् जिस भाषा में अनुवाद किया जाता है) की संरचना के अनुसार वाक्य-गठन का कार्य करता है।

शब्दकोश-निर्माण

इसी तरह हिन्दी में कम्प्यूटर की सहायता से किसी भी भाषा के कितने ही तरह के कोशों का निर्माण किया जा सकता है। एकभाषी, द्विभाषी और बहुभाषी शब्दकोश

तो सामान्य बात है। इनके और भी प्रकार हैं। विभिन्न विषयों के कोश (विषयवार), परिभाषा कोश, तकनीकी शब्दावली कोश, मुहावरा एवं लोकोक्ति कोश, थिसारस, उच्चारण कोश, साहित्यकोश, स्थानवाची कोश, सांस्कृतिक कोश, विश्वकोश आदि।

अन्य उपयोग

डाटा विश्लेषण और संसाधन, शब्द-संसाधन (वर्ड प्रोसेसिंग), प्रिंटिंग और कोर्ट-कचहरी के पत्रजात टाइप करने, कार्यालयों में बहुत से कार्यों की जो टाइपिंग और उनका मुद्रण (प्रिंट निकालना), अन्य भाषाभाषियों को हिन्दी सिखाना आदि के साथ ही हम हिन्दी (तथा भारतीय भाषाओं में भी) के बहुत-से कार्य कर सकते हैं; यथा–ई-मेल, वेबपेज निर्माण, भाषा-शिक्षण, ब्लॉग राइटिंग, यूट्यूब पर वीडियो निर्माण, मल्टीमीडिया से जुड़े और भी कई कार्य, पत्रकारिता और जनसंचार के क्षेत्र में बहुत-से कार्य, जैसे–कंटेंट राइटिंग, विज्ञापन-निर्माण, डबिंग, फ़िल्मों और धारावाहिकों के लिए पटकथा-लेखन, संवाद और गीत-लेखन इत्यादि-इत्यादि ऐसे ही कई कार्य हैं जो हिन्दी में किये जा सकते हैं। पिछले दिनों जब 'कोविड-19' की महामारी से दुनिया जूझ रही थी, तब 'वर्क फ्रॉम होम' की एक नयी ही जीवनशैली चल पड़ी, जिसमें कम्प्यूटर ने बहुत सहायता की। दूर बैठकर भी शिक्षा लेने और देने के माध्यम के रूप में कम्प्यूटर ने बहुत बड़ी सुविधा प्रदान की। आये दिन होने वाले आभासी सेमीनारों और बैठकों का चलन शुरू हो गया; जो आज भी जारी है। इसके लिए गूगल का मीट तथा ज़ूम जैसे वीडियो कम्युनीकेशंस बहुत लोकप्रिय हुए हैं। वेबैक्स मीट भी इनमें से एक है। इन रिमोट कॉन्फ्रेंसिंग सेवा कम्पनियों ने एक नया वातावरण तैयार किया है, जिसमें आभासी दुनिया का नया रूप सामने आया है। यह दूरवर्त्ती कॉन्फ्रेंसिंग बहुत उपयोगी सिद्ध हुई है, जिसमें वीडियो कॉन्फ्रेंसिंग, ऑनलाइन मीटिंग, चैट, मोबाइल और कम्प्यूटर के सहयोग से सदस्य आपस में बातचीत करते हैं।

हिन्दी में डाटा विश्लेषण और डेस्कटॉप पब्लिकेशन के कार्य के लिए कुछ सॉफ़्टवेयर हैं–डी बेस-3, लोटस और जिस्ट आदि। हिन्दी और अन्य भारतीय भाषाओं में काम करने के लिए अनेक तरह के फ़ॉण्ट उपलब्ध हैं। कुछ सॉफ़्टवेयर और फ़ॉण्ट सुविधा, शब्दकोश और समान्तर कोश (थिसारस) के साथ भी उपलब्ध हैं। इनमें से कुछ द्विभाषी हैं, कुछ त्रिभाषी। कुछ पूर्व बाज़ार में आये संसाधन/सॉफ़्टवेयर हैं–'अक्षर' (सॉफ़्टेक), 'शब्दमाला' (टाटा), 'आलेख' (हिन्दी ट्रोन),

'मल्टीवर्ड' (सोनाटा), सुलेख (काल्स), शब्दरत्न (एस.आर.जी.)। इसी तरह और कई संसाधन पैकेज उपलब्ध हैं; यथा–सुलिपि, सुविंडो सॉफ़्टवेयर, 'श्रीलिपि' बहुभाषी सॉफ़्टवेयर, 'लीप ऑफ़िस' 2000 सॉफ़्टवेयर (हिन्दी तथा भारतीय भाषाओं में कार्य करने के लिए), 'बैंक मित्र' द्विभाषी सॉफ़्टवेयर बैंकिंग के लिए, 'जिस्ट शैल' मुद्रण के लिए, 'जिस्ट टर्मिनल' के द्वारा किसी भी भारतीय लिपि और अंग्रेज़ी के सभी पाठ्याधारित एप्लीकेशन पैकेजों (यथा–कोबोल, वर्ड परफ़ैक्ट, फ़क्सबेस इत्यदि) में काम किया जा सकता है; 'जिस्ट कार्ड' (यह कार्ड भी कम्प्यूटर के साथ जोड़ा जाता है। इसके द्वारा भारतीय और अन्य लिपियों में अंग्रेज़ी सहित पाठ्याधारित पैकेजों पर कार्य किया जा सकता है; यथा–लोटस 1-2-3, वर्डस्टार, क्यूबोसिक आदि। इसी तरह एक बहुभाषी व्यापार लेखा सॉफ़्टवेयर है–'फ़ैक्ट'। जो एकाउंटिंग, इंवेंट्री इत्यादि की सुविधा प्रदान करता है। लेकिन इस सुविधा को पाने के लिए 'जिस्ट कार्ड' अथवा 'जिस्ट शैल' सॉफ़्टवेयर की आवश्यकता रहती है। 'देशिका' नामक सॉफ़्टवेयर सी-डेक पुणे ने तैयार किया है, जो वेद-पुराणों, व्याकरण आदि को दस भाषाओं में उपलब्ध कराता है। 'हिंदवाणी' सॉफ़्टवेयर हिन्दी की टैक्स्ट फ़ाइलों को स्पीच में बदल देता है। गूगल ने बोलकर लिखने की सुविधा विकसित की है, जो कम्प्यूटर और मोबाइलों में प्रयुक्त हो रही है। 'लेखक' नाम से एक बहुभाषी सॉफ़्टवेयर डॉ. मुरलीधर पाहूजा ने विकसित किया है, जिसका उपयोग अंग्रेज़ी की सहायता के बिना किया जा सकता है और जो हिन्दी में सारा काम करता है।

हिन्दी के कई टूल भी बाज़ार में हैं। 'हिन्दी आईएम ईएक्स-पी और विंडोज -7, यूनीकोड-कृतिदेव फ़ॉण्ट कंवर्टर, गूगल हिन्दी आईएमई भी उपलब्ध हैं। अनेक हिन्दी पोर्टल इंटरनेट पर देखे जा सकते हैं। स्मार्ट मोबाइल फ़ोनों में हिन्दी में डॉक्यूमेंट टाइप करने और स्पैल चेक (वर्तनी जाँच) करने तथा शब्दों के कई पर्याय सुझाने की सुविधा है। एंड्राइड फ़ोन और आई-फ़ोन में भी यह काम किया जा सकता है। इसमें गूगल का 'डॉक्स' बहुत प्रचलित है। हिन्दी में तैयार पाठ को ई-मेल या व्हाट्सप्प के माध्यम से सरलतापूर्वक कहीं भी भेजा जा सकता है। सामान्यत: यह कार्य डॉक्यूमेंट या वर्ड फ़ाइल अथवा पीडीएफ़ फ़ॉर्मेट में होता है।

भारत सरकार के गृहमन्त्रालय के अधीन राजभाषा विभाग हिन्दी के प्रचार-प्रसार के लिए उल्लेखनीय कार्य कर रहा है। समय-समय पर सभी विभागों के निर्देश और सुझाव देता रहता है। कम्प्यूटर पर राजभाषा हिन्दी के प्रयोग को अधिक से

अधिक अपनाने और सहज बनाने तथा कर्मचारियों की सुविधा हेतु विभिन्न प्रकार के राजभाषा सॉफ़्टवेयर तैयार किये गये हैं। इनकी सहायता से कर्मचारियों की ज्ञानवृद्धि, कौशल और दक्षता में गुणात्मकता आती है। ई-शब्दावली, ई-व्याकरण, ई-विचार शोधकर्ता, ई-संगत एवं अनुवाद आदि सम्बन्धी कार्यकलापों को गति मिलती है। सहजता और त्रुटि-रहित कार्य करने के लिए समय-समय पर कार्यशालाओं का आयोजन होता रहता है। राजभाषा विभाग द्वारा जारी कण्ठस्थ स्मृति आधारित अनुवाद सॉफ़्टवेयर और हिन्दी टंकण में सहजता हेतु 'प्रवाहक' राजभाषा (हिन्दी टैक्स्ट टू स्पीच) आदि कई प्रकार के सॉफ़्टवेयर सम्बन्धी प्रशिक्षण दिया जाता है।

समग्रत: व्यापक स्तर पर इंटरनेट से जुड़कर आज लाखों लोग जीवन-जगत् के विविध कार्य हिन्दी में कर रहे हैं। सस्ते इंटरनेट के माध्यम से मल्टीमीडिया, कितने ही तरह की सुविधाओं से लैस स्मार्ट मोबाइल फ़ोन, कम्प्यूटर की विविध मशीनों ने हिन्दी के प्रसार में ऐतिहसिक भूमिका निभायी है। महानगरों में ही नहीं, बल्कि छोटे नगरों, क़स्बों और गावों तक में आज इनकी पहुँच हो गयी है। समाज का हर वर्ग इन सुविधाओं का लाभ प्राप्त कर रहा है। सोशल मीडिया हिन्दी छाई हुई है। फ़ेसबुक, ट्विटर, इंस्टाग्राम, एक्स, व्हाट्सप्प आदि आदि प्लेट्फ़ार्म पर हिन्दी भाषी दुनिया अपने काम कर रही है। हिन्दी में ब्लॉगिंग और कंटेंट क्रिएशन, वेबसाइट निर्माण, अनेक प्रकार के एड, एकाउंट अपडेट करने से लेकर साहित्य तक अनगिनत काम हो रहे हैं और हिन्दी में रोज़गार के नये अवसर पैदा हो रहे हैं।

सन्दर्भ-ग्रन्थ सूची/विस्तृत अध्ययन के लिए पुस्तकें

उपाध्याय, उमाशंकर एवं अन्य, (सम्पादक), ई-पाठशाला, महात्मा गांधी अन्तरराष्ट्रीय हिन्दी विश्वविद्यालय, वर्धा

(कुळकर्णी, सुनील बाबूराव देशगव्हाणकर, प्रधान सम्पादक) एवं अन्य, 2024, 'नागरी लिपि एवं हिन्दी वर्तनी का मानकीकरण नयी दिल्ली', केन्द्रीय हिन्दी निदेशालय, उच्चतर शिक्षा विभाग, भारत सरकार।

- क्रोचे, बेनेदितो, 'थ्यॉरी ऑफ़ एस्थेटिक्स', 1902
- गार्डिनर, एलन एच, 'द थ्यॉरी ऑफ़ स्पीच एण्ड लिंग्युस्टिक्स', ऑक्सफ़ोर्ड यूनिवर्सिटी प्रेस, 1932
- गुणे, पाण्डुरंग दामोदर, तिवारी, भोलानाथ (अनु.), 'तुलनात्मक भाषाविज्ञान', मोतीलाल बनारसीदास, दिल्ली, 2005
- गुरु, कामता प्रसाद, 'हिन्दी व्याकरण', प्रकाशन संस्थान, दिल्ली, 2009
- चाटुर्ज्या, सुनीतिकुमार, 'भारतीय आर्यभाषा और हिन्दी', राजकमल प्रकाशन, नयी दिल्ली, 1954
- जैन, माईदयाल, 'हिन्दी शब्द-रचना', भारतीय ज्ञानपीठ, नयी दिल्ली, 1966
- डेनियल जॉन्स, एम.ए., 'एन आउटलाइन ऑफ़ इंग्लिश फ़ोनेटिक्स', जी.ई. स्टेशेर्ट एंड को, न्यूयार्क, 1922
- डेविड क्रिस्टल, 'इंटरनेट लिंग्युस्टिक्स', रोटलेज, न्यूयार्क, 2014
- तिवारी, उदयनारायण, 'भाषाशास्त्र की रूपरेखा', भारती भण्डार, इलाहाबाद, 1978
- तिवारी, भोलानाथ, 'भाषाविज्ञान', किताब महल, इलाहाबाद, 1980
- दास, श्यामसुन्दर, 'भाषाविज्ञान', प्रकाशन संस्थान, दिल्ली, 2009

- दीक्षित, सूर्यप्रसाद, 'भाषा प्रौद्योगिकी एवं भाषा-प्रबन्धन', किताब घर, दिल्ली, 2004
- द्विवेदी, देवीशंकर, 'भाषा और भाषिकी', लक्ष्मी नारायण अग्रवाल, पुस्तक प्रकाशन, आगरा, 1964
- द्विवेदी, हजारी प्रसाद, आदिकाल की भूमिक, राजकमल प्रकाशन, नयी दिल्ली, 2017
- पाण्डेय, लक्ष्मीकान्त, 'भाषाविज्ञान और हिन्दी भाषा', आशीष प्रकाशन, कानपुर, 2004
- बाहरी, हरदेव, 'हिन्दी भाषा', अभिव्यक्ति प्रकाशन, दिल्ली, 2017
- बाहरी, हरदेव, 'हिन्दी : उद्‍भव, विकास और रूप', किताब महल, इलाहाबाद, 1969
- ब्लॉक, बर्नार्ड एण्ड ट्रेगर, जॉन एल., 'ऑउटलाइन ऑफ़ लिंग्युस्टिक एनालाइसिस', लिंग्युस्टिक सोसाइटी ऑफ़ अमेरिका, 1942
- भाटिया, कैलाशचन्द्र, 'खड़ी बोली हिन्दी का विकास', तक्षशिला प्रकाशन, नयी दिल्ली, 2003
- भाटिया, कैलाशचन्द्र, हिन्दी भाषा, साहित्य भवन प्रा.लि., इलाहाबाद, 1998
- भाटिया, कैलाशचन्द्र, रोड़ा कृत 'राउरबेल', तक्षशिला प्रकाशन, नयी दिल्ली, 1998
- मिश्र, विश्वनाथप्रसाद (सं.), चन्द्रधर शर्मा गुलेरी, 'पुरानी हिन्दी', नागरी प्रचारिणी सभा, वाराणसी, 1948
- मिश्र, विश्वनाथप्रसाद, 'हिन्दी का अतीत' (भाग-1), वाणी प्रकाशन, नयी दिल्ली, 2012
- रस्तोगी, कविता, 'समसायमिक अनुप्रयुक्त भाषाविज्ञान', अविराम प्रकाशन, दिल्ली, 2010
- शास्त्री, मंगलदेव, 'तुलनात्मक भाषाशास्त्र अथवा भाषाविज्ञान', इंडियन प्रेस प्रेस (पब्लि.), प्राइवेट लिमिटेड, प्रयाग, 1956
- शुक्ल, रामचन्द्र, 'हिन्दी साहित्य का इतिहास', (नागरी प्रचारिणी सभा, काशी, संवत् 1986/1997), ज्ञान-विज्ञान एजुकेअर, नयी दिल्ली, संस्करण, 2016
- शुक्ल, त्रिभुवन नाथ, हिन्दी भाषा का आधुनिकीकरण एवं मानकीकरण, वाणी प्रकाशन, नयी दिल्ली, 2020

- श्रीवास्तव, रवीन्द्रनाथ, भाषाई अस्मिता और हिन्दी, वाणी प्रकाशन, नयी दिल्ली, 1992
- सिंह, शिवप्रसाद, 'कीर्तिलता और अवहट्ट भाषा', साहित्य भवन, इलाहाबाद, 1955
- सिंह, शिवप्रसाद, 'सूर-पूर्व ब्रजभाषा और उसका साहित्य', हिन्दी प्रचारक पुस्तकालय, वाराणसी, 1958
- सिंह, नामवर, 'हिन्दी के विकास में अपभ्रंश का योगदान', लोकभारती प्रकाशन, इलाहाबाद, 1961